Adolf Bastian

# Die deutsche Expedition an der Loango-Küste nebst älteren Nachrichten über die zu erforschenden Länder

*Nach persönlichen Erlebnissen*

weitsuechtig

*Adolf Bastian*

**Die deutsche Expedition an der Loango-Küste nebst älteren Nachrichten über die zu erforschenden Länder**

*Nach persönlichen Erlebnissen*

*ISBN/EAN: 9783943850185*

*Auflage: 1*

*Erscheinungsjahr: 2013*

*Erscheinungsort: Bremen, Deutschland*

weitsuechtig

# Die deutsche Expedition

an der

# Loango-Küste,

nebst älteren Nachrichten über die zu erforschenden
Länder.

Nach persönlichen Erlebnissen

von

## Adolf Bastian.

Zweiter Band.

Mit 2 lithographirten Tafeln.

Das Uebersetzungsrecht in fremde Sprachen wird vorbehalten.

Jena,

Hermann Costenoble.

1875.

# Vorwort.

Obgleich das Manuscript zu diesem zweiten Bande bereits seit vorigem Sommer fertig lag, hat sich der Druck verschiedener Umstände wegen verzögert. Doch habe ich aus den inzwischen eingegangenen Berichten unserer Reisenden nichts aufnehmen wollen, um strenger die Linie gezogen zu erhalten, die späterhin unsere bisherige Unkenntniß von der Loango=Küste gegen die neue Form abgrenzen wird, welche sie im Fortgang der Expeditionen durch die Forschungen der ihnen angehörigen Mitglieder zu erhalten hoffen darf.

Gegenwärtig hat das an der Loango=Küste in der Station Chinchoxo concentrirte Unternehmen zwei seitliche Erweiterungen erhalten, indem im Norden davon Dr. Lenz mit geologischen Untersuchungen auf dem Gebiet des Ogoway beschäftigt ist, und im Süden Hauptmann von Homeyer eine Caravane organisiren wird, um von den portugiesischen Be=sitzungen in Angola aus die nur ihrer allgemeinen Richtung nach bekannte Verkehrsstraße von Cassandje nach Angola genauer zu verfolgen.

Die Befähigung Hauptmanns von Homeyer für das große Werk, das er übernommen hat, ist in den Kreisen fachmännischer Freunde genügend bekannt, um zu gegründeten Erwartungen besten Erfolges zu berechtigen, sobald die Nachricht von seiner Ankunft in Loanda nach Europa gelangt sein wird, und Dr. Lenz, der vor etwa einem halben Jahre am Gabun landete, hat bereits Proben erfolgreicher Arbeiten abgelegt.

Dr. Süßfeldt, den Dr. Pechuel-Loesche in seinen geobätischen Aufnahmen unterstützen wird, zählt außerdem in seiner Expedition Dr. Falkenstein, als Zoologen (zugleich in ärztlichen Functionen thätig) und den Mechaniker Lindner, sowie Major von Mechow, der im Hinblick auf eine geregelte Einübung der Träger=Colonne hinausgesandt ist. Der Botaniker Soyaux, der mit seinen bereits gewonnenen Erfahrungen sich der Expedition Hauptmanns von Homeyer anschließen wird, soll an der Loango=Küste durch Dr. Lohde ersetzt werden, dessen Abreise sich vorläufig durch einen Zwischenfall verschoben hat. Dieser Gelehrte wird in der Station mikroskopische Studien feineren Details betreiben, zu denen bisher in den Tropen weniger Gelegenheit gegeben war, und vielleicht läßt sich weiterhin die Vorkehrung treffen, daß in den Räumlichkeiten der Station Chinchoxo auch anderen Specialisten des botanischen oder zoologischen Faches ein zeitweiser Aufenthalt angeboten werde.

Dr. Süßfeldt hat die Zwischenzeit, welche bis zu dem Eintreffen der Träger aus Benguela verfließen mußte, auf das Geeignetste benutzt, und in den von ihm getroffenen

Maßregeln den Beweis geliefert, daß die Angelegenheiten
der Afrikanischen Gesellschaft keinen besseren Händen hätten
anvertraut werden können, als denen seiner Führung. Die
Schwierigkeiten des weiteren Vorgehens werden, so weit es
sich bis jetzt übersehen läßt, vornehmlich auf zwei Punkte
zurückkommen, einmal die Vermeidung der bereits so manchen
Reisenden, besonders an der Westküste, verderblich gewordenen
Epidemien (für die Blattern durch Impfung), und dann die
Ernährungsfrage, zumal in Folge der letzten Dürre an
manchen Punkten des Innern schwere Hungersnoth aus-
gebrochen scheint und es bei der völligen Unbekanntschaft mit
dem Innern überhaupt noch ungewiß bleibt, ob und für
wie lange die projectirte Reiserichtung in Wüsteneien hinaus-
führen mag. Der Vorstand hat deshalb Veranstaltung getroffen, solcher Art Provisionen, die bei genügender Con-
centration das Gewicht des Gepäcks weder allzu sehr ver-
mehren, noch andererseits durch allzu hohen Preis eine länger
dauernde Verwendbarkeit für 100—150 Neger ausschließen
müßten, nach der Küste hinauszusenden, und bleibt es nun
zu erwarten, wie weit sich in jenem zerstörenden Klima die
Haltbarkeit bewähren wird, da darüber noch keine Erfahrungen vorliegen können. In diesen beiden Rücksichten (und
etwa in der eines Brandunglücks, bei der während der Vorbereitungen um die Station anzuhäufenden Menschenmenge)
könnten Gefahren drohen, die sich nicht im Voraus berechnen
lassen, wogegen die Schwäche der politischen Machthaber, wie
sie aus Dr. Güßfeldt's vorläufigen Explorationstouren her-
vorgeht, einer wohlbewaffneten Caravane unter Führung

von Europäern keine ernstlichen Hindernisse wird in den
Weg legen können, und die Verhandlungen leicht zu führen
sein müssen, wenn für die Dienste landeskundiger Mittels=
personen eine richtige Wahl getroffen ist. Das nächste Ziel
würde Shintetje sein, das sich wahrscheinlich als Theil eines
größeren Länderganzen ergeben wird, und vielleicht läßt
sich bort auch weitere Auskunft über die Babongo erhalten,
unter deren in mehrfacher Unbestimmtheit, wie sich schon
anfangs bemerken ließ, verwendeten Namen mitunter auch
jene in unstetem Wald= oder Wüstenleben verkümmerten
Stämme eingeschlossen werden, die den Obongo unter
Aschango, sowie in den Buschman unter Hottentotten und
Kafir zu entsprechen scheinen, und dann gleich diesen auch
den im Osten als Zwergnation beschriebenen Akka angenähert
sind. Sollte die Expedition, wie es a priori fast zu erwarten
steht, auf einen jener Staaten=Complexe treffen, wie sie beim
Muata=Yamvo, beim Cazembe, in den Munbuttu u. s. w. aus
Central=Afrika bekannt sind, so würde bei richtiger Einleitung
der Verhandlungen, zu denen die in der Zwischenzeit ge=
wonnene Kenntniß von Land und Leuten befähigen muß, das
fernere Vorgehen dadurch die wesentlichste Erleichterung er=
fahren. Möglicherweise wird dann auch ein Zusammenwirken
der Loango=Expedition mit der südlichen Zweig=Expedition
erzielt werden.

So sind in nächster Zeit zuverlässige Berichte über das
jetzt noch in Dunkel gehüllte Innere zu erwarten, und da=
durch werden dann auch die in der Kürze eines vorüber=
gehenden Aufenthalts an der Küste gesammelten Mittheilungen,

wie sie in diesen beiden Bänden wiedergegeben sind, ihre
nöthigen Rectificationen erhalten. Dasselbe gilt ebenso für
das sprachliche Capitel, das ich indeß nicht unterdrücken
wollte, weil es auch schon in dieser Form den Reisenden
vielleicht einigen Anhalt für die bis jetzt noch nicht auf das
Linguistische ausgedehnten Studien geben kann. Ich selbst
kam ohne Rathgeber an die Westküste, da der rasche Ent=
schluß, dieselbe persönlich zu besuchen, Vorbereitungen in
Deutschland ausgeschlossen hatte, und die literarischen Hülfs=
mittel, die in der Bagage der Expedition erwartet wurden,
mit dieser zu Grunde gegangen waren, so daß ich mich auf
ein im eigenen Gepäck mitgeführtes Compendium reducirt
sah. Außerdem hatten die an der Loango=Küste gesprochenen
Dialekte noch keine grammatische Behandlung erhalten, und
den Europäern an der Küste lag eine Beschäftigung damit
fern und fremd, da das unter den Negern verbreitete Portu=
giesisch (oder vielmehr der daraus und aus spanischen, eng=
lischen, französischen und anderen Sprachfetzen zusammen=
gestoppelte Jargon) zum Verkehr genügte. So leicht es nun
nach einiger Uebung den Reisenden zu werden pflegt, sich
in eine fremde Sprache soweit hineinzufinden, um sich mit
ihr verständlich zu machen, so schwer ist es andererseits, eine
nur gehörte Sprache von noch unbekanntem Bau auf be=
stimmte Regeln zurückzuführen, wenn man mehr will, als
mechanisch einige Vocabularien und Dialoguen einlernen.
Bei der vielfachen Beanspruchung meiner Zeit während der
wenigen Monate des Aufenthalts an der Küste glaubte
ich deshalb auch auf linguistische Materialien verzichten zu

müssen, da ich aus eigener und anderer*) Erfahrung wußte,
daß, obwohl auf bereits geebneter Bahn ein Sammeln
einfach genug geschehen kann, dasselbe doch, ehe eine solche
überhaupt gebrochen, nur auf weiten Umwegen zu bewerk=
stelligen ist.

Der Zufall führte mir indeß noch kurz vor meiner
Abreise einen Schwarzen zu, der eine Zeit lang in einer
Schule Loanda's zugebracht und von daher eine Kenntniß
des Schreibens und Lesens, sowie auch einige Erinnerungen
an die Bunda=Sprache bewahrt hatte. Mit ihm begann ich
nun auf meiner Durchreise in Kabinda einen Unterrichts=
cursus, der freilich leider auf acht Tage beschränkt werden
mußte und selbst in diesem kärglichen Termin noch Unter=
brechungen erfuhr. Die Resultate desselben finden sich in dem
letzten Capitel, und werden deshalb hinzunehmen sein, wie
sie eben sind, da es sich für den Augenblick nicht besser
machen ließ.

Bei der Vorbereitung zum Druck habe ich aus den ver=
wandten Sprachen entsprechende Vergleichungen zugefügt,
und werden sich daraus Fingerzeige ergeben, um die an der
Loango=Küste (besonders in Kabinda) gesprochene Mundart

---

*) Ellis beschreibt die Erlernung der Sprache auf Tahiti durch die
im Schiffe Duff gelandeten Missionäre als „a most laborious and te-
dious undertaking“, und obwohl sie bereits auf früheren Reisen gesammelte Vocabularien hatten studiren können, obwohl sie ferner auf der
Insel einige Europäer vorfanden, die ihnen in den gewöhnlichen Gesprächen
behülflich sein konnten, hörte er doch in einigen Fällen, daß es eines
Aufenthalts von „ten years on the island“ bedurfte, um in Einzelnheiten des grammatischen Baues einzubringen.

an zugehöriger Stelle einzureihen. Der Abschnitt über den Fetischdienst ist eine veränderte Wiedergabe des in der Zeitschrift für Ethnologie enthaltenen Artikels.

Die Fetische der aus einer Photographie beigegebenen Zeichnung gehören zu der von der Loango=Küste mitgebrachten Sammlung, welche sich jetzt in der Ethnologischen Abtheilung des Königlichen Museums zu Berlin aufgestellt findet (s. darüber Verhandlung der Berliner Anthropologischen Gesellschaft, Jan. 1874, in der Zeitschrift für Ethnologie VI, 2). Die mitgebrachten Schädel sind an das anatomische Museum abgegeben.

Wenn wir dasjenige überblicken, was bis jetzt geschehen ist, so muß zunächst im Auge behalten werden, daß wir uns gegenwärtig noch in dem Stadium der Vorbereitungen befinden, und daß die zu Gebote stehenden Geldmittel besonders dafür beansprucht waren, Alles in den Stand zu setzen, um den im weiten Umfang angelegten Plan methodisch durchzuführen. Die Verzögerungen, die eingetreten sind, lagen in der Natur der Sache und waren für sichere Fundamentirung des Späteren selbst wünschenswerth, aber in dem ganzen Zeitraum von 1½ Jahren, den sich die Reisenden an der Küste befinden, sind bis dahin noch keine außergewöhnlichen Störungen eingetreten, wenn man auch, wie stets, wo es sich um afrikanische Entdeckungsreisen handelt, jeden Moment auf Katastrophen gefaßt sein muß. Ohne sich darüber klar geworden zu sein, dürfte ein derartiges Werk überhaupt nicht begonnen werden. Ausnehmend günstig hat sich die Wahl der Localität erwiesen, auf welcher die Station

angelegt wurde, da sie an der sonst so tödtlichen Westküste
gleichsam die Oase eines Sanitarium bildet, so daß die dort
verbliebenen Reisenden in der Hauptsache von Krankheiten
verschont sind. Allerdings hat Dr. Güßfeldt manche schwere
Fieberanfälle durchgemacht, aber nur deshalb, weil er auf
seinen Orientirungsreisen gezwungen war, über den Bereich
der Station hinaus ungesunde Sumpfdistricte zu durchwan=
dern und sich dort jeder Art von Strapazen auszusetzen.
Dadurch sind aber die Wege gebahnt, um fernerhin von der
Station aus direct die Hochlande des Innern zu erreichen,
wo eine gesundere Luft weht, so daß die Reisenden rasch dem
deletären Einfluß der Malarien entzogen sein werden.

Eine besondere Schwierigkeit, der für die Leitung dieser
Expeditionen Rechnung getragen werden muß, erwächst aus
dem Umständlichen und Langwierigen der Communicationen
mit Nieder=Guinea, und sind dieselben noch vermehrt worden,
theils durch die vielen Unglücksfälle, welche die englischen
Postdampfer aus Liverpool betrafen, theils dadurch, daß der
Correspondenz der Landweg nach Lissabon, um die portu=
giesischen Postdampfer immer regelmäßig zu erreichen, durch
den Krieg in Spanien abgeschnitten war. So können oft
in Empfang und Rückantwort der Briefe 4—5 Monate
verfließen, ein in unserer an rascheste Beförderung (oder
selbst Telegramm nach allen Richtungen hin) gewohnten
Gegenwart ganz abnormer Zeitverlust, und die durch den
Vorstand hinausgesandten Instructionen sind deshalb so
vielfach illusorische geworden, daß sich meistens am Besten
zeigte, die Initiative den Reisenden selbst zu überlassen.

Um so höher ist es deshalb zu schätzen, daß in Dr. Süßfeldt ein Mann an die Spitze gestellt wurde, dem mit völliger Beruhigung die nöthigen Anordnungen anheimgestellt werden können, und soweit es in seinen Kräften liegt, wird es derselbe gewiß an nichts fehlen lassen, dieses nationale Unternehmen in einer seiner Bedeutung würdigen Weise fortzuführen. Möge deshalb auch die demselben bisher er= wiesene Theilnahme in Deutschland wach erhalten bleiben.

December 1874.

Der Verfasser.

# Inhaltsverzeichniß.

# Bomma am Zaïre.

Durch die Mächtigkeit seiner Wasser, die, weit in das Meer ausströmend, sich in bedeutender Entfernung bereits von der Küste bemerkbar machen, hat der Zaïre schon früh die Aufmerksamkeit auf sich gezogen, schon bei der ersten Entdeckung, während neben ihm die Mündung des Ogówe versteckt ist, dessen Ausdehnung erst ganz neuerdings bekannt wurde. So bringen die Wasser des aus den Quellen höchster Gipfel, eine lang gestreckte Bahn, herabgleitenden Marañon über die Salzfluth fort, während neben ihm der durch vielfache Verästelungen träge Orinoco sich in seinem Delta verliert. Die Westküste Afrikas zeigt geologisch jene älteren Formen, die auch den gegenüberliegenden Osten Amerikas charakterisiren, in welchem Erdtheil die Andes am Pacific jüngere Bildung zeigen, als die brasilianischen Hochländer und Guianas Gebirge, das Felsengebirge sich neueren Ursprungs beweist als die Alleghanykette. Allerdings sind hier früher und später relative Begriffe, denn „obwohl die jüngeren Gebirge sich sämmtlich am Ufer der See erheben, können doch auch ältere Gebirge durch Wegwaschen des Meeres wieder in Küstenketten verwandelt werden", wie in den anschaulichen Bildern der vergleichenden Erdkunde

1*

bemerkt wird. Das Gleiche gilt indeß auch für einen wei=
teren Satz, wenn Peschel sagt: „Die Festlande (als Hoch=
lande unter der Sohle der Oceane hervorragend mit auf=
gesetzten Gebirgen) oder vielmehr der horizontale Umfang
der Welttheile war schon vor dem Auftreten der Gebirge
gegeben" die jedoch wieder zur Erhaltung dienen, indem
hier gleichfalls eine Wahl zwischen Ersten nnd Zweiten sich
in der Kette ineinander geknüpfter Folgereihen verlieren
würde.

Im Stillen Ocean herrscht gewissermaßen an der
amerikanischen Westküste noch ein Kampf des Meeres mit
dem Lande, das in vulkanischen Revolutionen Dämme em=
porzuheben strebt, wenn in den Erdbebenzeiten der Wasser=
wall des Pacific dagegen anprallt, während sonst die Fluth=
welle *) von Ost nach West fortschreitet.

Im Atlantischen Meere **) streicht der Aequatorialstrom
vom guineischen Golf nach Cap Roque und um Cap Horn
der Westküste Amerikas hinauf in den Pacific hinein, und

*) In the equatorial regions of the Atlantic the mass of the
water heaves westward, as in the Pacific (Jordan). The great
equatorial current seems a general transfer mouvement of the
tropical waters from east to west all round the globe (s. Guyot).
**) In each of the three great basins (of the Equatorial Sea)
the tide has to take a fresh start from the eastern side, with every
fresh upper and lower transit of the producing luminary, and is
destroyed or confused by the reflection on the western coast, before
the creation of a new wave, while in the open part of the Southern
Ocean the tide wave circulates unimpeded and spreads into the
three oceans, up which it runs as a free wave from south-east to
noth-west (Herschel).

in dem Ausgangswirbel, wo der vorspringenden Spitze Amerikas die Ausbuchtung Afrikas entspricht, finden sich vom Festland abgerissene Inseln, die ihren Zusammenhang mit demselben zur Schau tragen, während an der afrika= nischen Ostküste (wie im rothen Meere) die Korallenriffe zwischen Mozambique und Mombas ein Aufsteigen (s. Pe= schel) beweisen, im Delta des Nils dagegen wieder ein Sinken stattfindet.

Die Westküste Afrikas ist durch die darauf ansetzende Dünung der großen Meeresschwellung (der Maresia oder Calema) bis an den Rand der Urgebirge abgenagt, im in= nersten Winkel bis an das gipfelnde Hochland Ambozes, den Pic des Cameron hin, unter dessen Schutze e.st wieder im Norden die Land anbauende Thätigkeit im großen Niger= Delta beginnen konnte, um innerhalb der Beuge des Stroms die fruchtbare Landschaft Yoruba's sich ansammeln zu lassen. Noch jetzt dauert in Nieder=Guinea die vernichtende und zerstörende Thätigkeit fort, indem dort das Land bei dem Andrang des Meeres gewissermaßen durch seine eigenen Flüsse unterminirt wird, indem dieselben, am Ausfluß ge= hemmt, in Lagunen Hinterwasser bilden, die als Süßwasser= seen entstehen, und dann, wenn beim Durchbruch zum Meere in Folge des Flutheindranges salzig geworden, Ver= anlassung zur Formirung von neuen Lagunen weiter im Binnenlande geben. So liegt am Luema die Süßwasser= Lagune von Kayo hinter der salzigen von Chissambo, so bildet am Rembo der Camma, für Ogowe der Npulunay= Arm ein Bayou, einen vom Fluß durch Dammbruch ge=

öffneten Weg (s. Peschel), ähnlich wie sich am Kambobia-
Fluß der Talisab als periodisch erleichternder Moeris-See
findet. Der Jonanga-See ist durch den Ngomo mit dem
Ogowe verbunden, und mit dessen Arme, dem Npulunay,
der Anenge-See. Durch weiteres Wegfressen des äußern
und Unterhöhlen des innern Landes werden Erdstürze*)
gebildet (wie sich solche auf dem Wege von Chicambo nach
Loango finden sollen) und mögen sich auch verschiedene Flüsse
im gleichem Delta vereinigen (wie Brahmaputra und Ganges,
Euphrat und Tigris), und aus ähnlichen Gründen zeigte
die Trennung zwischen Alt-Calabar und den Mündungs-
flüssen des Niger vielfache Schwierigkeiten. Bei Massabe
erzählen Augenzeugen von den vielfachen Veränderungen
der Flußmündung innerhalb weniger Jahre. Auf weite
Entfernungen von der afrikanischen Küste erstrecken sich auch
da, wo keine Flüsse münden, unter dem Meere Untiefen
fort, welche das erste Brechen der Wellen veranlassen, die
dann in regelmäßigen Folgen brandend heranstürmen. Die
nach der Küste ansetzende Dünung macht sich aber häufig
schon auf dem noch völlig offenen Meere bemerkbar, und
wie es heißt, besonders in den ruhigeren Jahreszeiten, während sich sonst auf die Nachwehen in benachbarten Regionen
stattgehabter Ungewitter schließen ließe. Das ganze Phänomen

---

*) Der Dilolo-See, der (durch den Kasai) mit dem Congo und
mit dem Zambesi communicire, gilt als ein Erdsturz, in welchem auf
den Zaubergesang einer fremden Frau das ungastliche Dorf versunken
(Livingstone). Wie bei den Katarakten des Zaire werden auch sonst mehrfach
unterirdische Abflüsse vermuthet.

verdient noch fernere Beachtung im Zusammenhang mit den sonstigen Beobachtungen über das Meeresleben. Offene Aestuarien, wie die des Gabun, sind der Ebbe und Fluth ausgesetzt, während das Phänomen der Meereswoge, der Bore (im Ganges, Tsientang, Sittang u. s. w.) oder der Pororocas (am Marañon) bei Flüssen verschiedener Mün= dungsform vorkommt. Das Aufwerfen einer Barre an der Mündung, als Sandbank oder Düne, bleibt überhaupt (wie von der Neigung des Meeresbodens) von der Ausströmungs= geschwindigkeit des Flusses (je nachdem derselbe aus den durchflossenen Ländern zugleich mit suspendirtem Schlamm gefüllt ist) in Abhängigkeit. In Afrika zeigt die Beobachtung, daß gerade die größeren Flüsse sich in unscheinbare Mün= dungen verlieren, weshalb man selbst nach Park's Ent= deckung des Niger im Innern Afrikas seinen seit Jahrhun= derten gesuchten Ausfluß, trotz Reichardt's Andeutung, nicht erkannte (vor Lander's Befahrung), und, wenn nicht auf Nil oder auf centrale Seen, auf den Gambia oder den deshalb von Tuckey befahrenen Congo rieth, wie jetzt beim Lualaba die Ansichten zwischen Nil, Centralsee und Congo (oder Ogoway) schwanken. Die Mündungen des Zambesi wurden, wenn auch den Portugiesen im Allgemeinen be= kannt, deutlicher erst durch Livingstone festgestellt, und das Wassergeflecht am Cap Lopez hatte auf die französischen Un= tersuchungen zu warten, um den von Bowdich angedeuteten Ogowe den Karten einzuverleiben.

Tritt das Meer nahe an das Quellgebirge eines Flusses heran, so verliert derselbe seinen unteren, oder

selbst seinen mittleren Lauf und mag so, wenn sonst die
relativen Verhältnisse (z. B. in Folge anhaltender Regen=
zeit) Ansammlung größerer Wassermassen gestatten, an seiner
Mündung, trotz seiner Kürze, die imposante Erscheinung
des von einer steileren Erhebung der Sierra de Kristal
niederfließenden Gabun machen. Der Congo gelangt mit
beschleunigter Geschwindigkeit zum Meere, da er noch kurz
vorher über die Katarakten von Yellala herabstürzt, obwohl
dann jenseits derselben wieder seinem Wasserstreifen gefolgt
ist, der sich nach Localisirung der oberen Quellen als der
mittlere Hauptstamm ergeben mag.

Die überall dem Seestrand nahe gerückten Katarakten,
mit denen die afrikanischen Flüsse das Küstengebirge durch=
brechen — der Senegal in denen von Felu, der Gambia
bei Barracanba oder Fattatenda, der Rio Grande bei Dongo,
der Niger (bei Barrum und Bussa), der Ogowe bei Obin=
dschi, der Quillu bei Gotu, der Congo bei Yellala, der Zam=
besi an dem Victoriafalle, der Orange bei den Aukurulies,
der Coanza bei Kambamba, der Katumbela mit den Upa=
Katarakten, der Mudschinschi bei Kahi, der Rembo bei
Sambo=Nogoschi, und so Cunene, Cameron, Calabar u. s. w.
an ihren Fällen und Wasserschnellen — verhindern (wie
längs der Küste die unablässig anrollende Dünung die
Schifffahrt) die Verbindung der Stämme miteinander, und
eben durch das Zurückschieben der Katarakten des Nils ergiebt
sich dieser als ein geschichtlicher Fluß, auf dessen jüngeren
Terrainbildungen ein culturzeitigendes Völkerleben erstehen
mochte.

Bomma (Embomma oder M'Boma) oder Mimbomma,
gegenüber der Chimbuke buke genannten Insel, soll seinen
Namen, als Land des Schreckens (oder der großen Schlange),
von den blutigen Kriegen führen, die dort an der durch
den Tabbi Umsasa oder Blitzstein (in Mamandeka) mar=
kirten Grenze Mayombes durch den Fürsten der Küsten=
reiche geführt wurden, um den Handel dieses wichtigen
Marktes für sich zu monopolisiren (unter dem Schutze
eines Maboma oder Ma-Bomma). Es setzten sich zunächst
sieben Könige dort fest, deren Zahl später auf acht oder
neun erhöht wurde, und deren Raub= oder Ritterburgen
sich auf näheren und entfernteren Hügelkuppen und dem am
Flußufer gelegenen Landungsplatz herumziehen. Jeder dieser
Könige hat seinen Statthalter oder Botschafter, durch wel=
chen sie mit den Europäern verkehren, da es ihnen selbst
verboten ist, die Factoreien zu besuchen, und um das Lästige
dieser Quisille zu vermeiden, kommt es oftmals vor, daß
der einflußreichste Mann im Staate vorzieht, einen Schatten=
könig einzusetzen und sich nominell mit der zweiten Stelle
zu begnügen, obwohl er in Wirklichkeit das Heft der Re=
gierung um so mehr in der Hand behält, da der directe
Handel mit den Weißen, der ihm erlaubt, seinem Herrn
aber untersagt ist, ihn selbst mehr als diesen bereichert. So
hat der Mambuko Mabudo die Königsmütze bisher zurück=
gewiesen, und auch der Matombe entsagte beim Tode des
Königs Pura dem Throne, um an seiner Statt einen jün=
geren Bruder einzusetzen. Neben dem Sakara Umtati (König
Bota Fora) oder Lene (Rey) Bota in der Banza Chinane

bota regiert der Mani=Lombe Chanda; neben Salangsoka
oder Sakara Soka (König Chuve), in der Banza Nivum=
mavulu, der Mani=Lombe Rico (in Kutschilombe); neben Ne=
chendo oder Rechianbe, in der Banza Rechianbe der Mani=
Lombe Subiquilla; neben Repura (Matunba) oder Repula
(König Pura oder Monkonko) der Matombe (Lutete Ma=
tombe oder Chengo) oder Ranimatembo in Rasumba;
neben Ressengo oder Rechiengo (Chengo oder Matunbu), in
der Banza Rechiengo der Jukesalle; neben Resalla oder Re=
sulu (in Sali) der Mani=Lombe Prata. Dazu kommt der
Rekuka (Kusu) in Banza Rekuka, und dann in theils gleich=
lautenden Titeln: Chinkelle Makunsi (König Sangre oder
Lutete), Matumbo Ungoma (Anipollele), Malelle (König
Chico), Maqualla (König Makuku), Maniensi, Umtschama,
sowie Sakulo Umbako, Sakulo=Seke, Mambinda u. s. w.
Als Minister stehen neben den Königen Bommas der Ca=
pito, Mambuko, Mani=Lombe Ressuka, Makaye, Mafuko
u. s. w. In Angola unterscheidet Dapper die Mokata oder
Edelleute von den Gemeinfreien (neben Quisios oder Leib=
eigenen und Mobikas oder Kaufsklaven). Früher stand das
Recht, die Könige Bommas zu krönen, dem Oberkönig Rain=
sala (Masali) in Chinsala (Ansali) oder Inshala zu, und noch
jetzt befindet sich dort der Begräbnißplatz, in welchem die
Leichen aufrecht beigesetzt werden, neben dem zu Hinrich=
tungen benutzten Fels Mimangonse (Blattrippe) oder Sieda
Sinschalla bei der Insel Buko=le=Bomma (gegenüber der
Insel Sakarumbakka). Der König von Chinsalla (Chinsala)
wird unter der Leiche seines Vorgängers gekrönt, und es

muß Gewalt angewendet werden, die Krönung zu erzwingen, da der vielen Quixilles wegen sich Jeder dagegen sträubt. Der Fürst Tschingala (der, wie von ihm erzählt wird, eine mit abgeschnittenen Negerohren*) besetzte Mütze trug und schwangeren Frauen den Rücken aufschlitzen ließ, um das Wachsen des Embryo zu beobachten) ging stets bewaffnet, damit man ihn nicht zum König mache. Nachdem ein Fa= milienrath im Geheimen die Person des künftigen Königs bestimmt hat, wird dieser plötzlich ergriffen und gebunden in das Fetischhaus geworfen, um dort gefangen gehalten zu werden, bis er sich fügt. Durch Fetische sind so viele Wege abgeschnitten, daß der König fast nicht sein Dorf verlassen kann, und für ihn regiert deßhalb der Mani=Lombe. Nach alter Sitte mußten die Könige Bommas in das Zeug des Landes gekleidet sein, ohne sich fremder Fabrikate zu bedienen.

Die gekrönten Könige Bommas können sich unterein= ander sehen, nicht aber ungekrönte Könige, und wenn sie mit den letzteren in einem Palaver vereinigt sind, wird hinter vorgehaltenen Schirmen gesprochen. Mitunter wird es so dargestellt, als ob die Könige Bommas in zwei Par= theien getheilt seien, die eine Nekuko, Chuve, Pula, die andere Bota fora, Nechengo, Matomba, Nesulu einschließend,

---

*) Aus der Hirnschale des Fürsten Svjatoslav ließ der Petscheneze Kurja einen Trinkbecher verfertigen (972 p. d.), wie der Bulgarenfürst Krumus aus dem Schädel des Kaisers Nikephoros (811 p. d.), und so bei Longobarden, Hiongnu u. s. w., während die Kirche das Trinken aus den Schädeln Heiliger adoptirte.

und daß die zu der einen gehörigen die der andern bei den Berathungen nicht sehen dürften, weßhalb sie Sonnenschirme vorhielten. Am Flusse werden die Palaver unter einem alten Baume abgehalten, der deßhalb eine Art Heiligkeit besitzt. Bei diesen Palavern suchen die Neger ihre Bered= samkeit zu entwickeln, und „nach dem Feuer ihrer Decla= mation zu urtheilen, sollte man glauben, daß sie die schwie= rigsten und wichtigsten Gegenstände untersuchten; allein man erstaunt, wenn man zuhört und findet, daß die Rede von einem elenden irdenen Topfe, von einer Vogelfeder oder auch von einigen lächerlichen und abergläubischen Gebräuchen ist". Tuckey fand bei einem Palaver in Noki die zahlreiche Anwesenheit von Kindern auffällig, und die Knaben zeigen oft in frühreifer Entwicklung ein rasches Verständniß, so daß die Erwachsenen bei Unterhaltungen auf ihre Bemer= kungen achten. Aehnliches bemerkt New von den Kindern unter den Wanika.

Der König Bota fora, der seinen Hauptfetisch (einen ausgestopften Tiger) durch ein aus Lehm geformtes Kro= kodil bewachen läßt, hat jetzt für seine Familie einen Be= gräbnißplatz in dem Residenzdorf einrichten lassen, aber die Könige Nepura und Nekuke bewahren die alte Sitte der Beerdigung in Chinsala.

In dem Hause des Königs Chuve (des Regenkönigs) hängt vor einem durch Kongo = Matten (mit eingestrickten Binsen=Büscheln) ausgehängtem Verschlag der Fetisch Um= bubiba, als ein geschnürtes Bündel, aus dem Thonhenkel hervorstehen und vorne ein Horn mit Pfeife hängt. Wenn

der in der Regenzeit allzu lässige Regen einiger Aufmunte=
rung bedarf, operirt der König (in seiner Function als Ganga)
vor diesem Fetisch mit seinen Milongho. Nach Damaskios
verstanden die Brahmanen durch ihre Gebete*) Regen oder
Dürre zu bewirken, während sonst dieses Amt mit dem
König verbunden blieb, der dadurch seinem weltlichen noch
priesterliches**) Ansehen zufügte, und so verurtheilte (nach
dem Malem) Nimrod (Ben=Kenaan) Abraham zum Feuer,
weil er sich geweigert, ihn (gleich den übrigen Chaldäern)
als Gott anzuerkennen. Die Zendj bezeichneten (nach Massudi)
ihren König als Waklimi (Sohn des höchsten Herrn) und
Gott***) oder Maklandjalou. In Mbengga (auf den Fiji)
hießen die Häuptlinge Gali=cuva=ki=lagi (dem Himmel allein
unterthänig). Der Häuptling des Myall = Stammes am
Bogan wurde (nach Mitchell) so hoch geachtet, daß Niemand
seinen Namen auszusprechen wagte (1835), und während
sonst in Australien nur patriarchalisches Ansehen galt, finden
sich erbliche Häuptlinge (nach Finnegan) an der Moretonbay.

---

*) The pillar of iron (at the entrance of the capital of
Senjero) beny broken down, the seasons became regular again
(s. Krapf).

**) La vie (du pontife) paraissait d'un si grande consé-
quence, qu'on était persuadé que, s'il mouroit de mort naturelle,
tout l'univers périroit (en Congo) 1753.

***) Les princes de Loango prennent le titre de Samba ou
de Pango, qui signifie divinité (Delaporte). Le Kilomba (die Be=
grüßung des Königs von Loango durch die Edlen) consiste en deux
ou trois sauts en avant et autant en arrière. Le prince etend les
bras, comme pour les recevoir, mais ils se prosternent à ses pieds
et se roulent plusieurs fois à terre.

Bei den unter Abbaja (ober Häuptlingen) lebenden Kanba zählt der Priester ober Kuttagottaru (Torambu ober Jakoro) bie Ahnherren bes Stammes unb seines Geschlechtes auf. An vielen Theilen ber afrikanischen Westküste dagegen hat sich der Häuptling die Würde durch Geschenke zu erkaufen, unb muß (wie am Gabun) vorher Schmähungen*) erbulden. Nur wer Alles hergegeben unb Sklavendienste geleistet hat, wird von ben Bebuinen zum Häuptling bes Stammes ge= wählt (heißt es im Mobarrab). Als eine Art Uebergang vom Priesterkönigthum zur völligen Trennung in weltliche unb geistliche Macht ist bas Zweikönigthum, wie in Siam, auf ben Palau=Inseln u. s. w., zu betrachten, während anderswo die Verdrängung durch ben Kronfeldherrn eintritt.

Im Dorfe bes Re Chuve findet sich der Fetisch Pinba (in Menschenhöhe) unb baneben (zum Einschlagen von Nägeln) der Fetisch Umbuko Dabinba; der Fetisch Bumbansambi (mit Federn aus einem Horn hervorsteckenb) bient zum Heilen von Krankheiten. Außer dem Ganga Pinba lebt im Dorfe Muschimwumma ober Nischumwumma (bes Königs Chuve) der aus Congo zugereiste Ganga Umbubiba. Im Besitz bes Matombe finden sich die Dörfer Nabuila (Matombe), Chin= binga, Umbanza Achalutila (wo König Pura resibirt), Nu= sumba, Naschitella, Nuntombo Chilutila, Nusanga. Seine

---

*) Der vom Tenballa proclamirte Jaga wirb ben Häuptlingen (Caza Nbonga, Canguengo, Quibonbe, Gunza-abanguella, Kiabunba Nballa-Manhungo) vorgestellt, despois de lhe ter tirado todos os vestidos, en trozo dos quaes lhe da um ordinario panno de palha, para lhe mostrar, que nunca se deve esquecer da humilda situação de que saio, unb wirb bann vom Catonbo zu einem Strohbett geführt (s. Neves).

Fetische sind Konde, Guiko, Mangaka, Umbuaka. Der Fetisch Zambi ist allgemein in Bomma. Unter den Spielen bemerkt man dort das Händespiel, „welches darin besteht, daß man erstlich verschiedene Theile seines Körpers auf eine abge= messene Art bald geschwinder, bald langsamer ●it den Händen schlägt und dann zur selbigen Zeit sich einander mit den Händen begegnet". Das Brettspiel (mit achtzehn Löchern) heißt (am oberen Zaire) Louéla (nach Tuckey).

Im Dorfe des Manilombe (Natschilombe) findet sich der mit Zehennägeln an den Füßen versehene Fetisch Kunja, durch Stricke umwickelt und zum Einschlagen von Eisen= nägeln benutzt. Der bekleidete Fetisch Boaka steht da mit langem Priapus und. dient gegen Syphilis. Der Fetisch Kanga=Jkanda ist in einem Bündel aufgebunden, der Fetisch Doanga=Jmpenna schützt gegen Fetisseros, wie Mabiali mit gezücktem Schwert, und das von Felix auf der Reise nach. Sogno gesehene Götzenbild (1753) tenoit dans ses mains deux grands couteaux.

Zu dem weiblichen Fetisch Que=imba (der Ganga=Jn= quimba genannten Priesterin) gehört als männliche*) Hälfte Mabiali=mandembo, dessen Cultus sich, gleich dem des Man= gaka, von Bomma aus den Zaire abwärts verbreitet hat.

Der Kissan=Quimbe ist nach Bomma aus Kongo oder

---

*) Le mari des onze femmes avait, autour de son habitation, onze idoles, dont chacune portoit le nom d'une de ses épouses. On les encensait en brulant de la paille devant elles (1753). Außerdem wurden (in Kongo) verehrt (neben dem Oberpriester) la prince de la montagne, le roi de l'eau, le dieu des elements (s. Delaporte).

Groß=Kongo (Kongo bi Angungo) gekommen, und in Kongo findet sich gleichfalls ein Geheimorden Wiedergeborener, der nur dann, wenn ein Krüppel oder sonstiges Monstrum\*) im Lande geboren wird, seine Reihen zur Aufnahme neuer Candidaten öffnet. Wer nach Vollziehen der Weihen daraus entlassen wird, geht Wochen und Monate stumm umher, die Lippen mit der Hand geschlossen, da das vergangene Leben (durch einen Lethe = Trunk) völlig vergessen ist und die Erinnerung erst allmählig zurückkehrt. Eine Wiedergeburt der Seelen ist (nach Plato) σκοπός τῶν τελετῶν (in den eleusi= nischen Mysterien). Als ein Kind mit allen Zähnen in Dahomey zur Welt kam, erklärte es der Fetissero für die Wiedergeburt des Königs Guezo, gekommen, um seinen Sohn zu verschlingen, und ertränkte es (Lafitte). Weil die Ahn= frau des Clan (unter den Bakalai) einst ein Büffelkalb zur Welt gebracht, war Büffelfleisch den Nachkommen Runda oder verboten (hörte Du Chaillu).

Wenn ein Fürst eine Quimba errichtet, treten außer seinen eigenen Leuten auch oft fremde (aus benachbarten Dörfern) darin ein, und diese müssen dann für den Unter= richt durch den Ganga Jnquimba Zahlung leisten. Beim Verlassen der Quimba sind alle dick und fett, da sie sich in der langen Mußezeit, wo keine andere Arbeit als die des Essens und Trinkens vorlag, gekräftigt haben und zu jenen kriegerischen Unternehmungen geschickt sein würden,

---

\*) Monstrum (prodigium) a monendo (monet enim), quae sit circa futura deorum voluntas.

für deren Zweck ähnliche Institute unter den Bailundas
(als Kilombo) und weiter im Süden aufrecht erhalten werden.
Mitunter wird auch für Mädchen eine Kimba eingerichtet,
und darin treten dann solche ein, die sich von langdauernder
Krankheit heilen oder gegen solche im Voraus schützen wollen.
Die lähmende Gicht (bemerkt Proyart) wird (an der Loango=
Küste) die „Königskrankheit genannt und die Neger sehen
sie als die Strafe irgend eines Verbrechens gegen den
Monarchen an. Der Gelähmte wird aber doch nicht gerichtlich
belangt, weil man voraussetzt, daß der Himmel, der ihn
des Gebrauches einiger seiner Glieder beraubt, ihn schon
genug für den Grab der Bosheit gestraft hat, der in seiner
schlimmen Absicht lag, unterdessen wird er als schlechter
Bürger angesehen".

In Bomma gehen oft mehrere Jahre hin, ohne daß
eine Quimbe geöffnet wird, und wenn dieses dann in einem
Dorfe geschieht, strömen dort auch aus den umliegenden
alle die jungen Leute, die diese Weihceremonien noch nicht
durchgemacht haben, zusammen, so daß sich oft in einer und
derselben Quimbe die verschiedensten Altersstufen von 8—20
Jahren vereinigt finden mögen. Regelmäßig wird dagegen
die Beschneidung (Longa) geübt (bei der die Knaben im
Walde zurückgehalten werden bis zur feierlichen Entlassung
nach Vernarbung der Wunde), während man für die darauf
folgende Wehrhaftmachung in der Inquimba (Kimba) außerhalb
des Dorfes ein langes Haus erbaut. Die darin für die Jüng=
lingsweihe Eintretenden werden in Palmblattzeuge (Gombo)

gekleidet, einer Reihe von Prüfungen *) unterworfen, in einen
tobtenähnlichen Zustand versetzt und im Fetischhaus begraben.
Wenn sie wieder zum Leben erweckt werden, haben sie (wie
im Belli=Paro) das Gedächtniß für alles Frühere, selbst
für ihre Eltern, ihren Vater und Mutter verloren, und sie
vermögen sich ihres eigenen Namens nicht mehr zu erinnern.
Es werden ihnen deshalb, je nach den Titeln oder Graden,
zu denen sie aufgestiegen sind, neue Namen gegeben, wie
Lusala, Lutete, Chinkele, Luvungu, Malanga, Lubele, Juka,
und das Führen eines solchen Namens läßt erkennen, daß das
Individuum die Quimbe (des Mokissie Quimba) durchgemacht
hat. Bei den Bassuto werden die beschnittenen Knaben wäh=
rend der Zeit, daß sie am Umlimo (Hohlaltar) an abge=
legenem Ort verweilen, durch ihre Eltern mit Speise ver=
sehen und dürfen, nachdem sie in den Kraal zurückgeführt
sind, nicht die Zähne zeigen (d. h. weder reden noch lachen),
bis das Korn aufgewachsen ist. In Mayumbe wurden die
durch Fasten in dunkler Kammer vorbereiteten und durch
Schweigen geprüften Novizen vom Priester des Jdols Ma=
ramba **) durch Schulterschnitte geweiht. Nach Cavazzi wur=

---

*) Kasteiungen gehörten zu den Dissona sacra des Mithrasdienstes
(Martianus). Bei der Bora genannten Ceremonie, durch welche der
Jüngling in die Rechte der Männer eingesetzt wird, zerschneiden die
Australier die Haut mit scharfen Muschelstücken.

**) Those that will be sworne to Maramba, come to the
chiefe Ganga, which are their priests or Men-witches, as boys
of twelve yeeres of age and men and women. Then the Gangas
put them into a dark house and there they remaine certaine
dayes with very hard diet, after this they are let abroad and
commanded not to speake (Battell).

ben in Congo von ben (das Zeichen des Kreuzes gebrauchenben) Zauberern Nequiti geheime Ceremonien in ben Wälbern ab= gehalten, bei welchen bie Eintretenben ohnmächtig nieberfielen unb bann in bem geweihten Kreiſe wieber zum Leben er= weckt wurben.

Quingure (obwohl wegen ſeiner Grauſamkeit getöbtet) wurbe von ben Zauberprieſtern unter ben Zumbis (Ahnen) vergöttert, unb nach ſeinem Beiſpiel, weil aus Lunba ſtam= menb (wo bie Beſchneibung*) geübt wirb), beſchneiben ſich bie Jaga.

Innerhalb ber Quimba**) gehen bie Zöglinge nackt,

---

*) It is custom with the Iloigob (Wakuafi and Masai) to circumcise males and females, the former about the third year, the latter when they are to be married (ſ. Erharbt). Nach Celſius hatte Moſes bie jübiſche Beſchneibung aus Aegypten entlehnt, von wo ſie ſich (nach Herobot) verbreitet hatte. Nach Ebn Batrik beſtanb bie Be= ſchneibung bei bem äthiopiſchen Bolke ber Nagiat. La circoncision n'avait évidemment pour but, que de rendre plus commode, que de favo- riser l'acte de reproduction de l'homme et de faire disparaître jusqu'à ses plus faibles obstacles. Wie bie Machacaris (in Braſilien) unb bie Patochos, ſchnüren bie Papua bie Vorhaut zuſammen. In ber Bolkaligaru genannten Kaſte von Ackerbauern (mit verſchiebenen Ab= theilungen) bie „Marasu Vokkaligaru have the custom of amputating the first joint of the ring finger of their daughters in honour of their deity" (Bowring), unb ſo in Auſtralien.

**) Nach ben vorbereitenben Ceremonien für bie Kambi (ber Wanika) the man is turned into tho woods and is allowed to do, as he pleases. He prowls around like a demon, making frightful noises and is the terror of the country (expected to kill some one). The chief part of the ceremony is the putting an of the luho or uvo. This is a ring of horn or rhinoceros hide and is the badge of the order. It is placed upon the arm (New), aber allmählig (zur Bezah- lung), wie auf ben Palau-Inſeln wegen ber Enge feſt, unb ber menſchen-

und nur bei Annäherung Fremder werden die Palmblatt=
kleider (über ein Gestell aus Rohrstäben) angelegt. Weder
Hände noch Körper sind zu waschen, und es darf nicht von
Tellern, sondern nur auf der Erde gegessen werden. Die
von den Eltern täglich dem Mutinde oder Zuchtmeister ge=
brachten Speisen sind vorwiegend mästender Natur, viele
Arten von Fleisch und Fisch jedoch verboten. Die Knaben
lernen neben dem Verfertigen von Palmwein, Fischen und
anderen Kunstfertigkeiten allerlei Geheimnisse, die sie durch
einen Schwur beim Fetisch verbunden sind, Niemandem zu
verrathen. Damit sie sich unter einander verständigen können,
ohne von Uneingeweihten belauscht zu werden, besitzen sie
eine Geheimsprache, die von der gewöhnlichen abweicht.
Darin, sowie in den Ceremonien Siquimbe (des Fetischs
Quimba) unterrichtet der Mutende Anquimba (Inquimbo)
und der Hülfslehrer Baku, als Assistent. Andere Gehülfen,
besonders auch für Uebung des heiligen Tanzes (Sangila),
Sangula*) oder, wie er in Noki (auch in Sunda) heißt:
Cocchina, sind der Matunbo, Malanba, Bondo, Kongo. Der
Makunga Imvia vollzieht die Beschneidung. Im Hause der
Quimbe (Jeso), das beim Verlassen (am Ende der Saison)
verbrannt wird, findet sich der Fetisch Tasi, als Holz mit

---

fressende Waldmensch kehrt an der amerikanischen Nordwestküste wieder.
Die zum Fest Toya sich Meldenden nahmen (unter Anleitung der Priester)
am Tanze Theil, von dem sie dann in den Wald rannten und dort
unter Fasten geheime Riten übten, von den Frauen beklagt, aber bei
ihrer Rückkehr als Wiedergekommene bewillkommt (Brinton) in Floriba.
    *) In Sanga wird in kriegerischer Herausforderung getanzt.

zwei Figuren (Matunba und Malanba), sowie Bondo u. a. m. Die Ganga der Quimba heißen Matanbo. In Bomma endet die Quimba (unter Festlichkeiten) stets mit einer Jahreszeit, während sie in Mayumba 4 Jahre und länger dauern mag. Der Großfetischir oder Groß=Woodnuß (der Dahomet oder Dahomey) „sagte: er komme vom Himmel und gab sich für den Dolmetscher der Götter auf der Erde aus" (Labarthe). Bei den Wanika darf die heilige Hütte (Moro) in Kaya von Uneingeweihten nicht betreten werden, und so nicht der Wald, wo Bunsi aus der Erde *) redet (wie ähnlich bei Mpongwe). In den Fetischwäldern staffiren sich die Ordensbrüder mit den Verkleidungen zum Mummenschanz aus, und im Cultus zu Pheneos (in Arkadien) legte der Priester der großen Weihe (τελετή) die Maske der Demeter=Kidaria an. Um Pastophoros zu werden, mußte die Weihe der Isis und des Osiris durchgemacht sein (s. Apulejus).

In der Sprache der Quimba (Bomma's) heißt der Weiße (Mundele) Nowonóno oder Novo, Branntwein (Ma= lavo) Tonva, dann Wasser: Luimwa oder mayumwa (nuimwe), Feuer: Giovi oder Yananjoge, Mond: Lumbowa, Kopf:

---

*) Im Hafen Loango's wurde ein männliches und ein weibliches Götzenbild verehrt (1753). La femme (dit-on) se rendit d'elle même dans cette contrée, par amour pour les habitans. On célèbre en son honneur une fête solemnelle, qui consiste principalement à boire avec excès. Les tambours et les trompettes retentissent dans toute la ville et la prêtresse fait entendre une voix souterreine, que les negres prennent pour celle de la divinité. L'idole mâle a pour temple une petite cabane, située sur le chemin qui conduit à la mer (Delaporte).

Dúmvela, Augen: Limbuanve (Simbuanve), Haus: Tschovo,
Ohr: Jovo, Zahn: Masini, Hand: Untamiguffu, Leopard:
Matscherata=mansefe, Krokobil: Matscherata maniumfe, Wald:
Sefe, Essen: matefa, Sprechen: chopa, Vater: Baku,
Mutter: Kongamtumbe, Erdnuß: Cuimva, Palmnuß: Kibima,
Calabasse: Chofot, Nase: Masunu u. s. w. In der ge=
wöhnlichen Sprache würden diese Worte heißen: Masa,
tubia (baso), gonbo, ntu, bissu (messu), mso, cutu (matua),
menu, cuaco (mucaco), ngo (chicumbe), nganbu, m'schitu,
bia, vow, tata, mama u. s. w. Masunu (statt nunu oder
mazaumau) ist z. B. aus der Bunda=Sprache. Gezählt wird
cochi (mochi), kelle (solle), tatu, maia (ina), tanu, samanu,
samboari (samboella), nane, eoua, cumi u. s. w., und in der
Quimba=Sprache: 1 Tschanangowe (Umgosi), 2 Tschanan=
giobi (Giobi), 3 Tschanantafu (Umtafu), 4 Tschananqui=
banganu (Quibaganga), 5 Tanumgibe (Untambu), 6 Salan=
gano (Sanamgana), 7 Nanumgibe (Sambuagibbi), 8 Suan=
gibe (Namvo), 9 Intschana, 10 Tschanalunguinva, 20 Tscha=
nam=tschiobi, 100 Umtschana. Dieser heiligen Sprache, neben
der noch freimaurerische Griffe vorkommen sollen, fehlen nicht
die Gesticulationen, die in allen afrikanischen Unterhaltungen
hervortreten, wie z. B. Proyart bemerkt: „Wenn man ihre
Sprache nicht versteht, so könnte man ihre Gespräche für ein
Spiel halten. Sie haben nämlich eine sonderbare Gewohn=
heit, die aber sehr gut dazu dient, die Aufmerksamkeit der
Zuhörer zu erhalten und unwichtigen Gesprächen ein ge=
wisses Interesse zu geben. Diese Gewohnheit besteht darin,
daß, wenn sie öffentlich reden, sie die Zahlen durch Geberden

anzeigen. Derjenige z. B., der sagen will: ich habe sechs
Papageien und vier Rebhühner gesehen, sagt blos: ich habe
(6) Papageien und (4) Rebhühner gesehen, und macht zugleich
zwei Gesten, wovon die eine 6, die andere 4 ausdrückt.
In demselben Augenblick rufen alle Anwesenden: sechs,
vier, und der Redende fährt alsdann weiter fort. Wenn
Jemand von der Gesellschaft entweder zerstreut wäre oder
erst nach dem Andern zuriefe, so würde man glauben, daß
er schlummerte oder mit seinen Gedanken umherschweifte, und
man würde ihn für unhöflich halten." Die Priester der
Dacota gebrauchten eine geheime Sprache mit verändertem
Wortsinn (und so auf polynesischen Inseln).

An einigen Theilen der Küste finden sich Ansätze zu
einer Art Rangsprache, wie in Kabinda das Gesicht oder
mso (masso im Plur.) in höflicher Sprache Dunse (Pin-
dunse im Plur.) heißt (ähnlich in Java, Siam und sonst).

Nach den von den alten Jagas erhaltenen Beschreibun-
gen zogen sie bei ihren Eroberungen in Quilombos oder
Lagern einher, in welchen die Jünglinge durch einen längeren
Cursus von Prüfungen für das Kriegshandwerk vorbereitet
wurden. Bei den verwüstend einherziehenden Wanderstämmen
des Südens findet sich Aehnliches, und ebenso bei den jetzt
friedlicher lebenden Banyai (die durch die gleichen Vorrechte
der Frauen auf frühere Amazonen=Sagen deutenden Reste
aus dem Monomotopa=Reich), wo ein Angesehener zeitweis
Jünglinge um sich sammelt, die mit Genehmigung der Eltern
unter seiner Aufsicht und Erziehung bleiben, mit der Verpflichtung, ihm zu gehorchen und ihn ehrerbietig zu grüßen.

Neben den Genossenschaften (oder Geheimbünden) der
Männer bilden sich in Afrika (wie in den Clobbergöll der
Palau-Inseln) solche der Frauen, und stehen z. B. am
Gabun in selbstständiger Ausbildung da. Das Vorherrschen
des (später vor der Patria potestas *) zurücktretenden) Mutter=
rechts steht oft mit politischen Verhältnissen in Beziehung,
wie im indischen Archipelago, wenn flüchtige Fürsten (des
Iskanderstammes) in einheimische Fürstenfamilien hinein=
heiratheten, und so im alten Lycien. Der Grieche Protis
erlangte die Ländereien zur Gründung von Marseilles,
indem ihn Gyptis, Tochter des Königs Nasin, beim Fest
zum Bräutigam durch Darreichung des Kelches erwählte.
Die Ruscinionenses ließen (nach dem Vertrage mit den
Carthagern) ihre Klagen durch einen Gerichtshof von Frauen
(in den östlichen Pyrenäen) entscheiden (s. Plutarch). In
manchen Theilen Südafrikas sind die Prinzessinnen mit
Prärogativen ausgestattet, die ihnen Freiheit in der Wahl

---

*) Relationship, according to Plato, consisted in having the
same domestic deities, and Demosthenes proves that men are akin
by shewing, that they had the same worship, and presented
offerings at the same tomb. As funeral repasts are only offered
to male ancestors, so at first relationship was only by the father's
side (Barter). In India, the head of a family twice a month offers
a cake to his fathers manes, the same to his grand father by the
father's side, and great grand father, but to his fourth, fifth and
sixth ancestors in the ascending line, he offers only a few grains
of rice and a libation. Two men are related, if one of those ancestors is common to both. They are Sapindas if this ancestor
is one who receives a cake, on Samanodacas, if he only has the
water and rice. No relationship through women is accounted of,
daraus kann weiter verwandtschaftliche Bezeichnungen.

der Männer und über den Wechsel derselben gestatten. Und
so heißt es in Travancore: The husbands of the Tambu-
rettis or princesses have no rank nor authority whatever
(Hamilton). Die Frauen Roms bildeten (unter Heliogabalus)
ein senaculum (conventus matronum).

Jungfrauen werden oft (gleich der von Orleans) zur
Führung oder (wie bei den Beduinen) zur Anfeuerung der
Streiter benutzt, und im Reich des Cazembe trägt eine
solche die geweihte Mexira voran, während andere Er=
oberungszüge (bei Jaga, Mantati u. s. w.) von muthigen*)
Frauen geleitet sind.

In Kaffa werden die Geschlechter so streng · getrennt
gehalten, wie Krapf von Dilbo hörte, daß sie nur Nachts
zusammenkommen und am Tage in verschiedenen Räumlich=
keiten wohnen. Die mannbaren Mädchen leben (in Bomma)
unter der Hut einer alten Frau in dem rothen Hause oder Ku=
bata am Kujuka (nach Magyar). Aehnliches bei Papua u. s. w.

Die Zersplitterung in Folge des Mutterrechts, wie in
Australien die Verpflichtung zur Blutrache jeden Augenblick
die nächsten Verwandten in gegenüberstehende Heerlager

---

*) At the burial of a Salish chief, the bravest woman of the
tribe, one used to carrying ammunition to the warrior when en-
gaged in fight, bared her breast to the person who for courage
and conduit was deemed fit successor to the departed. From the
breast he cut a small portion, which he threw into fire. He then
at a small piece from the shoulder of the warrior, which was
also thrown into the fire. A piece of bitter root, with a piece of
meat, were next thrown into the fire, all these being intended as
offerings to the sun (s. Lorb).

scheibet, da die als Matta=gyne Zusammengehörigen durch
dieses Band enger geeint werden, hebt sich erst bei durch=
greifender Macht des Familienhauptes in patriarchalischen
Verhältnissen auf. Bei den Munbuttu (unter denen die
Frauen*) gleiche Rechte auf das Eigenthum mit den Männern
haben) hatte Nalengbe (Munza's Schwester) am Kriege
Theil genommen und war Bunza (Munza's Sohn) ein Albino.
König Munza tanzt vor seinen Frauen (s. Schweinfurth), wie
in Dahomey. Los del Cacao (en Nicaragua) son muy su-
jetos à sus mugeres (Barcia), wie zum Theil die Balonba.
Anderswo führt dann die Unterbrückung der Frau zu ver=
achteter Sklaverei oder zu verschiedenen Arten commu=
naler**) Ehen.

Die fünf Völkerschaften von Julhas=Susus oder Sufos
bilden (zwischen Sierra Leone und Cap Monte) eine verbün=
dete Republik mit der Purrah genannten Einrichtung, indem
jede Völkerschaft einen Bezirkspurrah hat, die unter dem
obersten Purrah stehen, der sich beim Kriege auf neutralem

---

*) Pres du pays des Slaves, il y a deux grands iles, dont
l'une s'appelle Irmianus des hommes, et l'autre Irmianus des
femmes (nach Dimischqui). Adam de Brême mentionne (XI siècle)
terra feminarum et amazonum patria (s. Mehren)

**) Les Gaëls de la Grande Bretagne (semblables sans plu-
sieurs rapports aux habitans de l'ouest de la Gaule) ne voyaient
dans la femme qu'un être sans dignité, uniquement destiné à
mettre des enfants au monde. Des groupes d'hommes se réunis-
saient pour vivre avec un certain nombre de femmes, dans une
triste promiscuité. La provenance des enfants restait un mystère,
une étrange subtilité légale les attribuait à l'homme, qui avait
connu la femme à sa virginité (s. Men:aut).

Gebiet versammelt und Einhalt gebietet (zur Vollziehung von Urtheilen Plünderungen unternehmend). Um in den Bund eines Bezirkpurrahs aufgenommen zu werden (unter Weihen im heiligen Walde), muß man 30 Jahre alt sein, und 50, um Mitglied des großen Purrah zu werden. Die Aeltesten jedes Bezirkpurrahs liefern die Mitglieder des Oberpurrahs (Golberry). Die Sitzungen solcher geheimer Ordensbrüder *) werden (gleich denen des Vehmgerichts) in Wäldern oder sonst abgelegenen Localitäten abgehalten.

Die auch in Deutschland übliche Vermummung mit einem Hirsch= oder andern Thierkopf heißt Turka in der Walachei (s. Sulzer). Der verlarvte Stumme im Kolloschärentanz der Walachen pflegt die Frauen zu· schlagen und zu schrecken (den Schnabel des. als Maske dienenden Storchkopfes durch einen Tritt auf eine verborgene Schnur ziehend und klap= pernd). An den Frühlingsfesten wurden die Götter in Ver= kleidungen umhergeführt (s. Herobian). In Leipzig wurde das Bild des Todes ausgetragen (zur Februatio). Blosseville sah in Leukiliki (im Innern von Port Praslin) den Tanz Louk=louk in Vermummung aus Blättern des Pandanus

---

*) La société secréte (chez les peuples des bords du Rio-Nunez) a un chef qui est magistrat et que l'on nomme le Simo. Il dicte les lois, elles sont mises à exécution par ses ordres. Cet homme se tient dans les bois et reste toujours inconnu à ceux qui sont étrangers à ses mystères. Il a pour acolytes des jeunes gens, qui ne sont qu'en parties initiés dans ses secrets (Caillié). The Klooh-quahn-nah (among the Aht) is a secret institution, the children not being acquainted with it, until formally initiated (Sproat). Auch bei Alfuren.

(f. Duperrey). Die bei dem Toya=Fest (in Floriba) in den
Wald Laufenden wurden von den Frauen als todt beweint,
bis nach drei Tagen wiederkehrend. Wie in hellenischen
Mysterien werden in Indien die Wiedergeborenen *) zu
höherer Existenz geweiht.

In magischen Ceremonien werden die Geister gerufen,
die sich in (spiritischen) Beseelungen kund geben und den
sibirischen Schamanen aus der Ahnenheimath zum Kampf
gegen feindliche Dämone zu Hülfe eilen. Am leichtesten
manifestirt sich der eben erst abgeschiedene Geist, wenn er
(gleich dem syrischen Apollo = Bilde) die Träger der Bahre
influencirt **) (in West=Afrika, Birma u. f. w.) und sie so

---

*) Die Sünden der Wiedergeborenen sind Nachwirkungen des alten
Standes und heben den Gnadenstand nicht auf, wenn ihnen widerstrebt
wird (f. C. Braune). Wenn Antoinette Bourignon Einen geistlich wieder-
gebar, so empfand sie in den Genitalien ebenso körperliche Schmerzen, wie
bei einer leiblichen Geburt, und diese Schmerzen waren nach dem Maße
heftig, als die zu gebärende Person von Wichtigkeit war (Ideler).

**) Im Himalaya werden die schneeigen Berggipfel verehrt, deren
Diener orakeln and when the image of the Deitya or Titan is borne
in solemn procession on their shoulders, a pressure to the right
or left denotes good or evil fortune (Cunningham). A Naksh or
figure is drawn on the bottom of the pot and the Azimat is recited over it a thousand times. A person is then selected, told to
perform Ghusl or the greater ablution, to dress in clean clothes
and then to grasp the Tasri with all his might. The pot, duly
adjured, commences its journey towards the spot where the stolen
article is concealed (drawing its holder) in Sind (Burton). Die
Schamanen werden durch fliegende (statt rückende) Tische zur Auffindung
des Diebes geleitet. Ueber der Hütte der Tempelspitze in Kenga Mataia
(zwischen Massena und Runga) schwebt ein Gefäß, das sich bei Annäherung
von Feinden erhebt (Barth), wie Mohamed's Sarg.

(wie sonst durch Blutungen) zur Entdeckung des Mörders führt, oder desjenigen, der durch schwarze Künste den Todes= fall angestiftet hat.

Das von den Mussi = Congo*) bewohnte Königreich Kongo, das im Gegensatz zu Kakongo oder Klein=Kongo als Groß=Kongo (Kongo bi angungo oder Kongo gangunga) bezeichnet wird, enthält die Provinzen Umganba, Kellúnbua, Lungéghi, Goséüa, Tschima=muinghu, Tuku biakililenge, Ki= miála, Makúta, Bansam tanba, Somba, dann Basam puto, als Grenzprovinz gegen die portugiesischen Colonien, und Sunbi als Grenzprovinz gegen die Mantetje, ferner Noki zwischen der Hauptstadt San Salvador und dem Zaire. Cardozo de Castellobranco e Torre nennt als congesische Fürstenthümer (mit denen von St. Joze de Encoge ge= handelt wurde) die der Dembos, Quitexe, Damby, Ambuila, Dala = Malunbo, Duque de Quina u. a. m. (1825). Zu Lopez's Zeit erstreckte sich Bamba vom Fluß Ambriz bis zum Coanza, die Provinz Sognus vom Ambriz (über die Flüsse Lelunba und Zaire) bis an die Rupes rubras (an der Grenze Loangos). Die Hauptstadt der Provinz Sunbo lag in der Nähe der Katarakten, die Hauptstadt Pango's (Pan=

---

*) Jenseits der Hocanga (im Innern von den Mexi-congos) werden die Amulaca angegeben. Nach Gama führten die Fischer der Insel Loanba den Namen Muxi-Loanba. Cannecattim erklärt Much-Congo (Acha-Congo) als Congese. Die Congesen heißen (bei den Babuma oder Mandongo) Bagfuo (nach Koelle). In S. Joze de Encoge unterhalten die Kaufleute (an den Grenzen Congos) hum trafico regular de escravos e marfim, sendo de Ohholo, que tirão os Negros, chamados Muxicongos de que vem o maior numero para a capital (s. Castellobranco e Torres).

guelungos) am westlichen Ufer des Flusses Barbela (der sich oberhalb der Katarakten mit dem Zaire verbindet). Die Provinz Batta (nördlich von der Confluenz der Flüsse Barbela und Casinga) erstreckte sich östlich über den Fluß Barbela hinaus bis zu den Sonnenbergen (ad montes Solis). In der in Pemba gelegenen Hauptstadt Cóngo's herrschte Don Antonio Manipemba (Sohn des verstorbenen Königs Alvaro). Bei Battel's Feldzug war die Unterwerfung der Provinz Ingombe (am Congo) besonders schwierig für die Portugiesen und kostete viel Blut. Nach Besiegung des Königs zog das Heer über Songo gegen Engoy-Kayongo und dann nach Cambamba. Als unterworfen wurden genannt: Engoy, Loango, Bengo, Colongo oder Cilongo, Mayomba, Manikesok und Matamba.

Neben dem König (Totila oder Totéla) mit den Prinzen (Mosso), dem Msako (Kurfürsten, der den König krönt) und dem Nelumbo (Rath), stehen die Minister (Bajankano, Mimpango, Nevampá und Unbenkamaséngele), sowie der Gesandte (Unbenka maséka).

Der stärkste Schwur ist der bei dem Grabe des Königs Henrico (Tumbala Duandibiki), während man sonst bei dem Grabe des Vaters (Tumbala Dibindoffi oder Tumbala Tata) schwört, als O tata yaka, ich schwöre bei meinem Vater. Aus Loango erwähnt Dapper den Schwur beim König: Fyga Manilovango (wie bei Ashantie).

Besonders in den Districten Goello, Lungejhi und Tschima muinghu hat der von dem Oberpriester oder Un-

bundo *) geleitete Geheimorden des Fetisch Unbémbo seinen
Sitz in unnahbarem Walde, wo nur, wenn das Probigium
einer Mißgeburt **) im Lande das Naturgesetz durchbricht,
sich die Reihen der Eingeweihten für Aufnahme neuer Mit=
glieder öffnen. Die Candidaten werden, mit Tacula be=
schmiert, für mehrere Jahre in abgelegenen Hütten des Waldes
von ihren Verwandten, die täglich (von den Brüdern dann
gegessene) Speisen bringen, fern gehalten und haben bei der
Rückkehr Alles vergessen, indem sie stumm (den Mund mit
der Hand zugehalten) umhergehen und nur auf das Geheiß
eines älteren und oberen Bruders einige Worte hervor=
bringen, weil ihre Zunge nur an die fremde ***) und heilige
Sprache gewöhnt ist. Der Profane, der in nicht richtiger
Beantwortung einer ihm gestellten Frage erkannt wird, ver=
fällt dem Tode, wenn innerhalb des heiligen Waldes und
seines geweihten Umkreises betroffen. Die Knaben der Galos
(Gallois) am Ogowqy werden (nach Serval) auf der heiligen
Insel Arumbe in eigenthümlicher Tracht geweiht. Die in
der Einsamkeit durch Fasten vorbereiteten Schüler der Angakun
rieben in einer Höhle Steine an einander, bis Torngarsuk er=
schien, einen Tornak (Schutzgeist) zu verleihen (wie Indianern).

---

\*) Unbe war oberherrlicher Titel an der Ostküste.

\*\*) Die Nguiti, die ihre Candidaten beim Ueberschreiten eines Zauber-
striches im scheintobten Zustande nach dem Chimpasso brachten, bedienten
sich der Haare der Albino oder Ndumbbu als Zaubermittel, und die
Ndembola (ceux qui naissent avec les pieds crochus) tiennent un
rang considérable parmi les Nquiti, aussi bien que les Pigmées
ou Nains, qu'on nomme Neucaca ou Nquriambaca (s. Labat).

\*\*\*) Habent enim propria signa, propria responsa (Firmicus)
in den Eleusinien (wie Rosenkreuzer und freimaurerische Epignonen).

Die den Schöpfer als Maziri oder Atuno verehrenden
Völker des Monomotapa, der (nach Bland) in Mabrogan
(neben der Hauptstadt Banamatapa) resibirte, hielten zu
Ehren der heiligen Peru ihre Töchter in Klöstern *) einge=
schlossen (s. Dapper). Die Moscowiter ehreten vor Jahren den
Abgott Peru [Perun], aber als sie zum Christenthum kamen,
haben sie ein Kloster dahin gebauet, wo der Abgott gestanden
hat, sie wurffen endlich ihren Abgott in das Wasser, die
Wollga genannt, da schwam er auffwerts wider den Strom
und ließ sich eine Stimme hören, er wolte den Navogarbien
etwas zur letzten lassen. Warff eine Stange auff die Brücken
und verschwand. Man höret noch alle Jahr auff einen Tag
dieses Abgottes Stimme; sobald es die Bürger vernehmen,
lauffen sie zusammen, schlagen einander mit Steden und
Stangen, das mannichmahl etliche darüber tobt blieben,
wenn nicht der Landvogt in der Zeit abwehrt (s. Praetorius),

---

*) Quidquid aliud sunt hoc tempore puellarum monasteria nisi
quaedam non dicam dei sanctuaria, sed Veneris excercenda prostibula
(Clemangis) XV. Jahrhbt. Dans plusieurs villes de France, les lieux
de débauche étaient qualifiés d'abbaye et celles qui y residaient
portaient le titre d'abbesse (Ducange). Les tourmens que les diables
firent à quelques nonnains enfermées à Uvertet, en la comté de
Horne, sont émerveillables et horribles. Le commencement vint,
à ce qu'on dit, d'une pauvre femme, laquelle, pendant le carême,
emprunta des nonnains une quarte de sel pesant environ trois
livres, et en rendit environ deux fois autant un peu devant Pas-
ques (Goulard). Diese zauberische Hebamme starb in der Tortur (s. Calmeil).
En montant sur le bûcher, la cuisinière (du monastère de Kintorp)
prétendit jusqu'à la fin, que ses imprécations avaient causé la maladie, qui régnait dans le couvent (1552).

wie bei ben in der Krishna=Sage wiederholten Tempelkämpfen Aegyptens.

Die Qualen der Manban = Jünglinge bei der Ein= weihungsceremonie enden mit dem letzten Lanf (Ehkenahka= nahpick) Bei den Nutkaern müssen sich die jungen Leute zur Aufnahme unter die wehrhaften Männer durch 3—4tägiges Fasten in der Einsamkeit vorbereiten, um dann in Wuth gesetzt nach Hause zu stürmen, allen Begegnenden durch einen Anfall die Tapferkeit beweisend, die ihnen von den Göttern verliehen (s. Grant) [als Verserker im Amocklauf]. Wie der Häuptling der Ballabolla zieht sich der Herr (Tah) von Nutka zu Zeiten allein in die Wildniß zurück, um dort mit bem großen Geist zu verkehren. Wer ihm dort begegnet, stirbt. Nach langem Fasten kehrt er nach Hause zurück, burch bas Dach, und reißt den Begegnenden mit ben Zähnen ein Stück Fleisch ab, bas er verschlingt (nach Dunn) [wie der Cazembe durch die Straßen Lundas ras't]. Nach Bahkin wird ber Creek oft so aufgeregt, baß er die Erstbegegnenden zu morden droht unb bann von ben eigenen Leuten getöbtet werden muß. Beim Tode jebes Jaga finden Menschenopfer statt, indem o Cahombo arvorado em Quifumbe precorre todos os canimhos até encontrar e assassinar duas pes- soas d'ambos os sexos, wie einst bei Mongolen (unb Scythen).

Wie an die Küste, gelangen auch nach Bomma von jenen feinen Mattenkleibern, von denen Proyart sagt: „Dieses Zeug (etwas weniger breit als lang) ist gewebt (von den Regern), sie machen es aber auf den Knieen, ohne Weber=

ftuhl und Weberschiff, und haben Geduld genug, den Ein=
schlag zwischen einem jeden Faden mit den Fingern so ein=
zuschieben, wie die Korbmacher bei der Verfertigung ihrer
Hürden verfahren. Ungeachtet sie so geschwind arbeiten, daß
man den Bewegungen der Finger mit den Augen kaum
folgen kann, so bringen sie doch nicht viel zu Stande. Die
besten Arbeiter machen nicht mehr als eine Elle in acht
Tagen. Ihre Streifen oder kleine Stücke (Makuten) dienen
als kleine Münzen*) in diesen Gegenden. Die Kaufleute
dürfen sie gegen die Waaren, die sie zu Markte bringen,
nicht ausschlagen. Außer dem gewöhnlichen Tuch machen die
Neger noch kleine Säcke, Mützen und andere Arbeiten, von
denen einige selbst in Europa wegen ihrer Feinheit und
Mannigfaltigkeit bewundert werden würden." Verschiedene
Stücke finden sich jetzt in der Ethnologischen Abtheilung des
Königlichen Museums zu Berlin, und werden weitere Zu=
sendungen erwartet.

Die Fackeln machen die Neger „aus einem wohlriechen=
den Harz, das aus einem inländischen Baume häufig hervor=
quillt und von ihnen in Stangen geknätet wird. Anstatt

---

*) Empusos se entende os panos limpos, a que chamam
panos Cundis, que se fazem de palha (en Congo), moeda, que
servia antes da terra tomada pelo Olandez en esta cidade de Sam
Paulo da Assumpção, juntamento com o dinheiro de libongos, que
vem do reino de Loango, de modo que um pano entam valia
cincoenta reis e huma macuta, que são dez panos, quinhentos reis
(Cabornega). Bei Inshogo oder Ishyaga weben nur die Männer. Nach
dem (französischen) Statut (1257 p. d.) durfte keine Frau Hand anlegen
an das Tuch, als etwas, was zum Handwerk der Walker gehört, bevor
es geschoren ist (s. Stahl).

den Tocht durch die Fackel zu ziehen, ſtecken ſie die Fackel
in den Tocht, ſie umwickeln ſie nämlich mit Werg und
kleinen Spangen von trockenem Holze. Dieſe Fackeln geben
einen gelinden Rauch, der ſelbſt in einiger Entfernung einen
angenehmen Geruch verbreitet." Tuckey erwähnt der An=
fertigung von Löffel in Bomma.

Die Einwohner von Angola ſind die ſanfteſten und in
der Mechanik geübteſten unter den Afrikanern (Falconbridge).
Nach Ambroſius dient in Congo die rechte Hand zum Eſſen,
la gauche est destinée aux usages, qui ne sont pas com-
patibles avec la propreté (1753), wie bei den Mohame=
danern. Die Neger Loangos (von den Wurfmeſſer *) führen=
den Anziko durch die Amboer getrennt) se mettent en terre
les jambes croisées (ſ. Davity), als Bramas.**)  Das

---

*) The Indians used the tomahawk in close combat and also
threw it, making it revolve in the air (Morgan).
**) Very probably the countries along the Gojob possessed
in earlier times a higher state of civilization, which by received
from Arabia or India, by means of the water-communication offer-
ded by the river (Krapf). The white elephant (at Bukko) is considered
on Adbar (protector of man) and must not be killed [Birma]. The
Wasegeju tribes near the island of Tanga maintain from tradition,
that their forefather's were Wapokomo, who had been expelled
by the Galla from the vicinity of the Pokomoni river (Krapf).
Neben Benomotaxa iſt Symbas Hauptſtadt des Königreichs Monomotapa
zwiſchen Cuama und Rio S. Spiritu, von dem ſich Butua bis Cap
Corrientes ſtreckt (Gottfried). Zwiſchen dem Königreiche Manica oder
Chicanga und dem Königreich Quiteva (bei Sofala) lag Sabia mit der
Hauptſtadt Mambone des Königs Sedanda (ſ. Bartholomäi). Mombaſa
und Melinda wurden (nach Jarric) von den Imbias (Ambios) angegriffen
(als Zimbas). Nach Khamis ben Othman wurden die Jao (Mhyao oder

Feilen*) oder Ausbrechen der Zähne ändert sich in Afrika
nach den Stämmen, und in Australien wurde der Vorder=
zahn den badurch zur Jagd befähigten Knaben (die, auf
allen Vieren kriechend, das Gebrauchsrecht der Hunde er=
warben) mit dem von den Carrahdis hervorgewürgten
Knochen ausgeschlagen. Bei beiden Geschlechtern fand sich
dort die Durchbohrung des Nasenknorpels (Gnah=noong),
und durch die Malgum genannte Operation (s. Collins)
wurde den Mädchen das erste Glied des kleinen Fingers
abgebunden, indem das Gelenk mit einer Haarschnur ge=
schnürt wurde (nach Barrington). In Californien ließ der
Kranke den kleinen Finger an der rechten Hand seiner
Tochter oder Schwester abschneiden (Venagas), und ähnlich
in Polynesien, bei Hottentotten u. s. w. Die östlichen Stämme
Australiens übten die Beschneidung, centrale dagegen ein
Aufschlitzen usque ad urethram (s. Eyre), wie es ähnlich in
Arabien vorkam. Sie ist gelehrt von der Schlange Yura
in der Milchstraße, die hier, wie anderswo, als Fluß gilt,
und Gleichartigkeit der Gedankenbildung zeigt sich unter den
astronomischen Vorstellungen besonders in der Ausbildung
der Plejaden=Sage bei Griechen, Indern und Polynesiern,
wie auch bei Tuareg, wo als Siebenter (neben Materedjie,

------

Mujao) mit der Hauptburg Lukelingo (am Livuma) von den (weißen)
Mabungo in Kriegen gegen die östlichen Mama unterstützt.

*) The Niam-niam (according to the custom of Central-
Afrika) file the incisor teeth to a point for the purpose of effec-
tually griping the arm of an adversary either in wrestling or in
single combat (Schweinfurth).

Errebjaot, Mateſekſek, Eſſekaot, Matelarḥlarḥ, Elberrḥaot) ein Knabe gilt, deſſen Auge entflog (ſ. Duveyrier).

Die von den Muſſoronghi als Reminiscenz aus dem Chriſtenthum getragenen Roſenkränze (Sa Manuela) werden oft von einheimiſchen Künſtlern angefertigt, und dann meiſt in koloſſaler Form. Die Hüte (Jitta) kommen aus Congo, wogegen die Ueberwürfe (Quinſembe) in Unſoyo (San=An= tonio's town) ihre Verarbeitung finden. Die alten Baſt= kleider *) ſind jetzt an der Küſte faſt außer Gebrauch. Bei den Begrüßungen **) iſt das frühere Armausſtrecken oder Fingerkreuzen jetzt meiſt durch Händereichen erſetzt. Bei den aus dem Innern kommenden Mayumbe tragen die Frauen ihre Laſten nicht auf dem Kopfe, ſondern (wie ſolche Stämme, die ihren künſtlichen Kopfputz nicht zerſtören wollen) auf dem Rücken, und ſo erzählt Baegert von Californien: Die Männer tragen Alles auf dem Kopfe, die Weiber aber laſſen die Laſt an einem Seil von der Stirn über den Rücken

---

*) Von den Palmbäumen (bei Cap Lucas) the Indian women procure materials for their petticoats (1758). Die Californier befeſtigten ihre Sandalen „an der Ferſe und zwiſchen dem kleinen und großen Zeen" (mit Aloeſtricken). Die Papua von Dorey und Waigui verfertigten Matten aus den Blättern von Pandanus longifolius.

**) Qua, qua (how are you, how are you) in der Begrüßung der Montagnais am Lake Aſhwanipi (ſ. Hind). Auf Brumer's Island wird mit Kneiſen der Naſe und der Magengegend begrüßt. Die viel= geſtaltigen Begrüßungsformen in Afrika zeigen beſonders im Oſten Eigen= thümlichkeiten. „Die Marayer begrüßen ſich, indem ſie mit einer Handfläche auf ihre eigene Hüfte oder den entſprechenden Hinterbacken ſchlagen" (ſ. Monteiro und Gamitto), und andere Proceduren in dortigen Localitäten werden von Livingſtone beſchrieben.

herabhangen. Zum Rauchen werden bald thönerne, bald metallene Pfeifenköpfe*) gebraucht, mit einem Rohr ver= bunden. Bei den südlichen Buschleuten findet sich mitunter die primitive Sitte des Rauchens**) aus einem Erbloch. Die Handelsgeschäfte werden nach den Festtagen (jeder vierte Tag, wie bei den Wanika) geregelt, und zur Berechnung dienen vielfach Knotenstricke.***) In dem Clöbbergöll (der

---

*) The Niam-Niam smoke from clay pipes, consisting of elon-gated bowls without stem (ähnlich den mexicanischen). Ihre Wurfmesser entsprechen denen der Faon. The discus or quoit (the favorite weapon of Vishnu) is now used only by the Akális or Sikh-Fanatics of the Punjab (Cunningham). Der König von Taxila übte sich mit dem Discus und Speer, nach Art der Griechen (zu Apollonius' Zeit). Neben Assagaye, Pfeile u. f w. bediente man sich in Quillengues (bei Benguela) do porrinho (arma d'arremesso). Zu den Mantati, die sich (neben der Streitaxt) des Wurfeisens bedienten, gehörten noch die Ba-cloqueeni und Ma-hollogani (f. Fritsch). Bei den Gabberi (auf der Straße von Massena nach Musgu) heißt das Handeisen Djigabji (f. Barth), als Waffe. Die Tibbu führen das Wurfeisen (Schangormangor).

**) The Ghilji (having no chillam) had made two holes in the ground, connecting them with a hollow reed, the tobacco he placed at one end and having lighted it, he filled his mouth with water and lying flat upon the ground, inhaled the smoke (f. Masson).

***) Unter den Gründen, daß von den Africanis Guiniensibus et Angolanis dem „Peruvianae genti" sein Ursprung gegeben sei, führt Huet an: Funiculos diversicolores certis nodis distinctos adhibent ad computos utrique (quod et ad Sinas transiit), solem etiam et lunam utrique adorant (dann die Amazonen'. Nam cum Africae interioris incolis commercia habuerunt Ethiopi ad occasum prope Oceanum siti (1681). The hill people and some of the wilder clans of Sindhis have a peculiar kind of divination by means of knotted strings. Seven pieces of equal lenght are twisted round the thumb and tied together, secundum artem, when the line is drawn

Palau) werden Knotentaue zum Zeitrechnen gebraucht (f. Sem=
per), wie auf den Marianen (nach Le Gobien).

Wie das Tabu in Polynesien, lassen sich in Afrika die
Bestimmungen der Quirilles auch für nationalökonomische
Zwecke *) verwenden, um bei drohendem Mißwachs den Ver=
brauch im Voraus zu beschränken.

---

out, the different combinations of Knots, that appear upon its
lenght, enable consulters to judge of what is likely to happen
(f. Burton). Die (Rusl genannten) Knotenschnüre und Verschlingungen
dienen auf den Palau-Inseln zum Ueberbringen von Botschaften (f. Semper).
La numération s'arrête à cinq (les cinq doigts de la main). Il sait
exprimer dix, en montrant à la fois tous les doigts de deux mains,
quinze, en joignant un de ses pieds et vingt (un homme entier ou
tiéii aboulip) en montrant à la fois les deux pieds et les deux
mains (en Néo-Calédonie). Dans les quelques cas où le chef a
besoin de procéder à de longues opérations (p. e. au recensement
de ses tayos), il prend de petites ficelles où il fait autant de
noeuds qu'il y a de personnes dans sa tribu. A chaque naissance
un noeud de plus, à chaque décès un noeud de moins (Patouillet).

*) There are laws (in Australia) intended for the preservation
of food, such as that, which enjoins, that „no vegetable production
used by the natives as food should be plucked or gathered when
bearing seed" (f Grey). Wer die Raupe vom Baume eines Andern
ißt, wird krank, damit in Australien die Eigenthumsrechte gewahrt werden.
A young man may not eat the black duck, emu, young kangaroo
from the pouch, eagle, snake, native companion, bandicoot, and
old man opossum. Young girls before the age of puberty could
not take the young from the pouch, the white crane, bandicoot,
native companion, or old male of wallalay. Married young woman
must not taste the male opossum, black duck, native companion,
snake, young from pouch, bandi oot or emu-egy. Women during
menstruation must not eat fish or go near water. No female could
eat fish, caught under cliffs, where they spawn. Married men
under forty years could not eat of the young from the pouch, the
red kangaroo, crane or native companion. The old men and

Proyart bemerkt von der Loango-Küste: „Die vor= nehmsten Räthe oder Minister sind der Ma=ngovo, der Ma= nputu, der Ma=kaka, der M'Fuka und der Ma=Kinba. Der Ma=ngovo (Mangove) ist der Minister der auswärtigen An= gelegenheiten und der Einführer der Fremden an den Hof. Der Ma=nputu ist ein Gehülfe des Ersteren und vertritt seine Stelle, wenn er abwesend ist. Der Ma=kaka ist Kriegs= minister und oberster Befehlshaber der Kriegsvölker. Er ist es, der in Kriegszeiten die Soldaten versammelt, der die Officiere bestellt, endlich derjenige, der die Truppen mustert und in die Schlacht führt. Der M'Fuka (Mafuke) ist der Commerz=Minister. Er reiset oft an die Seeküsten, wo die Niederlagen der Europäer sind. Sein Amt verpflichtet ihn, sich oft Bedingungen vorstellen zu lassen, unter welchen die Neger und Europäer ihre Waaren gegen einander austauschen, und ferner darüber zu wachen, daß von beyden Seiten keine Betrügereyen vorgehen. Er ist ferner der oberste Vorsteher der Polizei auf den Märkten und der Zölle oder Abgaben, die alle in den Staaten des Königs handelnden Europäer entrichten müssen. Der Ma=Kimba ist der oberste Aufseher über Gewässer und Wälder, über Fischer und Jäger, und ihm muß man die Fische und das Wildpret überliefern, was man vor den König bestimmt hat. Unter die Minister rechnet

---

children under '0 years of age may eat what they please (s. Bon= wick) in Australia. The Nauo people have an offensive breath, being fish eaters (according to the Parnkalla) in Australia (Schür= mann). Auf den Palau-Inseln bilden die Kalib die heiligen Thiere, die nicht gegessen werden (s. Semper), gegenüber den Karam.

man noch einen Mani=Banza und Mani=bele." Tuckey nennt neben dem Mafuk die Beamten Mombella, Macaya und Mambuk. Nach Texeira führten die Könige der Kaffern den Ehrentitel Mani. Auch Fume ist unter verschiedenen Wandlungen weit durch Südafrika verbreitet, und so die Prinzenrechte, die früher jede Zueignung erlaubten, wie in Neuseeland schon das Betreten eines Hauses durch einen Häuptling dasselbe zum Eigenthum dieses machte, weshalb der Angas befreundete selbst beim Regen nicht eintreten wollte, weil er ihn dann beraubt hätte. Pendant l'interregne nach dem Tode des Fürsten von Sogno, dem vor dem Begräbniß ein Nachfolger gegeben werden muß, le pays est gouverné par un enfant\*) (Felicien) 1753 (s. Delaporte). Unter dem Moti (König) stehen (bei den Galla) die Zoreza (Fürsten), aus denen die Ortsvorsteher (Aba ganda) gewählt werden, während die übrigen Mächtigen des Stammes nur Aba lofa sind (Tutscheck). Der König Baghirmis führt (s. Nachtigal) den Titel Mbang (Stadt in den Nilländern). Unter den Großen (Quilolos oder Vambires) am Hofe des Cazembe sind sein Onkel (Caculua) und sein Neffe (Suana=Muropue) ausgezeichnet (nach dem Muano=Buto oder Thronfolger), worauf Nine=Amuana (Mutter des Muata) und Nine=Ambaza (Schwester des Muata) folgen (s. Gamitto). There is always a Quilobo, attending the court, from each of the dominions (of the Matiamvo).

---

\*) Ordinariamente eligian mancebos para Reyes (los Mexicanos), um im Königshandwerk aufgezogen zu werden (J. Acosta).

Wie bei Streitigkeiten mit den Weißen oder Mundele\*) zur Unterbrechung des Handels in den Flüssen der Loango= Küste Chikeras aufgesetzt werden, so fand Du Chaillu ein solches Hinderniß in einem den Rembo durchschneidenden Pfahlwerk, das Quengueza forträumen ließ. Im Dorf des Rempale unterhalb der Mündung des Ngunie am Ogoway hat die Inenga=Familie Azyonbo nach alter Sitte allein das Recht, den Okanda und seine Uferländer zu befahren, und hatte auch die Abjomba gezwungen, ihre früheren Be= suche aufzugeben, indem nur einzelne Igalua (Galoi) zu= gelassen werden (nach Walker). Wie zwischen Loango\*\*) und Mayumbe findet sich an der Grenze zwischen dem Fürsten= thum Serbien und der Türkei eine Zaunverschanzung.

In Quinsembo hat das Reich der Regenkönige\*\*\*) eine

---

\*) Munoultu yura ist der Europäer, Mirrinji yura der Eingeborene (bei den Parnkalla in Australien).

\*\*) Häckel läßt das Königreich Loango oder Lovango (dessen König 7000 Frauen unterhielt) nordwestlich an Benin, nordöstlich an Biafara und Miyac, östlich an Macocco und südlich an den Congo grenzen.

\*\*\*) El que · era Governador era tambien su sacerdote ò Hechicero (s. Taraval), auf der Insel Trinidad (bei Californien). The patriarchal government mostly prevails among the Masai. Still different parties select and acknowledge one common leader (or Eiboni). To him it belongs to make sorcery for procuring rain against enemies and for successful expeditions of their own. If expeditions against other tribes are lost three times successively by a new installed king, he is pronounced unfit for his task, killed and another chosen in his stead (Erhardt). Los Musos no recoscocian cacique ni señor, pero en la guerra seguian à los mas valientes y siempre el consejo de los ancianos (Acosta). In seiner dem polnischen Landtage vorgelegten Reform der Kirche bestritt Ostrorog (Palatinus in Posen) den weltlichen Einfluß des Papstes (1459). Neben

temporäre Dauer, und bei den Gallas wechſelt der Heiau oder Häuptling alle 7 Jahre. Die Religion *) der Neger am Cap Mount consisted in obeying their chiefs, without troubling themselves about, what was above them (Sneaf).

---

dem Arglwybd oder Häuptling (der oft den Titel König der Machtyrn führte) lag die criminelle Gerichtsbarkeit in Händen des Brennin (nach den Geſetzen von Hoël M.) Die Barden oder Sänger (Njangah) bei den Riam-niam (ſ. Schweinfurth) unterliegen (wie in Senegambien) der Verachtung. Die geweſenen Oberprieſter einer jeden Stadt, einer jeden Gottheit, eines jeden Bezirks bildeten unter dem Namen Archiereis (Plr. v. Archiereus) einen beſonders angeſehenen Stand, der beſtimmte Vorrechte beſaß (Bröder). C'était, en Galatie, à la cour du drynéméte (bois de chênes), qui étaient réservés les cas de meurtre (Robiou). Autour du Bar ou du ric-hombre se pressent les chevaliers (milites), qui prennent le titre de domini et dans la Septimanie celui de Seniores (anciens), par abbréviation romane ceux de sen (mon senior). Audessous des milites prirent rang les domicelli ou damoiseaux, possesseurs de sous-fiefs, ils devinrent les generos de la Catalogne (Moncaut). Jede (attiſche) Phyle war wieder in δῆμοι eingetheilt, mit einiger Rückſicht auf Localität (ſ. Leake).

*) Persarum Regem Mitranes Deum appellat apud Heliodorum, Ismaëlem Sophum, post partam victoriam sui milites dixerunt deum. Phraates Parthorum rex Deus est cognomento dictus. Sic dicti et Ethiopibus suis Reges et exteri etiam aliquando Aegyptiis, puta Darius, cum adhuc superstes esset. Charicles item, in Heliodoris Ethiopicis, Calasirin Sospitatorem suam et deum nuncupat. Tigranes idem cognomen habuit (Huetius). Lokuim Utgardensem a Daniae rege Gormo Haraldino devote cultum fuisse, sub nomine Utgarthi-Loc ut numen quoddam Saxo Grammaticus manifeste docet (ῆ. Magnuſen). Bei Erledigung des Imperiums (wie beim Tode Heinrich's VII.) ging (nach Papſt Johann XXII.) die Jurisdiction des Reiches an den Papſt über, dem in der Perſon des heiligen Petrus Gott ſelbſt die Rechte des irdiſchen und himmliſchen Imperiums zugleich verliehen habe (Riezler). Den Chineſen iſt der Staat das höchſte Abbild und die reinſte Offenbarung des Natur- und Gotteslebens (ſ. Pfleiderer), der Gott auf Erden (bei Hegel). In Uſambara bekannten ſich die Unterthanen für Sklaven

Wie im Often Afrikas zu Meroë und im Weften unter den Eyo hing in Indien das Leben des Königs von den Priestern ab. Bei dem auf der Flußinsel des Tempel Tiru= nawai gefeierten Nationalfeft (bei dem im Fluffe Ponani das Waffer der heiligen Ganga hervorquoll) beschloffen die Perumal (Malabars) ihre zwölfjährige Regierungszeit, indem fie die Krone den Brahmanen zurückgaben oder sich in's Schwert stürzten, um den nächften männlichen Erben Platz zu machen (s. Irion).

In früherer Zeit wird aus Congo der Couvade er= wähnt, und daß sich in Caffange bei der Entbindung der Frau der Mann in das Bett legt, wie es bei fo vielen anderen Stämmen Amerikas *) (fowie in Asien und Europa)

---

des Zumbe oder Königs, als ihres Gottes oder Malungu, (f. Krapf). C'est donc aux seules déclarations de la Sainte-Écriture, que nous devons nous arrêter. Nous n'avons pas d'autre autorité pour les dogmes de nôtre foi et la théopneustie est l'un de ces dogmes (f. Graußen). The goat was killed and all the pots were set a boiling. Muachania wished to inspect the goat's entrails por information regarding our journey, but I forbade it. He thought me somewhat of a bigot and intolerant withal. „Why, said he, you Wazungu have your book, the Wajombe have theirs (the Koran) and we have ours. Each prefers his own, why should you forbid me the use of mine?" (der Mataita). He declared his to be an infallible prognosticator of all events, but I did not debate the matter with him (New). Gegen die Römer (unter Cafinus) in Verbindung mit den Weftgothen trugen die Vandalen und Sueven die heiligen Bücher der Chriften, mit Objecten des Cultus, in ihrer erften Reihe voran, fo daß sich die Gegner zurückzogen (422 p. d.), wie die Syrer den Koran im Kampfe mit Ali (und heilige Kühe der Brahmanen in Affam).

*) Lorsque quelque femme s'accouche, le mary se met au lit, ou il est visité et traicté durant quelques jours, comme s'il eust

geübt wurde. Nach Venagas blieb der Mann der entbundenen Frau, als ob krank, unter einem Baum (1758). Bei den Kolh muß der Vater im Gegentheil thätig sein in Besorgung des Kindes, und hat den Reis zu kochen, da die Mutter nach der Geburt für unrein gilt (s. Dalton). Die sympathische Verknüpfung, wie sie besonders in den am Orinoco gegebenen Erklärungen hervortritt, findet sich auch vielfach sonst. Ein neugeborenes Kind wird ängstlich vor fremden Augen gehütet (in Masuren) oder doch durch Amulette geschützt (s. Toeppen). Neun Tage nach der Geburt darf die Wöchnerin die Wochenstube nicht verlassen, sonst hat das Kind keine Ruhe (in der Mark).

Ueber die Eidschwüre in Guinea sagt Bosman: „Wenn Jemand eines Diebstahls beschuldiget, gleichviel die angeführten

enfanté (Jarrig) in Brasilien. Bei den Cayowas bleibt der Vater (nach der Geburt der Frau) in der Hängematte, damit das Kind nicht erkranke (Keller). Bei den Wenden (in Hannover) darf die Mutter vor der Taufe nichts Spritzendes kochen, sonst erhält das Kind Male, oder Sommersprossen durch gelbe Wurzeln (s. Hennings). An der afrikanischen Westküste wird der erste Ausgang des Kindes durch Fetische geregelt. Aufgehoben wurde das Kind von Levana, in der Wiege überwacht von Kunina und Rumina, an Essen und Trinken von Potina und Eduka, an Schreien von Bagitanus (Vaticanus) gewöhnt, in den Knochen erstarkt von Ossipago, mit Namen belegt von Nundina, lernte dann zu stehen von Statanus, hin und her zu gehen von Abeona und Abeona, zu schwätzen und sprechen von Fabulinus und Lokutius, zu Zählen von Numeria, zu singen von Kamena, erhielt Verstand von Catius, Consus und Sentia, wurde mit Körperkraft verliehen von Strenua, aus dem Hause und zurück geführt von Iterbuca und Domibuca. L'âme entre dans le corps à l'époque de la dentition, jusque-là l'enfant est animé par la grande âme de la terre (Fourier).

Beweis=Gründe nicht klar genug sind, muß Beklagter mit
einem Eyds=Trunk seine Unschuld an den Tag legen, und
folgender Worte sich bedienen, daß ihn der Fetisch tödten
wolle, sofern er schuldig sei dessen, wes man ihn überführen
will. (Der Arten der Beeidigung giebt es verschiedene).
Ein jeder Fetichero oder Geistlicher hat seine besonderen
Götzen, auch auf besondere Art zugerichtet. Die meisten aber
bestehen aus einem großen hölzernen Gefäß mit Erde, Öhl,
Blut und allerhand Gebeinen von Menschen und Vieh, Federn,
Haaren, kurz mit allerhand Mist und Koth angefüllet, sie
brauchen auch keine Statua oder erhöhtes Bild, sondern
lassen es so eins durchs andere in gemelbeten Gefäß oder
Calabas. Derjenige nun, welcher vor diesem Götzen schweren
soll, stellet sich gegen dem Gefäße über und befraget den
Geistlichen um den Nahmen des Götzen, weil nemlich ein
jeder *) seinen eigenen verehrt, alsbann entdecket dieser den=

---

*) Lorsqu'un particulier vouloit faire un dieu, il assembloit
ses voisins, ses amis, ses parens, pour l'aider à bâtir une hutte.
Il s'y renfermoit pendant quinze jours et en passoit neuf dans le
silence, ayant dans la bouche deux grandes plumes de perroquet
pour l'empêcher de parler. Au bout de ce temps, l'assemblée se
rendait dans une plaine et dansoit au son du tambour, en chantant
les louanges de la nouvelle divinité. L'adorateur continuoit cet
exercice pendant deux fois vingt-quatre heures, sans autre inter-
ruption, que celle des besoins indispensables de la nature. Un
prêtre venoit alors, poussoit de cris terribles, prononçoit des paroles
mystérieuses et traçoit sur le corps de son disciple diverses figures,
pour le préparer à recevoir le mokisso. Aussi-tôt l'adorateur paraissait agité de convulsions violentes, faisoit d'affreuses grimaces,
jettoit des cris épouvantables, prenoit du feu dans ses mains et le
mordoit en grinçant les dents, mais sans paraître en ressentir

selbigen und ruffet jener den Götzen bei Nahmen, erzählet auch nach der Reihe Alles daher, was er im Sinne hat zu bezeugen mit angehängter Bitte, er wolle ihn tödten daferne er seinem Schwur nicht nachkommen würde. Hierauf gehet er rund um das Gefäß und bleibt am vorbemeldeten Orte stehen, saget seinen Eyd noch einmal daher und wiederholet solches zu drey unterschiedlichen Mahlen. Folgends nimmt der Geistliche etwas aus obbemeldetem Gefäß, reibet damit den Kopff, Arme, Bauch und Beine desjenigen, welcher geschworen, endlich hält er es ihm über das Haupt, kehret ihn dreymal herum, und schneidet ihm die Nägel ab von Händen und Füssen, mit etwas Haaren, leget alles in das Gefäß, wo der Götze seine Wohnung hat, und macht damit dem Schweren ein Ende.‟ Zur Bekräftigung einer Ueber= einkunft wurde (nach Tuckey) ein Blatt zerrissen (in Bomma). Bei den Kanda (im Süden des Mahanaba) soll es nur zwei Gebote ihres moralischen Katechismus geben: die Wahrhaftig= keit ist Pflicht, der Bruch eines Eides, die Ableugnung einer Schuld wird von göttlichem Zorne heimgesucht, ebenso die Uebertretung der Pflicht der Gastfreiheit (s. Lassen). Die Aussage der Tscherumer (Sklavenkasten) galt unbedingt (wenn als Zeuge in Criminalfällen verhört), „die sind zu dumm,

---

die wiffen nicht zu lügen" (f. Jrion), heißt es (in Malabar).
Bei den Galla führt die Lüge allgemeine Verachtung und
Verluft des Stimmrechts in den Verfammlungen nach fich
(f. Waitz). Barzaphernes, parthifcher Satrap (nach Mofes
von Chorene Fürft der armenifchen Reftunier), fchwört, wie
bei anderen Gottheiten, wie beim Heil des Parther= und
Armenierkönigs, fo namentlich auch bei Himmel und Erbe,
bei dem Monbe, bei der Sonne (Schneiberwirth). Sonne
und Mond *) zeugten die Sterne (Meliffantes) in Longo mit
angrenzenden Bramas. Mallet fpricht von Verehrung der
Sonne **), des Monbes und der Schlangen bei den Götzen=

---

*) There are many country people, that believe that Hares
change sexes every year and there be very many learned men
think so too (f. Jzaak Walton), unb fo ber Monb, ber (am Swanriver)
in ter bemalten Höhle bei Dork gewohnt hatte.

**) La gran deosa de los Cielos, mujer del Sol (de los Toto-
naques) tenia especialmente dos continuos y peculiares, como
monjes, que de noche y dia le servian y guardarban (Menbieta)
mit langem Haar. Le Soleil (Assemy) est le plus grand des dieux
(f. Thevet) dans le Royaume de Manicongre. Im Bunbehefch ftehen
bie Schweiffterne Gurzfher unb Dujbu Mluepar als Gegner ber Sonne
unb bes Monbes [Mluspilli]. The Flatheads (Sailish and Kalleespelm)
believed the sun to be the Supreme Being, and that after death
the good (the brave and generous) went to the Sun, while the
bad remained near the earth and troubled the living, others supposed that the worthless ceased to exist at death. They believed,
along with the Nesquallies, Yakimas etc., that beasts, fishes and, at
least, the edible roots of the vegetable Kingdom were once human
beings. The Flathead tradition is that the son of the Sun came
to the earth and compelled all these humans to swim across a
lake of oil, on emerging from which they assumed their present
forms, a reason being given for the particular shape and peculia-
rities of each. Bear, beaver, goose etc., for instance, the bear

dienern Congos. In Ober-Guinea tritt (wie in China) die Verehrung des Himmels auf, als die Anschauung beschränkend, wie τὸ πέρας τοῦ οὐρανοῦ (bei Aristoteles) als Gottheit.

Der Fetisch Makuanga schützt gegen Räuber, der Fetisch Umpanso umfinda hält Krankheit ab, der Ganga Bomba wird von Leidenden angerufen, der Fetisch Kimba töbtet die Fetissero oder Doabi (Doki). Wenn ein Fetissero aus dem Grabe zurückkehrt (vampyrartig) als Bumbu-Doaki (Um-wumbu-anboki), gräbt man ihn auf, um seine Leiche zu ver-brennen. Die Fetissero entführen*) die geraubten Seelen nach ihrem Fetischwalde (Pinda), den Niemand betreten kann, da der Annähernde starr gefesselt bleibt.

Die Schmiede (auch das einheimische Kupfer und den Ertrag sonstiger Minen**) verarbeitend) betreiben, wie überall, ihr

---

crossed by diving and is therefore fat, the goose did not dive, and consequently has only fat on the neck and behind (Lorb). The son of the sun was accompanied by a dog, when he came upon the earth (according to the Flatheads and Chimsyans).

*) Der Ganga Embugula „a des charmes si puissans qu'au moyen d'un certain sifflement plein de prestige, il attire a lui avec violence ceux, dont il veut se rendre maitre" (Labat).

**) In einem Briefe (1539) berichtete Coelho an den König Portugali über die entbeckten Minen des Alemão Gimdarlache (fundidor no reino do Congo). Von Chicova aus wird Gold erhandelt por todo o vasto territorio de Xingamira particularmente em Abutua Capital do Reino, aonde ha o mais subido e em maior quantidade (Xavier Botelho). Le Cap el-Djondjomah est formé par une montagne qui va rejoindre le Yemen par le pays d'ech-Chihr, d'el-Ahkaf et des sables, et qui se prolonge ensuite dans les profondeurs de la mer jusqu'à une limite inconnue. Toutes les fois qu'une montagne s'étend ainsi au loin sous les eaux, on lui donne dans la Mediter-

Geschäft, das erlernte Geschicklichkeit erfordert, in etwas ge=
heimnißvoller Weise und haben stets eine Raffel neben dem
Blasebalg liegen. Mitunter wirkt auch in Afrika (wie im
Kaukasus) der Schmidt zur Verheirathung mit, und im
Norden wurde Thor's Hammer der Braut, als Segen
bringend, in den Schooß gelegt. Bei den Timanis feilt
der Schmidt die Zähne der Braut und schmiedet Mann
und Frau bei der Ehe einen eisernen Ring am Handgelenk
an. Tufuga (geschickt) bedeutet Zimmermann und Priester
auf Samoa. Homogirus spannte (nach Isidor) zuerst Ochsen
an den Pflug, der (nach Plutarch) von den wühlenden
Schweinen gelernt war (wie bei den Aegyptern). Unter
den „weisen Leuten" stehen obenan die Schäfer (als „kluge"
Leute oder „Wunderdoctoren"), deren idyllischer Müssiggang
theils selbst zur Beobachtung der Naturkräfte oder zu Träu=
mereien, theils die Anderen zum Vertrauen in ihre stille
Weisheit einladet (Wuttke).

Die Anzicaner, die neben den (mit den Monsobos in
Batta kämpfenden) Agag oder Giaquas das Congoreich be=
unruhigten, hatten ihre Dolche (zu Lopez' Zeit) mit Kupfer=
brähten umwunden, wie die Monbuttu, und fertigten die
Scheiden aus Schlangenhäuten, wie die, auch Eidechsenhäute
verwendenden, Fan. Ihre Wurfmesser scheinen früher auch
an der Küste gebräuchlich gewesen zu sein, denn von den
Loangern, die auf der Erde *) sitzen, „wie die Wannenmacher,

ranée le nom de Sofalah (Masubi), wie an der Küste Seleuciens, bei
Cypern u. s. w. (s. Meynard).

*) In Folge der Abneigung, auf der Erde zu sitzen oder dort zu essen,

mit den Beinen übereinander" (nach indischer Manier), erzählt Braun, daß sie neben Gangala oder Pfeilen auch
Messer geführt, mit denen sie „dem Feind seinen Kopf mit
werfen von einander spalten" (1611). Auch am Gabun
dienten breite Messer und Schilde (wie bei den Fan) als
Waffe, neben den Bogen, und es kam dort das Tättowiren
vor (1603), wie überhaupt manche der jetzt immer noch im
Innern geübten Bräuche damals auch an der Küste im Gange
waren. „Etliche werden gefunden, die auch Ringe in den Nasen
oder den Lefzen haben (am Gabun), Andere stecken Elfenbein
hinein und Einige können die Zunge durch das Loch der
Unterlippe durchstecken". (de Bry), wie Stämme, bei denen
der Pelele verwandt wird.

Sonst war in jenem Jahrhundert, wo die Könige sich
noch nicht in einem Dickicht*) (oder Matto) zu verstecken
hatten, die Bevölkerung eine dichte, bei sorgsamem Anbau,
wie es scheint. „In Bansa Loanga ist das Land ringsumb-
her wie ein Parabyß," schreibt Samuel Braun, und in
Congo bestand lebhafter Handel mit Taculla (aus Mayumbe),
mit Elfenbein, Leopardenhäuten u. s. w. „Doch haben die
Spanier- und Portugaleser mehr Vortheil, daß sie können

---

gebrauchen die Siaposh Stühle (s. Masson). Die niedrigen Fußstühle
(Hegba) der Bongo werden nur von den Frauen gebraucht, aber nicht
von den Männern, who regard every raised seat as an effeminate
luxury (Schweinfurth). Während bei den Dinka Bekleidung für weibisch
gilt, wird sie bei den Bongo mehr von Männern als von Frauen verwandt.

*) Wara, die (von Abb-el-Kerim gegründete) Hauptstadt Wadai's,
wurde von ihrer Lage in schwierig zugänglichem Dickicht (Wara) benannt
(s. Nachtigal).

durch das Land reysen von Ostindien auff Goa und von
dannen auff Malapara und Caramandel, welche Reyß sie in
4—8 wochen thun" (1611). Die Erwähnung von Wüsteneien
scheint sich südlich und nördlich von Congo, sowie nach dem
Innern*) zu, zu wiederholen, in Beschreibung einer Art
beweglichen Sandes, wie ihn Wrede in der Bahr-essi-Ssazy
Südarabiens antraf, wo Geister die von Sand bedeckten
Schätze hüteten (etwa das Petroleum, das in der Nähe
zwischen den Straten hervorbrang). Der Staub, in welchem
das Gewicht (wie im Wasser) hinabsank, hatte eine „weiße,
etwas in's graue spielende Farbe" (vom gelblichen Sand der
Wüste abstechend). Aus dem Innern Niederguineas wurden oft
mehr Einzelnheiten gegeben, als von der Küste, wo besonders die
Aufführung der Küstenflüsse ungenau ist und der Quillu**)
(am Punta das Barreiras) kaum Andeutung findet. Seine
Mündung ist oft durch eine aufgeworfene Barre verdeckt,
und außerdem wird die Erforschung durch die Calema längs
der Küste gehemmt.

---

*) Passing the country of Bemberi, the Furanys came sud-
denly to a spot, where the soil, as the informant expresses himself, was boiling over the water and bubbling up (s. Barth) on
the road from Tindelty to Andoma, where the inhabitants fought
with the korbatsch or handiron (the king being seated on a throne,
constructed of elephants tusks).

**) Die geologischen Proben vom obern Quillu zeigen ältestes Ge-
stein, wogegen die Petrefacten vom Muni und Gabun auf jurassische
Bildungen deuten. In the pass of Nitj, the occurrence of tertiary
beds proves the fact, that the thibetian plateau has been raised
from the sea-level to its present elevation subsequently to the
newest of the great geological groups of strata (Herschel).

Francisco Barreto hörte (nach bo Conto) in Suahili (Watonbui), daß Händler von Kiloa (Atonbo) nach der gegenüberliegenden Küste von Angola reiften und mit dortigen Kaufleuten zusammenträfen. Von Polongolo (Hauptstadt Caffanjes) reiften die Pombeiro über Mucari durch Bomba nach der Stadt des Chacabungi (an der Grenze des Muata Yanvo). Das Elfenbein erhält der Muata-Yambo (Muata-ya-nvo oder Fürst der Ho) von den Kanyika und Kanyoka. In Luba wurden die Elephanten (wie durch Fallen) mit Speeren und vergifteten Pfeilen getödtet. Von Zumbo (am Zambesi) aus wird mit den Anwohnern am Cafue gehandelt (f. Fricke). Texeira (1795) besuchte den Häuptling Caquinga in Loval oder Lobale (an Quioco oder Chiboque grenzend), wo der Häuptling Luinhama dem Cazembe unterwürfig war. Die Ganguella verhinderten den Weg von Bihe in das Thal der Barotse. Die in Begleitung Porto's von Benguela aus reisenden Araber zogen über Cutonga nach Mikindani an der Ostküste und schifften dann nach Mosambique (1853).

Der (unter der Statthalterschaft Salbanha's) von da Costa zu den Mulua gesandte Mulatte gelangte in zwei Monaten von Caffange zur Stadt des Muata Janvo (im Innern). Nach den Mexicongo folgen auf die (am Ostufer des Coango lebenden) Hocanga die Amulaca (f. Bowdich). Die Caffanges werden von den Cachinga im Norden, den Domges im Osten begrenzt. Die Truppen des Cazembe sind mit Lanzen bewaffnet, während die verbündeten Moviza Bogen führen. Auf dem (von Varunbas bewohnten) Wege zwischen der

Stadt des Cazembe und des Moropua sind die Flüsse Rua=
pura, Mafura, Guarava und Rofoe zu paſſiren. Der Quila=
Fluß bildet die Grenze zwiſchen Calungo und Loango mit
der Hauptſtadt Boarie (nach Bowdich).

Auf Veranlaſſung Noronha's, Gouverneurs von Angola,
ſandte Honorato da Coſta ſeine Pombeiro Joãm Baptiſta
und Anaſtaſio Francisco (os feirantes Pretos) zum Muata=
Yambo, deſſen Stadt am 22. Mai (1806) verlaſſen wurde,
um am 30. October die Stadt des Cazembe zu erreichen,
von wo ſie (durch die Kriege mit den Muizas aufgehalten)
mit den von Azevedo, Gouverneur von Senna, geſchickten
Boten nach Tette gelangten (1811) in 57 Tagereiſen. Nach=
dem die Pombeiros im November 1802 Caſſanje verlaſſen,
wurden ſie in der Stadt Bonba's aufgehalten bis 1805.
Dann gelangten ſie über das Land Moxico's (20 Tage),
Catende's (8 Tage) im Gebiet des Moropo, Chaanbuje's
(3 Tage), Luibaica (4 Tage), Banga=Banga (2 Tage), den Sitz
Loconqueixa's (2 Tage), Moropo's Mutter, nach der Stadt
des Groß=Moropo. Auf der Grenze des Muata=Yamvo und
Cazembe liegt der Quilob Chamuginga Muſſenda's. Neben
Balegga, Babire, Bakuß, Manjuema finden ſich (am Lua=
laba) Baſire (ſ. Livingſtone). Weſtlich vom Lualaba wohnen
(in der Nähe des Lomame) die Bakuß oder Bakuns.

Lacerda verließ die Nachbarſchaft Tetes am 3. Juli 1798
und gelangte (am 2. October) in die Nähe von Maſſanza,
den Königsgräbern des Cazembe, wo er ſtarb (18. October).
Der Caplan Pinto verließ die Hauptſtadt des Cazembe
(22. Juli 1799) und kehrte nach Tete zurück (19. November).

Monteiro und Gamitto reiften von Tete (1. Juli 1831) und erreichten (am 27. October) die Grenze des Cazembe, von wo fie nach der Hauptſtadt gelangten (am 19. November) ober Lucenda. Der Quilolo (Häuptling) des Muropue unter= warf mit einem Heer Alonda's (die Campocolo = Sprache redend) die Waſira (Meſſira), und unter den folgenden Un= ruhen wurde der Canhembo als Fürſt eingeſetzt. Das Volk des Cazembe zerfällt in die Quilolos (von denen eine Klaſſe den Titel Fumo führt) und in die (verſklavten) Muizas. Wer die Perſon des Mambo berührt, muß ſich durch Hand= ſtreichen entſühnen *), um nicht zu ſterben [Tabu]. Die Kim= bunda waren aus dem Reich des Moropue (in Suban be= kannt) oder Muata=Yamvo (dem die Fan in ihrer Heimath tributpflichtig waren) zu den Maſſango am Luanda gezogen.

Nachdem Livingſtone am 30. März den Handelsweg von der Stadt des Matyamvo nach Bihe und Caſſange betreten, begab er ſich in der letzteren Richtung (von dem Hochland herabſteigend) von den Baſhinje zu den Bangala und erreichte nach der Kreuzung des Quango (4. April) das Dorf Caſ= ſange (10. April). Abreiſe von Caſſange (21. April), Paſſage des Lui=Fluſſes (22. April), Paſſage des Luare (24. April), Erſteigen des Hochlandes von Tala=Mungongo; Dorf der Baſongo (27. April), Quize=Fluß (in Coanza fließend) bei Ngio paſſirt; Steppenland von Ambaca (mit Gebirgen in Ent= fernung), vom Lucalla (in Coanza fallend) durchfloſſen;

---

*) Durch die Ceremonie Moi-moi wurde (in Tonga) das durch Be= rührung eines Häuptlings zugezogene Tabu wieder beſeitigt.

Zangu (12. Mai), Kabinba (14. Mai), Gebirgsland von Golungo Alto (24. Mai), Trombeta; Niedersteigen zur Küste; Fluß Bengo ober Senza; Loanba (31. Mai). Der Rückweg führte über Bango (14. December), Ambaca*), Pungo Anbongo, Tala Mungongo (15. Januar) nach Caffange.

Capitän Neves in Caffange bereitete (bei Livingstone's Anwesenheit) ein Geschenk für ben Matyamvo vor. Außer Roman**) begab sich (24. April 1843 bis 3. Sept. 1847) Joachim Robrigues Graça von Bango Aquitamba (in Golungo Alto) über Ambaca, Songó und Bihe nach ber Banza des Matiamvo (Balbez). Da ber Jaga ben Weg verschloß, reiste ber Gesanbte***) bes Muata Yambo burch os estados do Sova Bomba (f. Torres) nach Ambaca (1808). Bei Salles Ferreira's Expedition gegen Caffange (1850) schloß Domingo Anbré mit bem Soba Muene=cauge einen Vertrag,

---

*) Ambaca (f. Cannecattim) confina da parte de Norte com os Mahungos, de Leste com os Povos de Giaca, e da parte do Sul, que chamão Hari, faz fronteira com os povos da Rainha Ginga. Golungo Alto unb Cazengo, sowie Dembos unb ein Theil Ambacas gehören zur Walb-Region von Angola (nach Welvitsch). Falla-se a Lingua Bunda em todo o paiz, que se chama Reino de Angola ou Reino dos Abundos (Cannecattim).

**) Barboza (1810) conseguio, que hum preto feirante e Official dos Henriques, atravessando o Sertão fosse a Mossambique e que voltasse pelo mesmo caminho a Loanda (Torres). Em 1853 os feirantes, ou commerciantes europeus, establecidos em Cassange, despacharam para Lunda aviados, isto é, agentes commerciales, com facendas.

***) Die Gesanbten bes Muata Yambo (in Loanba) trugen ihre Säbel, pendente de huma pelle torcida de Macaco feroz (1808), wie bei Faon beliebt (sowie hum rabo de cavallo, signal de authoridade).

demzufolge jenen Portugiesen oder anderen Händlern (die nach Lunda zu reisen beabsichtigten) der Uebergang über den Quango erleichtert werden müsse (s. Neves). Die Gesandt-schaft des Muatianfu von Lunba wurde durch Ferreira (am Quango) empfangen (1852).

Der Fluß Lualao trennt das Land des Cazembe von den (Angola genannten) Staaten des Muatianfa*) oder Muropue, und wird als Maramo verehrt (beim jährlichen Fest). Von Lunda (Stadt des Cazembe) wird 1 Monat die Reise gerechnet bis zum Fluß Lualao und von dort 2 Mo-nate bis zur Stadt des Matianfo (Mufumba oder Kabebe). Cassange, Rio Quango, Soba Capenba = Camulemba (in Chinge), Soba Manzaza (an der Grenze des Muata-Hiánvo), Banza be Lunba. Die Kupfergruben von Katanga liegen in Rua (mit Felswohnungen), in dessen Norden der Lua-laba die Berge am Moero-See durchbricht (s. Livingstone). Im Lande des Muata = ya = Nvo sind die Heerden Staats-eigenthum (nach Graça), wie ähnlich bei Monbuttu. Der Thronerbe (in der Stadt des Cazembe) nahm. den Titel Mueneputo an (zu Lacerba's Anwesenheit). Bei Gamitto findet sich Buto.

Portugiesische Botschaft (in 4 Monaten zum Matiamvo):

*) To the East of Bamba is the Kingdom of Oando (north to that of Queen **Massala-Massango**), and to the north of Oanda are the Mossossos and northeast is the country of Oh-Ilolo, again to the north-east of this are the Molluahs of the potentate Ma-tiamvo, which is the most eastern boundary of Bama-Angoy, near to Cabinda, and Manimange at the mouth of the Zaire on the right bank (Balbe;).

Lucata im Lande der Ganguella oder Mu=Ganguella (neben Bihé), König Quiengo (beim Cuanza=Fluß), Cassango, Banza Canjango's in Quioco oder Quiboco (mit Fluß Ruli), Kassay oder Kassabi, Catende (als Grenzfürst des Muatiamvo), Ca=tende Mucango (am Kasai), König Quibuica (Elephanten jagend), Häuptling Sacambuge, Wüste (bis zum Fluß Lo=rua oder Lolua), König Challa, Quilombo des Matiamvo (s. Balbez), als Festung.

In Folge von Streitigkeiten, die beim Tode seines Vaters ausbrachen, zog sich Quingure=Quiabanguella, der in Rhama (proximo ao Mathyanvo) lebte, nach Cahunze zurück, und dann (weil wegen seiner Grausamkeiten von Mathyanvo vertrieben) nach Quioco (im Quellgebirge der Flüsse Pulo und Locombo). Dort von dem Handel der Weißen an der Küste (auf der Insel Muxima=alunde, wäh=rend Loanda noch im Besitz der Könige Ginga war) unter=richtet, näherte er sich diesen bis Bola=caffache (in Pungo=Anbongo). Als er von den Macotas, die ihm ein einthüriges Holzhaus gebaut, darin (wegen seiner Barbareien) verbrannt war, versuchte sein Nachfolger Cassange=Caimba sich auf dem Quanza den Portugiesen zu nähern, wurde aber durch die Macht Ginga's daran verhindert, bis nach dem Siege bei Teba sich eine Vereinigung mit den Portugiesen herstellte und diese ihm das Terrain Lucamba (in Ambaca) überließen, von wo die einer Elephantenspur *) folgenden Jäger nach

---

*) Ein Stier leitete die Samniten, und in Indien wurde dem Pferde gefolgt (wie die Lappen ihren Renthieren).

Quina = Quiaquilamba geführt wurden. Bei seinem Tode folgte Cassange = cacularingo, dann Calunga = caquilombo, Gonga=nbanbe, Quiluange=quiangonga, Quingure=quiacaf=sombe, Cambamba-caquingure, Quitamba=quiacalunga, Qüif=sueia=quia cuia camuenba, Muanha=acaffange, Luame=lua=quipungo, Calunga=caluame, Quitumba=quiangonga, Gunza=acabamba, Lucalla=luanginge, Quitamba=quiachiba, Malengue=angonga (ben bie Portugiefen zu Erfaß zwangen), Quitamba=quiangonga, Caffange=cacambolo, Quiengo=quiacambolo, Ca=mana=caquioënba (ber nach ber Erpebition Finalys burch eine Empörung geftürzt wurbe), Bumba = aquingure, von Ferreira vertrieben, worauf (als Dom Pebro Accaccio Fer=reira getauft) Calunga = caquiffanga erwählt wurbe, nach beffen Ermorbung Cambolo=cangonga folgte.

Als Haupt ber Bangala herrfcht ber Jaga über bie Quimbos (Mu=Zimbos) ober Jagas (in Caffange). Um bie Dienfte ber Brüber aus Libolo unb aus Gonga=nbanbe bei ber Eroberung zu belohnen, traf ber Caffange bie Einrichtung, baß ber Staat ber Jagas seria por escalla *) governado, por um successor desta tres familias: Calaringo (que é a do verdadeiro Cassange), Gonga unb Calunga. Ehe er feine Herrfchaft antritt, muß ber Jaga in ärmlichen Kleibern erfcheinen, wie ber Fürft am Gabun Schmähungen erfährt, fo lange er noch nicht gebietet. Vor ber Inthronifation wurbe ber Herzog von Kärnthen bäurifch befleibet (nach Johann von Viftring) unb hatte einen Baden=

---

*) Among the Bangalas of the Cassanga valley the chief is chosen from three families in rotation (f. Livingftone).

ſtreich zu leiben. In Ceylon wurde (X. Jahrhdt. p. d.)
die Leiche des Fürſten verächtlich zu Grabe geſchleift.

Wenn der Wahrſager (Mocoa=co=zambulla) einem Soba
(bei Caſſenge) erklärt, daß (wegen eines Unglücksfalles) der
Zumbi (Ahnengeiſt)*) eines Verwandten erzürnt ſei, werden
(ſowie beim Begräbniß) Menſchen geopfert. Dafür divagão
pelos caminhos difarçados, até encontrarem em parte
occulta e endefesa, quem procurão, levão a sua victima
o coração para comerem, uma porção de sangue que
vão espargir em cima da sepultura do difunto, e lhe
tirao a ponta da lingua para com ella fazerem certo
remedio com que se purificão (1850). Der der Leiche des
Jaga ausgebrochene Zahn**) wird vom Tenballa bewahrt
(unter Zerſtörung des Quilombo). Das Grabmal (Qui=
lunba) wird von Sklaven (unter Befehl des Matemo) be=
wacht. Durch die Ceremonie Cochinguella wird in der (Cazo
genannten) Capelle (in welcher ſtets Feuer unterhalten wird)
der Geiſt Quingure's befragt, der auf Anrufungen in ver=
alteter Sprache in den Prieſter (Mucage=aquingure) herab=
ſteigt, um die Zukunft zu verkünden.

---

*) If the Jaga should dream of any of his ancestors, the
following day he despatches to them two slaves, for their special
service (Balbez).

**) As insignias do Estado (ferros velhos, dentes e outras si-
milhantes cousas) in Caſſange (unter den Banglas, mit den Bailunbas
zuſammengrenzend, bei den Eroberungen der Quimbunbas) dürfen nur
von einem Mulua berührt werden (ſ. Neves). As reliquias do Estado
(como os dentes, os arcos de frecha, as cadeiras de salla e outras
similhantes cousas pertencentes aos Jagas defuntos) werden in dem
Manuma genannten Hauſe aufbewahrt.

Nachdem der neuerwählte Jaga sein Quilombo ein
Jahr bewohnt hat, wird dem Geist des Quingure=caban=
guella ein Banket veranstaltet, para o que se tem man-
dado vir um homem (que passa a ter o nome de ricôngo)
do Sobeta descendente de Cambunge-catembo desmem-
brado de Quingure, e que hoje habita no Songo, por
ser aquelle o encarregado da ucharia de Quingure, onde
poucas vezes faltava carne humana, e dahi lhe vem a
obrigação de dar un homem para o banquete, que todos
os Jagas de Cassange tem de dar-lhe. Der Priester (Mu=
cage=aquingure) repräsentirt Quingure (während die Auto=
rität des regierenden Jaga so lange suspendirt wird), auf
einer eisernen Bank sitzend, com todo o seu Estado com-
posto do Sambo-ngolla-nbolle, Ngolla-nbolle-hiamauenhe,
Cahombo, Canguengo, Calungo-camauenho. Das mensch=
liche Opfer wird (metade cosido, e assada a outra mitade)
mit dem Fleisch der Thiere (um touro, un carneiro castrado,
um cão grande de cor amarella*), um gallo encarnado,
e um pombo filho unico) und jedem der Macotas und
Maquitas wird ein Bissen des Gerichts in den Mund ge=
steckt, daß er (ohne das Gesicht abzuwenden, zurücktretend)
verzehrt. Nachdem das Menschenopfer oder Nicango zum
Jaga gebracht ist, wird dessen Befehlen ebenso gehorcht, wie
denen des letzteren (für das Lambamento), und ähnlich bei

---

*) Der Hund mit den beiden Augen und gelben Augenbrauen, den
weißen und gelben Ohren, schlägt Darubj Nesosch, der, in Fliegengestalt
von der Nordseite herkommend, über den Todten herfällt (nach dem
Venbibab).

ben Chibchas, bei benen das Menschenopfer durch das später
San Juan de los llanos genannte Dorf geliefert werden mußte.

In Bomma herrscht ein verhältnißmäßig gesunderes
Klima, als am unteren Zaire, wo die weiten Moräste ver=
berbliche Miasmen aushauchen, besonders in ber bicht be=
walbeten Umgebung Ponta das Lenhas, wogegen an ber
Mündung bie frische Seebrise manche Reinigung schafft. An
ber höheren Küste*) nach Norben sinb bie von Sümpfen
freien Localitäten günstiger gelegen. Jangela bebeutet im
Sanscrit ein niebrig wasserreiches unb walbiges Hügellanb
(nach Lassen), unb borthin würben bie Sitze ber Bramas
fallen, bie auf alten Karten neben ben Loango ber Küste
stehen, mit ber Hauptstabt Buri (ober Pura). Der Wurf
symbolisirte ein Eigenthumsrecht (bei ben Germanen), unb
so weit ber Pfeil Parasu=Rama's flog, wurbe bas Lanb
bem Meere abgewonnen in Malabar neben Kanara, wo in
ben Bergen Coorgs ber Peitschentanz**) ber Arowaken geübt

---

*) La contrée de Bensa Loanga semble un paradis terrestre
(Davity). Von ben neuen Entbeckungen ber Portugiesen unb Spanier
hörenb, versetzte ber Jube Farissol bas Paradies auf bie Erbe (1525),
von ber es auch bei Tertullian einen Theil gebilbet, bagegen eine niebrigere
Etage bes Himmels bei Irenäus. Unter ben Congesen herrschte bas Vor=
urtheil, que personne ne meurt de mort naturelle (1751). Nach bem
Buche ber Weisheit ist ber Tob φϑόνῳ διαβόλου in bie Welt gekommen.
All natural illnesses are attributed to the Boyl-yas or to the
Wauguls hence the reason of some native being killed when another dies (Grey). There is however one species of death unknown
to these barbarians, and that is suicide (in Australien). Nach Tschubi
ist bas bewegenbe Princip (aus Yn) bas Gute, bas ruhenbe Princip (aus
Yang) bas Böse.

**) After defying one another and jumping about in a strange

wird. Bei dem mit Afrasiab abgeschlossenen Vertrag sollte Manosheihr so weit regieren, als ein Pfeil zu fliegen vermöge (nach Sehirebbin), von Demavend bis zum Oxus (nach Tabari). Having formed his Quilombo, the Jaga takes his bow and discharges an arrow, and wherever it falls, there he must erect his permanent residence (or Semba).

Der 11. Monat (Kumi yon gonbe mossi) fällt ungefähr in den September, und dann folgen Kumi yon gonbe sole, Kumi yon gonbe tatu und Kumi yon gonbe ea (12., 13., 14. Monat). Der September (die Zeit der kleinen Regen oder ihr Beginn) wird auch Umlola (Umvussuko) genannt, der October Umvulu sanina, der Februar (die Gewitterzeit) Umbolo und der April (am Ende der Regenzeit) Ummala, wann Palmwein reichlich ist und die Zeit der Ergötzungen beginnt. Die Cazimbe = Nebel (in der Chisivo oder kalten Zeit) heißen Umvunja, die brandende Meereswoge (der Calema)*) Umvussuko als Dünung. In der Nebelzeit leiden die Neger von der Kälte.**) Als Jahreszeiten unterscheidet

---

manner, the Coorgs (in the game Kol Peria) slash at their adversary's ankles and legs with the swish (Bowring). Auch die Haifisch-zahnschwerter in Mikronesien dienen bei Tänzen zur Anreizung. Wie größere Pilze in Deutschland Poggen - Stuhl (toad-stool in England) heißen, so wird ein riesiger Polyporus bei den Bongo als Hegba-mbobboh oder Stuhl (Hegba) der Mbobboh (Frösche oder Kröten) unter den Pilzen (Kahvo) bezeichnet (s. Schweinfurth).

*) Cannecattim giebt (in Bunda) Aestus ferventiores (incrementum maris), als Menha ma Muenhu von menha, Wasser (Ca-Menha, großes Wasser).

**) About Kilima-njaro the hot and dry season begins with the end of rains and ends with the beginning of the wet season.

man Mounba (Ende des Regens), Mowallala (Shibu oder trockene Zeit) oder Cazimbe, Bulmasi Mawalla (halbe Cazimbe), Unkombe bisalla (letzte Cazimbe), Kanga Malungu (Kälte) und Wusi bakusi (Regen). Am Gabun dauert die trockene Zeit von Mitte Juni bis Ende Juli. Dann beginnen Regen (besonders Nachts), die sich im October und November verstärken, während sie von Mitte December bis Mitte Februar häufig durch Intervalle schönen Wetters unterbrochen werden. Nach dieser kleinen Trockenzeit setzen dann die vollen Regen (mit Tornados) ein bis zum Juni. Wilson unterscheidet die trockene Zeit oder Enowo (von Juni bis October), und die zweite trockene Zeit oder Nanga (vom Januar bis März). Die heftigsten Regen fallen von October bis December. In Bihé unterscheidet man (nach Magyar) die trockene oder kalte Zeit (Mai bis October) und die warme oder nasse (November bis April). Im November regnet es in Angola, und nach einer heißen und trockenen Zeit (im Januar und December) beginnen die großen Regen im Anfang Februar bis Mitte Mai, worauf bis November keine Regen fallen. Mit September (Begi Camori) beginnt das Jahr (nach Cavazzi).

Im Lande des Cazembe dauert der Winter (inverno port.) vom October bis März (mit Regen und Hitze), der Sommer (estio) vom März bis October, und ist dies die kalte Jahreszeit *) auch in Téte, Sofala und Lourenço

*) The granda caneirada or great fever generally commences in February and terminates about the end of April, during which time, if there is no rain, a circumstance which seldom occurs,

Marques (nach Gamitto). Tuckey unterscheidet (am oberen Zaire) die trockene Zeit oder Gondy assivou (vom April bis September), die Mallola mantiti (ersten Regen) vom September bis October, die Voulaza mansanzy (zweiten Regen) vom November bis Januar, die Voulaza chintomba (dritten Regen) vom Februar bis März (mit Gewittern).

Mit der veränderten Umgebung jenseits der Katarakten des Zaire beschreibt Tuckey den erfrischenden Einfluß des Klimas, das sich jetzt der europäischen Constitution wieder entsprechender zeigte. Der Neger ist seinem geographischen Medium gemäß auf stärkere Function der Leber angelegt, die deshalb (nach Pruner Bey) sich sehr entwickelt zeigt, wie auch sein Magen rund und größer ist (s. Waitz). Es ist deshalb eine natürliche und zu Consumptionskrankheiten im Norden prädisponirende Folge, wenn bei den in den Vereinigten Staaten eingeführten Negern die verhältnißmäßig zu kleine Lunge rascher arbeitet, wie es Gould zeigt in „the much

the heat is excessive and diseases make dreadful ravage (á Loanda). During the cacimba or winter season (considered the best season for travelling) in the month of June and July, Europaeans become in some degree acclimated (Valdez). The first dry season, called by the natives (of the Gabun) Enowo, commences about the first of June an ends the first of October. During these four months the sky is overcast and there are constant appearances of rain without enough at any time to lay the dust. For Europaeans this is always the coolest and healthiest part of the year (in Southern Guinea). The second dry season, called Nanga, commences about the middle of January and continues to the first of March the heaviest rains are between the middle of October and the last of December. The rains commence again the last of March and continue to the last of May (Wilson).

greater frequency of respiration \*) in the black race,
than in the white" (and the inferior frequency in the
Indians). Die fließende Stirn, die für den Neger \*\*) charak=
teristisch gilt, wird in Loango durch die Beule in der Mitte
des Vorderkopfes (an einer phrenologisch „Vergleichungsgabe
und Thatsachensinn" bekundeten Localität) mobificirt, und
v. Wittich fand den Gesichtswinkel berühmter Männer
Europas ungünstiger als bei seiner Buschmännin. Abgesehen
von der Hinneigung zur Brachycephalie in mancherlei Strichen
Niederguineas, bildet der bolichocephale Neger durch seinen
Längskopf den Gegensatz zur Brachycephalie kurzköpfiger Mon=
golen, wie auch die enggeschlitzten Augen dieser in ihrer

---

\*) The circumference of thorax at full inspirations is less
than for the whites by an inch and a quarter for the full black
and an inch and four tenths for the mixed races. The difference
after exhalation is somewhat less than a quarter-inch for the
former and somewhat greater for the latter class (Gould). The
circumference of thorax is much greater, than in the whites (among
the Indians).

\*\*) The proportion between the frontal and the occipital cir-
cumferences (in the United States) discloses the fact, that the
occipital is the larger for all the classes of white men, being a
maximum for the most intellectual class, while the frontal is larger
for Indians, full blacks and men of mixed race (Gould). The self-
protecting organs, Combativeness, Destructiveness, Secretiveness,
Cautiousness give breadth to tho brain, and the Social give lenght.
Unter den von Du Chaillu von Fernando Vaz mitgebrachten Schädeln,
sowie der der Camma (Lartigne's) und der Lucumis von Benin, ergaben
Hamy's Messungen mesaticephalische und auch brachycephalische. Soumis
à l'action du feu, les cheveux des Nègres exhalent une odeur de
laine, ceux des autres hommes une odeur de corne (Davesiés
de Pontés).

schrägen Lage ben runden*) der Neger typisch gegenüber=
stehen. Die im Norden Afrikas aus arabischen Beziehungen
erklärliche Hinneigung zu semitischem Ausdruck ist auch weiter
südlich beobachtet worden, und in Australien fand Mitchell
(am Darling) features decidedly jewish (1831). A Portuguese Jew of Bordeaux and a German Jew of Metz
appear both to be absolutely different. Der Refrigerations=
apparat des Negers in Ablagerung des unverbrannten Restes
von Kohlenstoff in der Pigmentschicht wird unterstützt durch
die glatte und haarlose Haut. „Je dünner die Epidermis,
welche die Wärme schlecht leitet, je weniger die Hautstelle
behaart ist, um so stärker wird von ihr der Wärmeabfluß
sein" (Ranke). In heißer und ausgedehnter Luft geht der
Verbrennungsproceß in der Lunge weniger rasch von Statten;
indem weniger Kohlensäure in dem feuchtwarmen Medium
ausgeathmet wird, häuft sich der Kohlenstoff in größerer
Menge im Blute an. Nur durch vermehrte Gallenabson=
derung und gesteigerte functionelle Thätigkeit der Leber ver=
mag das Blut sich des Uebermaßes von Kohlenstoff zu ent=
ledigen. Aehnliche Functionsanstrengungen der Leber beobachtet

---

*) The distance between the eyes, so very larges in the
embryonic condition increases in the order: student, sailor, soldier,
Indian, mulatto, negro (Gould) in den Vereinigten Staaten. The
Assyrian face is very common (on the Lintipe) (im Nyassa-Land)
being as well shaped, as those depicted in the ancient Assyrian
and Egyptian monuments. The lips are mone like those of Europaeans, than of the West coast negroes (s. Livingstone). Heads
(häufiger als bei Engländern) may be observed prolonged a little
backwards and upwards like that of Julius Caesar (mit den Azawa).

man auch im europäischen Klima während der Sommerhitze (Canstatt). Die Lunge und Leber können insofern verglichen werden, als beide kohlenstoffhaltige Producte ausscheiden, erstere im comburenten, letztere im combustibeln Zustand (J. Müller). Dadurch ist auch eine vicarirende Wechselbeziehung zwischen beiden Apparaten gegeben, und was ist natürlicher, als daß da, wo die entzündete, hepatisirte, tuberculöse Lunge das ihr zukommende Ausscheidungsgeschäft nicht mehr genügend zu versehen vermag, die Leber durch gesteigerte Secretion diesen Mangel ergänze (Cannstatt) und functionelle Ueberreizung der Leber zu ihrer eigenen Erkrankung führt (wie umgekehrt). Am häufigsten wird die Fettleber in den Leichen der an Lungenschwindsucht Gestorbenen gefunden (s. Canstatt). Die Hyperthropie der Leber wird am häufigsten, außer durch Herzkrankheiten, durch „Krankheiten der Lunge" erzeugt (ebenso oftmals die Cirrhosis hepatis).

Der Handel Bommas kommt theils auf Böten (Canoes) den Zaire=Fluß herab (besonders von den oberhalb am linken Ufer gelegenen Ausfuhrplätzen Congos, Massuki, Noki, Sonzolo u. a. m., die aus dem Binnenlande versorgt werden), theils überland aus dem Waldland Mayombe, das an Oelpalmen reich ist. An der Grenze bewachen die Fürsten Numpoto Sasi, Numpoto Bumu und Numpoto Landa die Thore Mayumbes, als die Zollbeamten der Könige Masitu=Bänsa, Masitu=Chandi und Masitu=Numomasi. Der Numpoto (Numpato) bleibt den Fremden unsichtbar und empfängt, um nicht angeblickt zu werden, in einer verschlossenen Hütte.

Der Handelsmarkt Mayombes (in Umkenje Teju) steht unter
dem Fürsten Natemba.

Am Luculla=Fluß herrschen die Fürsten Nesanga Un=
sunbi und Tinumakka, sowie unter König Mabunbu der
Umbuko (Mabuk oder Mambuk) Umponzo. In Dingi wird
nach dem Innern mit Buko Sovas gehandelt, ein zwischen
den Quellflüssen des Chiloango=Flusses gelegenes Mesopo=
potamien. In Nasunbi treffen die Lingster Bomma's mit
denen aus Chiloango und Loango zusammen. In Malamba,
von wo der Weg über Kaixe, Chikaxe, Kansi und Chella
nach Bomma führt, herrscht der Mumbuk (Mabuk) Moanda
mit seinem Assistenten Yime.

Mayumbe wird auch von Binda oder Vinda (oberhalb
Bomma am rechten Ufer des Zaire) besucht über Kungu
(mit Chivango). Von Binda, wo in Nuvinda der Mani=
lombe (mit aufgesteckten Menschenschädeln als Fetischen) herrscht,
werden die Flüsse Bilisi und Kabonbe auf dem Wege nach
Mayumbe passirt. Die Straße zum Luculla=Fluß führt über
Nusansi, Nakungo, Navungu und Nungombe. Mangonbo
(im Lande der Babonga) reiht sich an Mayomba (von
Loango aus).

Von Bomma reist man über Numvuango, Numinba,
Nolelle de Congo nach Kayo, der Stadt Mani=Pollo's in
Kakongo. Der Landweg von Bomma nach Banana führt
über Fumantelo, Tevamakuanja, Bukiantschiki, Kiongo, In=
teva, Bulu Kanteva, Kivangi (bei Porta da Lenha), Kima=
lelo, Kinime; der directe Landweg nach Porta da Lenha
über Bembanbeka, Kanga, Loango (unter Masali Umfume),

Umfali, Libulu. Auch findet sich eine Route von Bomma nach Kanga, Umkesse, Umbola, Loango, Bubu, Umgundu (unter dem Fürsten Singa), Luibi, Kanse. Von Porta da Lenha erreicht man über Numbuko, Mangonjo, Makansa den Chiloango=Fluß (zwischen Inshono und Chimfime). Der Shimbashi wohnt in Proseca unter dem Mafuk des Mam= bonde. Der in Mayumbe entspringende Fluß Lucunga, der unterhalb Porta da Lenha mündet, nimmt die Bäche Lovo, Chissango, Gomuila und Kunja auf. Der Conba fließt in den Luculla. Neben dem Kalama fällt der Bango (bei Kanga) in den Zaire, dann Lovo, Chissenge (Bafu), Gomuila (Rio dos tigres), Kungà, Luculla, als linksseitiger Quellfluß des Chiloango = Fluß, zwischen dem und dem Zaire sich in des Regenzeit eine Wasserverbindung herstellen soll. Der Kalama= Fluß ist eine zur Regenzeit bis über Tschella hinaus schiff= bare Auszweigung des Zaire. Bei Kanse mündet der Luibi, bei Umgundu der Bubu, zwischen Loango und Chibulu der Umsali. In Congo ließ man den Zaire (Umsabbi) aus den Wurzeln eines Baumes in Sundi entspringen. Nachdem der Kasai (der Motamba=Berge) aus den Dilolo den Lotembwa aufgenommen, verbindet er sich mit dem Cuango aus den Bergen Mosambas. Von den drei Seen, aus denen der Zaire entspringen sollte, wurde (bei Dapper) der von Zambre (die Quelle des Lelunda und Koanza) als der bedeutendste angegeben, und von den Nebenflüssen des Zaire wurde der Umbre oder Bambre von Osten hergeführt, wie auch der Brankare oder (bei Sanuto) Bankare in Pango einmünden sollte und ebenso der den See Aquilunde durchfließende

Barbele oder Verbele. Nach dem See Debo heißt der west=
liche Arm weißer, der östliche schwarzer Fluß (an der Insel
Dschimballa). Nach Du Chaillu's Vermuthung ist der große
Fluß, an dem (wie in Niembouai gesagt wurde) die, Eisen
verarbeitenden, Ashangui (jenseits der Njavi und Abombo)
leben, der Congo, und von den dortigen Händlern erhielten
die Ashango Gewehre, wie auch die östlich von Niembouai
angetroffenen Glasperlen von Congo durch das Land der
Ashangui zu kommen scheinen. Bei den Bassange verarbei=
tete Waffen sind in Jangela erhalten.

Jarric läßt an der Confluenz des Zaire und Umbre
die Ketten der Salpeterberge, der (hohen) Sonnenberge und
der (metallreichen) Krystallberge zusammenstoßen, während
der Brancaris unterhalb der Krystallberge, bis wohin sich
die an den Katarakten des Zaire gelegene Provinz Sundo
erstreckte, in den Zaire falle. Die Provinz Pango erstreckte
sich östlich bis zu den Sonnenbergen, die Provinz Batta
(südlich von Pango) bis zu den Sonnen= und Salpeterbergen.
Nach Aufnahme des Bakara=Flusses trennt der Kuango oder
Kongo das Reich der Monscholo von dem Gebiete Kongo's
(s. Magyar). Der Neger Wondo war (nach Bowdich) den
Zaire hinaufgeschifft und fand jenseits der Fälle (in Tanyan)
die Verbindung mit dem Ogoway in dem Fluß Wale (oder
Wuli). Auf einen nördlichen Zufluß des Zaire schloß
Tuckey, und von einem großen Querfluß im Hinterlande der
Loango=Küste, der bald nach Norden, bald nach Süden
fließen soll, wird mehrfach gesprochen. Nach Vereinigung des
Coango und Berbela (welche Labat in Matamba entspringen

läßt) tritt von Often her der Bambre oder Umbre (Fungero durchfließend) hinzu, und dann aus dem Norden der Bancaro der Anzico (nordöstlich von Concobella). Der See Zambre galt als gleichzeitige Quelle des Zaire und des Nil. Nachdem der Kasai den Quango aufgenommen, erhält er den Namen Zaire oder Zerezere (nach Livingstone). Der Wasserfall bei Mai unterbricht die Schiffahrt (auf dem Kasai). Der jenseits Kariongo (in Bunba) entspringende Kaszabi (Kanbal?) mündet in den indischen Ocean (Magyar). Graça folgte dem Kassabi (Nebenfluß des Zambesi) zu der Residenz des Catende Muconzo und erreichte (nach dem Kreuzen der Wüste) Quilombo, die Hauptstadt des Muata-ya-Nvo (jenseits des Luria oder Lulua).

Magyar gelangte nach dem Quellflusse des Diambege, 4⁰ 48′ lat. S. und 25⁰ 41′ long. Nach dem Latembwa (aus dem Dilolo-See) verbindet sich der Coango mit dem Casai (Kasye oder Loke) oder Zaire. Magyar giebt dem Kassabi oder Loke eine Wendung nach Often. In die Wasserscheide des Muxinga-Gebirges (beim Bangweolo-See) führt (neben der Quelle des Liambye oder Zambesi) der Lunga zum Kafue (Luengye) oder Kafugi (Nebenfluß des Zambesi) im Süden, während im Norden der Lufera und Lomame (Nebenflüsse des Lualaba) entspringen (nach Livingstone). D'Etourville gelangte auf der östlichen Abdachung der Dembos zum See Zawilunba oder Aquilonga (Aquilonda), der (den Goldfluß aufnehmend) den Congo (oder Zembere) aussendete (von Augongas umwohnt), in der Regenzeit weit ausgedehnt, wogegen in der trocenen Zeit durch den Schlamm (Arpoul)

verringert (als Couffua oder todtes Meer bei Douville).
Die Quellen des Coango, sowie des (aus dem Aquilonba=
See entspringenden) Barbola, durch welche beide der Zaire
oder Congo (Barbili) gebildet wird, wurden nach Matamba
verlegt (s. Uckert). Bei Magyar heißt Quioco (als gemein=
sames Quellland in seinen Gebirgen) a madre das agoas,
und auch der nach Often fließende Caffaby entspringe in
Quiboco (oder Quioco). Manuel Pacheco wurde (1536) vom
König von Congo gefangen gehalten, um ihm oberhalb der
Wasserfälle zwei Brigantinen zu bauen, um descobryr a
llaguo.

Nach Barros wurde beim Feldzug gegen die Munde=
quetes der See*) Achelunda von Kongesen und Portugiesen
besucht. Nach Cavazzi liegt der See Chilande oder Aqui=
lonba (Aquitenga) in Siffama (des Königreichs Matamba).

Von Bomma aus reist man über Manjumasi nach
Makanje Bunsi am Fluß Luculla, und dann werden noch

---

*) Wie die Römer, eroberten die Azteken von ihren schilfigen Zufluchts-
orten aus. Les Cattes, les Bructères, les Chamaves, les Chérusques,
les Ampsivares, les Sicambres, les Saliens, les Attuarii étaient les
principaux peuples englobés sous la dénomination générale de
Francs. Ce nom n'avait point été dans le principe celui de quelque
tribu particulière, emprunté selon toute apparence aux anciens
idiomes ou dialectes de la Germanie septentrionale, il rappelait
l'origine primitive de peuplades qui, chassés de leurs anciennes
demeures (warg, wrang, exilé, barré), étaient venues s'établir dans
les contrées voisines du Rhin (Léotarb), als Reservation ground oder
Chaco, von dem aus sie (wie oft in Afrika) wieder eroberten (aus Zu-
fluchtsorten in den Sümpfen). Die Sueven schickten (nach Caesar) jährlich
eine kriegerische Expedition aus [Indianer]. Die Scythen, als Pfeilschützen,
treten überall erobernd auf (wie erobernde Tatryas).

andere Itinerarien angegeben: Bomma, Mumbuku, Ma=
tunga, Mätette am Fluß Luculla und diesen abwärts nach
Chiume. Oder: Bomma, M'lolo (unter dem Ma M'lolo),
Numpato (unter Numpato=Insasi und Numpato=Shanbunde),
Nakungu (unter Ma=Kungu), Shangan=banzo (unter Gonam=
panga) am Luculla. Oder: Bomma, Nasitu, Umpato=Num=
sasi, Umpato=Unlumba, Luculla=Fluß. Oder: Bomma, In=
sona, Nambuke, Matanga, Shinjoshi (am Luculla). Oder:
Bomma, Insona, Mambuke pura (unter dem Mambuk des
Königs Kunga), Matanga (unter dem Nekanga Matanja),
Chinjosi (Dorf des Gommajosi) am Luculla, auf dem man
dann nach Kunguli (Nesunbi's) in Chiume und Chimsime
herabschifft. Oder: Bomma, Lusanga (unter Nukussu An=
bemba), Kuangila (unter Makuangila) in Tschanda, Fuka
(unter dem Mambuk), Insono (dem Mambuko Fuka's ge=
hörig), als die Quitanda Mayumbes, Umbuko Umpollo (an
der Grenze Kakongos), Moanda am Fluß Luculla. Oder:
Bomma, Quitanda=na=Bomma, Sansi, Sumba, Mambayu,
Kungu (unter dem Numpato Sasi) in Mayumbe, Mangama,
Masitu, von wo der Luculla=Fluß erreicht wird. Nach
Kabinda reist man von Bomma über Tschimboanda. Von
Chimsime (Shinfume) führt ein Weg über Bula nach Bomma.
Halbwegs zwischen Bomma und Kakongo wird Shingeni
gesetzt. Für weitere Reisen in das Innere geht man von
Bomma über Mayumbe nach Sunbi*) unter dem Masunbi

---

*) Sunbi stand früher unter der Protection des Ganga in Gimbo-
Amburi, und so oft der Herzog sich nach S. Salvador begab, mußte er
(an dem heiligen Palmbaum) mit seiner Gattin gegen die des Ganga und

Ambāle, in dessen Gebiete die Kupferminen von Kabonbe liegen, und dann nach Butu, unter dem Lema Butu. Das Kupfer von Catonga wird in das Reich des Muata-Yamvo geliefert. Die zwerghaften Babongo-Bakabaka wohnen jenseits des Flusses Posi. Zwischen Makongo und Massunbi, dessen König in Ganba-Sunbi residirt, liegt Lukule. Das Land Mintolo in Manbongo (drei Monate von Noki) war (wie Tuckey hörte) von einem großen Strom durchflossen.

Bei Porta da Lenha mündet in den Zaire oder Muila Chivangi der Basu (hinter welchem der Luculla fließt), bei Loango der Luwu (Lofo), der Lucunga (mit dem Gumoila zwischen Kuangila und Fuka, sowie dem Tschinsengi zwischen Fuka und Insona) bei Kanga.

Von Bomma gelangt man über Mutschilongo (unter Nelongo in Masinga), Nanbiongo (unter dem Mambuk Javola), Tschinsete (unter Masinga Tete) nach Sunbi (von Masunbi Ingongo beherrscht), wo der Fluß Umsabbi (jenseits der Flüsse Luculla und Tenbäse) in den Loango Luiz fällt. Insono (am Chiloango-Fluß) heißt Beta (im Fioth). Der Fetischfels, dessen Strudel (wie Tuckey bemerkt) gefürchtet werden, gleich denen der Charybbis im Alterthum, ist in den Händen von Mussoronghi-Fürsten und hat oft zum Versteck gedient, um den Böten aufzulauern. Einer der Herren in Banana hatte vor einigen Jahren mehrere Wochen in Gefangenschaft dort zugebracht, und Angriffe auf europäische

diesen einen Scheinkampf ausführen, um sich nach der Besiegung los zu kaufen, worauf die Herzogin einen heiligen Feuerbrand empfing, der brennend zu erhalten war (1668).

Schiffe waren auf dem Zaire noch kürzlich vorgekommen, und daß es ihrer auch während des Sklavenhandels gab, zeigt der von Tuckey in Bomma gesehene Brief des portugiesischen Gouverneurs (aus 1813). Maxwell setzt den Scylla genannten Fels zwischen Vinda=le=Zally und Suka=Congo, und ober= halb des letzteren Platzes den Diamantenfels (Salan=Kun= quatty oder starke Feber).

Die Bayombe kommen in Caravanen nach Bomma, oft von ihren Frauen begleitet, die sie indeß eifersüchtig hüten, und schon zufälliges und unabsichtliches Berühren einer solchen soll Todtschlag veranlaßt haben. Am oberen Zaire dagegen herrscht der freiere Gebrauch, den Tuckey beschreibt. Wenn eine Frau*) (in Congo) zuließ, daß ein Mann ihre Pfeife

---

*) Le marriage est peu connu dans les îles (du Zaire), dès leur première jeunesse les deux sexes se mêlent ensemble, sans autre loi que l'instinct qui les rapproche, mais ce commerce pas- sager ne donne à l'homme aucun droit sur la femme (Delaporte). The Kumburanees (divided into three distinct gradations of rank, as Ahmedzyes, Khanees and Kumburanees) receive wives from, but do not marry their daughters into other tribes (among the Brahuis). Some of the Brahooes and Rind Belooches stand at the same punctilio with each other (Pottinger), wie ähnlich mehrfach in Australien (ein Ernuing und Tem am Kängurubsund, in vierfacher Kreuzung der Ippai und Kumpo mit Ippota und Puta, gegen Muri und Kupi mit Mata und Kapota), der Choctaws, der Gallas (Baretuma und Harust) und sonst. In der Sage der lylischen Stadt Ὕλαμοι wurden (nach Steph. Byz.) zwei Stammväter (Tuberis und Termeris) genannt, die zwei Schwestern heirathen, von denen jede zehn Knaben gebiert, als Stamm- väter der Geschlechter (s. Bachofen), in matris genus (eines Apollo Didy- mus). People of the same clan cannot marry with each other (Du Chaillu). In Uelzen und (bis 1680) in Lüneburg hatten Ehen von Deutschen mit wendischen Frauen keine rechtliche Geltung. Der in der

nahm, konnte sie ihm keine weitere Gunst versagen (nach Ambrosius). On passe quelques semaines ensemble pour apprendre a se connaitre (in den Probenächten vor der Heirath). Die Ausstattung des Mädchens wird dem Selbst= erwerb der Mitgift durch hetärische Sitten, die dos data der dos corpore quaesita entgegengesetzt (s. Bachofen), und so wurde durch ausschließliche Erbberechtigung der Töchter die Keuschheit gesichert (in Lykien). In Australien eignen sich die alten Männer die Mädchen an, die sie unter sich vertheilen, und geben dann zuweilen an die darüber klagen= den Jünglinge alte Frauen ab.

---

Avesta anempfohlene Gebrauch der Quaetvobata (der oft beim Abel der Eroberungsvölker ein Heirathen in engen Verwandtschaftsgraben veranlaßt) a prévalu longtemps chez les clans des Gaëls de l'Ecosse, ou il a eu pour effet une détérioration graduelle de la race (Pictet). Als Jem (nach seinem Abfall) eine Dämonin zur Frau nahm und seine Schwester Jemak mit einem Dämon vermählte, entsprangen aus diesen Verbindungen die Affen und Bären. Die Korjäken hielten neben ihren Ehefrauen männliche Beischläfer oder Kojek tschuitschi (nach Krascheninikov), wie sonst in Sibirien, in Aralan, unter Indianern u. s. w. Das den Priestern in Aralan, Cambodia u. s. w. gebührende jus primae noctis fand sich noch in verschiedenen Ländern. Les chanoines de la cathedrale de Lyon prétendaient avoir le droit de coucher, le première nuit des noces avec les épousées des leurs serfs ou hommes de corps (d'après Borellus). Les évêques d'Amiens, les religieux de Saint-Etienne de Nevers avaient le même droit (de marchette ou caz- zagio). Alangloa wurde durch den Rauchfang von phantastischer Wesenheit auf nächtlichem Lager besucht, und so geschah es in Flandern. Une béate (1623) se crut visitée chaque nuit par un être fantastique, qui lui faisait savourer tous les charmes, tous les transports d'un amour ineffable (s. Calmeil). Der Berdashe oder I-cu-cu-a (in weiblicher Klei- dung) besaß (bei den Sioux) viel Privilegien, wurde aber beim Jahresfest in Tänzen verhöhnt. Der Dos data stand die Dos corpore quaesita entgegen.

F. Jerome besuchte von Sunbi aus Concobella (am Zaire), als die Grenzstadt des Micoco. Gongola et Yellala font partie du Suxum-Congo province située au nord et au nord-ouest du Zaïre. Le côté du sud s'appelle Koukoulou-Congo. Gongola, qui est peut-être le Concobella des cartes, est (dit-on) le dernier village régulier qui se trouve dans les domaines du Congo (s. Smith). Das Land nach Norden zu wurde als Mayamba bezeichnet, und man fand das Dorf Jnga, le premier qui soit habité par les hommes des bois. Dagegen sagt Tuckey: Le Chenou reçoit son bonnet du Benzy N'Congo (in Nordwesten), und das nördliche Flußufer wird unter den N'Sandy=N'Congo, das südliche unter den N'Cacula=Congo gestellt. Tuckey fand den Fluß nach den Katarakten bei Banza Mavunba (Mavunba=Boaya) wieder schiffbar, hörte aber dann von den weiteren Fällen oberhalb (bei Yonga), bis bei Bomba=Yanzy, die Schiffahrt frei sei. Es wird dann die Landreise von Embomma bis Condo=Yanga vorgeschlagen. In den Dörfern wurde ein Ficus = Baum als heiliger gefunden (wie der Saiba=Baum*) in Central=Amerika).

Der Handel wird in Bomma (wie in Congo) auf Quitanda oder Märkten betrieben, wie für den täglichen

---

*) The tree (a kind of Ficus) is planted (near the mbuiti or idol house of the villages among the Ishogo and Ashango) as a sapling, when the village is first built and is considered to bring good luck to the inhabitants as a talisman, if the sapling lives, the villagers consider the omen a good one, but if it dies they all abandon the place and found a new village elsewhere (Du Chaillu). Aehnlich fand es Tuckey am Zaire.

Kleinhandel sich ein solcher Marktplatz in dem Landungs=
platze Bomma selbst findet. Für den auswärtigen Handel
mit dem Innern ändert der Markt nach den Wochentagen,
indem er für jeden derselben an einem verschiedenen Platze
abgehalten wird, und dort dann jedesmal unter den Schutz
eines Königs gestellt ist, der die Abgaben erhebt.

Die bedeutendste dieser Quitanba oder Mariquita (Sanbo)
ist die Quitanba des Sona (Sanbu = Diakuko) in Kinime,
und der Silu=Tag gilt dazu als Vorbereitung. Die Folge
der Tage (Kanbu, M'tono, Silu, Sona) wird mit einem
Knotenstrick (Majita) gezählt, indem man täglich eine neue
Schürzung zufügt.

Außer dem Marktbesuch darf kein anderes Geschäft am
Sona=Tage (dem Sonntag oder Ruhetage) betrieben werden,
da der (unter einer niedrigen Bedachung lebende) Fetisch
Umpansua=Kaiya den am Sona Arbeitenden krank machen
werde. Von Yoruba bis Igara und Ibo folgt die Reihen=
folge der Tage, als Eke oder Markttag (unglücklich), Ede
(glücklich), Afo (unglücklich), Uko (glücklich) und darauf wieder
Markttag. Von den Mohamedanern ist dann durch die Neger
der Freitag (Aljima) als Unglückstag hinzugenommen (und
an ihm bleibt der Attah zurückgezogen).

Außer der den Fürsten Nesumba=Tanbu und Nekalemu=
Impabi gehörigen Quitanba Sona (in Sona=Na=Bomma),
wohin der Weg über Nutschela (mit Loanba, Mgango, Chin=
kuko, Kaikobommo, Msafo) und Tschubo führt, findet sich
die Quitanba Kanbu in Kungu oder Sona=Kangu (Kima=
kukomansinga) im Territorium des Fürsten Nebota (Makunga),

deſſen Fetiſche (Umtſchi) auf hohe Stäbe aufgeſchnitzt ſind, die Quitanba M'tono in Kivunſu (als Quitanba Kenſu unter den Fürſten Ninlolo und Umbukalolo). Ein anderer Markt, als Quitanba Kenge, gehört den Fürſten Ninteſe und Ninlambu in Dukala. Der Neſumba Tando (bei der Quitanba Inſono) reſidirt in Umbanſa Tſchitando (bei Inſhona Bomma).

In weiterer Entfernung von Bomma (über Tſchella, Um= banſa Nechanga, Umbanſa Sangele, Kalembo, Umſafo) liegt der große Markt Iſona oder Sona (Inſóna na Bomma) des Königs Anipuru, auf dem Wege nach Mayumbe, wohin der Handel beſonders aus Nowaku kommt. Auf der Quitanba Mayumbe's (eine Tagereiſe von Bomma) erwarten die Lingſter oder Dolmetſcher der Factoreien die Caravanen des Innern, um mit den Führern derſelben den Oelhandel zu reguliren und die Preiſe feſtzuſetzen.

Der Austauſchhandel auf den Quitanbas hat in der Umgegend Bommas eine beſondere Klaſſe von Hauſirern oder Mäklern hervorgerufen, Moquiteiros oder Miquitos genannt, die unter ſich eng zuſammenhalten und ſich in vielen Eigen= thümlichkeiten von den übrigen Negern unterſcheiden, wie die ſogenannten ſchwarzen Juden*) an der Küſte.

*) Quelli che nascono in questa isola sono bianchi, come noi, ma alle volte occorre, che morendo à i mercatanti le mogli bianche, ne prendono delle negre, e non mal volentieri, essendo iui gli ha- bitatori negri di grande intelletto e ricchi, e che vivono in tutto con li costumi nostri, e quelli, che nascono di queste negre tali, e de bianchi nostri, sono berettini ó mori, e vengono chiamati mulati (ſ. Sanuto). Ciascuno di questi habitatori compra di delli

Bei Proyart heißt es: „Alle Tage ist in den Städten und großen Dörfern ein Markt, der auf einem öffentlichen Platze unter dem Schatten großer Bäume gehalten wird. Man verkauft darauf geräucherte Fische, Manioc und andere Wurzeln, Salz, Palmnüsse, Zuckerrohr, Bananas=Früchte und einige andere. An Festtagen sieht man den größten Zusammenfluß von Käufern und Verkäufern. Auf diesen Märkten ist alle Betrügerei unbekannt, eine Mutter schickt ihr Kind von sechs Jahren hin und weiß gewiß, daß man es nicht hintergehen wird. Man braucht die Sprache nicht zu verstehen, um zu kaufen, man dingt auch gar nicht, sondern alle Lebensmittel sind in kleine gleiche Theile von einem vorgeschriebenen Gewicht getheilt, und ein jeder dieser Theile gilt eine Makute. Man ist auch eben so wenig in Gefahr, in Ansehung der Güte, als in Ansehung der Menge hinter= gangen zu werden. Das Salz und der Manioc des Einen ist so gut, als die des Andern. Man nimmt also bei dem Ersten dem Besten so viele kleine Bündel, als man Makuten ausgeben will, und macht alsdann Anderen Platz."

schiavi Negri con le sue Negre di Ghinea, Benin e Manicongo, e li fanno lavorar la terra per zuccheri, e tale ne havra trecento teste di questi Negri, liquali sono obligati al lavorar per il patrone di continuo, riservandosi solo i sabbato, nelquale lavorano per il proprio viver loro (in der ilha de San Thomé). Il compratore (des Staatslandes) comprava Negri e li poreva al lavoriero con la conditione che gia si disse, che il sabbato fusse per lor conto, nelquale essi, senza altra pur minima graveza del patrone, con le proprie fatiche si prevalevano di tutto il necessori o alla osta loro (auf dem noch unbebauten Theil der Insel). Die Hauptstadt Pon= vasan heißt (bei Thevet) Poncas.

Oberhalb Bomma sind kürzlich Factoreien angelegt in Binda oder Vinda (Tunbanga gegenüber), auf dem rechten, sowie in Muffuki (Suka)*) und Noki auf dem linken Ufer. Zwischen Muffuki und Noki liegt Sonzo (Sonzola), auf dem Wege nach San=Salvador oder Congo di Angungo (Congo di Matali oder Fels=Congo, auf einem Hügel gelegen). Unterhalb Binda (am Numbilifi) mündet der Lovo, oberhalb der Pofo (sowie Maferembembe), und die Fürsten von Binda (Nebinda) berühren sich aufwärts am Fluß mit dem bis Yéllala erstreckten Gebiet des Fürsten Nefala in Nochonfo (unter dem Mambuk Moviri). Die Vierfürsten zu Binda, als Nebinda Majaki, Guanda Necongo, Nebinda Nefunde und Nebinda Chiluemba herrschen in gemeinsamem Rath unter dem Nebinda Majaki, als Aeltesten im Vorsitz. In Binda ist das Dorf mit Schädeln umsteckt, die in Afrika überall in das Werkeltagleben hineinstarren, während aus dem Schädel des heiligen Sebastian dem Volke nur an dessen Gedenktage in Baiern geweihter Wein gespendet wurde, um die Pest fern zu halten, wie in Trier Fieberkranke aus dem Schädel des heiligen Theodul zu trinken erhielten. Ueber eine körperliche Auferstehung spötteln die Neger, wie es Baker und Andere erfahren mußten, dagegen halten sie an der Fortdauer**)

---

*) Am 7. August erreichte Tuckey die Banza von Soula-Congo, und in Smith's Tagebuch heißt es von der Formation der dortigen Berge: De ere alle af den samme Glimmerskifer Formation med Heldning til alle Kanter, men almindelig mod Vesten.

**) The natives do not allow that there is such a thing as a death from natural causes (in Australia), were it not for the malignity of sorcerers they might live for ever (Grey). Absichtlicher

des irdischen Lebens fest, wovon der Volksglaube in der
Legende vom Ewigen Juden ein Ueberlebsel bewahrt hat,
und so bildet der Todtenschädel nicht das Memento natür=
lichen Vergehens, wie es ägyptische Priester deuteten, sondern
das böser Zauberei. Dagegen tranken, wie Hiongnu und
andere Asiaten, auch longobardische Kriegerstämme bei fröhlichen
Festgelagen aus dem Schädel des erschlagenen Feindes, und
Leo von Rozmital, im Kloster zu Tegernsee, aus dem in Gold
und Juwelen gefaßten Schädel des Quirion. Nach Theob.
à Riem glaube man, daß in dem Barbara=Berg (bei Dannen)
„viel lebendige Leute seyen" (als Immerlebende).

Von Noki gelangt man über Lucango und Vuango=
vuango in's Land des Nesala, dessen Einfluß an beiden
Seiten des Flusses bis nach Yéllala reicht. Sonzola gehört
den Fürsten Massuki's, Umsunga (mit Utschatscha) steht
unter neun Fürsten oder Nesunga. Umlamba be Congo liegt
Umlamba be Binba gegenüber. In Noki handeln (wie Tuckey
hörte) die Mandonzo aus dem Innern.

Mussuku (Mussuki) steht unter fünf Königen oder In=
conje (Reconje) als Nummoanga (der die Hegemonie führt),
Chinkela=Ampungo, Sakkara=Umpinba, Losala=Anconje, Jnu=
suka. Jeder bleibt in seinem Dorfe, und es ist ihnen nicht
nur verboten, die Factoreien zu besuchen, sondern auch einen
Weißen zu sehen, so daß bei einer Audienz ein Wandschirm
zwischengestellt werden muß. An den König von Congo wird

---

¹Todtschlag wird durch Tödtung (des Schuldigen oder seiner Verwandten),
unabsichtlicher durch Verwundung bestraft, bei anderen Todesfällen die
Zauber-Ceremonie angestellt.

Tribut gezahlt, wie auch von den fünf (oder sechs) Königen von Noki oder Lucango (Nesu bi Kila, Nelombo, Kanga M'paka, Guibe Mavungu, Nepurera und Nesala oder Anisala), denen es gleichfalls durch Longa (Quirille) verboten ist, die Factoreien zu besuchen. Notombe (5 Tage von Noki) wird vom Buile Bongo beherrscht. In Lucango (in der Provinz Noki) landet man im Gebiet des Königs Subikilla, um nach den Katarakten (unter König Nesala) zu reisen. Die oberhalb Bomma sich mehr und mehr erschwerende Schiffahrt wird bereits bei Noki durch die reißenden Wasserschnellen*) gefährlich, und dann um so mehr, je näher man den Katarakten kommt. Von Casan-Yellalas (Yellala's Frau) war (nach Tuckey) der Felsen des Falles von Yellala sichtbar.

Die Quitanda Sonamvoki liegt zwischen Mussuku und Noki, und oberhalb Noki endet die durch Strudel erschwerte Schiffahrt bei Vanga = vanga oder Vuango=vuango (Klein-Congo bei Kuanja) im Gebiet des Anisala oder Nesala, das Lucango (unter Subikilla) einschließt, wo man landet**), um die Katarakten auf dem Landweg zu umgehen. Chemansabbi (bei Antotele) liegt unterhalb Yellala. Jenseits Yellala

*) The fall (of the Congo) was something between a fall and a rapid (Hunt). Jenseits Yellala fand Tuckey sechs weitere Fälle bis Sangalla.

**) Tuckey hält Condo-Yang (von Embomma auf einer Landreise zu erreichen) als den geeignetsten Einschiffungsplatz zur Befahrung des Congo, der sich oberhalb der Katarakten aus seiner Verengerung wieder zu einer Breite von 2—4 (engl.) Meilen ausdehne (mit einer Strömung von 2—3 M. per Stunde). Die Schiffbarkeit beginnt bei Mavounba-Boaya (unterhalb der Katarakten von Sangalla), und jenseits Bomba Yanzy findet sich kein weiteres Hinderniß der Schiffahrt.

führt die Wasserstraße nach Sanda (unter König Nesanda), Umpanje (unter König Nimpanje), Novembo (unter König Novembe), Songololo (unter König Songololo) im Land der Bassunbi, Nachbarn der Mundongo. Weiter aufwärts vereinigt sich der von den Tueminna (unter König Tueminna oder Umselle) umwohnte Makuta mit dem Muansa oder Congo-Fluß. Der obere Lauf des Muansa Umsabbi (Zaire) heißt Cuango (die Flüsse Lufu, Umposo, Jlinuosa, Jlunda, Jlucunja aufnehmend). Der Name des Muansa ändert sich bei Yellala in Cuango (oder Tschest). Im Lande der Mulembo oder Lembo (bei den Mundongo) wird der Zaire als Mabbia bezeichnet und (nach Koelle) Nbzabe in Mimboma oder Bamboma (mit der Hauptstadt Mbantsamungu) westlich von Sunde. Nach Maxwell ist Enzabby der Name der Katarakten, während Tuckey den Fluß Moienzi = Enzabby nennt (in Saundy N'sanga umkehrend). Die Wasserfälle des Zaire (als Muansa oder Moianzi) heißen Masa-Mampuema oder Ganjingi (Matali-Makuango oder Steine des Kuango). In Porta da Lenha spricht man vom Zaire als Muila (Fluß).

Den Namen Muansa erhält der Zaire-Fluß (Sari) in Betreff seiner Breite, indem dadurch etwas in der Breite Ausgedehntes bezeichnet wird, wie (an der Küste) ein Schuppenbach, und ist diese Bezeichnung, sowie Muansa Sabbi besonders in Bomma gebräuchlich, weiter abwärts dagegen Muila und Muila Sabbi, worin Umsabbi den Begriff der Tiefe giebt. Auch wird der Name Sari oder Sabbi (Munsabi oder Mansabi in Congo) als verschwägerter Fluß erklärt in Folge der Verbindung, die er aufwärts mit einem gleich

großen eingehe, oder der Theilung in zwei Flüsse durch die
Steine der Katarakten. Neben Maſi wird in Congo auch
Euango und Mulanga (Umlango) ſowie Umcoco für Waſſer
(Maſa) gebraucht, wie Sumpu in Bomma. Die in Congo
gebräuchliche Bezeichnung Euango ändert weiterhin in Um=
ſabbi oder Umſali. Der Name Yéllala ſei gegeben wegen
der wilden Schreie, die der Fluß dort ausſtoße, und oberhalb
Yéllala, erzählt die Sage, rufe das Waſſer beſtändig Vonba,
vonba (tödte, tödte), wie das der Saale und Pleiße. In
der Tiefe des Stromes wohnt unter dem Waſſer der Fetiſch
Zimba in ſeinem Palaſt.

Im Februar oder März beginnt das Fallen des Zaire
und ſetzt ſich ·(nach kurzer Wiederanſchwellung im Mai) bis
zum Juli fort, ſo daß Anfang Auguſt der tiefſte Stand er=
reicht wird. Schon am Ende dieſes Monats ſoll ein Steigen
bemerklich ſein, das im September fortdauert und im No=
vember bedeutender wird. Vom 9.—17. September betrug das
Wachſen in Bomma circa 4 Fuß. Nach Tuckey, der auf
nördliche *) Zuflüſſe ſchloß, ergiebt ſich der Unterſchied zwiſchen
dem höchſten und niedrigſten Stand des Congo zu 11 Fuß
(7 Fuß vom 1.—17. September). Das Steigen des Fluſſes
(6 Zoll täglich am 11. September markirt) wurde am 1. Sep=
tember und dann am 7. merklicher beobachtet (zu 3 Zoll mit

---

*) Auf den Kalmengürtel (4° N. — 4° S.) mit beſtändigem Regen
(beſonders im März und September) folgt die unterbrochene Regenzeit
(5°—15°) bei jedesmaligem Zenithſtand, und dann die einfache Regenzeit
(15°—28°) beim Uebergang der Zenithſtände in einander, nahe den
Wendekreiſen.

16 Zoll als Anzeichen des höchsten Wasserstandes) oder (nach
Smith) am 8. September beim Dorfe Cabenda (in der Nähe
von Sandi=Sundi). Nach Sebastiaō de Moraes e Almeiba
erstrecken sich die Cabinda von Angola bis zum Muropoe
und Cazembe. Die Anzicher sollen·bis an Nubien grenzen
(Vater). Die von Magyar im Sumpfe Inha=nha (der Land=
schaft Luba) vermuthete Quelle des Congo wurde von Li=
vingstone südöstlicher gesetzt und träte dann in Beziehung
zum Lualaba.

Um von San' Salvador am Lueji (der in den bei
Ambrizette mündenden Fluß einfällt) den Zaire oberhalb
der Katarakten zu erreichen, reist man (in 3—4 Tagen) über
Makuta (Mukuta) oder (in fünftägiger Entfernung) über
Tungua (Lembelo) unter dem Ma=Lunsi (in Banſa Lembelo)
und dem Chengele (in Donde bi Enkenge) in Sampembe
(unter Kavungu). In Kenga=Lembelo (am Fluß Chengele)
und in Sona=Lomba werden die Wochenmärkte abgehalten.
In Chiſſuku (zwei Tage weiter) wird das Haar der Ein=
geborenen als in struppigen Hülsen emporstehend beschrieben,
und die Bewohner des inneren Congo (die Muchicongo)
tragen ihr Haar in vielfachen Frisuren, einige gedreht und
in Flechten gewunden, andere in kleinen Hörnern abstehend
u. ſ. w. „Die Köpfe derjenigen, die auf Artigkeit Anspruch
machen, gleichen Blumengärten, man sieht Gänge und
Figuren von allerley Art mit vieler Kunst darauf gezeichnet"
(Meiners).

Der in den Zaire mündende Lunda durchfließt die con=
gefiſche Provinz Goſella, wo auf den Grabhügel eines in

alter Vorzeit dort verstorbenen Weißen alljährlich neue Erde
gehäuft wird. Die Sombas bringen aus ihrer zwischen Kongo
und dem Land der Munbongo gelegenen Heimath (Elfenbein *)
in Caravanen nach Ambriz. Die den Götzen auf die Inseln
des Congo geschickten Geschenke wurden aufgehängt im Walde
à un grand mur, construct de dents d'elephans (Delaporte).
Les prêtres mettent tous leurs soins à déguiser les che-
mins, qui y conduisent.

Aus Sombi oder Sombo, der östlichsten Provinz Congos
(an der Grenze der Mantetje), kommt die Hauptmasse des
Elfenbeins, und von dort gelangt_man (oberhalb der Wasserfälle von Yéllala) zu den vom Gancucu beherrschten Pumbu,
die sich ihr Gesicht zerschneiden (als Scratch=faced). Jenseits
dieser beginnt das Fabelland der Chinunupumbi, die unter
ihren Fürsten Mapumbe im Wasser leben, der Mambubakanda
oder Schwanzmenschen u. a. m. Manyanga herrscht gleichfalls
über die Pumbu (mit zerschnittenen Wangen), dann folgen die
Bangi und weiter die Buibintu mit so großem Kopf, daß
sie beim Hinfallen nicht wieder aufstehen können.

Von Bomma reist man über Noki, Noke, Nusinga
nach Ungambo (oberhalb Yéllala), das von einem Neffen **)

---

*) They receive calico, salt, gunpowder, coarse earthen-
ware and beads, giving in return ivory and slaves (in the country
of the Matiamvo). Das Elfenbein kommt von den Kanyoka oder Kanyika.

**) Das mit der Erbberechtigung des Neffen (das Neffenrecht) ver-
bundene Recht der Oheime, ihre Neffen bei Milongas (Erörterungen) oder
sonst zu Sklaven zu machen, muito contribue para o augmento da
escravidão, und gegründet ist dies Verhältniß (s. Neves) auf das Sprich-
wort: Os filhos de minha irmãa, meus sobrinhos são, os que tenho
por meus filhos, ou o serão ou não. Pater incertus, mater certa.

des Gancuco regiert wird. Nachdem dann der Fluß Pofo überschritten ist, betritt man das Reich des Gancucu, des Beherrschers der Munbongo oder Majolle (Monsol oder Monjol), die Munbongo Ansumi (Pumbu), die ihre Wangen einschneiden*), berührend. Die Entfernung Tungua's (unter Susu ampemba) wurde auf 3 Tage von San Salvador an= gegeben, und dann rechnet man 7 Tage weiter bis nach Sombo oder Sobo, dem Grenzland gegen die Pumbu (neben Avumbu auf den Bumba=Fluß führend). Nach Anderen soll die Reise von San Salvador nach Sombo zwei Monate dauern, und dann gelange man jenseits der Sunbi zu den Monjorro. In Sunbi wird von sprachlosen Leuten erzählt, die durch die Schulterhöhlen redeten (etwa ein Uebergang zu Alali). Der Handel der Stummen findet dort, wie anderswo, mehrfache Vertreter.

Von Sunbi (am Zaire) gelange man in 30 Tagen zu den Masinga, die keine Kleider trügen, aber sich mit der eigenen Haut bekleideten, die, seit der Geburt durch Reiben abgelöst, gewandartig überfalle. Auf dem Berge Mongon Sunbi (Götterberg) wird die Sonne (Massunbi) und, als deren Frau, der Mond beim Aufgange verehrt (unter den Bantetje). Tschimbosabbi (1 Monat von Congo) wird unter den Ninkassi=Jngo gestellt. Vier Monate von Yellala liege Mulembo (Malembo) unter den Munbongo. Das Land der vom Mabiale=majawe (in Majallama) beherrschten Mumbembe

---

*) Das Stammeszeichen (Bönn) wird in Lukobscha dem Gesicht ein= gefügt. Jbba gegenüber wohnen die Kukurutu (nach dem Schrei genannt, mit dem sie sich rufen).

(in Tschimbembe) wird vom Fluß Nyali oder Quillu durch=
flossen, als ebenes Waldland jenseits der hohen Gebirge
auf dem Wege nach Chicambo (in Mayombe). Von Lubima
in Bakamba (jenseits Mayombe) geht man über Babonde
nach Bomma (am Zaire). Die Reise von Bakamba nach Ba=
bonde und zurück (mit dem Aufenthalt dort) dauert 30 Tage.

Von Empili gelangt man in 1 Tage nach Mayumba,
unter dem Macango (in Uncola), neben der Herrschaft des
Macollo. Die Bavoio (Bewohner von Goy) unter den Man=
goio, König von Goy (früher durch einen König von Bomma
gekrönt) werden unterschieden von den Batschiloango, Be=
wohner von Loango, und Bacotscha, Bewohner von Cotscha
(Malemba), wogegen die Qua=Congo (Ba=Qua=Congo im
Plur.) Unterthanen des Ma=Congo (von Kacongo) sind.
Die Erwählung des Jaga wird verkündet pelo toque do
ngongue, que é um instrumento formado de dois cho-
calhos de ferro, unidos por um arco do mesmo metal
(Neves) [Gong]. Bei der Krönung*) muß der Mangoy
den heiligen Wald des Bakissie=umsi (Fetisch der Erde) unter

---

*) After the death of the king (in Senjero) the chief men of
the Kingdom assemble outside the city in an open field and wait
till a vulture or an insect settled on one of the assembly, and he
to whom this happened was elected king (Krapf), wie ähnlich unter den
Hottentotten (nach Kolbe). — Every one must have an elder to speak
his palavers for him [wie in Siam]. Any free man by the custom,
called Bola Banda, which consists in placing the hands on the
head of an elder can place himself under the protection of the
patriarch, who is thus chosen, and henceforward becomes one of
his people (Du Chaillu). Es findet sich in each clan the „ifoumou
or foumou" (source or father), as acknowledged head of the clan.

dem Thome=fie genannten Ganga befuchen. Kiffie (Bakiffie
im Plur.) oder Jdol heißt Mokiffie (in Loango).

Das „Reich Mushako oder Mujako, auch wohl Ober=
Ethiopien genannt, deffen König Macoco genannt wird"
(Güffefeld), steht neben Mano=Emusha, Beherrscher der Ni=
meamay (1808), als Nyam=nyam (von Effen oder Freffen*)
benannt). „Solche der Rakhasas, die zu Brahma flüchtend
ausriefen, „laßt uns effen", wurden Yakshas (yaksha, effen)
genannt." Hornemann spricht von den Yemyem im Süden
Kano's. Solche Namen werden von den Eignern nicht an=
erkannt, so wenig wie die der Buschleute in Mayumbe oder
sonst an der Westküste, wie auch die Küstenstämme Austra=
liens die Eingeborenen des Innern als Myall (wild black-
fellows) bezeichnen (s. Mitchell), und ebenso protestiren die
Orma gegen die Bezeichnung als (in ihrer Sprache Afan
Orma) Galla (Jngreffi).

Vom König der Baffunþi (dem Maffunbi) wird erzählt,
daß er sich beim Erheben von seinem Thronsitz auf zwei
Sklaven stütze, deren jedem er ein Meffer in den Rücken**)
stieße, eine auch in Congo umlaufende Sage. Von Nekullu
wird die Entfernung Sundi's auf drei Tage angegeben. Die

---

*) The name of Yemyem or Nyemnyem (in the district bet-
ween Bautschi and Bornu) was applied to cannibals on the southern border of Hausa (Baikie).

**) Como Quingure-Quiabanguella fosse naturalmente barbaro,
matava bastante gente, já apoiando-se em espetos, que firmava nos
peitos de duas creaturas, quando se assentava, ou levantava, e
já de muitos outras maneiras; isto chegou aos ouvidos do Mathyanvo, que lhe ordenou saisse immediatamente de seus estados
(s. Neves).

fünf Fürſten der Nekullu oder Nekuru herrſchen unter dem
König Neſala am rechten Ufer des Zaire (Nzabi) oder Muanſa,
mit dem ſich der Muanſa de Makunga als Fluß Nzali (Rio
bo Cunhabo) oder Sabbi (Sari) vereinigt. Der König Anga=
Anga (unterhalb der Katarakten am Zaire) trank Palmwein
aus den ausgegrabenen Schädeln ſeines verſtorbenen Feindes.
Der König Donſuao herrſcht (in Suao) neben Kamanſobi,
Jkumſob in Lonjea, König Bonde in Sunbi, als Jumea
Batta oder Landesherr. In Congo bi Antote (2 Monate
von Congo bi Angungo) fließt der Umſabbi Zanve (Zange).
Aufwärts von Songololo, in dem jenſeits Yéllala beginnen=
den Lande Sunbi vereinige ſich (wie erwähnt) der von den
Tueminna umwohnte Fluß Makuta, von Norden kommend,
mit dem Zaire, der dann den Namen Nzali (Rio bo Cun=
habo) erhielte oder Nzari (Zaire).

Von Noki wurden als Reiſerouten in das Innere ge=
geben: Noki, Junzi, Nabibi (Hauptſtadt des Fürſten Neſala),
Kullu (bei Yéllala am rechten Ufer), Sabo=Makanja, Nuſanda
(am linken Ufer), Banza Sunbi (bei Sabe Makanje) am
linken Ufer, Quitanda Kanda Anbunga, Chimunſabbi (am
rechten Ufer), Pumbu (des Mapumbu) oder Bavumbu (unter
dem Mani=Pumbu). Dann eine andere: Noki, Congi bi
Yéllala, Nowiwi Maſala (am rechten Ufer), Naſanda (unter
dem Naſanda Mundelle) am rechten Ufer, Land der Mon=
jolles oder Mundongos (unter dem Gancuco), Mindekalango,
die im Waſſer*) ſchlafen, und dann folgen weitere Fabel=

---

*) Nach Ariſtoteles waren die erſten Anſiedelungen der Völker in den
aus Sumpf und Waſſer abgetrockneten Gegenden ſpäter in Vergeſſenheit

wesen. Sundi scheint den Abschluß des deutlichen Wissens zu bilden, ist indeß selbst schon den Reisemärchen verfallen. Vom König Muene Sundi erzählt man, daß er einen Nagel auf der Stirn (als indisches Drei-Auge) und einen am Hinterkopf eingeschlagen habe, um Alles zu sehen und zu erschauen, was im Lande vorgehet, so daß kein Fremder unerkannt durchschlüpfen kann. Mokisso Umbubila ist der Hauptfetisch im Lande der Bassundi (jenseits Mayumbe). Der König führt den Titel Neansundi oder Neasundi als Fumea-Batta. Die Bibiasamba tragen Einschnitte auf den Schläfen. Verschieden von den geschwungenen Schnitten der Mondungo sind die der Massundi kreuzweis. Die Tschibembe tättowiren den Körper. Im Innern des Landes der, Bogen und Pfeil gebrauchenden, Munbongo (Bandongo) oder Monjorro (Monjolle) wird ein Fluß beschrieben, der den Zaire*) an Größe übertreffe (und der Luanika, als Nebenfluß des Zaire). Die Mombales kreuzten den Congo-Fluß für ihren Handel (zu Battell's Zeit). Von Batta war (zu Dapper's Zeit) die von einer Frau beherrschte Landschaft Konde oder Pombo de Okango abhängig, und dort sollten (nach Johann Herber) langhaarige Weiße leben.

---

gerathen, wie in Aegypten (s. Lasaulx). In seiner den Theorien anbequemten Fassung spricht das friesische Adelabuch von den Pfahlbauten der Marsata in der Schweiz.

*) Nachdem der Bancaor oder Bançari den Bambre aufgenommen, vereinigt er sich mit dem Coango (und Barbola) als Zaire (s. Labat). Der Zaire wurde von dem See Zembre (Mutter der Wasser) hergeleitet. Nach Burton's Vermuthung würde der Lualaba der nordöstliche Arm des Congo sein, as opposed to the Quango or south-eastern.

Kongo\*) (Groß=Kongo) heißt (bei den Mufsoronghi) Kuango, und sein Herrscher wird Nekiamun oder Ma=Kongo betitelt. Bánga liegt 8 Tage von Congo di Angungo, 6 Tage von Tungua, 4 Tage von Noki in Chinfuka (unter dem Quengeffi). Der Nyalla=Kambongo herrscht (jenseits Bomma) in Sindi, der Kyowa in Kinpumgudu, Sauekanna in Mbuku, dann Mbuku=Makarata, Ntabbi, Mekanbi. Von Bomma führt der Weg über Kaiifenga, Najanga, Chekankala, Nakulu nach Nafunbi (unter dem Mani = Paezo und verwandten Fürsten).

Sunbi wird durch Chicambo von dem Land der Minfäle (mit tättowirtem Gesicht) oder Monjol getrennt. Es wird von einer Verehrung der Sonne und des Mondes gesprochen, wie frühere Berichterstatter solche den Anziko (im Innern) zuschrie=ben. In Maffunbi herrscht König Mongoma=toma in Umfali.

Die Xinu oder Fürsten (in Congo) stehen unter dem Muchino (König), und dann folgen abwärts die Fume\*\*),

---

\*) Als Stämme in Congo wurden aufgeführt (1680): Mexicongo, que é a fidalguia e gente da corte do Congo; Mexilongos, que saõ os vasallos do conde de Sonho [Muffirongos]; Anzicos, pela terra do Congo dentro; Mimjellos, pela sertaõ dentro do Congo; Majacas, saõ como os Jagas gente feroz e de valor; Sunbis, vassallos do Duque de Sundi; Sonfos, vassallos do marquez de Sonso; Mulum=bos, outra raçaõ daquelle reino; Mulazas, de Congo de amulaca pelo sertaõ dentro (f. Cabornega).

\*\*) Unter dem (mit dem Monoemugi identischen) Unde der Maraves (an der Oftfeite des Zaire, in deffen Weften der Monomotapa herrschte) stehen die Mambos oder Fürsten, denen die Fumos oder Gouverneure untergeordnet sind (f. Gamitto). Als Priester finden sich Ganga. Die Botonga von Matuca grenzten in Inhambane mit den Mucaranga (Motapa's). The word Batua or Abutua (as people) is the word

Manilombe, Mafuke u. f. w. Das Königreich Congo (mit
Quinſembo an der Küſte) erſtreckt ſich von Bomma (am
Zaire) nach dem Lande der Dembos, wo früher mit der
Königin Jinga (in Pungo*) Abungo) Krieg geführt wurde,
und von der Ausdehnung früherer Eroberungen durch die
letztere wird in Loando der Jinga=Dialekt des Bunba ge=
ſprochen, der ſich von dem Dialekt der Dembos und dem
Dialekt der Jagas (bei Caſſange) unterſcheidet. Auf Kan=
Jinga, die als Königin von Jinga die Männer als Frauen,
die Frauen als Männer kleidete (nach den Reminiscenzen an
ihre frühere Vorgängerin), folgte (1668) ihr Bruder Ca=
lunga=Macuri. Beim Tode eines Jaga (in Caſſange) wird
das von ihm bewohnte Dorf (Sanzalla) nach ſeinem dortigen
Begräbniß verändert und zur Hut für den dort angepflanzten
Park (Quibinda) eine Wache für die Seele (Caſumbi) auf=
geſtellt. Nach Bowbich wohnen nördlich von Caſſange die
Cachinga, öſtlich die Domge.

Wie am Ogoway von den geflügelten Batete oder Batehe
(als kriegeriſchen Stämmen) neben den ziegenfüßigen**) Sa=
pabi erzählt wird, oder den Schimba (am Ngouay) zufolge,
die wilden Pahbi (mit Antilopenfüßen und Flügeln) in den

---

Batoa (people or nation), which in those countries is often applied
to Bushmen (f. Cooley).

*) Auf Cambambe, im Oſten von Maſſangano (am rechten Ufer des
Coanza) folgt (im Oſten von Matamba begrenzt) Pungo=Anbongo, in
deſſen Norden Ambaca liegt.

**) Wie Schweinfurth meint, trug auch die Vergleichung ſeines Haares
dazu bei, daß ſeine mit Schuhen bedeckten Füße für Ziegenfüße gehalten
wurden (unter den Monbuttu), wie die Faon von ziegenfüßigen Menſchen
ſprechen.

Bergen lebten, so war Afrika\*) von jeher wegen seiner wunderlichen Menschen berühmt oder berüchtigt. „Etliche haben keinen Kopf, sunder ihre Augen stan in der Brust", und Plinius erklärte die Wunderthiere Afrikas aus dem Mangel des Wassers, das verschiedene an den Tränken zu= sammenführe und Mischungen hervorrufe (Munster). Nach den Arabern ist die Giraffe aus allen den Thieren zusammen= gesetzt, deren Eigenschaften sie zeigt. Ueber geschwänzte Menschen berichtet Geoffroy aus Fez, Lasainte aus Aegypten, Ducouret von den Ghelanen in Mekka, Marco Polo aus Ostasien, von Struys aus Formosa, Sonnerat aus Minbanao, Gro= novius aus Borneo, Pimelli von den Molukken, Maillet aus der Berberei, Ribeiro von amerikanischen Indianern. Nach Joh. Christianus „haben sich auf dem Harz zween Satyri oder wilde Menschen fangen lassen, mit langen Schwänzen" (1240 p. d.). „Wie Anthonius zu Paulo, dem Einsiedler, gereiset (schreibt Hieronymus), habe er im Walde ein kleines Menschlein gesehen, mit einer spitzigen Nasen und Hörnern an der Stirn, das andere Theil aber des Leibes sei einer Ziegen gleich gewesen, habe auch Füsse gehabt, wie eine Ziege," als capripedes (neben onoscelides, asinipedes, agypanes, gehalbirte Menschen, Geißmänner u. s. w.). An Zwergen ist nirgends Mangel, wenn auch nicht

---

\*) Inde sub Aegypto minus hospita solis ob aestum
    Terra jacet campi longe lateque, patentis
    Monstrorum domus et rapidis loca subdita flammis
    Decolor Aethiopum populus per littora sparsim
    Obtinet ardentes vario cognomine tractus (1522).

so klein, wie ter wohlproportionirte Zwerg des Königs
Stanislas von Polen, 33 Zoll messend (s. Gruithuisen),
der Zwerg Sisyphus des Marc. Antonius oder ein anderer
Tom Pouce. Von dem unter den Aequator gelegten König=
reich Macoco (das an Nigritia einerseits, sowie an Mujaco
und Biafara grenze) erzählt Häckhel: „In gewissen Wüsten
dieses Landes finden sich weiße Zwerge, welche ihre Heerden
Schafe hüten und dieselben vor einer Art sehr großen Vögel,
so denen Schafen nachstellen, beschützen (1753), sonst Greifen
genannt." Im Innern von den Bavili oder Leuten an der
Küste neben dem Quillu oder (in Mayombe) Quibu wohnen
die Bayombe, Bakunja, Bayaka, Basanje, Mundalabinde (in
Calabassen schlafend), Mumbuilibollela (großköpfige Zwerge),
Gamitschila (Schwanzmenschen). Die Canguendas bei Cas=
sange sind kleiner Gestalt (nach Rodrigues Neves). Oftmals
neigen die Zwerge zu Großköpfigkeit, wie es Moses Abul
(bei Pseudo = Kallisthenes) in Taboprane fand. Das Land
der Großköpfe (Fuilimbonsena) wird jenseits Shin=tetje gesetzt.
Nach Aelian finden sich die zwerghaften Phylloi, in deren
Lande auch die Thiere klein*) seien, in Indien. Die noch
unter den Tscherumern (Sirumer oder Kleine), die (mit den
Parajern) zu den (Kunnuvali genannten) Gebirgs= und Wald=
bewohnern gehören, stehenden Najabi fliehen (als tiefste und

---

*) The effect of the sailor's life in delaying the growth, is
indicated by the great difference between the statures of soldiers
and sailors at the ages of 17 and 18 years (Gould), the privations
and exposures of a nautical life evidently exerting a stunting
effect upon the development (in the Unita States).

verachtetste aller Kasten) bei der Annäherung in das Dickicht
des Waldes, werden aber (in Malabar) als Zauberer ge=
fürchtet (s. Graul). Die zwerghaften Quimos fanden sich
(nach Flacourt) auf Madagascar. Nach Escayrac leben die
zwerghaften Malagilage südlich von Baghirmi (als Schwanz=
menschen). Die von den Gallas (am Hawasch) nach Schoa
gebrachten Zwerge oder Kutu werden großköpfig beschrieben.

„Es erzählet Andreas Thevetus zu Cayr in Aegypten
über die masse kleine Zwerglein gesehen zu haben, welche
durch die Stadt gewandert ihrer Handlung nach." „Die
Glieder des Leibes waren gar förmlich und wohlgestalt" (bei
dem Zwerg Bertram des Churfürsten Joh. Siegmund). Der
Zwerg des Herzog Wilhelm von Bayern wurde in einer
Pastete aufgetragen (1568). Carbanus spricht von einem
Zwerg (1555), „eines Ellenbogens lang". Es meldet Nice=
phorus, daß in Aegypten bei der Regierung Kaysers Theo=
dosii ein kleiner Mann in der Grösse eines Rebhuhns ge=
wesen, der mit gutem Verstande begabt, wohl reden und
lieblich singen können. Die Zwerge am Nil (Trogloditae oder
„Lochkriecher") sollen „auff Ziegen und Böcken reiten". Die
Dokos wurden (südwestlich von Kaffa) jenseits Koolloo (neben
Bonga) gezeigt (nach Dilbo). Krapf hörte von den zwerg=
haften Wabilikimo oder Koningo im Lande der Jagga.
Finn, Finnur (inventor) Alfus sive Dvergus e coetu Dvalini
(Magnuson). Fenrir (lupus) gigas, Fenia, mulier gigantea.

Etliche wandeln im Lande Ethiopia nieder gebogen, als
das Viehe, deren etliche leben 400 Jahr (Praetorius). „In
den Aegyptischen Gebürgen findet man Leute, welche An=

gesichte, Arme, Hände und Füße, wie die rechten Menschen
haben, lauffen gar geschwinde, ihr Rücken aber ist allerdings
wie eines Camelsrücken gestalt." Nach Levinus Hulsius fanden
sich in Guiana Menschen ohne Hals und Kopf\*), „deren
Augen, Mund und andere Theile des Angesichts auff der
Brust stehen". Die Ewaipanoni (in Guiana) hatten die
„Augen forn an ihren Achseln, den Mund mitten in der
Brust" (die Haare oben zwischen den Schultern). In der
Insel Angama lebten (nach Marco Polo) hundsköpfige Men-
schen. Hic etiam homines generantur capitibus caninis
(Schöner).

Die Elephanten jagenden Zwerge (bei den Monbuttu)
heißen (als bärtig) Ehebber-Digintoo (Schweinfurth). Wie
am Hofe Munza's fanden sich Zwerge zur Unterhaltung
(nach Speke) in den Kamrasi's. Die Akka zerfallen in Na-
vapukah, Navatipeh, Babingisso, Avadzubeh, Avagowumba,
Bandoa, Mamomoo und Agabundah (Schweinfurth) unter
den Königen Galecma, Bebbeh, Tinbaga, Mazembe u. s. w.
Die Buschleute\*\*) gehen bei den Nachbarstämmen in mythische
Darstellungen über.

---

\*) Augustin sah in Aethiopien multos homines ac mulieres, capita
non habentes, sed oculos grossos in pectore (nach Fulgosus). Diesen
Kopflosen sollte die Lehre von der ewigen Verdammniß geprebigt werden.

\*\*) The Abatwa (Bushmen) or (im Sing.) Umutwa are very
much smaller people than all other small people, they go under
the grass and sleep in anthills, they go in the mist, they live in
the upcountry in the rocks, they have no village (according to the
Zulus). When the game is come to an end, where they had lived
the Abatwa mount on a horse, they beginning on the neck, till
they reach the tail, sitting one behind the other. If they do not

Nachdem neuerdings die bisher den Mythen-Erzählern überlassene Zwergfrage Gegenstand wissenschaftlicher Behandlung in der Ethnologie geworden ist, braucht kaum noch besonders darauf aufmerksam gemacht zu werden, daß die Bezeichnung „Zwerge" nur sehr uneigentlich gilt, und obwohl sie für den Fachmann ihre Entschuldigung in kurzer Bequemlichkeit finden mag, doch beim Hinblick auf abnorme Zwergbildungen leicht unrichtige Auffassungen hervorrufen könnte, denn Buschmans sowohl, wie Obongo und Babongo bleiben innerhalb der normalen Verhältnisse einer kleineren (einer, gleich nordischen, diminutiven) Menschenrasse. In den beiden letzteren Repräsentanten ist zugleich die Unbestimmtheit des Namens festzuhalten, der schon im Osten unter verschiedenen Localisirungen der Bongo vorkommt, und der im Westen von den mit dem Innern wenig vertrauten Negern der Küste bald auf die verkümmerten Waldmenschen unsteter Behau-

---

find any game, they eat the horse. The county of the Abatwa. (hiding in the high grass) is dreadful, for men do not see the man with when they are going to fight. The Abatwa are fleas, which are unseen whence they come, yet they teaze a man (Callaway). Die Steinmonumente wurden (in Sachsen) Zwerglöcher genannt (nach Eckhardt), und so in Indien, Caucasus u f. w. In many parts of Imerina and the central provinces rude obelisks of basalt rock, called (in Madagascar) fahatnarovana (causing to remember) or tsangam-bato (erected stones), are set up as memorials of some great chief of former times (f. Sibree). Die Quimos gelten als Zwerge, und Verehrung empfangen die Gräber der Bazimba. A colony of the Vazimba (dispossessed in Imerina by the Hovas) exists in a part of the Sakalava country (f. Sibree). As soon as a man is married and becomes the head of a household, he sets about preparing a family vault (of stone) in Madagascar [China, Aegypten].

jungen angewandt wird, bald auch (oder zugleich) auf die ansässigen Stämme, unter oder neben denen sie leben.

---

Hutchinson theilt die Küste der Bight of Biafra in das sumpfige Land von Cape Formosa bis Rumby point (westlich von den Kamerun-Bergen) und die höhere Küste (mit Batanga)*) bis Cap St. John. Although the Banaka have not been living long on the coast, they have become the most noted canoemen on the whole coast (Wilson).

Der Rhamboë mündet in die Gabun-Bay. Von Munda führt eine Straße über Jkoi-Creek nach dem Gabun.**) Auf die Mpongwe (reinen Blutes), die die Aristokratie repräsentiren (etwa 300) am Gabun, folgen die Abkömmlinge von Mpongwe-Vätern und Müttern aus Nachbarstämmen (etwa 800), dann die (Kinder von Mpongwe und Sklavinnen) Bambai (etwa 1000). Die niederste Klasse bilden die Sklaven. Von dem einst zahlreichen Stamm der Mbina waren (zu Du Chaillu's Zeit) nur 3 Personen übrig.

Das Delta am Cap Lopez wird durch den Ovenga (mit dem Nebenfluß Apingi) und den Rembo (der durch den Npulunay mit dem Ogoway communicirt) gebildet. An dem (mit Mexias und Nazareth) in die Mündung des Ogoway

---

*) Little Batanga (enclosed within the Bight of Panavia) and Big Batanga (from Cape Gara-jam to the river Campo) is inhabiter by Bapooka and Banaka tribes.
**) From the countries Boola and Gumbe (near the tribes of Bowela and Bansi) the wory is brought down to Batanga and Gaboon by a tribe of Bushmen known as the Dauberi or Diberi (s. Hutchinson).

verlaufenden Fernando Vaz wohnen die (zwischen Cap Lopez und Cap St. Catharina getroffenen) Kamma. Auf der Fahrt nach dem Anengue=See benutzte Du Chaillu einen am Ogoway abgezweigten Arm, der als Npulunay (Bango) den Fernando Vaz bilden hilft. Der Jonananga=See ist (nach Aymes) als ein Hinterwasser des Ogoway anzusehen. Nach Walker zweigt sich der Sette vom Ogoway ab. Durch Vereinigung des Okanda und N'Gouyai gebildet, nimmt der Ogoway dann die Wasser des Jonango=See auf. Am oberen Okanda fließt der Fluß Lolo in entgegengesetzter Richtung (nach Bellay). Der Häuptling Dembo hatte einen Sklaven aus dem Lande Wabai besessen. Jenseits der Asheba (mit Pahuin verwandt) am Okanda wohnen die Aschaki und dann die Ombete. Am Rembo N'Gouyai wohnen außer den Oscheba die Aschira und Schimba.

Der Okanda, als nördlicher Quellarm des Ogoway (mit dem Ngunie oder südlichen Quellarm aus dem Apono=Lande verbunden), wird jenseits Obindschi durch Stromschnellen unterbrochen. Wie der Anenge=See für den Npulunay (Arm des Ogoway), bildet der Jonanga=See ein Hinterwasser für den mit dem Ogoway verbundenen Ngomo. Bowdich er= kundete in Naanga (Georgetown) den Ogoway in Beziehung eines Zusammenflusses (im Lande Okandee) mit dem Fluß Wole *) (jenseits des Landes Paamway). Jenseits Abjoomba (an dem Ogoway) beginnt Gaelwa (nach Bowbitch). In

---

*) Wola is probably the Empoongwa corruption of the ori- ginal name Quolla or Kulla (in the Mallowa or Houssa country), Deeha was spoken of as a large country in the neighbourhood of the Wola (Bowdich).

Abjoomba theilt sich der Ogooawai (nach Bowdich) mit dem
kleineren Arm (Assazee) nach Cap Lopez (das im Lande
Orungu durch das Reich Dongobai oder Ogobai von Abjoomba getrennt wird), während der größere Arm (breit
wie der Gabun) südlich durch Tanyan (mit 5tägiger Entfernung der Westgrenze von Abjoomba) nach dem Congo
fließt und 10 Tagereisen oberhalb der Mündung in denselben sich ergießt (s. Petermann).

Der Ntambunay (mit Noya zum Muni confluirend)
bildet Wasserschnellen, der Samba Nagoshi findet sich in
Rembo (durch den Npulunay mit Ogoway communicirend)
und der Fugamu, als Katarakt des Nguyai oder Rembo
Nguyai (Fernando Vaz). Die Stromschnellen bei Luba (in
Ngunie), durch die Felsen Nami Gemba veranlaßt, heißen
Nagoshi, der Katarakt weiter unten Fugamu (bei Du Chaillu)
und die kleineren Fälle bei Buoli (von Walker besucht)
Samba (s. Petermann). Der Hauptfall des Ngunie ist Werk
des Geistes Fugamu (früher ein Eisenschmied), als Geist
(Mbuiri) zur Bewachung umherwandernd. Ueber die weiter
oben befindlichen Stromschnellen herrscht Nagoshi, die Frau
Samba's (der unterhalb gelegenen Fälle), die den Fluß ver-
sperrt hat, daß Niemand hinauffahre. Früher legte man Eisen
und Kohle an's Ufer und bat Fugamu, daraus eine Hacke
oder Messer *) zu machen. Als indeß der Sohn Menschen-

---

*) Nach dem Volksglauben waren die Bewohner der Höhlen bei
Lüttich zwergartig und reparirten alle Utensilien, die man ihnen hinlegte,
sobald sich Lebensmittel dabei befanden (s. Schmerling). Bowdich hörte
von den Ingena (der Pongwe und Shekiam) building a house (and

fleiſch roch, weil zwei Lauſcher zuſahen, wurde der hohle
Baum des Einen in ein Neſt von Termiten, des Andern in
eins von ſchwarzen Ameiſen verwandelt (nach Du Chaillu).
Die Fälle Samba und Agoſye ſtehen unter zwei Zwillings=
ſchweſtern, die, früher zuſammen, ſich ſpäter in Folge eines
Streites trennten (nach Walker) am Ngunie [nach einer
Symphlegaden=Sage].

Die Franzoſen, ſeit 1843 am Gabun (der als Proviant=
ſtation der Kreuzer zur Unterdrückung des Sklavenhandels
beſetzt wurde), erhielten (1862) das Küſtengebiet von Cap
Lopez im Süden bis zur Liancée=Spitze im Norden (das
Gebiet des Königs Denis) durch König und Häuptlinge am
Cap Lopez und Nazarethfluß cedirt. Aymes nahm franzö=
ſiſchen Beſitz von der Landſpitze Dionbo, am rechten Ufer
des Ogoway, gegenüber der Einmündung des Ngunie.

Serval hatte 1862 den Ogoway bis Jonanga befahren
und Albigot und Touchard (1864) bis zur Mündung des
Ngunie; durch Du Chaillu beſucht (1864). Von Bogoe,
Nebenfluß des Como (als Arm des Gabun), war Genayer
(1864) überland zu den Okanda (am linken Ufer) gereiſt
und dann zum Rhamboe (Zufluß des Gabun). Albigot und
Touchard befuhren den Rembo=Owenga (bis zur Einmün=
dung des Niembai) und die Confluenz. Walker begab ſich

---

sleeping outside or on the roof). Die norböſtlich von Kalay wohnenden
Leute ſollten bei Nacht beſſer ſehen als bei Tage (wie Bowdich hörte).
Near the lake Njong or Ndong the Bani tell of the existence of
a fabulous green bird (named Newjande) reputed to feed on Elephant Eyes (Hutchinſon).

(1866) überland vom Rhamboe zum Ogoway (und den Samba=Fällen des Ngunie), Aymes nach der Confluenz des Okanda und Ngunie zur Besitznahme (1867) unter Contre = Admiral Fleuriot de Langle (dann de Bizemont). Janet forschte an der Mündung des Ogoway (1867) und Hebbe (1868) im Delta. Der Marquis von Compiègne und Marchand besuchten die Bakalai.

Du Chaillu fuhr den Muni (aus Ntambunay und Naya gebildet) aufwärts nach dem Dorf des Dayoko, von Mbuschas bewohnt, in Verwandtschaft mit den Shekiani. Unter den Shekiani am Ntambunay Nunday (Nebenfluß des Ntambunay) findet sich Mbene's Dorf (mit Ansieblungen auf Hügeln angelegt), über Mbondemo herrschend, mit Jbonay, Aioa, Mbischo (am Noya), Mbiki, Mbuscha ver=wandt (Mbenga in Corisco). Ueber Land (zum Umgehen der Wasserfälle) führt ein Weg nach der Sierra de Cristal, zu Dörfern der Faon (dann der Oscheba).

Während am Gabun den (unter Mpongwe der Küste eingedrungenen) Shekiani folgend, die Bakalai herabgezogen sind, und dann die Faon, bringen am Ogowe die Osyebo vor, und haben die Apingi zum Theil bereits nach den Ngunie verdrängt, wo unter den Ashira (mit Apono und Otando, sowie mit Aschango) die älteren Jshogo (zwischen denen und Aschango sich die Obongo finden) wohnen. Die Ashira (des Ngunie) stoßen an die Galos des (bei Abjumba getheilten) Ogoway, und oberhalb der Confluenz wohnen am Okanda die (mit den Benga verwandten) Okota (Bakutu), und die früher hier im Handel mit den Völkern des Innern

(wie Apingi und verwandte Okandastämme) herrschenden
Bakalai sind durch das Vordringen der Osyeba auf dem
rechten Ufer des Okanda nach dem linken gedrängt. Die
Ashira wohnen in langreihigen Dörfern, und bei den Mbon=
beme (am Nunday) bilden die Dörfer eine lange Reihe (wie
die der Ishogo). Young fand das Dorf der Payas (in Hon=
duras) aus einem langen Hause bestehend [Irokesen]. Bei
Herstellung der Zeuge aus einer Palmenart bedienen sich die
Ashira (wie bei den Matten) einer hölzernen Nadel und
stellen aus dem Zwirn durch Häkelarbeit Mützen her. Auch
die Apingi bearbeiten die Palmfasern mit der (Ndengi ge=
nannten) Holznadel und färben die Zeuge (die Ashira be=
sonders schwarz). Durch Eisenarbeiten zeichnen sich die Fan
aus (wie die Apono).

Die Apingi halten an festen Dörfern fest und pflegen
Baumpflanzungen. Du Chaillu fand den N'Gouyai im Lande
der Apingi.

Die Camma wohnen am Anengue=See, wohin man aus
den (von Ogoway durch den Azin=Tongo und dann durch
den Gongoni=Creek erreichten) Bongo durch den Anengue=Fluß
gelangte. Die Ishogo werden von den Camma als Busch=
leute betrachtet. Die Galos wohnen am Ogoway und jen=
seits der Ashankaloberge (mit Bakalai) die Ashira. Aus dem
Nazareth den Ogoway aufwärts fahrend, fand Griffon du
Bellay (1862) die Dörfer Gamby (der Camma), Atschaka
(der Pongue) und Igane (der Evili aus Loango), dann die
Dörfer der Galloi, worauf die Mündung des N'Goumo
(aus dem Jnonga=See) folgte, und die Galloi sich fortsetzten

bis zum Dorf Avanga-Wiri am Njoge-See. Oberhalb zweigt
sich der Bandou oder Bango als südlichste Grenze des Delta
ab. Am Jonanga-See wohnen die Galloi, hinter den Aschan-
kalo-Bergen (im Süden und Osten) die Ashira (Matten
verfertigend) mit den Bakalai (wie im Norden des Ogoway
und am Zuflusse des Gabun) auf dem zwischenliegenden
Waldland.

Jenseits des Dorfes Gumbi oder Kamma (neben Bakalai) am Rembo passirte Du Chaillu das Nbgewho-Gebirge
in's Land der Ashira (an den Nkumu-Nabuali-Bergen), wo
der Handel mit Bakalai und (im Innern) den Apingi (jenseits des Flusses Ovigi) unterhalten wird. Die Abengo
wohnen am Fuß der Orereberge (bei Rembo Ngouyai).
Jenseits Olando wohnen die Apono, die (mit Otando und
Aschango) zum Stamm der Ashira gehören (verschieden von
den Ishogo). Zwischen Apono (am Rembo Ngouyai) wohnen
die Ishogo (und jenseits die Babongo). Die Ashango (mit
Obongo) wohnen bei Niembuay (bis Muau Kombo). Am
Jonanga-See wohnen Galos, jenseits der Ashankalo-Berge,
an deren waldigen Abhängen die Bakalai leben, die Ashira,
und zu ihnen gehören die Ashango im Osten, während sich
die Ishogo (mit den Obongo) dazwischen eingeschlossen
finden.

Auf der von den (die Insel Bosino und das Cap
Esteiros bewohnenden Benga verwandten) Okota (Bakuta)
oder Bakota (mit dem Herrscher Ebibé auf der Insel
Nbongo oder Nbungu im Okanda) bewohnten Strecke des
Okanda herrschen am rechten Ufer die Osyeba (Verwandte

der Fan), während sich am linken Ufer die Bakalai*) aus=
breiten. Die Bakalai Obindschi's (am Okanba) spielen eine
Vermittler=Rolle gegenüber ben Okota, bie von ben Stämmen
jenseits ihres Landes (Apungi, Okanba, Osyebo, Babuma
u. s. w.) große Quantitäten Elfenbein empfangen. Bei ben
Bakalai in Orongo (am Ogoway), wohin Serval von Rhamboe
über Land reiste, wohnen bie Enenga und (jenseits der Sasen,
Sakakanbi in Sanjoko) bie Okota.

Jenseits der Okota (am Okanba) wohnen bie Yanlim=
buga (ober Yanbibougka), und bann bie (auch am Ngunie
sitenben) Apingi (mit bem Bulkan Otombi). Dann folgen
bie Okanba (mit bem Bulkan Onschiko). Durch bie Osyeba
bebrängt ziehen sich bie Apingi vom Okanba=Fluß nach
Ngunie zurück. Die Sprache der Okanba ist der der Apingi
verwandt. Die Osyebo oder Mosyebo, jenseits bes Okanba=
Stammes (am rechten Ufer bes Okanba), gelten für Menschen=
fresser (wie bie Fan).

Jenseits der Okanba finden sich am rechten Ufer bie
Osyebo oder Mosyebo, während bas linke oder südliche Ufer
von ben Abuma ober Babuma besetzt ist (an einem breiten
und tiefen Strom, der von früheren Hindernissen der Wasser=
schnellen befreit ist). Dann folgen bie Ambamba ober Mam=
bamba (s. Walker) und weiterhin Seen.

Bei Orere=volo oder Juerevolo (als ber ersten Boben=
erhebung am Okanba) treten vulkanische Gesteine hervor (nach

---

*) Chez les Akalais (Mekelai) et les Bouloux (Shekiani) ils
ont des chefs a peu près reconnus, qui se coutent la figure quand
ils boivent, dans la crainte du mauvais oeil (Braouezec).

Walker). Weiter oben wohnen die Okota, die von ihrer Felseninsel Jsangalabi die Fahrt auf dem Fluß beherrschen, und wie dort soll in Nordosten der rauchende Berg Otombi gesehen werden können (in Vermuthung von Vulkanen).

Wie die Jveia (mit der Hauptstadt Buali)*) sind die (aus Loango eingewanderten) Jvili (am Ngunie und Ogoway) die Zwischenhändler zwischen Ogoway und oberen Ngunie, und östlich von ihnen wohnt ein Volksstamm gleicher Abkunft, der von Süden gekommen ist (s. Walker). Neben den Evili (aus Kabinba oder Loango), deren Dörfer sich (vom Ogoway) bis N'Gouyai erstrecken, wohnen die Bacamma, welche, den südlich vom Cap Lopez gelegenen Arm des Ogoway heraufkommend, den Anengue=See und Ogoway bis zur Abzweigung des Banban bevölkern, und die Oroungou (an der Küste nördlich von Cap Lopez), die durch den Nazareth in den Ogoway eingetreten sind. Die (gleich den Jveia) handelnden Jvili (aus Loango), die Salz gegen Elfenbein austauschen, berühren in ihren Niederlassungen (am Ogoway und Ngunie) die Kamma der Küste. Unter den Aveia stellen die Ngunie (nach Du Chaillu) eine entartete Klasse dar.

Die Stämme des Innern werden stets als böswillig zauberische**) Buschleute betrachtet, und so führt auch der

---

*) Buro oder Boali [Pura] in Loango. Der Rath der Aeltesten heißt Buri (bei den Timmanis). The Boala or spreading place is generally at one end of the village (of the Manganjas) near the favourite banyan and other trees (s. Livingstone) zum Empfang der Reisenden.

**) Ein Finne kann nicht ruhig leben, wo er nicht täglich ein Gan aus seiner Lebertasche (Ganeske oder Ganhiib) ausschickt. Findet er keinen

Name der Bubi auf Batu ba bubi, man of wickedness (Motu ba bubi im Sing.), in der Dualla=Sprache. Vom Stamme der Kitchies am River Trinity kommt alles Böse (für die Komandjes).

Die Fan sind (nach de Langlé) auf den die Thäler des Como*) und Iconi verbindenden Wegen der Kryſtallberge gekommen. Die Pahuin (die nach Vivien de St. Martin ein Zweig der Fan sind) wurden durch Bilone, der die Küſte besuchte und von den dortigen Reichthümern erzählte, aus dem Innern herbeigezogen (nach Roullet). Nach den Bakalai iſt der Matimamvoa (der den Pahuin am Como unbekannt iſt) das große Oberhaupt aller Pahuin und zahlten ihm alle Pahuin Tribut, die Bakalai aber nur Durchgangs= zölle. Der Gebrauch der Wurfmesser**) bei den Faon wieder= holt sich (südlich bei den Matabele und) öſtlich bei den Niamniam.

---

Menſchen, dem er Schaden thun kann (wozu er deſſen Namen wiſſen muß), so läßt er solchen über den Wind aus, daß derselbe nach Belieben über Menſchen, Vieh und wilde Thiere wüthe (ſ. Petr. Claubi).

\*) Les Batchis viennent des régions qui sont au nord-est et à l'est du Comos, un des affluents les plus reculés de l'estuaire du Gabon, les Makëis, plus meridionaux, viennent des régions équa-toriales proprement dites, et paraissent avoir descendu le cours de l'Okanda (als die beiden Abtheilungen der Fan oder Pahuin).

\*\*) Das Hand- oder Wurfeisen heißt Golio (auf Kanuri) oder Nbziga (in Baghirmi), auch als Handbeil oder Säbel dienend (ſ. Nachtigal). Im Kriege mit Uſſe-anjungue ließ der Jaga mit Pfeilen besetztes Fleiſch von seinen Geiern forttragen, wodurch ein Kind unter seinen Feinden (beim Herabfallen) getödtet wurde, worauf diese sich erſchreckt unterwarfen, glaubend que tinhaõ meio de levar as armas ao centro delles, sem que vissem como.

Auf die (durch Mabohde und Akka von den Monbuttu
getrennten) Maſſanza folgen (nach Nemeigeh und Biſſangah)
die Domondoo und (als Malegga) die Mooggoo. Mit den
ſüdlich von den Monbuttu oder Gurrugurru wohnenden
Momvoo (mit denen Kämpfe ſtattfanden), als allgemeine
Bezeichnung für äquatoriale Stämme, ſind die Babuckur
ſprachlich verwandt (ſ. Schweinfurth). Neben den (die Nyam=
nyam als Makkarakkah oder Kakkarakkah bezeichnenden) Mitvo
oder Mattoo (im Lande Moro) finden ſich die Madi, Madi=
Kayah, Abbakah und Loobah. Die keine Rinder haltenden
Stämme werden bei den Dinka als Djur bezeichnet. Im
Gegenſatz zu den dolichocephaliſchen Dinka ſind die röth=
lichen Bongo oder Dohr (mittlerer Größe) brachycephaliſch
(ſ. Schweinfurth) mit kurzem Bürſtenhaar, wie auch in
Nieder=Guinea brachycephaliſche Formen auftreten mit Hin=
neigung zu kleiner Statur. Die Momou werden in die
Länder der Muemba und Molua überführen. In Wadai
wurden (wie Nachtigal erzählt) gefangene Uelad Sliman
nach Runga verbannt, und aus dem alten Aegypten zog ſich
(nach Herodot) die ägyptiſche Kriegerkaſte nach dem äquato=
rialen Afrika zurück.

Südlich vom Hawaſh=Fluß (der in Shoa ſtrömt) be=
ginnt Gurague (wo die Chriſten durch die Galla von den
abyſſiniſchen getrennt ſind) mit dem See Zuai (Itlalu oder
Lagi). Südlich von Gurague wohnen (jenſeits der Abia=Galla)
Chriſten in Kambat, mit der Hauptſtadt Karemſa. Weiter
im Süden folgt (vom Fluß Omo durchfloſſen) Wolamo
(Hauptſtadt Woſana) mit chriſtlichen Bewohnern (in den

Districten Senjero, Dumbaro, Mager, Mugo, Kullo, Wo=
rata, Zimma, Asu). In der Nähe von Kullu wohnen die
Doko. Südlich liegt (mit negerartigen Galla) Kucha, durch
Weiße (Araber=Somali von Borawa den Djub aufwärts)
besucht. Westlich wohnen die Golba=Neger, und weiter in
Westen (südlich von Kaffa) liegt Susa (mit der Quelle des
Omo, der sich bei Dumbaro mit dem zwischen Kaffa und
Enarea fließenden Gojob vereinigt), und nach der Hauptstadt
Bonga (wo die Priester durch einen in Gondar aufgeblasenen
Schlauch ordinirt werden) kommen Mohamedaner auf dem
Fluß Maro oder Pokomoni. In dem Sumpfboden südlich
von Kaffa und Susa werden Doko getroffen. Bei Kaffa
(nordöstlich von Susa) wächst der Kaffee in den Bergen
der Arusi und Jtta=Galla. Im Norden von Kaffa (jenseits
des Gojob) liegen die Landschaften Mancho, Jimma, Sen=
jero, Enarea, und Senjero (südöstlich von Enarea) wird (in
seiner Hauptstadt Anger) von Gurague aus besucht.. Der
Gojob (zwischen Enarea und Kaffa) kommt aus der Wüste
Gobi, südwestlich von Enarea (nach Dilbo), als verschieden
(s. Krapf) von dem in den blauen Nil auslaufenden Kiobe
(und identisch mit den Jua oder Dschub).

Nach Krapf ist Kaffa*) durch den Sobat zu erreichen.
Die Galla theilen sich in Baretuma und Harusi. Nach New

---

*) One section (of the travellers) should proceed through
Enarea and Kaffa to Susa, while another section should pursue
the same gaol onwards from Barawa or Malindi. The western
waters of Susa and Kaffa flow beyond doubt into the Bahr-el-
Abiad.

voll das Gebirge Meru\*) von einem helleren Stamme be=
wohnt ſein. Die Botmäßigkeit der Galla oder Orma, als
Eindringlinge (ſ. Krapf) oder Hirten (bei Bruce), erſtreckt ſich
über die Wapokomo (am Ufer des Mto Tana), den Wanika
(der Wildniß oder Nika) verwandt. Die Grenzen Waſam=
bara's werden durch die Wataita\*\*) beunruhigt.

Die Maſai nennen ſich Orl=oigob (iloigob im Plur.),
als Abkömmlinge von einem mit den Wakuafi gemeinſamen
Stammvater, dem Herrn der Welt (eng=ob) oder Orloigob
(ſ. Erhardt). Die Heerden weidenden Wakuafi zeigen ſolche
Abneigung gegen den Feldbau, daß, wenn in Sklaverei ge=
fallen (wie Lemaſegnot), ſie eher ſterben, als die Hacke be=
rühren würden (ſ. Krapf), und ähnlich wird von den Cree
erzählt, daß ſie, nachdem zum Ackerbau gezwungen, aus
Scham nicht in ihre Dörfer zurückkehren gewollt.

Während die Abyſſinier in der Nähe der Küſte in der
gebogenen Naſe den ſemitiſchen Typus tragen, zeigen die

---

\*) Akkad veut dire „montagne" (akkaddi, montagnards), quant
à Sumeri, ce sont „les gens du fleuve" ou „des fleuves" (Lenormant). Die Griechen ſuchten in ihrer Sprache die Ethnologie des indiſchen Meru (und Su=Meru). Die Könige von Babylon und nach ihnen
die Könige von Aſſyrien, die zugleich Babylon beherrſchten, nennen ſich
Könige von Babel, Könige von Akkab und Sumir (Duncker). In den
Inſchriften der aſſyriſchen Könige heißt das babyloniſche Land Kalbi (der
Kalbiai oder Chalbäer). Aethiopes et gentes Atlanticae Nigri flumine
dividuntur, quem partem putant Nili (Solinus).

\*\*) Kisigau, with Ndara, Mbololo and Bura, forms an almost
perfect right angled triangle, Ndara being only slightly west of
due north from Kisigau and Bura lying due west of Ndara. These
mountains combined constitute the Taita-land (of the Wataita).
Kiſchaga liegt am Abhang des Kilimandſcharo (ſ. New).

Beni=Hammer in ihrem sonst wohlgebildeten Kopf eine kurze
Nase, wie auch die pyramidalisch kleinköpfigen Gallas mit
lockig langem Haar.   Die Shangallas sind untersetzt und
kurz mit dem Neger=Ausdruck, wogegen die schlanken und
schmalen Galla in der Nachbarschaft Abyssiniens schmutzig
braun erscheinen, aber heller und röthlich je weiter im Innern.

## Zweites Capitel.

# Kongo.

Als die Portugiesen das Cap Nun *) nullificirt hatten und nach Erbauung der Festung S. Jorge da Mina (1482) Diogo Caõ zuerst für Aufsetzung von Steinpfeilern durch König Joaõ II., den Herrn von Guinea, ausgesandt wurde, besuchte derselbe das Cap Lopez Gonsalvez, sowie Cap S. Catharina (die letzte Entdeckung unter der Regierung des Königs Alfon's V.), und wurde dann durch die im offenen Meer getroffenen Ausflußwasser des Congo nach dessen Mündung geführt, wo er den Fluß aufwärts ruderte und Gesandte an den König schickte, deren verzögerte Rückkehr ihn veranlaßte, die an ihrer Stelle an Bord genommenen Neger mit sich zu führen, bis bei seiner Rückkehr **) die Auswechselung

---

*) Nunca foe algun que ousasse de passar aquelle cabo do Bojador para saber a terra do alem, segundo o iffante desejava (Azurara).

**) Diogo Cam versprach am Zaire in 15 Monaten zurückzukommen, und bei seiner Ankunft in Lissabon, el rei o mandou voltar quasi logo com os Negros (Lafiteau). Bei der zweiten Reise tauschte Cam die Geißeln aus, entrando em seu descubrimento pela costa adiante, na qual viagem passou elle Diogo Cam alem deste Reyno de Congo, obra de duzentas leguas, onde poz dous Padroés, hum chamado Sancto Agostinho, que deo o nome do Padraõ ao mesmo lugar, o qual está em treze graos d'altura da parte do Sul, e outro junto da manga das arêas (de Barros).

erfolgte, als er nach seiner Fahrt bis S. Augustin und zu dem Cabo bo Pabraõ (Manga bas Areias) oder Cap Negro (usque, montem qui vocatur niger pervenit classis) dort wieder einlief und die Botschaft des Königs empfing, der die Schiffe durch seinen Vertrauten Kassuta sowie einige Jünglinge begleiten ließ. Diese wurden (1490) durch Gonzalez de Sousa, der bei seinem Tode auf St. Jago durch Ruy de Sousa ersetzt wurde, zurückgeführt, und nach der Taufe des Königs von Sonho (Mani Sonho), als Dom Manuel, sowie seines Sohnes als Antonio, begab sich Ruy de Sousa nach Ambassie, wo ihn der mit einer hohen Mütze aus Palmblättern (gleich den jetzigen Mafuka=Mützen) geschmückte König feierlich empfing und den Bau einer Kirche (Santa Cruz) erlaubte. Vor dem Kriege mit den Mundeketen (ein Volk an den Quellen des Saïre) ließ sich derselbe als Johannes (und seine Gattin als Eleonora) taufen, und nach dem glücklichen Ausgang des Feldzugs nahm Ruy de Sousa seinen Abschied, einige Geistliche im Lande zurücklassend. Der später als Alfonso getaufte Kronprinz suchte das Christenthum in seiner die Domäne des Kronprinzen (nach Linschotten) bildenden Provinz Isundi oder Sundi zu verbreiten und bestieg (trotz der Feindseligkeiten seines heidnischen Bruders Penso Akitimo)*) beim Tode seines Vaters den Thron (1509), auf dem (1533) sein Sohn D. Pedro folgte.

---

*) Alfons wollte seinen besiegten Bruder Pansa Aquitimo durch die Taufe vom Tode retten, mais cet homme féroce aima mieux perdre corps et ame, que de recourir à la clémence de son frère et ouvrir les yeux à la vérité (Lafiteau).

Nachdem die Kirche Ambaffi's oder San Salvador's zur Kathedrale erhoben und dort ein Bischofssitz erklärt war (1534), führte Francisco de Gouvea (1570) den von den über Batta eingefallenen Agag oder Giaguas (Jaga) vertriebenen König aus der Ilha bos Cavallos auf den Thron zurück. Zu Lopez' Zeit (1578) zahlten alle Sovas in Congo Tribut an Portugal, und Battel (1589) spricht von portugiesischen Feldzügen, die bis zur Provinz Ingombi ausgedehnt wurden.

Als der König von Congo, dem Correa da Sa für seine Beziehungen zu den Holländern Verzeihung gewährt (1648), den portugiesischen Handel auf's Neue belästigte, sandte der Gouverneur Martins de Sousa Chichorro ein Heer nach Bamba, und bei seiner Tributverweigerung (1665) wurde der König von Congo durch den Gouverneur André Vital de Negreiros mit einem Herr überzogen (1666). Das Land der Anziko wird im Jahre 1622 als Congo zinsbar genannt.

Als die Dynastie in Congo ausgestorben war (1689), ließ der König von Portugal durch den Gouverneur Loanda's den Conde de Sonho, den Marquez de Pembe und den Duque de Bamba zu Wahlherren bestimmen, um den Thron auf's Neue zu besetzen (1700). Nach Besiegung Gola Banbi's, der an der Stelle seines ermordeten Vaters Ginga=Banbi über Angola und die Ambundos herrscht, zwang der Gouverneur Luiz Menbes de Vasconcellos den König von Dongo sich als Vasall Portugals zu bekennen, und der Gouverneur Fernam de Souza schützte ihn (1627) gegen die Königin Ginga Donna Anna de Souza, die aus Matamba vertrieben

wurde. Pungo=an=Dongo (weſtlich von Matamba) iſt ein
Centralpunkt für die den Handel des Innern vermittelnden
Märkte. Der Abfall des Königs von Dongo (Rey das Pedras)
während der portugieſiſchen Kriege mit Congo wurde durch
Luiz Martins de Souzu Chichorro beſtraft (1653).

Ein allgemeiner Aufſtand brach mit dem Gouverneur
Francisco de Tavora aus nach der ſchweren Niederlage, in
der das ganze Heer des portugieſiſchen Generals (Joaõ Soares)
und ſeines Verbündeten (des Jaga Calanbula) durch den
Fürſten von Sonho (der ſeiner Beleidigungen der Miſſionäre
wegen geſtraft werden ſollte) zu Grunde ging (1670). Feita
a eleiçaõ de D. Pedro da familia dos Agua Rosada (1693),
ainda appareceram novas supplicas para Portugal, a que
el Rei deferui ordenando (1700), que se unissem o Conde
do Sonho, o Duque de Bamba, e o Marquez de Bemba
para a eleiçaõ de Rei do Congo (Monteiro).

Angola (Donga=Angola oder Ambonde) erhielt ſeinen
Namen, als das Königreich Dongo durch den Fürſten Angola
(Vaſall des Königs von Congo) erobert war. Das König=
reich Matamba wurde nach der Königin Ginga (Dona Anna
de Souſa) als Reino da Ginga (mit der Hauptſtadt Ma=
tamba) bezeichnet, öſtlich an den See Zembre, weſtlich an
Angola und die Giacas, nördlich an das Königreich Caſ=
ſanci (Caſſange), ſüdlich an das Königreich Matamaõ oder
Malemba (der Libolu) grenzend. Als Ngola (XVI. Jahrhdt.)
Angola von Congo abgeriſſen hatte, wurde von Ngola Bandi
auch Matamba (1625) unterworfen, wo ſich ſeine Schweſter

Zinga Banbi mit den Jaga vereinigte, aber nach Kriegen mit den Portugiesen diesen zeitweis huldigte (1660).

Der Coanza wurde zuerst durch Paul Diaz de Novaez befahren (1560), und für die Hülfe, die er dem König von Angola gegen den Sova Quiloango-Quiacango geleistet, erhielt er die Erlaubniß, die portugiesische Niederlassung von der Insel*) Loanda's (wo die Zimbos für Geld**) gewonnen werden) nach San Miguel zu versetzen (1574). Nach Unterwerfung des Sovas von Quissama (1583) dehnten die Portugiesen in Kriegen mit dem König von Angola ihre Besitzungen aus und fügten auch Benguela (sowie später Mossamedes***) hinzu, wo die Niederlage Antonio Lopez Peixoto's (1580) gerächt wurde. Das Fort Muxima wurde 1595 gebaut, in welchem Jahre mit den Franzosen um das Fort bei Pinda gestritten wurde, und Forjaz vertrieb (1606) die Holländer von dort. Die mit der Königin Zingha oder Ginga (Anna de Souza) geführten Kriege (seit 1627) dauerten auch unter der holländischen Besetzung Loanda's (1641) fort, und erst nachdem Salvador Correa de Sa e Benavides (1648) Loanda der Krone Portugals zurückgewonnen, wurde eine Unterthänigkeit erzwungen. Damals wurde auch die Insel

---

*) Der durch Francisco be Gouvéa aus der Pferde-Insel (im Zaire) nach Besiegung der Jagas auf den Thron zurückgeführte König in Congo (1570) cedirte die Küste von Pinda (am Zaire) bis zu Ilha be Loanda, und dies führte zum Abfall des Fürsten von Sonho.

**) Su moneda corriente se representa por pedazos de achatina (Navarro) der Bubies (1859).

***) Aus 29 Deutschen (an Bord des Kriegsschiffes Sabo) wurde (1857) die deutsche Colonie Krus in Mossamedes gestiftet.

Loanba, von der der König Congos den Tribut an Zimbos bezog, cedirt, und die Portugiesen dehnten ihre Besitzungen bis zum Loge aus. Die Angriffe der Engländer auf Benguela wurden (1658) durch Vieira zurückgewiesen. Die Besitzungen am Coanza befestigte Salbanha (1676), Guterres (Nachfolger Anna de Souza's) wurde 1680, der Dembo von Ambuila 1691, der Sova von Songo 1694, der Sova von Ganbo 1713, der Jaga Quiamballa 1717, die Königin Ginga 1758 besiegt. Englische Forts in Cabinde wurden (nach Xavier da Silva) von Semedo Maya (1723) zerstört. Cunha unterwarf die Sovas von Benguela (1757), Vasconcellos eroberte Pedra-Encoge (1758), Coutinho errichtete die Festung von Novo-Redonbo (1764).*)

---

*) Le Secrétaire d'Etat Martinho de Mello e Castro, dans une dépêche adressée au Gouverneur et Capitain général d'Angola le 20 Juin 1779, parle du port de Loango comme appartenant à la Couronne de Portugal, et dans cette même année, il ordonna, au Nom de la Reine Dona Maria I., à ce même Gouverneur, de rétablir l'ancienne domination sur la côte du Nord, en faisant construire dans le port de Quitungo (Ambriz), un autre à Cabinde, un autre sur le bord de Zaire et un autre à Molembo (Sa da Bandeira). Da in einer Modification dieses Erlasses (1782) nur Cabinde festgehalten wurde, begann (1783) Jannario do Valle den Bau einer dortigen Festung, die durch die Franzosen unter de Marigny (1789) zur Uebergabe gezwungen wurde, unter Vorbehalt der portugiesischen Rechte auf Cabinde und Molembo, die von den Engländern in dem 1820 abgeschlossenen Vertrage anerkannt wurden. Der Marquis von Mossul (zwischen Loge und Lifune) unterwarf sich nach seiner Rebellion (1790). Die portugiesische Besatzung von Ambriz (1791), durch welche die französischen Sklavenschiffe nach Malimbe vertrieben wurden, regte neue Verhandlungen an, in Folge deren den Franzosen die gleichzeitig von den Engländern (und Holländern) verlangten Handelsvortheile bewilligt wurden (s. Labarthe).

Als der englische Capitän Wilimot die Abschließung eines
Vertrags zur Unterdrückung des Sklavenhandels von dem
Fürsten in Cabinde\*) verlangte, sandte dieser nach Loanda
(1853), um zu erklären (nach Sa da Bonbeira), qu'eux et
leurs peuples ne reconnaissaient que la souveraineté de
la Couronne de Portugal, comme leurs ancêtres l'avaient
fait. Nach Valdez huldigte der König von Molembo (1854)
durch seinen Gesandten in Loanda dem Repräsentanten der
portugiesischen Krone. Bei der portugiesischen Besetzung
Ambriz's (1855) bestritten die Engländer (in Auslegung des
Vertrags von 1817) die Rechte auf Cabinde, Molembo und
Ambriz, bis sie für den letzten Platz (durch Bestimmung des
Logeflusses als Grenze) zugegeben wurde.

Die Entstehung des congesischen Reiches wird auf Flücht=
linge zurückgeführt, die sich (wie die Gründer Abbeokutas)
an einem Fels befestigten und dann erst in einen Räuber=,
dann einen Erobererstamm verwandelten, wie die Azteken in
den Schilfen ihres Sees, die Römer in den Niederungen der
Tiber und die Franken in salischen Sumpfländern. Im
Königreich Allada, das über die benachbarten (Whydah oder
Quibba und das von König Da gegründete Canna) eine
Oberherrlichkeit ausübte, bemächtigte sich, in einem Streit
unter den Söhnen des verstorbenen Königs, der jüngste der
Krone, während der älteste Bruder sich in Porto=Novo (bei
Babagri) niederließ und der andere in die Sümpfe Agbome's

---

\*) Em 1838 o Governo de Sua Magestade Fidelissima ordenou,
que se fundassem de novo presidios nos portos de Zaire, em Cabinda, Molembo e Ambriz (Santarem).

flüchtete, unter bem Schuß bes Königs von Canna, ber ihm
viele Concessionen machte, aber schließlich von seinem Vasallen
(als bessen Macht burch herbeiströmenbe Abenteurer zu=
genommen hatte) besiegt wurbe (um auf seinem Bauch ben
Palast\*) zu errichten); ber Eroberer besiegte bann seine

*) La hideuse statüe de Beelphégor, grossièrement façonnée
avec de l'argile, garde l'entrée de toutes les cases (en Dahomey).
Die Boa wirb (nachbem überfüttert) in Whybah in Procession getragen
(s. Lafitte). Le grand féticheur habite Agbomé et ne sort de cette
ville que dans quelques circonstances exceptionelles, et lorsque
l'armée entre en campagne, il se charge alors d'apaiser les esprits,
qui essayeraient de troubler les operations militaires. Avant l'at-
taque, il fait ses incantations sur un lieu élevé, choisi aussi loin
que possible du théâtre du combat, et ce n'est qu'après qu'il a
bravement hurlé, fait force grimaces et quelquefois versé du sang
humain, qu'il est loisible au roi de donner le signal de l'action
(Lafitte). Die an bie Karabari (mit bem Gott Tschukka ober Tschukko ber
Jbo) grenzenben Molko nennen Gott Abassi. The blue beads (hung to
the devils tree) are called Mdugu ga Mulungu (ghost - beads) in
East-Afrika (s. Burton). Die von Gefangenen ber Snakes gelernte
Verfertigung ber Perlen war ein Geheimniß Weniger unter ben Manban
unb Ricaras (nach Garrow), inbem zerstoßenes Glas verschiebener Farben
über cylinbrisch gebrehter Thonfüllung erhitzt wurbe (1817). Os Macondes
(neben ben Heiau) seguem o costume de fazer talhos e bordaduras
differentes pelo corpo (Porto). The tribes of Ashantee, Gaman,
Denkera and Akim were driven by the believer from their original
inheritances in the vicinity of the Kong Mountains to the forests
of Wangara (according to Dupuis). Inta or Ghunja (with the capital Salgha) and Dagumba (with the capital Yahndi) are allied
with Ashanti (s. Beecham). Osai Tutu verlegte (1700 p. d.) bie Restbenz
von Bela nach Kumassie. Die bis zum weißen Nil erstreckten Sklaven-
jagben ber Darfurer heißen Selehtoah (Browne). Der Name bes Ortes
Quifa-ngonbo (Cacuaco) wirb hergeleitet, weil bie Königin Ginga bort
Kupfer (ngonbo), ber Mujo-aprata weil Prata ober Silber (Calungnembo
in Ambunbo) verloren, cuyo nome tambem dizem provir della aqui

Bruber in Allaba unb unterwarf (um ben Handel ber Küste zu sichern) Whybah (Lafitte).

Der Umfang bes congesischen Reiches hat vielfach nach ben Glückszuständen gewechselt, unb Länder, bie sonst als Provinzen galten, werden bann wieder als unabhängige Staaten aufgeführt, so baß mancherlei streitige Ansprüche vorliegen. Bei Proyart heißt es: „Der König von Congo forbert bas Reich Racongo als eine seiner Provinzen, ber

---

perder uma cabacinha, por onde bebia agua, a que chamaō ca-lunguembo, sendo pequennna, e·lunguembo sendo de tamanho regular, nome (onde lhes desappareceu para depois surdir em Ganga amboa, hoje Pungo-andongo). Auf bem Wege von Lucata (im Lanbe ber Ganguella ober Mu-Ganguella) nach ber Hauptstabt bes Muata-Yambo zahlte Graça Geschenke besonbers in Quiengo, Cassango, Quiboco, Muen, Catenbe-Mucango, Quibuica, Challa, Matiambo. Lucas erklärt Bornu, (arabisch) Bernu ober Bernoa, als Lanb bes Noah, weil sich bie Arche auf ben bortigen Bergen festgesetzt. Der Muene Mtape (chief of Mtape) gilt als Häuptling bes Banyai-Stammes Bambire (s. Livingstone). Drei Mauren aus Surat (von Muscat stammenb) waren von Zanzibar in 6 Monaten nach Benguela gelangt, nachbem ihnen in ber Syrte von Cotango Neger bis nach Bihé gefolgt waren (1852), wobei bas Lanb bes Cazembe passirt war (s. Minutoli). Magyar reiste über Lobal zum Matnayambo. Als Gamitto auf bem (mit Tigerfell gesattelten) Esel in Lunba einzog, glaubten bie Einwohner einen Mensch mit sechs Beinen zu sehen. In Pungo-Anbongo werden Reitochsen gezüchtet. Der Ganba (Chipango) ober Mossumba (Palast) bes Cazembe liegt am Ostufer bes Mofo-Sees. Nach Fricke liegt bie Factorei ber Brüber Dias (60 Leguas) östlich vom Quango. Der Zaire ist Muila ukuango. In ber lingua be Mayomba, bei Stämmen bes Innern (besonbers ben Babongo), wurbe Mamba als Wort für Wasser gegeben. Die zur Erwerbung von Sklaven unternommenen Expeditionen hießen (in Murzuk) Ghrazzia ober Fellateah [Alemanas]. Der Begleiter bes Bischofs von Abulis (Moses) beschreibt (bei Pallabius) bie großköpfigen Besabae als zwerghaft. Die inbischen Zwerge hatten zwei Löcher statt ber Nase (Megasthenes).

König von Kacongo hingegen nennt sich niemals anders,
als Ma=Congo, König von Congo, statt daß er sich Ma=
Kacongo oder König von Kacongo nennen sollte, der einzige
Titel, der ihm zukommt, und den ihm Fremde geben". Auch
gegenwärtig spricht man noch von dem König von Kacongo*)
als Macongo, und als ich den Erzähler darauf aufmerksam
machte und ihn fragte, wie er denn den König von Congo
unterscheiden könne, bezeichnete er diesen als Eni = Congo,
wie bei Tuckey von Lindy oder Blindy N'Congo ge=
sprochen wird.

Oldendorp giebt dem König von Loango den Titel
Areffan=Congo und nennt als seine Vasallen zwei Könige,
Maluango und Macongo, von denen der letztere dem ersteren
ein Mädchen zum Tribut geben müsse. Das Königreich
N'Goio (sagt Proyart) giebt seine Abhängigkeit von Loango
dadurch zu erkennen, daß es dem König eine Prinzessin von
Geblüt schenkt, die zwar die erste seiner Gemahlinnen wird,
aber sonst keine der Rechte der übrigen Prinzessinnen erhält.
In Kakongo herrschte damals der König Pukuta. Ende des
VIII. Jahrhdt. wurde die Empörung des Ma=nbuku (Mam=
buk) in N'Goio durch die Grafen von Sonho unterstützt.
Die Länder des Dembo Ambuila durchziehend, besiegte der

---

*) Das Präfixum Ca ist verkleinernd, Che vergrößernd (Ca=Pire,
kleiner Berg, Che Pire, großer Berg) in der Sprache der Maraver (s.
Peters). The preposition ca is an augmentative and not a diminutive, as Bowdich terms it, for instance: Ca-Banza (large peoples
place or capital), Ca Congo (the great Congo) Ca Conda (large
family) etc. (Balbez).

Gouverneur André Vibal be Negreiros (1660) ben König von Congo, deſſen abgeſchlagenes Haupt auf einer Lanze umhergetragen wurde.

Barros ſagt von Cap Santa Catharina que foi a derradeira terra que se descobrio no tempo del rei D. Affonso, und dies wird in ben von Fernaõ Gomez, ber (nach ber 1469 abgeſchloſſenen Pacht) im Jahre 1471 ben Goldhandel zu Mina (Quas=Partes) eröffnete, entdeckten Küſtenſtrich eingeſchloſſen. Santarem ſetzt bagegen bie Ent= beckung bes Cap S. Catharina burch Joaõ be Sequeira (nach Duarte Pacheco=Perreira) bereits in bas Jahr 1464 (eine von Caſtilho für 1471 berichtigte Angabe), und läßt bann nach Alvaro Martin's Entdeckungen bie bes „Golfo bo Inbio" (Jnbian point bei Loango, bem Lanbe ber Bramas) und bes „Çabo bas Palmas" folgen. Diogo Caõ, ber zuerſt (nachbem Joaõ II. bie Feſtung S. Jorge ba Mina 1482 hatte erbauen laſſen) mit Aufſetzung ſteinerner (ſtatt hölzerner) Pfeiler betraut war, berührte bie Vorgebirge Lopez Gonſalvez und St. Catharina, ſcheint bann aber von ber rückweichenben Küſte in's Meer geſteuert und erſt burch bie Entfärbung bes Waſſers bem Lanbe an ber Mündung bes Zaire (Rio bo Manicongo) wieber zugeführt zu ſein. Daß er bann noch ſeinen ſüblichen Pfeiler aufgeſetzt und bei ber Rückkehr nach Liſſabon bie Geißeln vorher in Congo aus= getauſcht, wird aus Behaim's Legenden geſchloſſen (ſ. Peſchel). Die wegen bes Raumes nach unten gerückte Legenbe ſpricht inbeß von ben Säulen im Plural, und kann beßhalb mit bem nur einmal gegebenen Datum eben ſo wohl bie obere am Zaire,

wie die am Cap Negro*), die beide abgezeichnet stehen,
meinen.

Nach Jarric's Darstellung kehrte Diego Cam mit den
4 Geißeln nach Lissabon zurück, wo ihm der König Auftrag
giebt, bei seiner Rückkehr die Entdeckungen über Congo hinaus
auszudehnen. Bei seiner Ankunft dort wird Einer der Geißeln
an den König von Congo abgesendet, die Uebergabe der Por=
tugiesen zu erbitten und den Besuch Cam's bei seiner Wieder=
kehr vom Süden anzuzeigen. Die schnelle Antwort, die
hierauf anlangte, läßt die Auswechselung der Geißeln sogleich
geschehen, dann aber setzt Cam seine Fahrt vorher fort (à
fin de ne perdre la saison propre), und erst bei seinem
zweiten (oder vielmehr dritten) Einlaufen in den Zaire
findet die Audienz statt. Hier wurden gesetzt die Säulen
des Königs von Portugal A. Domini 1485 den 18. Januar
(als Legende auf Behaim's Globus). Aperuere igitur sua
industria alium orbem (Schedel), wie nach Westen über die
Azoren, wo in einer Höhle Bilder von Schlangen und
hieroglyphischen Zeichen gefunden sein sollten (nach Thevet).
La Promontoire de Bonne-Esperance est nommé des
Arabes Tagazza et des Ethiopiens Lard-zetha, c'est-à-dire
terre froide (1575). Nach Barros errichtete Cam die Säule
an der Südseite des Rio do Padrao (na boca do qual da
parte do Sul), dann fuhr er den Fluß aufwärts.

---

*) No Cabo Negro ainda existe o Padrão, que alli foi collo-
cado por Diogo Cam (f. Norberto) 1857 (an der Bahia de Pinda).
La troisième colonne (de Dom João II.) erigée par Cam en 1485
s'élevait sur l'extrémité du cap Negro (Castilho).

Im Lande der Bramas (an der Loango-Küste) findet sich auf frühester Karte der „Golfo be Judeos"*) (bei ben später schwarzen Juden), wie sonst Brahmanen und Abraha=miten zusammengestellt werden. Nach Apollonius von Thyana fanden sich (indische) Gymnosophisten auch in Aethiopien. Wie die Maravi sind bie Dembo, Jaga, Milua, Fumos von Titeln benannte Stämme (s. Cooley).

Nach J. Herber sollten sich im Kenbe ober Pombo von Olango (östlich von Batta) am Zaire weiße Menschen mit langen Haaren finden. Am Liba=See, auf dessen Insel Soliman=ban=Bigli (der dicke König Baghirmi's) begraben**)

---

*) Auf Behaim's Globus findet sich der Golfo be Judeo nörblich vom Rio be Patron. The Brahmans are called Bamhans in Bengal. Als der jübische Großhändler, Joseph Rabban, von bem Perumal Bhaslara Navi Warma als Reichsvasall und Repräsentant seiner Nation naturalisirt wurde (200 p. d.), nahm bie Klasse der schwarzen Juden ihren Anfang, indem der jübische Emir seine Unterthanen aus den niederen Kasten zur Beschneidung vermochte (s. Jrion). Die Tarsas (nestorianische Christen in Malabar) unterscheiden bie schwärzere Norbparthei (um Kobungalur) unb bie eblere Sübparthei (um Kottajam), indem der heilige Thomas von einer bekehrten Sklavin und einer getauften Negerin Kinder hinterließ.

**) Les Mores du Cap de Verd, portent tel honneur aux se-pultures des Géans, que pour rien ne voudraient les desmolir (Thevet). Sinnb groß leutt gleich wenn Jr einer hat vier unser man starck (auf der Insula Zanziber), mit grosen langen oren, weiten mundern, gros erschreckliche augen, hanb zu viermalen grosser benn anber leut hanb (Behaim). Als man Zelt nach Christi Gepurt 734 Jor als ganz Hispania von ben Heiden aus Affrica gewonen wurbt, ba wurbt bewont bie ob-geschriebene Insula antilia, genannt Septe ribate (cibade), von einem Erzbischoff von Porto Portigal, mit sechs anbern Bischoffen und anbern cristen man unb frawen bj zu schiff von Hispania bar geflohen kommen mit Jrem vich hab und gut. anno 1414 ist ein Schiff aus Hispania ungefert barbei geweft am negsten (auf Behaim's Globus). Der von ben

sein soll, leben die zwerghaften Kenkob oder (am Riba=Fluß) Betsan (s. Koelle), sowie im Westen des Sees Kosi=Dabo die Mala=Gitagé, als Zwerge rother Farbe mit langen Haaren (s. d'Escayrac).

Die Congo=ria=mulazza (oder Namalas) im Osten Batta's waren diesem unterworfen. Cooley erklärt Anzico als Butu a nzi co oder Fremder von nzi (Land) und co (negativ). Die Metiker erstreckten sich vom Quango bis Cofange. Nach Pereira war das Land des Cazembe*) von seinem Vater (o rei bo Moroposa) unterworfen. Macqueen setzt den Mu= ropue nördlich vom Muata Yamvo. Neben dem Erbadel**) (Abkömmlinge der königlichen Familie), der sich mit den Truppen der Elephantensöhne umgiebt, besteht in Bihe noch ein Verdienstadel, aus den Ortsvorstehern gebildet (nach Magyar). In der Stadt Kombala=an=Bailundo steigt man

***

(bei Aristoteles) ἀντίπορθμοι (der Meerenge gegenüber) genannte Insel (antinsulae) erklärte Name Antilia wird durch Buache von Al=Tinnin (al tin oder Drache) oder Schlangen-Inseln der Araber hergeleitet (in Portugal). Die Nyam-Nyam werden durch einen Fluß von einem Land von Frauen geschieden, die sich zeitweis mit ihnen im Flusse mischen (s. Spete) [Scythen und Amazonen]. Para os comer matam os velhos (os Ganguelas).

*) Do Duque de Bragança para o Norte seguem terras de Hoholo, e logo os Moluas, que já deram provas de querer o nosso trato, além déstes segue o Cazembe seu tributario, e logo estão os nossos alliados da fronteira do Rio de Sena, schreibt (1839) Noronha.

**) Nur der älteste Sohn des Tuitonga folgte als Tuitonga, die übrigen wurden den Egi gleichgestellt, und auch unter diesen traten mit Ausnahme des Aeltesten (als Egi) die Uebrigen in die Matabule zurück (wie in englischer Aristokratie).

von Gaſſe zu Gaſſe im Zickzack auf ſteinernen Stufen hinauf
(Magyar), wie in Bonny labyrinthiſche Eingänge zur Ver=
theidigung dienen.

Am Hofe der Zingha*) wurden (nach Cavazzi) die Jaga=
Fürſten, Kaſa, Caſſange, Chinda, Calenda und Ngolambandi
göttlich verehrt, beſonders der letztere, Bruder der Königin,
die ſein Skelett in einem Sarge mitführen ließ, und wenn
ſie von ihm in Inſpiration ergriffen war, ihre Ausſagen
durch die Scingelli deuten ließ. Durch die Weiſſagungen
dieſer Dämone wurde ſie dann, nach ihrem Abfall, zur Rück=
kehr zum Chriſtenthum bewogen, während Anweſenheit der
Miſſionäre, und Labarthe ſpricht ſeine Verwunderung aus,
wie ſo der Teufel gegen ſich ſelbſt habe reden können. In
männlicher Tracht erſcheinend, kleidete ſie ihre Beiſchläfer
(Cibados) in weibliche (ſ. Dapper), auf dem Felſen Mao=
pongo reſidirend (des Königs von Dongo). Bei den Thlin=
kiten werden Shopans (männliche Beiſchläfer in weiblicher
Tracht) von den Männern gehalten. Nach Kriegen mit Gola=
Bandi, Sohn des Ginga=Bandi (octavo Rey dos Ambundos
ou de Angola) beſiegte Vasconcellos (1617) den Rey bo
Dongo (ſ. Torres). Als der Sova Angola, bem (1560)
ſein Sohn Dambi folgte, ſich in Dongo (Angola) von Kongo
unabhängig gemacht, nahm er den Titel Jneve an.

Von Caſſange gelangt man jenſeits des Quango in

---

*) Die Länder der Ginga oder Zingha nähern ſich durch die Balonba
den vermeintlichen Amazonen Afrikas, wie die Amerikas an das Reich der
Cara herantreten. Paccha folgte ihrem Vater Hualcopo (der die Armee
der Inca beſiegt hatte) in Quito (ſ. Bollaert).

das Gebiet des Soba Capenda=Camulemba (capitaõ-mor. dos portos do Quango) in Chinge, e desde a libata do Capenda até à do Soba Manzaza ha seis dias de marcha (an der Grenze des Muata=Hianvo), von dessen Libata aus die Banja von Lunda in 45 Tagen erreicht wird (1854). Am Dembos = Abhange (wo sich Verkehr mit den Moxi= congos [*]) findet) wird (wie sonst) beweglicher Sand be= schrieben. Im Lande der Bimberi kamen die Furauys an

---

[*]) De Loanda vienen de ordinario estas castas: Angolas, Congos o Monicongos, que es lo mesmo Angicos (f. Sandoval). Los Angicos tienen entre ceja y ceja une señal algo levantada y pintada (1617), wie die (indische) Tilaka (unter den Sklaven Brasiliens). Die bei den Supercalien vorgeführten Jünglinge mußten lachen, nachdem ihnen mit blutigem Messer die Stirn berührt war (im Gentilcult). Der König von Loango (dessen Hauptstadt „sou in grootte da Stad Amsterdam niet wijcken") hatte „twe bysondere Huysen", eins zum Essen und eins zum Trinken (de Bries) 1682. Acosta hörte in Chuquisaca, daß los Indios profesaban adorar a Tanga tanga, que era un Idolo, que decian, que en uno eran tres y en tres uno (in Peru) [Tangaloa]. Quand le temps du commerce était venu, les genies et les demons ne paraissaient pas, mais ils mettaient en avant des chose précieuses (f. Fahian) im stummen Handel der Eingeborenen Ceylons (bei Matuanlin). Im Handel der Ceylonesen mit den Serae wurden die Waaren am Fluß= ufer niedergelegt (nach Rachias). Nach Sopater hieß Taprobane (bei den Indiern) Sielebiba (Serendiva oder Serendib) von Sinhala oder Löwe [Serae-dwipa oder Land der Seres]. Wanting an iron tool or a lance, the Veddah (of Ceylon) places in the night before the door of a smith some money or game together with a model of what he requires. In a day or two he returns and finds the instrument he has demanded (Joinville). Die Athener bauten eine Capelle für Aeacus und verehrten ihn dort für 30 Jahre mit unter= brochenen Opfern, so daß beim Ausbruch des Krieges Aegina unterlag, und ebenso rief Solon vor dem Kriege die beschützenden Heroen Megara's nach Athen.

eine Stelle, wo der Boden über dem Wasser kochte und ausſprudelte, weshalb ſie die Stelle Bahr-el-Arbha (Waſſer-ſtrom der Erde) nannten (Barth).

„Es ſcheinet außer Zweifel zu ſein, daß in Erfindung des Weges nach Oſtindien um das Vorgebirge bonae spei und in Entdeckung des vierten Welttheils der einzige Zweck göttlicher Vorſichtigkeit die Ausbreitung des chriſtlichen Glau-bens und das ewige Heil ſo vieler gegen Auf- und Nieder-gang gelegenen Heyden geweſen ſei. Denn im Uebrigen, wie die heilige Thereſia zu ſagen pflegte, hat dieſe Erfind- und Entdeckung Europa und den Europäern mehr Schaden ge-bracht, als Nutzen" (Baegert). Jedenfalls aber den Vortheil, daß ſich hochgelehrten Biſchöfen erſt aus den Kreuzfragen der Neger-Katechumenen ein richtigeres Verſtändniß für Bibelerklärungen geöffnet hat. Gegen die Beglückungen des Feuerwaſſers proteſtirten ſchon im vorigen Jahrhundert Häuptlinge der Irokeſen*) eben ſo vergeblich, wie der Kaiſer China's gegen Einführung des Opium. Die Verzerrungen einer durch Unverſtand (wenn nicht des Lehrers oder des Schülers, des Gegenſtandes ſelbſt) mißverſtändlich aufge-faßten Lehre haben zu jenen Gräueln geführt, wie ſie ſich bei der heidniſch-chriſtlichen Secte der Maori oder auf anderen Inſeln Polyneſiens, ſowie bei chineſiſchen Taipings oder ſonſt kundgaben, und Miſchungen des einheimiſchen Glaubens (oder Aberglaubens) mit den miſſionariſchen kom-

---

*) On all occasions and at whatever peril, the Iroquois spoke the truth without fear and without hesitation (Morgan). Und Aehnliches rühmt Mungo Park von Senegambien.

men, wie bei den Mufforonghi, auch bei anderen Stämmen *)
vor. Mehrfach tritt ein balb vaterlos balb mutterlos ge-
borener **) Sohn auf, wie bei den Californiern, auf den
Carolinen und anderswo. Die Comiçahual (Tiger) genannte Frau (que era blanca, como Castellana, y era
muy sabia en el Arte Magica) kam nach Cerquin (in
Honduras) und führte (durch den Stein von Cealcoquin)
siegreiche Kriege, nach dem Verschwinden (als herabkommen-
der Vogel [Jrokesen]), das Land unter ihre ohne Gemahl
geborenen Söhne theilend (Torquemada).

Wesley's Aufforderung zur Taufe erwiederte der indi-

---

*) According to the (formerly christianized) Gallas (f. Bele),
Maremma (the Virgin Mary) is the creator of all, her son (at whose
command heaven and earth all passaway) is called Balawold (the
festival of the Son in Ethiopic). Sanbata and Kedami, meaning
the sabbath and the day preceding, are also great gods (and Se-
lassi or the Trinity). En el cerro donde esta Nuestra Señora de
Guadelupe adoraban un idolo de una diosa que llamaban Tonantzin,
que es nuestra madre y este mismo nombre dan a Nuestra Señora
(f. Pimentel). Der fastende Knabe Tlacatetpochtli des Bultans wird mit
Johannes Baptista identificirt. In Congo wird die Form N'Gubi mit
bem Abjectiv (heilige Mutter oder N'Gubiauquiffi), die Form N'Gua mit
bem Possessivpronom (meine Mutter oder N'Guame) verbunden (f. Brus-
ciotto).

**) Der Seneca-Sachem Gä-ne-o-bi-yo († 1818) empfing seine Mission
als Apostel der neuen Religion, als er auf einem Krankenlager durch drei
Abgesandte des Großen Geistes mit dem von jedem derselben gebrachten
Kraut geheilt und dann durch Hölle und Himmel geführt war (worauf er
Enthaltung vom Feuerwasser predigte, Ehret die Eltern u. s. w.). Auch
die Statue Edessa's führte ein Kraut in der Hand, das der neugeborene Buddha mit zur Welt brachte. The Marabut (in Tripolis)
called for drink and immediately broke the vessel he drank out
of (it becoming to sanctified by his touch) 1785 (Tully) [Tabu].

nische Häuptling Tomo Chichi, daß die Missionäre der Fran=
zosen und Spanier im entgegengesetzten Sinne redeten, und
(wie in Neu=England) wollten sich die Indianer Georgiens
nur dann zur Bekehrung verstehen, wenn ihnen die Eng=
länder bewiesen, daß sie durch ihre Religion besser geworden.
Die Congesen hatten so viele handgreifliche Beweise gött=
licher Eingriffe*), daß man bei Negern einen stärkeren
Glauben hätte vermuthen sollen.

Bei der Auferstehung werden Brigham Young's Frauen
ihm auf's Neue vermählt werden, their family relations
with the Prophet will be renewed and they will beget
millions and myriads of „spirits". Dann genugsam fortge=
schritten „in the knowledge of the gods", hat er Macht über
die Elemente erlangt und beschließt Welten zu schaffen, die im
Laufe der Zeit verschönert und vervollkommt werden (aus der
globular form, in der sich die Elemente zuerst zusammenballten).
Then Brigham says tho his favourite wife: „Let us go down
and inhabit this new home" and they do so. And in
this way some future Moses will call them Adam and
Eve. Nach dem Fall**) durch die „old serpent" or a mon-

---

*) E depois de acabada a vitoria soubemos dos que da peleja
escaparam sem desvairo algum, que a causa de sua fugida fora,
quando chamamos o apostolo S. Thiago, ser deles todos visto, e
uma cruz branca no meio, e grande numero de gente a cavallo
armada, a qual lhes pozera tão grande espanto, que nam poderam
mais soffrer, senaõ metter-se logo em fugida im Briefwechsel der con-
gefischen und portugiesischen Kriege (1512).

**) The prophet Nephi conveys the idea·that everything would
have remained „stationary", had Eve not partaken of the forbidden

key, as some may have, bei der Rückkehr zu seiner himm=
lischen Heimath, Brigham (the painter and glacier) in his
progressive life, has become a „god" and is the „Being",
whom all the children born on his created world should
worship. This is his logic in giving now to the Latter-
day Saints the man Adam of the garden of Eden for
their deity (s. Stenhouse), im Gedankengang der Buddhisten
(unter Anschluß an den „Ersten Menschen" der Indianer).

Die päpstlichen Conceptionszettel, worüber Gebete zu
sprechen, waren von gebärenden Frauen zu verschlingen
und brachte sie dann das Kind mit auf die Welt. „Wenn
solche Zettel in einen Blechel verlöthet, gelegt werden in
den vier Ecken eines Gartens oder Ackers, so können nicht
schaden die bezauberten Ungewitter und Ungeziefer." Außer=
dem werden Gotteslämmer (gegen Zauberei und allerlei
Unglück), Marienmedaillen, Schweißtüchlein, geweihte Bil=
der u. s. w. getragen (s. Rokoff). Von den Reliquien fand
sich eine Thräne Christi und sein Präputium in Lüttich,
ein Theil des Loches, worin auf Golgatha das Kreuz gesteckt,
in Gladstone, Milch der heiligen Jungfrau in Laon, Fleisch
vom Körper des Apostel Paulus in Halberstadt u. s. w.
Die heilige Juliana knebelte den Teufel, der zu ihr kam,
und band ihm die Hände auf den Rücken, wogegen die

---

fruit, and there would have been no one born. Quando se ha
de casar alguna donzella entres los Cafres (que habitan el Rio de
Quizungo) se sale la moza fuera de la poblacion en que vive, y
se va a los campos por espacio de un mes, donde ande en destierro
llorando y lamentando la virginidad que ha de perder (Sanboval).

heilige Veronica vom Teufel braun und blau geschlagen
wurde. Wie St. Germanus einst heiliges Oel in die to=
benden Fluthen des Meeres gegossen hatte, um sie zu stillen,
so warf Columba (nach der Rückreise nach Hy) von der
Graberde des heiligen Ciaran in die Wellen des Meeres,
und siehe, der Sturm des Windes und die Bewegung der
Wogen ließen nach (f. Greith).

Jbn=Chazm, Vezier Abberrachman's V., sagt von den
Christen, zu denen auch seine spanischen Vorfahren gehört
hatten, daß es bei ihnen Gelehrsamkeit und Scharfsinn genug
gebe, daß sie aber nichtsdestoweniger glaubten, Eins sei Drei
und Drei sei Eins, daß der Eine von den Dreien der Vater
sei, der Andere der Sohn, der Dritte der Geist, daß der
Vater der Sohn sei und nicht der Sohn sei, daß ein Mensch
Gott sei und daß er nicht Gott sei, daß der Messias in
jedem Punkte Gott sei und daß er doch nicht derselbe sei,
wie Gott, daß endlich der Ewige geschaffen worden sei. Die
Secte der Jacobiten glaube sogar, daß der Schöpfer ge=
peitscht, geohrfeigt, gekreuzigt und bis zum Tode geführt
sei, daß das Weltall während dreier Tage dessen beraubt
gewesen sei, der es regiert (f. Dozy). Unter Constantin Pogo=
natus (VIII. Jahrhdt.) forderte die byzantinische Armee einen
Kaiser in drei Personen, um der himmlischen Treieinigkeit
eine von einem Willen beseelte Dreikaiser=Trinität, als ir=
dische, entgegen zu stellen (f. Fallmerayer). In Rom stand
noch später der Stuhl des Gott Sterces (f. August.) oder
Stercutius, der Genosse des Deus Crepitus (bei Voltaire).
Bei Hochzeiten (der Kurumber) wird Braut und Bräutigam

von Frauen vorgesungen: „Amma, gieb Wind, gieb Wind, gieb dem armen Bauche Wind", und meint Graul, daß dabei vielleicht blähende Sachen gegessen werden könnten. Nach Hermann Hamelmann sind die Teufel Geister gleich dem Wind. Ihre Zahl wird von Borrhaus auf 2,665,866,746,664 berechnet. So viel Fetische haben kaum Raum im beschränkten Gehirn des Negers, das nur so weit zählt, als sich die Zahl versteht, und die Mühe des Phantasirens scheut.

Das böse Princip ist (nach Martensen) „das Kosmische Princip", sofern dasselbe seinen creatürlichen Charakter verleugnet und in falscher Selbstständigkeit dem heiligen Weltprincip oder dem Sohne Gottes entgegensteht, als $\acute{o}$ $\tau o\~{v}$ $\varkappa o\sigma\mu o\~{v}$ $\check{a}\varrho\chi\omega\nu$ und $\acute{o}$ $\check{a}\varrho\chi\omega\nu$ $\tau o\~{v}$ $\varkappa o\sigma\mu o\nu$ ($\acute{o}$ $\delta\varrho\acute{a}\varkappa\omega\nu$ $\acute{o}$ $\mu\varepsilon\gamma\alpha\varsigma$), der im siebenten Himmel thronende Herr der Sinnenwelt, Mara der Buddhisten (die Schlange des rauchigen Hauses). Der Teufel wolt gern alles unglück anrichten, wie wir täglich sehen und erfahren, daß mancher ein Bein bricht auff ebener Erden, mancher fallet ein Treppen oder Stigen ab, daß er selbs nicht weiß, wie ihm geschehen ist (Luther). Nach Abt Röchalmus suchen die Teufel (nach der Communion) Erbrechen zu erregen (und ist dann, wenn nicht ein Fischteich in der Nähe ist, in ein Gefäß oder in das Gewand zu speien), andere erzeugen Blähungen, machen heiser, stechen wie ein Floh, zucken am Kopf u. s. w. (1270 p. d.). Gegen Flöhbisse wird das Zeichen des Kreuzes empfohlen und Salz, wenn der Teufel den Appetit wegnehme. Als eine Fliege, obwohl durch die Hand abgewehrt, wiederholt den Becher (seines Mahles) zu verunreinigen suchte,

machte der Presbyter Pannichias (der den bösen Feind er=
kannt) das Zeichen des Kreuzes, worauf der flüssige Inhalt
wie eine Woge aufstieg und sich rings ergoß (nach Greg. Tur.).

Als der höchste Würdenträger des wegen seines Handels
mit den Engländern („qui mettent dans leur manière de
négocier plus de facilité, de générosité et de bonne foi"
als die Portugiesen, und vielleicht eben deshalb) excommu=
nicirten Grafen von Sogno in Uebereilung ausrief: Que
voulez-vous donc dire avec vos distinctions continuelles
d'héretiques et de catholiques? Ne sommes-nous pas tous
chrétiens, gab Vater Felicien *) „un soufflet au temeraire
que osoit proférer un pareil blasphême" (s. Delaporte).
Dieser heilige Vater hatte einen Kampf mit einer Hexe, gegen
welche es, wie er gesteht, seines ganzen „Muthes" bedurfte.
D'une main je pris mon crucifix, et de l'autre mon ro-
saire, que j'agitois dans un sens contraire à tous les

---

\*) In den Briefen an „Madame" erzählt Vater Felicien: Lorsque
je trouvois des cordes magiques sur les enfans, qu'on présentait au
baptême, j'obligeois les mères de se mettre à genoux et leur fai-
sois donner le fouet, jusqu'à ce qu'elles essent reconnu leur erreur.
Une femme que j'avais condamné à ce châtiment, s'écria sous les
coups, „pardon, père, pour l'amour du dieu. J'ai ôté trois de ces
cordes en venant de l'église, c'est par oubli que j'ai laissé la
quatrième" (1753). Era tenido por principal medicina: echar el
pecado de sua nima para la salud del cuerpo (bei der Beichte) in
Mexico (s. Menbieta). Den bekehrten Christen wurde das durch die den
Ablaß ermöglichenden Redemtiones und Commutationes erleichtert, um
sie zu gente de razon zu vervollkommnen. Dans le baptême ortho-
doxe le prêtre souffle sur les trois objets possédés par le diable,
l'eau, l'huile, l'enfant (s. Bézoles), während bei den Azteken die Hebamme
den Bösen durch Waschen der Glieder austrieb.

mouvemens, que je voyois pratiquer à la vieille. Elle
en fit de si extraordinaires, que j'eu recours aux exor-
cismes de l'église (unter gefpannter Erwartung zahlreicher
Zuſchauer). Enfin me recommandant à dieu avec toute
la ferveur dont j'étais capable, je soufflai doucement du
côté, où était mon ennemie et après avoir prononcé les
premiers mots de l'évangile de St. Jean, je donnai ordre
à cette femme de se retirer. Elle se leva aussitôt, fit
trois sauts, poussa autant de hurlements et disparut en
un clin d'oeil (1753). Der oben Geohrfeigte mußte dann
nachher noch, obwohl er eigentlich meinte, ſeinerſeits der
Beleidigte zu ſein, demüthige Abbitte thun, unter Fußkuß des
Vaters, und ſchließlich erhielt auch der Graf Verzeihung, indem
er ſich im flehentlichen Aufzug in der Kirche barzuſtellen hatte,
ſo daß man glauben konnte, die glänzendſten Zeiten der
Kirche zurückkehren zu ſehen, „le grand Théodose aux pieds
de l'archeveque de Milan".

Daß troß der zahlreich herbeiſtrömenden Miſſionäre
Viele an dem alten Glauben feſthielten, ergiebt ſich, wenn
man bei ben in allgemeinen Wendungen ganz Congo als
bekehrt barſtellenden Berichten auf Einzelnheiten eingeht, und
auch aus Guinea erzählt Bosman die (an die frieſiſche er=
innernde) Antwort eines Negers (als ein Auguſtiner-Mönch
ben Heiden mit der Hölle und ewigem Feuer gebroht):
„Es haben unſere Väter, Groß= und Aeltervätter ebenſo ge=
lebet, wie wir anißo leben und haben ihren Göttern ebenſo
gebienet, wie wir noch heutiges Tages gewohnet ſeyenb.
Müſſen nun jene barum brennen, was Raths? wir ſeyenb

nicht beſſer als unſer Vorfahren und begehren dahero auch nichts beſſers." Der isländiſche Häuptling Sibhu=Hallr ver=ſtand ſich erſt dann zur Taufe durch Dankbrand, nachdem er an ein paar alten Weibern den Verſuch hatte machen laſſen, ob der Empfang der Taufe wirklich unſchädlich ſei (ſ. Maurer). Um die Gefahr zu vermeiden, zwiſchen zwei Gebeten vom Teufel geholt zu werden, erfand Johann Sprenger (Verfaſſer des Hexenhammer) den Roſenkranz, eine Schnur von Ave=Maria und Paternoſter (Kolloff).

Mit Abtrennung der weltlichen Macht vom Königthum\*) begannen ſich die prieſterlichen Functionen den ärztlichen zu nähern, im Kampf gegen den Böſen, der nicht nur der Seele, ſondern früher auch den Körper zu ſchädigen vermochte.

Mondhir III., König von China, fragte die chriſtlichen Biſchöfe, wie, wenn der Erzengel Michael nicht ſterben könne, weil nach ihrer Ausſage die Engel unſterblich ſeien, Gott\*\*)

---

\*) Die Könige (Archonten oder Prytanen) waren mit der Hut des heiligen Feuers betraut (nach Ariſtoteles), und in Rom trennte erſt Numa-die prieſterliche Würde ab (ſ. Barker). In Rom durfte das (am 1. März) in allen Häuſern verlöſchte Feuer nicht mit Stein und Stahl wieder an-gezündet werden, ſondern entweder von der Sonne aus oder durch Reiben zweier Hölzer. Quando llega el embaxador a casa de algun prin-cipe o señor, matan todo el fuego que ay, y ninguno le puede encender hasta que el mismo embaxador le enciende, y deste llevan a sus casas todos los vasallos y el que no lo haze assi, es tenido por traydor (in Imperio de Manomotapa) 1617 (Sandoval).

\*\*) On compte une douzaine de prépuces à Jesus Christ (de Coulombs, Charroux, Hildesheim, Rome, Antwerpen, Puy-en-Velai, Paris etc.). Les nombrils de Dieu étaient tout aussi multipliés (au lieu de S. nombril de dieu à Chalons), dans l'église collégiale de Notre-dame-de-Vaux, on trouva trois grain de sable (1707).

selbst den Tod erlitten haben solle (513 p. d.). Auf Anlaß
des Kaisers von Japan vertrieb der König von Cambodia
die Missionäre (s. Roth) 1664 p. d. Philo wirft den Heiden

---

Ce n'est guère que depuis le XII et le XIII siècles que le mode
d'aspersion est devenu général (s. Clément), les églises orientales
exigeant l'immersion (de la tête au moins). In Island taufte man
die das kalte Wasser Fürchtenden in warmen Quellen (s. Maurer).
Degno e encora di sapere, come la cola d'une di quei duo animali, in questo atto adoperati d'el signore senza arte humana
incorreptibile si conserva hoggi di in Genoa presso mei padri di
san dominico, facendo pia remembrenza d'ell humilita, c'hebbe il
figliolo di dio per noi in questa intrata (Jeaninus e Capugnano) 1736.
Jungfrau Agnes Blannbekin (in Wien) sah hinter dem Rücken ihres Beicht-
vaters zwei Teufel, die sich frohlockend zunickten, weil sie dem Religiösen
Angst gemacht (zur Zeit Rudolf's von Habsburg). Innumeri culices hanc
anachoreticam cellulam intrabant, nec tamen vel unus fuit, qui
eam morderet aut attingeret, da sich Rosa von Lima mit Christus
am Palmsonntag vermählt hatte (s. Günberobe). Dans une église d'Aix
(en Provence) on voit sur une tableau du XVI siècle (représentant
l'Annonciation) un petit être humain, tout nu, descendant du ciel
sur un rayon lumineux, qui vient toucher Marie. C'est l'enfant
Jesus, enfant en miniature (Dibron). Le démon Putiphar agitant
la soeur du Saint Sacrement, la fit monter d'une grand impetuo-
sité sur un mûrier (à Louviers). Beim evangelischen Bericht, „daß
Jesus nach seiner Taufe im Jordan durch den ihn erfüllenden heiligen Geist
in die Wüste geführt sei, in der Absicht, daß (ïva) er vom Teufel versucht
würde," wird (bei Köster) gegen die Einwendung gewarnt: „es gebe
keinen Berg, von welchem aus alle Reiche der Welt zu überschauen
wären", da für die Aussicht auf Universalherrschaft die Phantasie genüge
(während Sibbartha das Recht von Geburt ererbt hatte). Obwohl der
Leib und das Fleisch des Herrn wahrhaft Fleisch und Blut sei, bekämpft
Hrabanus die Ansicht des Paschasius, daß nach der Consecration das
Fleisch und Blut Jesu Christi, auf Altären wahrhaft gegenwärtig, eben
das Fleisch sei, welches von der Jungfrau Maria geboren, am Kreuze
gelitten und auferstanden (s. Kunstmann). Augustin preist die „selige
Schuld, durch welche wir einen solchen Erlöser bekommen sollten". Est

vor, die Engel als Götter verehrt zu haben, und im Bud=
dhismus werden die Götter. der Brahmanen zu engelartigen
Halbgöttern degradirt.

Die Bewohner Annoboms verkaufen freudig ihre Kinder
en cambio de una galleta, haben indeß cinco inglesias,
cuyos santos y adornos son indescriptibles (Navarro). Nach
Gregor von Tours steckte St. Gallus heimlich die Tempel
Cölns an, wo die Heiden (neben Kostbarkeiten) die hölzernen
Nachbildungen leidender Glieder aufgestellt hatten, und so
vielfach die Missionäre in Kongo, die mit Abläffen *) reichlich
versehen waren.

---

indulgentia remissio poenae temporalis adhuc post absolutionem
sacramentalem peccatis debitae, in foro interno coram Deo valida,
facta per applicationem thesauri Ecclesiae a superiore legitimo
(Alexander von Hales), thesaurus supererogationis perfectorum (opera
supererogativa). Der heilige Fribolin (aus Northumberland) gründete
zu Seckingen das erste Doppel-Kloster (nach asiatischer Sitte) auf dem
Continent (zur Zeit Chlodwig's). L'institution des doubles monastères
derive directement pour la Bretagne de l'Orient (Barin). Neben
künstlichen Eunuchen (Kojahs) finden sich (in Indien) natürliche (Higras),
dressed up in women's clothes (Shortt). Um seinem Bruder Tusatua
die Nachfolge zu sichern, ließ Bochica den Fürsten Fomagata castriren,
als Phantom die Luft durchstreifend oder (nach Duquesne) als Komet.
Bei den Konjagen findet vor dem Kashim Entjungferung der Braut durch
den Schamanen statt. Le baptême par immersion purifiait (d'après
les Elchasaites) des plus grands˙ pêchés, même des mensonges
volontaires en matière religieuse (Scholl).

*) „La très-juste mesure du pied de la Sainte Vierge, tirée
du soulier de cette Mère de Dieu, lequel est conservé dans un
monastère de religieuses, à Saragosse, en Espagne" semble avoir
été prise sur un soulier de femme chinoise au pied le plus mignon
(f. Tiffot). Wegen seines Hochmuths und Sturzes heißt der Teufel (bei
Photius) auch affyrischer Geist oder affyrischer Herrscher (f. Hergenröther).

Nach den alten Traditionen Congos\*) soll ursprünglich
eine große Zahl unabhängiger Fürsten im Lande geherrscht
haben, bis sich Nimi=a=Luqueni zum Oberherrn erhob. Ihm
folgte Nanga=quiá=Tinu und diesem Cuu=a=Tinu, Vater des
Nizinga=a=Cuu, der als Juan I. getauft wurde und seinen
Sohn Alfonso I. (Ginga=a=Leumla) zum Nachfolger hatte
in Banza=Ambassie (San Salvador oder Congo=di=Angungo)
oder (nach Marmol) Ambos=Congo. Noch zu Cavazzi's Zeit
wurde im Walde zu Eriquilu ein heiliger Ort gezeigt, der
nicht angeblickt werden durfte, da dort die Wohnung von
Congo's erstem König gewesen.

Von der die Hauptstadt (Ambassie) enthaltenden Provinz
Pombe aus, mit Bamba zwischen Ambriz und Loze (mit der

---

Invocato itaque S. Spiritus auxilio, per duos Fabros, haud modico
nisu, sublatum fuit magni ponderis integumentum, occurritque
primo aspectu Sacra Marcellinae Calva, caeteraque subinde Ossa
(1725) in Mailand.

\*) Alcune tradizioni si conservano ancora in questo paese
(Congo) e dicesi che il primo uomo che vi dominasse fosse Lucheni, il quale assunse il titolo di Mutinu. Questo era figlio di
Eminia-n-Zima e di Lucheni Luasanze del regno di Loango sullo
Zaire. Lucheni ardente e bellicoso arrolò genti ed invase la pro-
vincia Npenbacassi che unì all'antico suo dominio formando in tal
modo il regno del Congo. Egli lasció alcune terre con titolo d'in-
vestitura ai Pangalla, ma siccome questi pretesero derogare alle
loro ragioni, così oggidì conservasi un' annua cerimonia nella
quale i Pangalla mandano alla corte una femina che intima al
re di partire di colá, dove non é legitimo possessore del trono.
Il Sova l'ascolta con publica udienza, poi caricandola di donativi
pel suo padrone molto cortesemente la rimanda dicendole di con-
fortare i Pangalla a sostenere in pace l'avversa fortuna che li
trabalzò dal trono dé loro avi (Omboni).

Hauptstadt Panga) verbunden, scheint sich das congesische Reich ausgedehnt zu haben, nachdem das von den Mosombi (s. Labat) bewohnte Batta (zwischen Sunbi und Pembe) oder (nach Purchas) Aghirimba freiwillig zugetreten war. Sunbi (von Pango zum Bancari) war die Kronprovinz des Erb=prinzen, und die Sitten Sunbi's wurden mit Waffengewalt in das eroberte Pango (von Sunbi zum Congo) eingeführt. Konbi oder Pango be Okango (östlich von Batta) wurde (nach Dapper) durch einen bem Mani von Batta\*) unter=würfigen Fürsten beherrscht.

Sonho, an der Mündung des Zaire, war stets ein un=sicheres Besißthum und machte sich ganz unabhängig (1570), als Loanba an die Portugiesen cebirt wurde. Die durch den Fluß Lombige oder Zenza von Golungo Alto geschiedene Provinz der Dembos berief sich oft den Portugiesen gegen=über auf nominelle Abhängigkeit von Kongo. Jenseits des Flusses Dande traf Battel Masicongos aus Bamba (durch ben Burge=Fluß von Pembe getrennt), wo der Giaga Cas=sange (nach Kreuzen des Coanza) verwüstend einfiel. Die Abundos sind die Sieger, und sie veränderten die Bedeutung der Mucha=Congo oder Acha=Congo aus Reich der Lenker

---

\*) als Aghirimba. Promontorium nominatum Cabo de boa Es-peranza, quem in Agisymba aestimamus (Pebro be Ailly) 1494. Manilius setzt auf die südliche Hemisphäre einen bewohnbaren Erbtheil und nach Theopompus lagen außerhalb Europa, Asien und Afrika Länder von riesigen Menschen und Thieren bewohnt. Behaim setzt Abasia ethiopia neben Agisimba. Da Nsacuclau, avo materno di Lucheni ebbero origine i manis di Batta, la cui Banza o capitale diceasi Anghirima (Omboni).

(Erben oder Herren) in Reich der Schuldner, als Unter=
worfener (nach Cannecattim). Diese Eroberer mögen (gleich
ben späteren Jaga) aus dem Innern (von den sprachverwandten
Molua) gekommen sein, und ein Zweig berselben, der seine
Dynastie auf den Thron des Königreichs Congo setzte, bildete,
mit den Eingeborenen vereinigt, einen neuen Staat, der von
der Hauptstadt Congo's beherrscht wurde und seinerseits
wieder dem Prinzen Angola zur Eroberung Dongo's (Dongo=
Angola's) absandte.

Battel spricht von einem Feldzug der Portugiesen im
Innern von Kongo, auf welchem diese nach vielem Blut=
vergießen die Provinz Jngombi eroberten und dann (über
Sogno) Engoy=Kayongo [Kakongo] mit der Hauptstadt Ka=
binde (in Angoy), sowie Loango, Bengo, Colongo oder
Cilongo, Mayombe, Monikesoche und Matamba.

Als Admiral Houtebeen (Cornelius Cornelis on Jol)
Loanda erobert und Cesar de Menezes auf den Bengo
zurückgeworfen (1641), knüpften die Holländer mit König
Alvaro von Congo Verhandlungen an (1642), und die
Portugiesen haben später keinen Einfluß wiedergewinnen
können. Sa da Bandeira spricht von einer Einnahme hol=
ländischer Factoreien und Festungen in Loango und Pinda,
als Salvador Correa de Sa nach Wiederherstellung der
portugiesischen Macht in Angola (1648) dieselbe auch in
Cabinde, Loango und am Zaire befestigte. Der Gouverneur
D. Manoel Pereria vertrieb im Jahre 1606, sowie 1609
die holländischen Corsaren von Pinda (an der Mündung
des Zaire).

Von einem Regierungswechsel berichtet Zucchelli (1702): „Jetzo ist vor vielen Jahren zur Königlichen Hoheit in Kongo erhoben oder vielmehr eingeschoben worden Dom Pietro Aqua Rosata, allein er hat noch biß diese Stunde das Reich nicht unter sich bringen, noch sich in der Haupt= stadt dieses Königreiches, welches Sanct Salvator ist, können krönen lassen, welche dahero verwüstet und zerstöret lieget."

Vor dieser neuen Dynastie herrschten (seit der Ent= deckung): Joaõ II. († 1492) Nginga = ancu, Alphonso II. († 1525)[1]) Nepenba= anginga, Pedro II. († 1530)[2]) Necanga= ampemba, Francisco († 1532)[3]) Nepuri= anginga, Diego († 1540)[4]) Necumba=ampuri, Henrique († 1542)[5]) Nerica= umpuri, Alvaro I. († 1587)[6]) Nenime=aluqueni=luambamba, Alvaro II. († 1614) Nepanzo=animi, Bernardo († 1615) Nenimi=ampanzu, Alvaro III. († 1622), Pedro Affonso II. († 1624), Garzia († 1626), Ambrosio I. († 1631), Alvaro IV. († 1636), Alvaro V. († 1637), Alvaro VI. († 1642), der als Herzog von Bamba den Thron Congo's bestieg, Garcia II. († 1657), als Necanga= aluqueni (früher Marquis von China), Antonio II. († 1666), als Nevita afanga, Alvaro VII. († 1667), als Nepanza=amassundu (durch den Grafen von Sonho ge= stürzt), Alvaro VIII. († 1670). Dann fiel die Herrschaft an Pembe (vor dessen als Pedro gekröntem Marquis der König von S. Salvador nach Lemba flüchtete), nach längeren Kriegen mit den Portugiesen, von denen besonders Louis Lopez de Siqueira die auf dem Gebiet des Dembo von Ambuilla

---

[1]) 1492—1533. [2]) 1540. [3]) 1543. [4]) 1552. [5]) 1554. [6]) 1574 (nach Anderen).

vermutheten Goldminen zu erkämpfen gesucht hatte. Die (1781) nach Congo reisenden Missionäre hörten que era vivo um D. Pedro V., verdadeiro rey do Congo (unter der Regierung D. José's I.).

Nach dem Tode D. Antonio's (in Onlanga) wurde Congo durch bürgerliche Kriege der Prätendenten zerrissen, bis zur Erwählung D. Pedro IV. (1694), der nach längeren Kämpfen die Empörer besiegte (1709), obwohl noch von den Moxilongos Sonho's bedroht (s. Pedro Mendez). Dom Afonso (1517) betitelt sich: Rey de Congo e Senhor dos Embundos oder (1512) Rey de Manicongo e Senhor dos Ambudos (in Briefen an den König Portugals). In einem Schreiben an Papst Paul III. (1532) heißt es: Dom Affonso pella graça de deos Rey de comguo Ibungu e cacomgo emgoyo, daquem e dalem uzary Senhor dos ambundos e damgolla daquisyma e (musuauru) musuaru de matamba e mulylu (muyllu) e de (musuco) musucu e dos amzicos e da conquista de pamzu (pamzo) alumbu (panzalumbo) etc.

Nach den Königen Angolas: Angola Aquiloangi, Angola Ambandi, Angola Aquiloangi, Rainha Ginga, D. Antonio Carrasco, Rainha D. Barbara da Silva, D. Joam Guterres Angola Canini, D. Luis, D. Francisco Guterres Angola Camini, D. Veronica Guterres (Rainha be Matamba) folgten, im Reino be Dongo: D. Felippe be Souza e Angola, D. Joam be Souza (bis 1680).

Als Liste der getauften Könige Congos giebt Cabornega: Dom Joam I., D. Afonso, D. Alvaro, D. Alvaro II.,

D. Alvaro III., D. Pedro Affonso I., D. Pedro Affonso II., D. Garcia, D. Antonio, D. Afonso Afonso, D. Rafael, D. Daniel de Gusmam, D. Garcia, sowie D. Francisco und D. Henrique.

Der Brief Dom Manuel's (1512) ist gerichtet an D. Affonso, als Rei de Manicongo e Senhor dos Ambudos. Nach Cavazzi stammten die Könige von Congo aus Carimba. D. Pedro Affonso (filho legitimo do duque de Sundi, D. Affonso Mobica an Tumba) stammte vom primeiro Rei e conquistador do Congo, porque elle se chamou Motinu (Mucinu ó rei) e por outro nome Nimi. Seinem Sohn Encu a Motinu (quarto rei do Congo) folgte Nginga ancu (quinto rei do Congo), der als D. Joaõ (1491) getauft wurde (s. Rodrigues) 1624. König Pedro von Congo wurde beun= ruhigt, da guerra de Engombe e Cabenda, que o Capitaõ Sylvestre Soares destruio com o quilombo dos Jagas, sowie durch die Zerstörung des Königreichs Bango pelos Jagas com consentimento del rei de Loango*), cousa que el rei sentio mucho por sero tronco e origem aquello reino dos Reis de Congo (bei Rodrigues).

Bei Miguel de Castro findet sich als Liste der Könige Congos: Dom Joam I., D. Afonso I., D. Pedro I., D. Diogo I., D. Bernardo I., D. Francisco I., D. Alvaro I., D. Alvaro II., D. Bernardo II., D. Alvaro III., D. Pedro II., D. Gracia I., D. Ambrosio I., D. Alvaro IV., D. Alvaro V.,

---

*) Alexander VII. beglückwünscht in einem Briefe (21. Aug. 1666) D. Affonso (rei de Loango) über seine Belehrung.

D. Alvaro VI., D. Gracia II., D. Antonio I., D. Alvaro VII., D. Alvaro VIII., D. Pedro III., D. Alvaro IX., D. Rafael I., D. Alfonso II., D. Alfonso III., D. Daniel I. (1681).

Auf Pedro II. († 1688) folgte Sebastiaō mit der Königin= Mutter Donna Potencia, und dann wurde das Reich durch die Jaga verwüstet, aus deren Stamm Don José oder Ne= pavi=giacanga schließlich den Thron bestieg († 1784). Der Aufstand Jozam tamba's gegen den congesischen König D. Afonso Afonso wurde unterstützt durch die Nazacas (Maja= cas), que som ferozes como os Jagas *) (Cabornega). Dom Bernardo (König von Congo) fiel im Kriege gegen die Suquas (s. Baptista).

Auf José II. folgte (1784) sein Bruder (der Marquis von Pembe), als D. Affonso V. oder Necanga=a=canga (im Februar 1784), und in fernerer Succession, worin wieder der König Heinrich (1798) auftritt, werden in einer Liste, die Herr Vasconcelhos Abreu anfertigen zu lassen die Güte hatte, folgende Namen aufgezählt: Don Antonio II. (Nevita= apangu), D. Alvaro XI. (Necanga=a=canga), D. Aleixo II.

---

*) Mani Mulaza, unterstützt von vielen Häuptlingen (e uma casta de gentio, a que chamam Majacas, ferozos como Jagas) führte Krieg mit Sundi (1680). Por diante do Senhorio de Hocamga está um senhor grande de muitas terras e vassallos, o qual reconhece a el rei de Congo e lhe manda seus presentes como feudo, o qual apotentado, sem ser livre, tem por nome „Congo de amulaca" (s. Cabornega) 1680. Die Ambundos (aus Congo de amulaca) er= oberten die Küstenländer (die Jagas oder Mijacas wurden mit Hülfe der Portugiesen besiegt). O poderoso reino de Mococo vai a confinar como o senhorio e potentado de Ocanga (am andern Ufer des Rio Zaire ou Coango grande).

(Nepanzu=amabanda), D. Henrique I. (Nemaffaqui= maffange), D. Alvaro XII. (Nepanzu=animi), D. Garcia IV. (Necanga= amabunbu), D. Garcia V. (Necanga=ambumba) 1814—1825, D. André II. (Nebigié = aluquiene) 1825—1842 unb D. André III., D. Henrique (Nepanzu=arenbi=animi=aluqueni) 1842—1856, bem fein Neffe D. Pebro V. (Marquis von Catenba) folgte (1860—1867) unb bann ber jetzt regie=renbe Fürst. (Siehe auch: Ein Befuch in San Salvabor, Hauptstabt bes Königreichs Kongo, Bremen 1859).

## Drittes Capitel.

# Der Fetischdienst.

———

Der afrikanische Feticismus erhielt seinen Namen aus dem Portugiesischen, da das zur Zeit der großen Seefahrten in Europa grassirende Hexenwesen den ersten Entdeckern die Analogien für die an der Westküste angetroffenen Verhält= nisse abgab. Die Hexenfurcht mit der daraus sich ergebenden Verfolgung ist eine durchgehende Erscheinung, die sich bei allen Naturstämmen in Polynesien (besonders auf abgelegenen Inseln Melanesiens) sowohl, wie bei den Patagoniern oder nördlichen Indianerstämmen und dann durch ganz Afrika findet. Die Leiden, zu denen die Menschennatur geboren, führen zur buddhistischen Resignation, und in activen Cha= rakteren, die sich nicht gleich den schlaffen Völkern Ostasiens willenlos ihrem Geschicke oder Mißgeschicke hinzugeben ver= mögen, regt der Schmerz des Leidens zur Nachspürung seiner Ursache an, die, als im Bilde des Feindlichen versinnlicht, am nächsten in dem Mitmenschen gesucht wird, da von ihm im geselligen Verkehr die Auffassung als Feind eben so sehr oder mehr noch verständlich ist, wie als Freund. So finden wir bei allen primitiven Anschauungskreisen, daß die Ursächlichkeit jedes Unglücksfalles in den bösen Willen eines Nebenmenschen verlegt wird, und nur mit zunehmender Auf=

klärung verscheucht das Licht des Wissens die Gespenster eines mittelalterlichen Aberglaubens, obwohl sie in einsamen Localitäten bekanntermaßen, selbst an den Centralstätten europäischer Civilisation, bis auf heute fortspuken mögen.

Wie jedes Bedürfniß seine Abhülfe verlangt, so findet sich auch bei allen den von Hexenfurcht geplagten Stämmen eine Klasse von Helfern, der (indianische) Medicinmann, der Hexenriecher (wie bei den Kaffern gesagt wird), die gegen böswillige Angriffe des geheimen oder unsichtbaren Feindes schützen, oder die schlimmen Folgen derselben zu heilen versprechen. Diese unter einer anerkannte Religion als orthodox geachteten Priester mögen in Folge ihres Verkehrs mit dämonischen Mächten, und Bekämpfung der in ihren Augen bösen mit den für sie guten, ihrerseits wieder zu Handlungen verführt werden, bei denen sich in den in einander überlaufenden Schattirungen schwarzer und weißer Magie der Priester in den Zauberer verkehrt oder dieser in jenen.

In einem religiösen (oder doch theologischen) System hat der Priester zum Kampf mit Satan und zur Exorcisation seiner Teufeleien ein geregeltes Formelschema, mit dem er kraft seiner Weihe hanthiert. In einer buchlosen Religion dagegen ist der Fetischmann auf seine eigene Discretion und Combinationsgaben hingewiesen, um sich die Gaben der Natur aus Steinen, Pflanzen und dem Thierreich dienstbar zu machen, und um sie dann, sei es als medicinische, sei es als zauberische Heilmittel, die deshalb mit verehrungsvoller Scheu betrachtet werden, zu verleihen.

Hierneben mag die in unbestimmten Ahnungen schwan=

kende Auffassung einer ersten Grundursache vorhanden sein,
als großer Geist unter den Rothhäuten, als Yankupon oder
Sambi ampungu in Afrika, und bei einem Anlauf zu
systematischer Gliederung mögen dann die die Naturgegen=
stände durchbringenden Wong als Emanationen von Oben
erscheinen und sich wieder, wie es stets geschieht, mit den
aus den Gräbern aufsteigenden Seelen durcheinander schieben.

Eine moralische Tendenz blickt in den Religionen der
Naturvölker kaum hindurch, da die in complicirten Gesell=
schaftsverhältnissen wachsende Gelegenheit und Anleitung zu
Verbrechen selten ist oder fast ganz fehlt. Der Diebstahl
wird durch die Staatsgewalt, selbst wenn diese noch eine
patriarchalische ist, zu streng bestraft, um bei den geringen
Vortheilen und der Schwierigkeit der Verbergung häufig zu
sein, und über den Mord wacht die Blutfehde. Die schauder=
haften Gräuel, die in Wirklichkeit vorkommen, sind eben durch
die in der Hexenfurcht angedichteten Verbrechen hervorgerufen
und von den Priestern nicht nur sanctionirt, sondern in
Anfachung der Verfolgungen noch gefördert. Bei contem=
plativen Naturen füllt sich indeß beim Nachdenken über
jenes im Höchsten geahnte Allmächtige das Herz mit an=
dächtigen Regungen, die veredelnd auf das Naturell zurück=
wirken mögen.

An der Loango=Küste wird der Fetiçero, der oder die
Hexe, als Endoxe bezeichnet, und ihm gegenüber steht der
priesterliche Ganga, der Meister der Zauberer, der aber oft
selbst wieder ein Zauber= oder Hexenmeister ist. Der Endoxe
ist eben Jedermann oder Niemand. Niemand (mit gewissen

Ausnahmen) wird sich als solcher bekennen und in Jeder=
mann mag man ihn argwöhnen. Der Ganga dagegen ist
ein anerkannter, und in gewissen Fällen vom Fürsten selbst
eingesetzter oder bestätigter Stand, der durch die Arbeits=
theilung nach verschiedenen Functionen eine Art Hierarchie
gliedert. Die Hauptaufgabe des Ganga ist, wie gesagt, gegen
die Angriffe des Endoxe zu schützen, sie unschädlich zu machen,
und so wendet man sich an ihn bei jedem Unglücksfall,
welcher Art immer, denn hinter jedem steckt ein Endoxe,
wie im Mittelalter die Hexe nicht nur das Käsen der Milch
verhinderte, sondern an Krankheit und Tod alleinige Schuld
trug. Diese Ansicht findet den vollsten Beifall der Neger,
wie aller Naturstämme überhaupt, die keinen Todesfall aus
natürlicher Ursache zulassen, sondern in jedem ein boshaftes
Abschneiden des Lebensfadens sehen.

Sobald also ein Familienglied in Unglück geräth, sich
verletzt, krank wird oder stirbt, wenden sich die Verwandten
an den Ganga ihres Dorfes, der dann durch zauberische
Ceremonien den Schwarzkünstler ausbeutet, der solches Un=
heil veranlaßt hat. In einigen Ländern des Südens genügt
eine solche Erklärung des Ganga, um den Beschuldigten
(aus dessen Körper dann, wie in Siam, der Zaubersack als
pathologische Concretion extrahirt wird) einem grausamen
Tode zu überliefern; in Congo und Loango dagegen muß
erst die Probe eines Gottesgerichts (in der Form des Feuers,
Wassers, Trankes u. s. w.) vorhergehen. Wird dieselbe von
dem Angeklagten bestanden, so hat die Parthei, die ihn in
den Anklagezustand versetzt hat, hohe Entschädigung zu zahlen,

der Ganga dagegen geht frei aus, während in Araucanien, wie einst bei den Scythen, die falschen Wahrsager dem Tode überliefert werden. Bei eclatanten Fällen des Betrugs soll ein Verbrennen falscher Propheten indeß auch an der Loango= Küste vorgekommen sein.

Kaum hat sich die teuflische Anklage erhoben, so ergreift eine jener Wahnsinnsepidemien, welche zur Zeit der euro= päischen Hexenzeit herrschte, den Geist, und das vergossene Blut vermehrt den Blutdurst, statt ihn zu stillen. Entgeht der erste Beschuldigte, so setzt die Familie des Klägers alle ihre Mittel daran, um dem Ganga für eine neue Anschul= digung zu zahlen, bis sie im fremden Tode die Sühne für den Eines der Ihrigen erlangt zu haben glaubt. Nimmt nun das Ordal, sei es (wie in der Mehrzahl der Fälle) gleich am ersten, sei es bei einem späteren Male, einen fatalen Ausgang für den Angeschuldigten, so ist es mit seinem Tode nicht genug, sondern das Anklagen, Probiren und Morden geht fort, bis oft neben einem natürlichen Todesfall das Land durch ein halbes oder ganzes Dutzend künstlicher entvölkert ist. Hier begeht man die entsetzlichsten Verbrechen, um imaginäre Verbrechen zu hindern oder zu strafen, aber diese letzteren wieder werden keineswegs auf moralischer Wagschaale gewogen. Der Endoxe ist ein ge= fährlicher Mensch, den man zu vermeiden und, wenn möglich, zu zertreten hat, aber er wird seinem Nachbar nur dadurch gefährlich, weil er ihn an Verstand und Kenntnissen über= ragt, sich dadurch also mancherlei Naturkräfte dienstbar machen kann, deren Benutzung jenem versagt ist. Daß nun

aber Jemand, der sich seiner Superiorität über seinen Nachbar
bewußt ist, sich dieser zur Knechtung desselben bedienen wird, ist
dem Hirn des Negers aus dem Rechte des Stärkeren sonnen=
klar, und so wird er seinen Nebenmenschen, der ihn (wegen
eifriger Betriebsamkeit) an glücklichem Handeln, wegen sorg=
fältigerer Bebauung an ergiebigen Ernten übertrifft, als
Endoxe fürchten und geneigt sein, Krankheits= und andere
Unglücksfälle, die ihn treffen, Geheimmitteln oder Geheim=
kräften zuzuschreiben, die nicht ihm, aber seinem geistig über=
legenen Nachbar bekannt sein könnten. Sein erster Gedanke
wird also sein, eine Cabale gegen ihn zu organisiren, um
ihn zu vernichten oder bei Seite zu schieben; doch folgt es
aus der Natur der Sache, daß solche Opposition um so
schwieriger, und wegen der Gegenanklagen oder Entschädi=
gungssummen um so kostspieliger oder gefährlicher sich ge=
staltet, je reicher oder mächtiger der Verdächtigte bereits ist.
So tritt auch consequenterweise eine Grenze ein, jenseits
welcher die Anklagen als Endoxe nicht länger erhoben werden
können, und ein Fürst, also der zu der höchsten Sprosse auf
der Ehrenleiter Emporgestiegene, bekennt sich offen oder
öffentlich vor allem Volke bei der Krönung als Endoxe,
um fortan sämmtlichen darauf bezüglichen Anschuldigungen
und der Proben, ob er es wäre, enthoben zu sein. Allerdings
übernimmt er damit eine Art moralischer Verpflichtung, seinen
ärmeren und, weil ärmer, ihm unterthänigen Nebenmenschen
in ihren Unglücksfällen, bei denen man an seine Eigenschaft
als Endoxe denken könnte, aus der Fülle seines Reichthums
zu Hülfe zu kommen, aber zum Untergehen eines Ordales

läßt er sich nur herbei, wenn durch einen gleich hochgestellten Fürst provocirt, und dann ist es ein Duell, bei dem sie sich die Probe gegenseitig zuschieben, ein Wettstreit um das Vermögen des Unterliegenden, das dem Sieger zufällt. In einem solchen Zweikampf erlag kürzlich der Samano., in Folge welches Todes Chiloango und das Gebiet von Chinchoro ohne Fürsten geblieben ist.

Der Ursprung des Endoxe wird in den Schöpfungsmythen mit dem ersten Sterben in Verbindung gebracht, das erst (wie bei den Grönländern) nach einem Götterstreite eintrat, während anfangs das Leben beständig währte und sich (gleich dem der Caroliner) mit dem Neumond stets erneute. Ursprünglich tödtete der Endoxe im Auftrage der Gottheit, zu der er an einem (auch in der Mythologie der Chibchas bekannten) Spinnenfaden hinaufkletterte. Seitdem er indeß von einer moralischen Verurtheilung getroffen wurde, bildete sich im bualistischen Gegensatz zu Sambu ampungu im Himmel die Vorstellung des bösen (impi) Gottes in der Erde oder des Sambi impi, und durch Beschwörung dieses mit seinen höllischen Geistern soll nun der Teufelskünstler seine Kunst erwerben. Der Ganga oder Priester, dessen Weihe stets auf Schwierigkeiten stößt (und in Guyana z. B. durch die Seefrau vermittelt werden muß), tritt erst in zweiter Linie nach dem Endoxe hervor und wird geradezu für einen abtrünnigen Endoxé erklärt, der, um beim Todesurtheil sein Leben zu retten, sich für schulbig erkannte und, um des Cassa-Essens überhoben zu sein, sich erbot, die ihm bekannten Kräfte und Milongo (oder Zaubermittel) fortan

zum Beſten der Menſchheit, ſtatt zu ihrem Schaden, zu ver=
wenden. So kann es nicht überraſchen, daß die Stellung
des Ganga vielfach zwiſchen weißer und ſchwarzer Magie
ſchwankt und daß er in alte Gewohnheiten des Schadens
zurückfallen mag. Jedoch bleibt davon getrennt die Klaſſe
der den heiligen Boden der Muttererde hütenden Ganga,
deren Exiſtenz mit der göttlichen Einſetzung der Fürſten in
Verbindung gebracht wird und ſchon mit deren Function als
Prieſterkönig eng verknüpft iſt.

Als angeſehenſter unter den Ganga gilt der Ganga
Angombe, der Seher oder Prophet (als Ganga umtali oder
Ganga teſcha), der zum Weiſſagen berufen wird und den
ausgebeuteten Schuldigen dann dem Ganga incaſſi übergiebt,
damit er ihn im Ordal der Caſſa prüfe. Neben dem Ganga
umwulu (zum Regenmachen) und dem Ganga umbumba
(für die Kriegsceremonien) findet ſich dann noch der Ganga
Bakiſſo (Umkiſſie), der, als die Milongho oder Wunderarze=
neien für Jbole oder Mokiſſo ertheilend, auch Ganga
Milongho heißt. Dieſer letztere ſteht auf der Uebergangs=
grenze zum Endoxe, und er trägt (nach dem Ausbruck des
Landes) die Mütze eines Fetiſſero (barreto bo fetiçero), indem
er ſich als Fetiſſero bekannt hat. Man unterſcheidet die
Mokiſſo abiſa, als heilende, und die Mokiſſo ambi, die krank
machen, aber auch der beſte der Mokiſſo mag, als ſeinem
menſchlichen Ganga dinſtbar, zu Zwecken verwandt werden,
die dem von den Folgen derſelben Betroffenen nicht als
gute erſcheinen. Simbuka tödtet mit raſchem Schlage, Kunja
lähmt diejenigen, gegen welche er angerufen wird, Kanga=

Jkanga verursacht Kopfleiden, wodurch die Kranken in die Wildniß fliehen, Mabiali=mapanje beraubt die Wahnsinnigen (Lauga) ihres Verstandes, und so giebt es mehr der Uebel= thäter, wogegen der durch einen halbgeöffneten Eisenring präsentirte Bulunga gegen Krankheit bewahrt, Malunga (als Eisenring) den Kopf klar erhält, und so Imba (Armring mit Muschel) dem blutigen Ausgang in Streitigkeit vor= beugt, Mabombe (als Eisenkette) im Kriege schützt u. s. w. Der Ganga miamassa ist durch die von ihm ausgekochte Arznei Kindagollo bei Bauchkrankheiten gesucht. In schweren Fällen dienen dem Ganga die Makongo Umba oder Umkanja genannten Mokisso, und andere sind verschieden für Männer oder (wie Umpembe) für Frauen. Die Sasi liefern die Tränke, die Schwangeren bei der Geburt gegeben werden, oder den Neugeborenen als Heilmittel, und sie werden von weiblichem Ganga bedient, indem die Ganga Sasi Frauen sind. Kulo=malonga stillt allzu heftigen Blutverlust bei der Menstruation. Bleibt eine Frau kinderlos, so liefert für sie Bitungu das Heilmittel und für den impotenten Ehe= mann Dembacani oder Cuango=malimbi.

Manche der einheimischen Aerzte besitzen eine ausgedehnte Kräuterkenntniß und verwenden die heilkräftigen Pflanzen oft mit gutem Erfolg, besonders bei Wunden und äußeren Verletzungen, wie sie auch gebrochene Glieder einzusetzen und einen passenden Verband anzulegen wissen. Eins ihrer Hauptmittel ist das Schröpfen mit einem dann durch Wachs zugeklebten Horn, und die nackten Rücken der Männer sowohl wie Frauen erscheinen gleichsam tättowirt in Folge des viel=

maligen Schröpfens, auf das man bei jedem leichten Un=
wohlsein zurückkommt. Bei Anschwellungen und Entzündungen
werden mit einem Messer im Umkreis der Schwellung Stiche
gemacht, um dann Pulver von Kola=Nuß oder verschiedener
Samen einzuimpfen. Wie die Wurzel Kina von den bei
nächtlichen Operationen den Ganga begleitenden Musikern,
wird ein weißer Samen von den Ganga Njambe gegessen,
um sich den Schlaf zu vertreiben, wenn sie die Geister rufen
bei deren Eintreten ihr Körper dann in Convulsionen zuckt
(Gulo=umbuiti), bis sie bewußtlos niederfallen. Leichte
Fälle heilen die Ganga Njambe selbst durch ihr Milongho,
während sie bei schwereren Aufgaben den als Specialarzt
fungirenden Ganga angeben, der aufgesucht werden muß.
In Mayombe lebt der Ganga Umgowe, der seinen Mokisso
als Calabasse besitzt und den Malungu Angove verleiht,
der Ganga Malassie in Umlambe (am Zaire), dessen Mokisso
in einem Korbe besteht, verleiht den Malungu Malassie, der
Ganga Umlembe (in Sundi) gewährt, durch seinen Mokisso
als Kasten, den Malungu Lembe.

Die Krankheitsursachen können verschieden sein. Nur
selten heißt es bei plötzlichem Todesfalle: Zambi tumesi
(Gott hat ihn gerufen), gewöhnlich ist es der Fetissero oder
Endoxe, der bei der Nacht nackt umherwandert und Ver=
wünschungen ausspricht gegen seinen Feind, der dadurch krank
wird. Andere Fetissero kommen unsichtbar bei Nacht, um
(gleich den Vampyren) das Blut des Kranken auszusaugen,
und dieser läßt dann Nägel in den Mokisso einschlagen, um
ihn zu tödten. Auch kann man sich gegen die Angriffe der

Fetissero im Schlafe durch das Mabungo genannte Milongo
schützen, indem dann der Endoxe im Traum gesehen und,
am andern Tage als solcher angeklagt, zum Cassa-Essen
verurtheilt wird. Die zum Schutz gegen den Fetissero von
dem Ganga erhaltenen Milongo werden eingewickelt in ein
Säckchen getragen, doch haben die Mokisso Abneigung gegen
gewisse Farben, Arten von Zeug u. s. w., mit denen sie
nicht bewickelt werden dürfen. Die von den Ganga für ihre
eigenen Milongo, die sie ihren Quixilles gemäß nur zum
Nutzen und nicht zum Schaden verwenden dürfen, gebrauchten
Säcke heißen Kutu. Die Pfeifen (Imbambe-insa), die von
den Ganga gebraucht werden, müssen aus den Hörnern der
jedesmal dem Mokisso heiligen Thiere, deren Fleisch (wie dem
indianischen Medicinmann) dem Ganga verboten ist, gemacht
werden, und ebenso die Federn der Umpung-Sala (Feder-
mütze). Der Ganga divinirt, welches Thier oder welcher
Theil eines Thieres seinem Mokisso beliebt ist, und aus den
Knochen oder dem Gehirn, den Augen u. a. m. dieses Thieres,
das bald ein männliches, bald ein weibliches sein muß, wird
dann das Milongo bereitet, indem das Thier nach einer
genau mitgetheilten Art und Weise zu sterben hat, sei es im
Feuer, sei es durch Hunger oder sonst. Außerdem sind dem
Mokisso gewisse Pflanzen heilig, und der Ganga steckt neben
eine solche den Multi-Inxima (Stab des Verbotes), worauf
Niemand wagt, dieselbe zu berühren. Der Fetischbaum
Umteva Miembembe, dessen Fasern zum Umwickeln in Krankheiten gebraucht werden, ist heilig durch den Fetisch Bembu
Kinu, als Shimbi Kanzie Bembu Kinu oder Erdteufel

Bembu Kinu. Der Ausstralier tödtet (nach Grey) nie das Thier seines (ihm, wie dem Indianer, dem Totem heiligen) Kobong, wenn er es schlafend trifft, oder ohne ihm vorher eine Gelegenheit zum Entkommen gegeben zu haben, und wenn Pflanzen als Wappen des Kobong dienen, dürfen sie nur unter bestimmten Umständen und vorgeschriebenen Jahreszeiten gesammelt werden (meistens niemals *) gegessen). Der Repräsentant des Kobong ist gewöhnlich aus der einem District häufigsten Production des Pflanzen= und Thierreichs entnommen, wie sich so aus Münzen griechisch=bactrischer oder indo=skythischer Könige die beherrschten Provinzen er= kennen lassen.

Oft kann eine Krankheit dadurch verursacht sein, daß der Kranke die erbliche Xina (Quixilla) gebrochen, und der herzugerufene Ganga findet aus, welcherlei Fleischgenuß die Ursache gewesen und verbietet einen solchen für die Zukunft, indem er zum Erinnerungszeichen an den Arm einen Ring anlegt. Der Angove genannte Ring (aus breitem Eisen) verbietet Hühner und Wild und behütet dafür gegen Unfälle auf See. Der Fetisch Chimbinganga (in Cabinda) verbietet für bestimmte Tage den Genuß von Schweinefleisch, sowie der männlichen Hühner. Wer sich dem Fetisch Lubongo (durch

---

*) Certain articles of food are rejected in are portion of the continent and eaten in another (in Australia), as the unio, which the natives of South-Australia will eat not, because (according to tradition) a long time ago, some natives ate them, and died through the agency of certain sorcerers, who looked upon that shell fish as their peculiar property (Grey).

Federstäbchen an der Stirn bezeichnet) ergiebt, darf weder das Meer, noch einen Weißen sehen.

Auch die guten Mokisso (Mokisso=in=Zambi) oder Heil= fetische (wie Lembe, Angowe, Malassie, Bembo Loango u. f. f.), die das Leben schützen und (wenn nicht durch einen Milongo) durch einen Bandstreifen (an Hand oder Fuß) repräsentirt werden, strafen mit Krankheit, wenn ihre Quixilles durch die Verführungen Zambi = impi's, der im Dunkel des Waldes lebt, verletzt und gebrochen werden. Findet der Ganga, bei Errathen des Fetissero, daß derselbe Grund zu seinem Haß gehabt, den er auf den Kranken geworfen, so muß ein Schwein geschlachtet und das blutige Fleisch in Stücken zur Sühne durch das Dorf vertheilt werden.

Wie die bösen Fetische, die Diener des Zambi=impi, erholen sich bei ihm ihre Zaubermacht die Fetissero oder Endoxe, die durch den in ihrem Leibe befindlichen Zauber= sack das Leben\*) der Kranken an sich zu ziehen. Dann begeben sich die Ganga zur nächtlichen Beschwörung der Fetische, die durch Kauen von Zaubermedicinen und Beblasen der Glieder herbeigerufen werden. Haben die Fetische ihren Kreis gebildet, so wird für Zambi=impi gepfiffen und das Feuer (wie bei den schamanischen Ceremonien) mit den Füßen ein wenig auseinander gestoßen, damit er eintreten kann. Sobald dies geschehen ist, ergreifen ihn die Fetische und

---

\*) The Waugul (an aquatic monstre) is enabled to consume tho natives (generally attacking females) in Australia (f. Grey). The Boylyas do not bite, they feed stealthily (wie Kaiber erzählte). Das Innere des kranken Malayen wird vom Hantu gefressen.

zwingen ihn Antwort zu geben, worauf der Ganga im
vorgehaltenen Spiegel den Schuldigen erblickt, nämlich den
Kranken, den Fetiſſero, der ihn martert und Zambi-impi,
der den letzteren am Genick packt. Auch für Erlangung der
entſprechenden Arzneien bedarf es nächtlicher Beſchwörungen,
indem die bei ihren geheimen Namen angerufenen Fetiſche
dem Ganga in Geſtalt von Hunden, Ziegen u. ſ. w. erſcheinen und das fehlende Milongo, ſowie den Ort, wo es
zu treffen, bezeichnen. Aus den Eingebungen des Hauptes
(Kuntuena) reden die Ganga, wenn in Begeiſterung, eine
heilige Sprache (Imbembe Umkiſſie), die für die übrigen
Fioth unverſtändlich (Tuſunkuku) iſt, als aus entſtellten
Worten beſtehend oder (in Cacongo) Worte der Bunda-
Sprache entnehmend.

Wenn bei einer Berathung über einen Krankheitsfall
die Außagen der verſchiedenen Ganga nicht übereinſtimmen,
ſo wird die Entſcheidung des Aelteſten nachgeſucht (als
Chinzonze-Metiamvoa), und wenn derſelbe die Diagnoſe
eines Collegen unrichtig findet, entzieht er ihm für einige
Jahre die Practica oder nimmt ihn wieder in die Lehre.
Auch verliert der Ganga teſcha einigermaßen an Autorität,
wenn er durch falſches Orakel einen Unſchuldigen dem
Ganga incaſſu überliefert hat. Dieſer wird vor Antritt
ſeiner Functionen genau geprüft, und faſt in jedem Dorfe
findet ſich ein ſolcher Ganga, da es bei Mangel daran die
Aufgabe des Grundherrn ſein würde, einen ſolchen zu berufen. Der Ganga Angombe muß dagegen oft in der Ferne
geſucht werden, und man entſchließt ſich nicht gern dazu, da

sein Erscheinen in einem Dorfe leicht Grund zu innerem Zwist und Streitigkeiten geben kann. In Mussuku wird der als Fetissero Angeklagte sogleich in Stücke gehauen, ohne daß man ihm die Probe des Cassa erlaubt.

Der Unterricht des Schülers betrifft vornehmlich die Milongo, denn der Ganga entläßt ihn, sobald er ihm das Prophezeien gelehrt hat. Der Schüler besitzt gewöhnlich nur über einen einzigen Fetisch Macht, während der Meister über viele (bis zu 10) gebieten mag. Zu gewissen Zeiten ziehen sich die Ganga mit ihren Schülern (zur Einweihung dieser) in das Innere des Waldes zurück, dessen Betretung dann durch Quixilles verboten ist, indem nur die dem Fetisch vermählten Frauen auf bestimmten Wegen ihre Männer besuchen dürfen. Der Golumbuiti in Chiloango unterrichtet die Knaben Kissinkaka, Lembanene, Lemba-Lemba, Umkrikitinkaka, Mansemba. Der alte Ganga-nene oder Oberpriester, der unter den Namen Ganga Kunga (in Chicambo) seine Schüler (und deren Schüler) für Curen und Prophezeiungen aussendet, lebt außerhalb des Dorfes am Eingang zum Walde und wird dort von seinen Frauen bedient, deren Erste seine Speisen an seinem abgelegenen Theil des Waldes zubereitet und sie dann, mit Palmblättern bedeckt (damit Keines Augen darauf fallen) zu ihm in die Hütte bringt, wo er ißt, ohne von Fremden gesehen zu werden. Die dem Fetisch vermählte Frau, die allein diesen berühren kann, muß Alles was sie bei Tage erblickt, dem Gatten Nachts mittheilen, weil sie sonst in Krankheit fällt und das Milongo des Fetisches verdirbt. Die Ganga dürfen nur an bestimmten Plätzen Wasser trinken, daß es der Frau des Fetisches (Umcase Lemba) allein zusteht, zu holen, und zwar nur an bestimmten Stunden des Tages oder der Nacht. Durch die vielfachen Speiseverbote ist die Fleischdiät der Ganga, die manche Thiere oder Fische selbst nicht sehen dürfen, oft eine äußerst beschränkte, so daß sie vielfach nur von Wurzeln und Kräutern leben, indeß rohes Blut trinken mögen. Jeder Ganga hat eine seiner Frauen (die vornehmste) dem Fetisch vermählt, und sie allein, indem sie ihn bei seinen Ceremonien unterstützt, mag die Jdole und heiligen Gegenstände berühren.

Die Shimbuco, Malasie, Kuanda genannten Schulen der Ganga kommen von Bomma, die Shibingo, Mabiali= mandembe, Ungoffo, Maloango, Jkosu, Pumbo, Mabili, Mabika, Bongo, Umbandi, Bumba, Umkissi=insi, Bumba= masi sind einheimische. Der Ganga Ungiemo durchlief (Ende der 60er Jahre) die Dörfer von Malembo und Chiloango, von Trommlern und Tänzern begleitet oder empfangen, um durch einen aus Blut und Pulver gemischten Trank, für den Alle im Dorfe bezahlten, die Verbrecher und Fetissero unmöglich zu machen und die Eingeweihten des Erbrechens beim Cassa=Essen zu versichern. Indeß hatte seine Secte keinen Bestand.

Als angesehene Fetische gelten in Cabinda u. a. Mangaka (unter dem Ganga Pansa), Maluango Songo (unter dem Ganga Maluango), Koso (in einem Tuch), Mabiali=mandembo oder Mabiali=mapanje (unter dem Ganga Mabiali). Die Fische wer= den gehütet vom Ganga Jmbosi (in Schimbolla), vom Ganga

Shinpukulu (in Bukomaſie), vom Ganga Umpanje (in Porto-
Rico); Regen giebt der Ganga Vemba (in Unito), Ganga
Kanga, Ganga Shimkanga, Ganga Lunga (in Umtenbe),
Ganga Simbikanga (in Shimſaſe). Der Ganga Pungamakuſſu (in Sala) läßt unfruchtbare Frauen der Prinzen Kinder
gebären. Der Mokiſſo Pungamakuſſu wird von Prinzeſſinnen
bedient. Der Ganga Bikkiagongo (in Mekono) überreicht dem
gekrönten Könige von Angoy das Meſſer, vor deſſen Empfang
er kein Todesurtheil vollziehen darf. Für den Krieg iſt
Bumba der Fetiſch des Königs, Umkiſſanzi iſt Fetiſch der
Erbe, Binga der Frauen. Der Fetiſch Loangela (auf dem
rechten Ufer des Quillu unterhalb Banga) hütet die Mün-
dung des Fluſſes. In Longo-Bonbe findet ſich der Fetiſch
Maleka, Mavialle-madembo iſt Hauptfetiſch von Chiloango.
Ganga Memſinba in Chinaſinba. Bei dem Urſprung des
Fluſſes Vinba war früher der Weg verſchloſſen, da der im
Waſſer befindliche Fetiſch Niemand paſſiren ließ. Der Fetiſch
Lumſunſi, unter dem (weiblichen) Ganga Sumſi, erſcheint
im Walbe bei Kabinde, die Flüſſe zu ſchützen. Der Fetiſch
Koro (ein Hund mit zwei Köpfen) dient in Inſhono bei
Krankheiten. Mumaſambi (mit Lanze und Hahnenfeder) iſt
größter Fetiſch in Bomma neben Maſimanſinga, Moreboaka,
Kunja, Konde, Mangaka, Umpinbi, Makuayi, Babu, Um-
panſi, Nummaſa. Der Fetiſch Binbe (in Mannesgeſtalt)
gehört dem König Chuve (zum Heilen von Krankheiten)
der Fetiſch Makuanja (in Bomma) ſtraft Verbrechen, wie
(unter den Muſſoronghi) die Fetiſche Inkoſchi, Digangun,
Panſum, Umbambi. Der Fetiſch Tonſe verurſacht Schlaf-

losigkeit, wenn er zu strafen hat. Bei schlechtem Fang be=
geben sich die Fischer mit Geschenken zu Bembe Kinu und=
erhalten dort die Versicherung, daß es besser werden würde
(unter den Mussoronghi). Die Fetische leben unter der Erde,
und kommt Nimina herauf, wird die Eisenglocke geschlagen,
dieses Ereigniß zu verkünden. Dem Ganga Nimina, als
männlichen, steht eine Frau im Ganga Nyamba (wie am
Gabun) zur Seite. Der Mokissie Umbumbo wird aus der
Tiefe des Erdbodens von Ganga Umvulu heraufgerufen.
Zambi tschakalamba (stärker als Zambi Kalungo) steigt aus
der Erde empor und läßt sich auf einem geweihten Teller
nieder, um Frauen zum Geständniß ihrer Sünden zu bringen.
Umbamba tuwitta lebt unter einer Erhöhung mit zwei
Trichtern, durch welche Rum hinabgegossen werden kann,
und vor demselben steht ein leeres Häuschen, in dem ihm
ein Bett bereitet ist zum Ausruhen, wenn er sich aus seinem
Grabe erhebt. Solche Capellen mit Bett und Matte, um
ein Lectisternium zu bereiten, finden sich überall durch die
Felder zerstreut, besonders für die Erdgottheiten, die mit
Regen segnen. Zimbi lung=angentschi ist zum Schutz des
Regens eingesetzt und Quinganga Bembe (Bembe Kinu)
gewährt Regen (beim Gesang Bumba=ke=malembe, Bumba=
ke=malembe). Der Ganga Imbemba dient Zambi. Der
Fetisch Kamba (im Walde von Chicambo), der nur bei
Sonnenaufgang besucht werden kann, trägt Elephantenzähne,
die aus der Erde hervorgekommen sind. Wenn er von den
Grundherren nicht gut behandelt wird, giebt es weder Jagd
noch Fischfang. Dies ist eine Lebensfrage und ebenso das

Ausbleiben des Regens, weshalb man (wie im Bechuanen=
lande) Alles versucht, ihn herbeizuschaffen. Als dem König
Mani=Bussa in Tumba ein Singa benannter Sohn geboren
wurde, der am Tage der Geburt (wie Bubbha) aufrecht
stand und redete, vertrieb man ihn in das Land der Mus=
soronghi, weil der Regen ausblieb und solcher Mangel dem
Prodigium zugeschrieben wurde. Da jedoch die Regennoth
fortdauerte, wogegen bei den Mussoronghi reichlicher Regen
fiel, bat man den Vater zurückzukommen, und als derselbe
mit seinem Sohne diesem Gesuche folgte, trat Ueberfluß an
Regen ein. Der junge Prinz starb bald darauf, begeistert
aber seitdem, in das Haupt des Priesters (des Ganga Singa
in Tumba) aufsteigend und verkündend, daß er, obwohl
gestorben, dennoch lebe. Der Kasi = bakissie erzeugt Regen
aus einem mit Milongho gefüllten Kasten (Lubukulu), die
Lukallala (Eisenschraube mit Quadraten) schwingend, wenn
der Kissi=insie (Erdgeist), der in Jimakande und Jimesun=
tuba lebt, ihm in den Kopf steigt und durch seinen Mund
redet (was sich auch zur Heilung von Krankheiten benutzen
läßt). Am Chiloango=Fluß wird der Fetisch Nilombe für
Regen verehrt und Chimpinde als weiblicher Fetisch. Für
den Fetisch von Kotamatewe (zwischen Punta negra und
Massabe) werden am Anfang der Regenzeit Festlichkeiten
veranstaltet, in Rundtänzen und Reinigung des Grundes,
wie es allen Inkissi=i=vulu als Regenfetischen zusteht. Der
Ganga Mokisso Umsie ist der Priester der Erde. In Zimis=
sindi (unter der Prinzessin von Moanda) wohnt der als
Regenmacher dienende Ganga. In dem Fetischhaus finden

sich viele Elephantenzähne, sowie daneben ein Wasserloch. Umpungu (zwischen Chissango und Loango) ist Regenfetisch. Der Ganga Iniema (bei Loangele) bedient den Mokisso Iniema, der aus einem Stein und einem mit einer Röhre versehenen Hammer besteht. Bei Regenmangel wird der Hammer mit der voll Rum gefüllten Röhre nach oben auf den Stein gestellt; wenn der Regen, weil zu heftig, gehemmt werden soll, nach abwärts. Häufig, wie auch bei den Ge= heimbünden in anderen Theilen Afrikas, werden phantastische Maskereien veranstaltet, gleich denen der Dunga, die unter der Leitung des Mabobolo, des Gungizu und des Luenje stehen. Bei ihrer Versammlung im Finda Anbunga (im Walde der Dunga) bekleiden sie sich mit den Masken (Bukus Kienbunga), bei deren Umkehr von den Mokissie=insie Dungo (unter dem Ganga Mandunga=Anbunga) kein Regen ge= geben werden würde. Für solchen Zweck müssen sie mit der Oeffnung nach oben gestellt werden.

Kimpanganga (in Banga), der von Zimbi mit Medi= cinen aus Flechtwerk (Mbonso=Kimpanganga) versehen ist, lebt in einem Haus inmitten des Wassers. Der Ganga Ambingo (in Nemina) erhält seine Medicinen von Zimbi. Der Ganga Bombo tödtet durch Zimbi's Macht die Doke (Endoxe). Umschittu findet sich im Dorfe Sogno (des Mam= but), als Mokisso in Cabinda oder M'kissie (Umkissie) in Loango. Der Fetisch Tschimbuko ergreift sein Opfer im Genick, und der dann gelähmte Kranke kann nur durch die Milongo des Tschimbuko geheilt werden, den durch einen Kinda oder Kastenkorb repräsentirten Hauptfetisch in Umkondo (am rechten

Ufer des Quillu), wo Manitatu liluemba herrscht. Umsasi heilt Fieberhitze, die er selbst verursacht hat, und Lubangula seine eigene Augenkrankheit. Mambili, der durch Einschlagen von Nägeln tödtet, kam aus dem Lande Bakunja dorthin. Die Xico genannte Pflanze ist Fetisch in Loango und findet sich eingehegt auch in Kabinda. Der Fetisch Kuanje ist durch einen Säbel symbolisirt.

In Chicambo prophezeit der Ganga Njambe die Krank= heit (oder ihre Diagnose), und die Heilung fällt dann (je nach dem Falle) einem der Zauberärzte zu, wie dem Ganga Bomba Loango (eine Trommel mit phantastischem Thier führend), dem Ganga Chimbuka (mit männlicher Figur), Konde=Mamba (einen Mann mit Bauch zeigend, weil be= sonders den Bauch curirend), Umsase (mit einer Figur im Korbe, um Frauen fruchtbar zu machen), Moela=Chicaca (mit lebensgroßer Figur), Mangaca (in Undinje mit bärtiger Figur, in Tiponya getragen), Imbika (mit Sackfigur für venerische Krankheiten), Chikoso (mit der Figur eines Hundes, von weiblichen Ganga bedient). Außer diesen heilenden Mokisso giebt es (um zu schaden) den Mokisso Mambili (als Figur mit dick aufgetriebenem Bauch), der durch Einschlagen von Nägeln Krankheiten (Bauchwassersucht u. dgl. m.) verursacht, und für dieses Einschlagen erhält der Eigenthümer (der Mabombe) Bezahlung. Fällt Jemand in Krankheit, so di= vinirt der als Specialarzt berufene Ganga, ob (oder viel= mehr, daß) dieser Krankheitsfall durch einen im Mambili steckenden Nagel verursacht sei. Da der Mabombe den speciellen Nagel indeß nicht kennt, muß er veranlaßt werden, ihn zu suchen, natürlich gegen Bezahlung, ferner die dem Mambili durch das Ausziehen verursachte Wunde zu heilen, nochmals gegen Bezahlung, und dann läßt sich der Ganga herbei, den Patienten selbst zu heilen, nämlich gegen Be= zahlung (für deren Einziehung es noch nie einer Priester= schaft, trotz aller Armuthsgelübbe, an guten Gründen ge= fehlt hat).

Besonders gefürchtet, fast über alle Theile der Küste, ist der Fetisch Mabiali manbemba,. und dieser theilt das hohe Ansehen, das ihm gezollt wird,· mit dem Mangaka. Ihre Figuren werden mit erhobenem Arm dargestellt, oft ein gezücktes Schwert darin, um die Endoxe niederzuschmet= tern (wie es in Indien durch Kali geschieht), und sie sind die Gerichts=Fetische, durch welche Verbrecher entdeckt und bestraft werden. Da indeß den menschlichen Dispositionen ihrer Priester selbstverständlich nicht zu trauen ist, mögen diese ihre verderblichen Kräfte auch gegen Unschuldige richten, und so ist der Schrecken, den diese bald guten, bald bösen Dämone einflößen, ein allgemeiner.

Die Operationen, die mit diesen Fetischen vorgenommen werden, kommen auf das auch in anderen Theilen der Welt wohlbekannte Nägeleinschlagen zurück, und indem man der Holzfigur einen geweihten Nagel, der bei schweren Fällen vorher glühend gemacht ist, infigirt, soll sie gewissermaßen durch den Schmerz beständig an ihre Pflicht erinnert werden, und erst nach Erfüllung dieser wird der Nagel ausgezogen und die Wunde (des Loches) geheilt. Da ein solch mächtiger Dämon natürlich mit rasender Wuth erfüllt wird, gegen den

Urheber, um deſſentwillen ihm die Pein verurſacht iſt, und dieſen mit ſeiner ganzen Rache zu verfolgen ſtrebt, bringt der Dieb zitternd das geſtohlene Gut zurück, wenn er hört, daß der Beſtohlene für die Figur des Fetiſches geſchickt hat, um einen Nagel einſchlagen zu laſſen. Der Schuldige wagt nicht den Nagel einzuſchlagen und wird ſo unter den Ver= dächtigen erkannt. Dieſe Ceremonien werden auch in pro= phylactiſcher Weiſe vorgenommen, indem ein Kaufmann, der ſeine Sklaven für den Transport von Waaren und den Verkauf von Fazenda auf einen Handelsweg ausſendet, vorher den Fetiſch, meiſtens Mabiali=mandembe (Makuanja oder Konde=Mambe) und Mangaka, holen läßt, damit dem= ſelben vor dem ganzen Hausgeſinde Nägel eingeſchlagen werden, unter Verwünſchungen gegen den, der ſich Ver= untreuungen zu Schulden kommen laſſen ſollte. Ebenſo wird Gelübben dadurch eine bindendere und zwingendere Kraft gegeben. Wenn z. B. ein Herr ſeinen Diener nicht von Trunkſucht heilen kann, ſo mag er vor ſeinen Augen den Fetiſch (Kondo=Mambo) benageln laſſen, und dann wird die Furcht, von Krankheit oder Tod im Uebertretungsfalle be= troffen zu ſein, am beſten vor Verletzung des abgelegten Verſprechens bewahren. Beim Nagel = Einſchlagen werden nicht gegenwärtige Perſonen durch Haarbüſchel repräſentirt. Um die Operation wirkſamer zu machen, wird der Nagel dem Verdächtigen von der Naſe aufwärts über die Stirn geſtrichen. Kranke bedienen ſich dieſer dämoniſchen Einflüſſe in zweierlei Form. Einmal mögen ſie gegen denjenigen Uebelthäter, von dem ihr Leiden ausgegangen ſein ſoll, einen

Nagel einschlagen lassen, oder wenn sie wissen, daß dieser
Böswillige selbst einen Nagel zu ihrem Verderben ein=
geschlagen hat, so wenden sie sich an den priesterlichen Diener
des Dämon (den Ganga Kondo=Mambo), damit derselbe den
durch Sympathie (wie bei den gegen Feinde verfertigten
Wachsfiguren) ihre Eingeweide zerreißenden Nagel wieder
aus dem Körper des Jdols ausziehe. Der Priester ist aber
nur das willenlose Werkzeug in der Hand seines Herrn,
und da er vielen Verehrern erlaubt hat, gegen gute Be=
zahlung Nägel einzuschlagen, bedarf es zur Jdentificirung
des in dem bestimmten Falle steckenden eines umständlichen
Cursus von Ceremonien und eines anderen, um das Aus=
ziehen ohne Schmerz zu bewerkstelligen und den Dämon,
der an das Einwachsen vielleicht schon gewöhnt war, nicht
neuerdings zu irritiren. Alles das kostet ein ansehnliches
Stück Geld.

Die Fetische werden beräuchert und bei schweren Ver=
brechen gießt man dem Mabiali-mandembo etwas Brannt=
wein in den Mund, damit er den Schuldigen (nach dem
Nageleinschlagen) bis zur vierten Generation tödte. Die
Nägel werden erst über dem Kopf des Angeklagten hin=
gezogen und dann in den mit Kräutern gefüllten Mund des
Götzen gesteckt.

Die Autorität der Fetische Mangaka und Mabiali=
mandemba (Mabemba=maviali) ist eine verhältnißmäßig junge,
denn früher wurde der Fetisch Konde für diese Benagelungen
ausersehen. Noch jetzt werden die Fetische Makuanja und
Flama=konde (von Konde=bingi) in der Umgegend gefürchtet.

Am Congo wendet man sich vorzugsweise an den Mabiali=
manbembo (oder an dessen Arzt für eine Ablaufssumme),
und in Sumba, wo der Markt Bommas abgehalten wird,
findet sich diese Figur, während die des Mangala im be=
nachbarten Lunga steht. Auch in Chiloango findet sich Ma=
biali=manbembo (in affenähnlicher Figur) und außerdem bietet
dort der Chimbuka (aus Cafongo) seine Dienste an. Der=
selbe erspart die Ausgabe für einen neuen Nagel, da er
bereits über den auf dem Bauch (über dem Milongo) ein=
gefügten Spiegel einen constanten Nagel hat, an dem für
jedes Anliegen mit einem Hammer ein paar Schläge gethan
werden. Die Verfertigung dieses Nagels liegt dem Schmied
ob (Lings=malonda), der, wie bei so vielen anderen Völkern,
mit priesterlichen Functionen bekleidet ist. Im Falle ein
Kranker sich dorthin wendet und genügendes Honorar an=
zubieten vermag, zieht der Columbuiti, der Diener des
Götzen, den Nagel für eine Zeitlang aus. Derselbe bedient
sich einer rüttelnden Calabasse für seine Ceremonien und
singt dabei: Kolile malembe Chimbuke, Kolile malembe
Chimbuke le (thu ihm nichts, o Chimbuke, thu ihm nichts,
so ist es besser). Der Fetisch von Chinkakka (bei Bomma)
hat Nägel an Finger und Fußzehen (wie viele andere Götzen=
figuren), Bart und dichtes Haupthaar. Der Mamuba oder
Ganga Mamuba, der bienende Priester des Mabiali=man=
bemba in Molemba besitzt zauberkräftige Medicinen, durch
Bestreichen mit welchen (auf dahin gestellte Aufforderung)
sich die Nägel rasch lockern und schmerzlos und leicht aus=
gezogen werden können.

12*

In Mayombe wird die Stelle des Mabiali=mandemba durch den Mambili vertreten, und dieser ist Hauptfetisch in Loango. Derselbe hat seinen Wohnsitz in der Erde, durch einen darüber aufgestecken Pfahl repräsentirt, und ein in demselben eingeschlagener Nagel heftet den, gegen welchen er gerichtet ist, an der Stelle fest, so daß er (wie der von den Vestalinnen festgebetete Flüchtling) unfähig ist, zu entfliehen und an seinen früheren Aufenthaltsort zurückkehren muß. Auch hierbei wird eine Klapper (Quanga) verwandt. Wenn vom Entfliehen eines Sklaven benachrichtigt, bläst der Ganga nach allen Richtungen hin auf den Weg und zwingt ihn, zu erscheinen.

Bei wichtigen Gelegenheiten werden die Fetische ver= schiedener Tempelsitze vereinigt, und auf dem Versammlungs= platze, wo sie zusammentreffen, finden feierliche Begrüßungen statt. Ehe dann die Ceremonien, worin das Nageln ein= begriffen ist, beginnen, werden allen Bildern die Gesichter bedeckt, bald mit Baumwollenzeugen, bald mit Bast, Seide u. s. w., je nach der Quirille des Fetisches. Im alten Mexico verwendete man Steinmasken.

Wird eines Verbrechens wegen die Gottheit Chincasse= incasse befragt, so bereitet ihr Arzt das Milongo, indem er geweihte Muscheln vergräbt und mit einem Glas Wasser auf der Oberfläche des Bodens in Verbindung setzt. Von Con= vulsionen ergriffen, benetzt er sich dann mit diesem Wasser die Augen, die in Seherkraft aufgehellt den Schuldigen er= schauen. Verhindert wird Diebstahl durch Umpinde, da Ein= schlagen eines Nagels den Dieb tödten würde. Um dagegen einen Raub glücklich auszuführen, verfertigt sich der Dieb den Fetisch Chungu aus Zeugflicken, Mattenstücken, Gummi u. s. w. Glücklicher Ausgang wird dem Credit des Fetisches gut geschrieben, wogegen er sich nutzlos oder zu schwach erweist, wenn der Dieb auf der That ergriffen wird. Für kräftige Milongo werden (wie es auch Du Chaillu in den Gabunländern fand) die Haare eines Weißen gesucht und in einem Sack unter dem Arm getragen. Die Weihe der Fetische geschieht durch Einführung eines Milongo oder Zauberarzneimittels, und dieses wird, wenn der Fetisch aus einem Topf, Muschel u. dgl. m. besteht, darin eingekleistert, wogegen es bei Holzfiguren meist über dem Bauch angebracht ist. In letzterem Falle spielen auch die gläsernen und perlmutternen Augen eine Rolle, wie bei den Götterbildern in Ceylon. Kola-Nuß und Schevo sampunvo (congesischer Pfeffer) bilden die Speise des Fetisch, dem sie in den Mund gesteckt werden. Nach ihren Fetischen gehören die Träger derselben verschiedenen Lemba an, in welche sie eingeweiht sind.

Die eingeborenen Händler, die weite Reisen zu unternehmen haben, tragen, als eine zum Schütteln bestimmte Doppelglocke, den Fetisch Mambili, der mit Blasen und Fingerschnappen beim Einbruch von Gewittern umherbewegt wird. Trifft der Fremde in einem Dorfe Ungastlichkeit oder werden ihm dort sonst Unannehmlichkeiten bereitet, so nimmt er seinen Fetisch hervor und reibt ihn auf der Erde. Die Anwesenden gerathen dann in Schrecken, recken ihre Arme und schreien: Insi yaku tatu (die ganze Erde ist dein, o Väterchen), um nicht vom Blitz getroffen zu werden.

Wird in einem Dorf ein Haus während eines Unwetters beschädigt, so hat sich der Eigenthümer mit dem Priester des Mambili auseinanderzusetzen und abzufinden (wie in Abbeokuta mit dem des dortigen Donnergottes). Der Ganga Mambili (in Mayumbe) wird gerufen, um einen Nagel in den Hauspfahl desjenigen Neger zu schlagen, der, wenn er sich auf der bevorstehenden Reise untreu zeigt, vom Blitz getödtet werden soll. Bei Gewittern wird auch der am Körper getragene Fetisch Bumba, während man ihn in die Hand nimmt, angerufen, als jate Bumba, laß es rasch vorübergehen, o Bumba (Perkun sagten die Slaven). Wenn bei einem eingetretenen Todesfalle (besonders dem eines Kindes) der herbeigerufene Ganga keinen Fetissero abivinirt, so ist Mambili die Ursache, und den Familiengliedern werden diejenigen Fetische angezeigt, mit deren Ganga sie sich zu ordnen haben, damit das Sterben nicht fortdauere. Liefern diese schlechte Bedienung, indem noch fernere Unglücksfälle eintreten, so müssen neue Fetische aufgesucht werden, und gewöhnlich geht dann das ganze Vermögen drauf. Um Jemand zu schaden, verfertigt der Fetissero den Fetisch Mabungo (als Milongho), der auf den Weg gelegt wird, den der Feind kommen muß und diesen beim darüber Hinwegschreiten tödtet.

Besonders für Frauen bestimmt ist der Fetisch Malassi, der auch schreiende Säuglinge beruhigt, und bei Krankheitsfällen durch die Zauberpfeife herbeigerufen, in den Kopf des weiblichen Medium's steigt, das (die Inspiration zu erwarten) geschmückt, den Körper bemalt, auf einem Stuhle sitzt.

Der Cursus der Operation entspricht im Ganzen dem ähn=
lichen in Siam. Der Fetisch wird repräsentirt durch ein
Gehänge von Lappen, die eine Kugel einschließen und mit
Glöckchen umbaumelt sind. Steigt er aus dem Sack oder
Kutu, der seinen Wohnsitz bildet, in den Kopf des Kranken,
der die Zaubermedicin eingenommen, so fällt derselbe nach
vorangegangenen Convulsionen wie todt nieder und muß
durch einen Schuß wieder zum Leben erweckt werden, um
dann die Heilmittel anzugeben, die sich ihm Zustande der
Extase enthüllt haben. Die Anhänger dieses Fetisches bilden
(in der allgemein bekannten Weise) einen geheimen Weiheorden,
in dem man sich aufnehmen und durch die verschiedenen Grade
erhöhen lassen kann. Der Candidat wird innerhalb der Tempel=
hütte in magischen Schlaf versetzt, und während desselben er=
schaut er einen Vogel oder sonstigen Gegenstand, mit dem fortan
seine Existenz sympathisch verknüpft ist (wie die des india=
nischen Jünglings mit dem im Pubertätsraum erblickten Thier).
Alle die in der Weihe Wiedergeborenen führen nach Rückkehr
zum normalen Zustand den Namen Swamie (eine auch in
Indien heilige Bezeichnung) oder, wenn Frauen, Sumbo
(Tembo), und als Erkennungszeichen wird der Sase genannte
Ring getragen, der aus einem Eisenstreif mit anhängender
Frucht besteht und Wild und Ziegen verbietet, dagegen aber
dem von Kindheit auf geweihten Träger seinen Schutz ver=
leiht. Der in Tücherumwickelungen am Körper getragene
Fetisch Kutu Malasie (Marasie) wird vom Ganga Malasie
mit folgendem (an die Formeln der Karen erinnernden)
Spruch gerufen:

Wyza, wyza, wyza
Janam buta, ianam laela
Lambe makolo Kumpambe.

(komm, komm, komm, von welchem Platz, wo immer du bist, komm in mein Haupt zu steigen.)

Der Körper des Priesters wird dann von Zuckungen ergriffen, und wenn der Dämon aus ihm spricht, heißt er Swami Malasie oder Tantu (wie ähnlich auf den Viti). Schwangere Frauen mögen den Embryo im Mutterleibe dem Malassie weihen und dem Neugeborenen wird dann der Kopf geschoren, bis auf einen runden Haarkranz, der auf dem Wirbel stehen bleibt.

Solche, die im Leben schlecht und böse gewesen, d. h. damals wegen Trunkenheit und Zorn gefürchtet waren, werden durch den Ganga aus dem Grabe citirt und, wenn sie die verlangte Antwort gegeben, dorthin zurückgesandt. Der Zaubergesang heißt:

Makulue isanie
Makulue isanie

(komm herauf, o Todter).

Die Ausübung der Polizei ist der Hauptsache nach in den Händen der Ganga, da sie Verbrechen ausfindig machen und durch die von ihnen geweihten Fetische gegen solche schützen. Die Bewachung der Faktorei in Futila war zwei Ganga übertragen, die bei Einbruch ·der Dunkelheit eine Trommel schlugen, und dann bis zum Morgen die Ver= zäunung umliefen, zu verschiedenen Stunden, bald am einen, bald am andern Ende, ein Saiteninstrument an=

schlagend, dessen Töne im Klange die Aeolsharfe geisterhaft
durch die Stille der Nacht herübergetragen wurden.

Bei stattgehabtem Diebstahl wird der Ganga Sengo
gerufen, der ein Messer erhitzt und es erst über seine Hand,
dann über die Beine der Versammelten zieht und nur den
Schuldigen verletzt. Eigenthum wird geschützt, indem der
Ganga dort den M'ti inrina (Stab des Verbots) aufsteckt.

Wie den Mussoronghi gelten den Altmexicanern und
Südarabern die Affen als gefallene Menschen, während Tibeter, Jakun u. a. m. in den Menschen vervollkommnete
Affen sehen. Auch sonst finden sich Beziehungen zum Thierreich, wie die Darbu den Bären von einem in die Wildniß
geflüchteten Schuldner abstammen und deshalb nach menschlicher Weise Hochzeitsfest feiern lassen. In assyrischen Sagen
gingen die ursprünglichen Thierkolosse chimärischer Bildungen
mit dem aufgehenden Licht zu Grunde, wie vorweltliche Riesen
auf den Antillen, bei den Birmanen dagegen hatte sich, wie
in Nord- und Süd-Amerika, die Tradition von einer Herrschaft der Thiere\*) bewahrt, und noch jetzt wird dort eine
solche mitunter von dem Tiger geübt, der die Dörfler zur
Flucht und entfernter Ansiedlung zwingen mag. Die Bewohner Mallorcas ersuchten (nach Strabo) die Römer um

\*) Como o sitio em que Cassange residia fosse tão infestado
do leão, que para viverem mais seguros lhes era necessario fazerem Quimbacas de estacaria (fortalezas), resolveu mudar se para
Quissongo-quiapasso (s. Neves). Die Könige von Dänemark und
Schweden wurden durch Trugill Sprachaleg (nach Torquemada) von
dem Bär hergeleitet, der mit einer Jungfrau jenes Vater Ursus gezeugt
(wie mongolische Fürsten vom Wolf).

ein anderes Land zum Wohnſiß, da ſie bei der Menge der
Kaninchen in dem ihrigen nicht mehr exiſtiren könnten.

Da der Mann und die Frau, aus den erſten zwei von
Gott*) gegrabenen Löchern hervorgekommen, die ihnen ge=
gebene Hacke und Schüſſel nicht zur Bearbeitung der Hirſe
gebrauchten, rief Gott, als ſeine Schöpfungen aus den zwei
nachher gegrabenen Löchern le singe et la guénon, leur
donne les mêmes outils et les mêmes ustensils et leur
ordonne de travailler. Ceux-ci piochent et plantent, se
bâtissent une maison, cuisent et mangent le millet, net-
toient et rangent l'assiette et la marmite. Alors dieu fut

---

*) Nach dem Buche der Jubiläen blieb Adam 40 Tage und Eva
80 Tage nach der Erſchaffung an dem Orte, an welchem ſie erſchaffen
waren, ehe ſie in's Paradies verſetzt wurden, in Elbad, wo ſie auch nach
der Verſtoßung aus dem Paradies ihr Leben fortzuſetzen hatten (ſ. Langen).
In dem apokryphiſchen Gebete Joſeph's erklärt ſich der Patriarch Jakob,
als πρωτόγονος παντός ζωού ζωομένου ὑπὸ θεοῦ [Erſter Menſch].
La préexistence admise dans le passé, entraine logiquement la
pluralité des existences successives dans l'avenir pour toutes les
âmes qui ne sont pas arrivées au but et ont encore des souillures
à laver, des imperfections à effacer; pour entrer dans le cercle du
bonheur et quitter le cercle des voyages, il faut être pur (Pezzani)
[Budhismus]. Die 1836 erſtorbene Eiche im hannoverſchen Wendland
(der Kreyenhager Berge) war aus der Eichel erwachſen, die der fallende
Wendenkönig im Munde geführt (ſ. Hennings). In Quito wurden zwei
Brüder durch das Erheben des Berges Huaca Ynán (in Cañaribamba)
aus der Fluth gerettet. Bei den Polen hatten die abgeſchiedenen Seelen
einen Glasberg zu erklimmen, und für ähnliche Zwecke bindet Thorgrim
bei Beſtein's Beſtattung dem Leichnam Hakenſchuh= an (nach der Gisle
Surs-ſohn's Saga), wie ſie bei den Grönländern ſich an einem Eisberg
blutig rutſchen. Nach Egede ſtritten die Grönländer in Spottliedern und
Thord verlangt von Björn, ſie ſollten ſich gegenſeitig ihre Spottlieder auf
einander vorſingen (nach der Saga von Björn Hitdälahelb).

content. Il coupa la queue qu'il avait mise au singe et à la guénon, et l'attacha à l'homme et à la femme. Puis il dit aux premiers: „Soyez hommes" et aux seconds: „Soyez singes" (Froberville) nach den Makua (Amakoua).

„Im Anfang war nichts außer Gott, dieſer ſchlief und träumte und der Traum währte eine Ewigkeit. Und es war beſtimmt, daß er aufwachte. Dies geſchah." Wohin Gott blickte, entſtand ein Stern. Aber nirgends war Anfang noch Ende zu ſehen, nur das Meer. Und als Gott darin nieder= tauchte, blieb etwas Erde an den Fingernägeln haften, woraus das Land entſtand (nach den Slovenen). Nach den ruſſiſchen Altgläubigen ließ Gott den Teufel untertauchen, um aus dem Grunde des Meeres Erde zu holen, die er als Land ausbreitete (Krek). So bei Indianern und in Yoruba (in Weſt=Afrika).

Wie bei den Anziko wurde früher auch an der Loango= Küſte eine Verehrung von Sonne und Mond erwähnt. In Neu = Californien wurde die Sonne\*) jeden Morgen mit

---

\*) Le dieu Kinieh-Kakmo (prêtre ou le divin Ara de Feu) faisait descendre le feu du soleil sur l'autel des sacrifices. Die Er= neuerung des Feuers diente zur Reinigung, wie die (auch in Polyneſien und Afrika gekannten) Teufelsaustreibung in Rom und Cuzco. In Leipzig trugen die Slaven das Bild der Marzana und Ziebonia mit Klagen umher, um ſie in's Waſſer zu werfen. Nach Groſſer wurden Alte bei den Wenden getödtet. Wie Mars vigila bei den Römern wurde: „Wache, Hennil, wache", von den Wenden (nach Ditmer) geſungen, beim Umhertragen des Stockes mit Hand und Ring (wie ähnlich von den Bandalen berichtet). Nach Schneider trugen die Huren zur Reinigung der Stadt das Bild des Todes umher (in Leipzig). Nach Cosmas errichteten die Wenden an den Kreuzwegen Hütten für die Verſtorbenen (wie an der Goldküſte ge-

Freudengeſchrei begrüßt (Beechey). Die Comanches verehrten die Sonne. Bei Finſterniſſen lärmen die Afrikaner, wie die Chineſen. Zu Hrabanus Zeit wurde in Fulba mit Inſtru= menten gelärmt und durch Zerſchlagung der Geſchirre im Hauſe, um dem Mond\*) (bei ſeiner Eclipſe) gegen die ihn mit Verſchlingen bedrohenden Ungeheuer zu helfen (842 p. d.) Alako, deſſen Geſicht im Monde voll wird, hat dann (nach den Tatern) ſeine nachſtellenden Feinde ſiegreich bekämpft (Eilert Sund).

Valdez führt auf (unter den verſchiedenen Gottes= gerichten)\*\*) in Angola: Quirigue Mena (the drink of truth), Maniaugue Ombo (sheeps blood), Gananzambi Mutchi

---

ſchießt). Der verbreitete Brauch, Pfähle auf den Gräbern aufzuſtecken, wurde von den Wenden geübt, bis durch Otto von Bamberg verboten.

\*) When the moon is full, a great number of very small mice commence nibbling on one side of it, until they have eaten it all up. Soon after a new moon begins to grow (according to the Dacota). In the Ilm of Aktaf (knowledge of the shoulder-blades) or Osteomancy (in Sindh) the right shoulder blade is consulted during the dark half of the month and vice versa (Burton).

\*\*) Creem em feitiços, adivinhações, que os zumbis dos que morrem vem a cabeça dos adivinhadores fallar, os quaes chamam chinguiladores, creem mais em juramento de ndua (os Dembos). When an accused Mkuafi is to take an oath (mumake) the Oleibon (sorcerer) boils some roots, which he mixes with meat and puts into the mouth of the oath-taking person. In case of guiltiness the meat will (in the Wakuafi opinion) stick to the man's throat and move neither backward nor forward, so that he must die (Krapf). Die Götzen in Biße heißen (ſ. Graça), Sande deus da fortuna, Can- dundo, dos enfermidades, Goalla, da degraça (und die unter dem Zeichen Sande's Geborenen ſind glücklich). Die Holzgötzen (Ganganjumba) der Angoleſen waren in Geſtalt von Böcken, Schildkrötenköpfen, Thier- füßen, Elephantenknochen u. ſ. w. (ſ. Dapper).

(God's stick), Quirigue Tubia (the fire of truth). Das Todtentragen findet sich auch in Ober=Guinea (und sonst). Nach den Angolesen ist in dem Tanz Quimboara der Teufel in Einem unter ihnen gegenwärtig und redet aus demselben in einer Götzensprache (Dapper). In Kombala=an=Kamene giebt es (nach Magyar) eine Kimbanba = Schule, wo die Kesila=Gesetze gelehrt werden.

Bei den Timmanis sind der Feuerstein und der Donner (welche die Welt beherrschen) Gegenstände der Verehrung, und beim Eide wird Stahl und Stein zum Funkengeben über dem Kopf zusammengeschlagen. Die Steinbeile (Coriscos oder Blitzsteine) heißen (in Brasilien) Ai, ita nbytyty anla sui goara (vom Himmel gefallene Steine), als Zapy=tubu pyaba (vom Donner geschleuderte Steine) bei den Cajua oder Aata=tuba=a (Beilsteine) bei den Coroado und (in Surinam) Itai=Botu bei Itamarana (und Tamarana) und Caraiben (s. Rath). In Ashantie heißen die (in Cumassie) bei Ziegelgraben gefundenen Steinbeile Donnerkeile *) (und so in Birma, Japan, Kaukasus, Molukken, Europa u. s. w.).

---

*) Im Norden auch mit Thor=Hammer zusammengestellt. Vidit vates foedum Lokium vinctum jacere sub thermarum (sive Hunnorum) luco (inter caucasios montes), convulsiones hodie terrae motus appellantur (F. Magnusen), wie Maui in Neuseeland, und der (gleich Thyr) einarmige Erdbebengott. Die abgeschiedenen Häuptlinge der Maori wurden einäugig gedacht, wie Odhin. Der teuflische Geist verläßt die Hexe im Traum, um als Schmetterling umherfliegend oder als Henne, Menschen zu fressen (bei den Südslaven). Von den Minores bii (neben drei Hauptgottheiten) montani Alpen, aquatici Nixen dicebantur, Albe enim montem excelsum, et Nixen necare olim significavit (Eckhart). Die Nitou oder Geister (in Amboina) werden nach den Localitäten benannt.

Sie ziehen in's Feld (im September) mit dem Ende der Regenzeit im Durga=Puja und Dusarah (wo die Bilder der Söhne Durga's gleichfalls verehrt werden, Kartikeya und Ganesa). An den ersten drei Tagen erhalten die Bilder Leben und Augen durch die Brahmanen, während der Opfer; beim Umzug der Bilder wird die Göttin*) gebeten, später zurückzu= kommen. Im Durga Puja werden Siwa und Durga als Triangel verbunden. Das Gebet: „Regne, regne, o lieber Zeus, herab auf Ackerland und Gefilde der Athener," war (nach M. Müller) an den Himmel gerichtet. Bei den Bechuanas wird mit Pulu (Regen) der Begriff der Gottheit ausgedrückt, als alles Gute umfassend. The Rain-stoppers (neben den Rain-makers)**) schwingen ihre Schilde gegen den Donner (bei den Mandan).

In alter Zeit beherrschte der Ganga Thiriko als Priester die Stadt Thiriko; im Tempel Bosibatta diente der Ganga mit Musik und Tanz. Die schwarze Statue des Kikokko (in Kenga) wurde sitzend dargestellt. Dem Bombo tanzten Mädchen bemalt und gefedert. Der Mokisso Malemba (Makemba)

---

In Lobal wird das gute Wesen, als Kajanba, das böse als Makitschi verehrt (nach Magyar). Die Regenzeit dauert im Reiche des Matiamvo von Juli bis Mai (nach Graça).

*) The goddess is gratified for 12 months with the blood of the iguama, for 12 years with the blood of the antelope and the boar, for 25 years with the blood of a goat, for 100 years with the blood of buffalo and rhinoceros and for ever with the blood of a tiger (according to the Brahma Vaivarta Purana).

**) Les faiseurs de pluie (chez les Bassoutos) connaissent dans le désert des cavernes profondes, où l'on peut voir Morimo et converser avec lui (Casalis).

wachte über die Gesundheit des Königs. Dem Mokisso Ma=
kongo waren Fischhaken geweiht. Der Mokisso Mimi stand
als Stumpf in einer Hütte. Der Mokisso Kossi schützte gegen
Blitz. Der Mokisso in der Stadt Kimaya war aus Töpfen
gebildet. Der Mokisso von Inyami wurde auf einem Hügel
verehrt. Beim Mokisso von Kitouba ward geschworen. Für
den Mokisso von Moanzi wurden die Blätter an seinem
Pfeil beständig erneuert (in Loango). Der Zauberer Cam=
bolo=camanuma (bei Cassange) versicherte gegen Wunden
durch Kugel (s. Neves). Am Zaire gilt Mevouga als großer
Fetisch *).

In Congo wurde (nach Cavazzi) der Ngombo für
Weissagung **) (als Agombo für Hexenfindung) verehrt, in
Sundi der langhaarige Chintomba (in den Bergen Agandas),
dann (mit 11 Weibern bei mit verbranntem Haar beräucherten
Götzen) der Agosci. Der Apindi macht Donner und Regen,
Ganga Amaloco (den Götzen Erdhäuschen errichtend) schützt
gegen Blitzschlag, Motinu=a=Maza gewinnt sein Zaubermittel
(gegen Krankheit) aus dem Wasser, Amobundu bewahrt die
Saaten auf dem Felde, Molongo prophezeit aus dem
Feuer ***) über den Ausgang von Krankheiten, Acomi (ein

---

*) A palavra Feitiço (in Africa), é a traducção em portuguez
da palavra Mancuala, com que os cafres designam as suas operações
superstitiosas, a que attribuem virtudes sobre naturaes ou encan-
tamentos (Gamitto).

**) In Tamini (auf Celebes) wird der Vogel durch die Wahrsager
(Talenga) für Goldgraben befragt (Rabermacher).

***) When the fire is to be consecrated, Agni Havyavâhana,
the god who carries the libations to heaven, must be invoked.

verstümmeltes Götzenbild tragend) heilt innere Krankheiten,
mit dem Diener Azasi (den Kranken mit Glöckchen behängend),
Agobi heilt Taube, Asambi heilt Hautkrankheit, Ganga
Embungula zwingt durch sein Pfeifen Entfernte herbei, Ganga
Muene zaubert Mais in sein Haus (aus den Blättern),
Macuta (und Matamba) heilen in anderer Schule als Agu=
lungu und Abazi, Apungu macht schußfest, Cabonzo liefert
Gift, Issacu heilt Wunden, Agurianambu zieht Elephanten
herbei, Abacassa Kühe, Apombolo wilde Thiere, Atombola
erweckt Todte. Der Chitome sicherte die Fruchtbarkeit. In
Buabassar (zwischen Kukava und Bang Bai) wird der Baum
Delu verehrt (s. Barth). Mubiah ist Wasser = Fetisch bei
(den Bimbies).

Die Bewohner Balla=Bagh schreiben die Fruchtbarkeit
ihres Landes dem Riesengrabe Lot's (Hazrar Lut Paigambor)
zu und die Lughman's, weil sie das des Patriarchen Lamech
(Metar Lam Sahib), Bruders des Nohlaki Sahib, besitzen
(s. Masson). Nach Wilford sollte die Leiche Lamech's dort
in sitzender Stellung (mit untergeschlagenen Beinen) beigesetzt
sein. Nach Ibn Batrik ließ Lamech den Körper Adam's in
den Mittelpunkt der Erde bringen, wo er (auf Noah's

---

This invocation or invitation of Agni is called Pravara (s. Müller).
When a brahman has his own fire consecrated, he wishes to
declare, that he is as worthy as his ancestors to offer sacrifices
and he invites Agni (Arsheya or the offspring of the Rishis) to
carry his oblations to the gods, as he did for his ancestors. The
names of these ancestors must then be added to his invitation
and thus the invitation or invocation of the ancestors came to be
called pravara.

Geheiß) durch Melchisebek (mit geschorenem Haupt) gehütet wurde (unter blutlosen Opfern). Bei den Na=Ngonbo ist Mulungo der Schöpfer aller Dinge. Auf dem Gründungs= platz Mabhura's (im Reiche des Panbja) war Siva als Mulalinga verehrt worden (wie später als Lingo von den Lingamiten). Der schwarze Stein im Tempel Daniel's (bei Susa) wird von Frauen, um geschwängert*) zu werden, umfaßt (s. Bobe), wie in the temple of Halgah Baal (at Emessa). Der Priester der syrischen Göttin bestieg zeitweis einen Phallus=Pfeiler (nach Lucian), als Säulenheiliger.

Der Teufel hat (nach Cäsarius) keine Hinterseiten (dorsa), und so sind Frau Welt (bei Konrad von Würzburg) und die norbischen Walbrone hinten wie ein hohler Baum oder ein Backtrog anzusehen (s. Roskoff). Die Idole der Philippinen werden als rückenlos beschrieben. Während sich bei den

---

*) On varie à l'infini les formes des amulettes ithyphalliques, les unes présentaient le Phallus combiné avec le mullos ou la figure du sexe feminine (en Rome). Die Tarquinier verpflanzten etruskischen Gottesdienst nach Rom (in Jupiter, Juno, Minerva) und er= laubten durch Einführung der sibyllinischen Bücher aus der griechischen Stadt Cumae auch die apollinische Religion, worauf dann (auf Grund sibyllinischer Bücher) weitere Gottesdienste Griechenlands in Rom ein= geführt wurden, wie der Demeter, Persephone und des Dionysos (496 a. d ), als Ceres, Libera und Liber, als Aeskulap (291 a. d.), der erycinischen Venus (217 a. d.) und ferner orientalische, wie der ibäischen Mutter aus Pessinus (205 a. d.), dann der bionysischen Mysterien (166 a. d.), welche Geheimbdienste sich von den großgriechischen Städten aus über Italien ver= breiteten (s. Pfleiderer). In Indien wurden die Volksgötter in das brah= manische System aufgenommen. La plus jolie fille de la nægory était ordinairement consacrée au service de l'esprit supérieure (à Céram).

Buddhisten frei stehende Figuren finden, treten die der Brahmanen aus einer Rückenwand hervor. Wie sich in Indien das Essen geweihter Dinge (oder in Siam der Trank des Eideswassers) unter den Gottesgerichten findet, mochte auch die Hostie dazu dienen. Die Götzen (von denen Ra = Keli= malaza den König schützt, Ra = Mahavaly Krankheit heilt u. s. w.) dürfen nicht angesehen werden und sind (unbekannte Gestalt) meist in Kasten eingeschlossen auf Madagascar [fetisch= artig], wo bei Anklage wegen Zauberei das Giftgericht Tan= gena entscheidet (s. Sibree). Nach Drury war eine Art Haus= altar (Owley) der Hauptgegenstand der Verehrung (auf Madagascar)*) mit Crocodilzähnen (1717).

Nach Gaffner (1779) kommen viele Krankheiten**) nicht von natürlichen Ursachen her, sondern sind Wirkungen des Teufels (s. Rapp). Wenn dahero gewiß ist, daß ein Mensch dem andern durch Malefiz Schaden zugefügt hat, so straft das Parlament selbigen gemäß denen alten Capi= tularien (Calmet). Bei den (hannoverschen) Wenden kann man Krankheiten „anthun", während andere durch „Tehrer"

---

*) Le Supreme Being is called Andriamanitra (the fragrant noble) or (Zanahary) Andriananahary (the creating prince) in Madagascar (s. Sibree). Der Seelenhimmel lag (in Tahiti) auf Berges= höhe, als duftendes Paradies. Brachmanes herbam magna super-stitione ac caerimoniis pro numine venerantur (s. E. Acosta).

**) Heilant (Heiland) is part. Praes. von heilan (sanare, salvare). Für Zauberei werden bei den Hebräern die Ausdrücke Lachasch (parler à voix basse), Latim (secrets), Caschap (fascinations), Chabar (lier) gebraucht (s. Calmeil). Sterben in einem Dorfe viele Kinder, so hat die Hexe diese zusammengegessen (bei den Südslaven).

veranlaßt sind (s. Hennings). Der Dubbelsüger kann (bei den hannoverschen Wenden) nur den Weg in's Haus nehmen, den er gekommen.

Es giebt in der That eine Zauberei, d. h. eine Kunst, durch die Kraft des Teufels übernatürliche und außerordent= liche Dinge zu wirken und Menschen und Vieh dadurch Schaden zu thun, auch wunderliche Impressionen dem Ge= sicht zu machen und wahrzusagen, schreibt Dr. Johann Georg Walchs, Professor Theologiae Primarius und Kirchenrath zu Jena (1760): daß Geister auf Cörper wirken, kan nicht geläugnet werden, „wir schließen hier ab esse ad posse, das ist ja wohl ein recht demonstrativischer Schluß". Die aus dem Stein, auf dem Joachim von Floris zu knieen pflegte, hervorgewachsene Blume heilte durch ihren Duft alle Krankheiten (s. Schneider), bis eine Frau ihren kranken Esel (malo ubere laborantem) damit zu curiren suchte (nach Gregorius de Lauro).

Die Kalibscha oder Zauberer (neben den Luba oder Priestern) treiben die bösen Geister (Sar) von dem Kranken aus (bei den Galla). Während der Beschwörung raucht der Kranke Taback (s. Krapf). Die Todten werden in Congo ausgesetzt mit einer Tabackspfeife zum Umwickeln. Die (bei den Cochimies) Vamas oder Guasmas und (bei den Loretto) Dicuinochos genannten Ebuer oder Priester (der Secten Tuparan und Niparaya) brauchten zum Krankheitsheilen *)

---

*) The doctors thrust their hands into the patient's mouth, pretending to pluck death forcibly out of his body (in Californien) 1758. Fremdartige, an sich unverständliche Laute wurden mit einer Gewalt

eine Röhre von schwarzem Stein, saugend oder blasend, supposing that thus the disease was either exhaled or dispersed (1758). Die Balunda trommeln bei Krankheiten vor einem mit Lehm bestrichenen Gras-Alligator, dem Cowries als Augen eingesetzt sind.

Die Panieses (indianische Helden Neu-Englands) waren durch einen Pact mit dem Teufel unverwundbar (nach Winslow). Die Powwows sind Zauberer und Hexen (Gookin), and partly are physicians. Der böse Geist hieß Hobamocko bei den nordamerikanischen Indianern. Die mit scharfen Muscheln versehenen Leibtragenden werden durch Speerwürfe in den Wald gescheucht, wo sie sich große Hüte verfertigen (in Neu-Caledonien). Beim Leichentanz werden die Kriegsmasken (Apouema) getragen (s. Patouillet). Die sonorischen Zauberer wollen von dem Bösen (Muhaptura oder Mörder) Gewalt erhalten haben, gesund und krank zu machen (Pfefferkorn). Wenn die Religionen behaupten, die Krankheiten seien meistens Folgen der Sünde, so haben sie so Unrecht nicht, wenn verschuldete Unwissenheit und der Mangel an

---

der Stimme und Schärfe der Betonung ausgestoßen, daß sich (nach Hohl) Anwesende von Schauder und Entsetzen ergriffen fühlten, bei dem Beginn der Geisteergießungen unter den Irvingianern in der Kirche von Regentssquare (1831). The Bhopa (witchfinder) plays the drum Dakla in Guzerat (s. West). Am Congo werden erwähnt: Dances avec un priape, agité par un ressort et porté par une personnage, masquée par le bec et la moitié d'un pelican, wie sich auch an der Goldküste orgiastische Ceremonien, gleich den aus dem Alterthum bekannten, mit den Erntefesten verbinden. Die bei Priestertänzen getragenen Masken dienen oft zur Entstellung der Stimme. In Japan reden die Priester aus bronzenen Buddhabildern. Druther wird als Berather erklärt (s. Bönisch).

gutem Willen beim Streben nach menschlicher Vollkommen=
heit die größten Sünden sind (Rittmann).

Die Chiquitos brachten die Weiber der Kranken um,
da sie diese für die Ursache der Krankheit hielten (be Arca).
Vielleicht haben die Voreltern dieser Wilden einiges Licht
gehabt, daß der Tod durch ein Weib den Eingang in die
Welt gefunden habe. Sie begehrten also in der Krankheit
in Ungestüme, ob von dem Leibarzt zu wissen, welches Weib
ihm die Krankheit in den Leib gebannt (1729). In Somrai
tragen zwei Mann den Todten, so daß der eine das Fußende,
der andere das Kopfende auf dem Kopf hat. Die Verwandten
und „klugen Männer" ermahnen den Todten laut, seine
Träger zum Haus des schuldigen Thäters zu führen, und
wohin seine Füße sich wenden, folgt man, um, wenn die
Füße des Todten sich einem Haus gegenüber fixiren, dasselbe
zu überfallen (s. Nachtigal). Die Sara entdecken den Todten
durch ein geheiligtes Grasbündel auf dem Kopf eines „weisen"
Mannes, der sich zitternd und mit dem Kopfe schüttelnd
hin= und herwendete, bis das Grasbündel auf den Schul=
digen zufällt.

Die den Priestern der im Wald versteckten Tempel
(Toutou=Wo) übergebenen Kinder (unter den Alfuren) wurden
mit Geheul (unter blutigen Ceremonien) zur Weihe empfangen,
und nach drei Monaten geschmückt zurückgegeben (s. Valentyn).
**Ces petits (tenus dans un silence absolu) avaient oublié
leur langue maternelle et, rentrés dans leur famille, ils
ne pouvaient rien rapporter de ce qu'ils avaient vu.
Ensuite, ils parcouraient le village pour se montrer et**

mendier des vêtements, qu'ils partageaient avec le Maou-wen ou le grand-prêtre (ſ. Bacter). So im Belli=Pato und ſonſt afrikaniſchen Geheimbünden (wie auch ähnlich in Amerika).

Als Aerzte fungirten (in Congo) Agurianzima, Ngu=riamzuſi, Agurbambazza, Aguriamturi, Aguriambamba, Agu=riambolo, Aguriambaca, Aguriamfulama, Malomba, Nbulu, Aguriambembole, Aguriamginga u. ſ. w. (nach Cavazzi). Zum Krankmachen werden Nägel*) eingeschlagen. Die als Prieſter unter den Pariah (im Tamulenlande) fungirenden Valluver ſind zugleich Aerzte. In der Höhle im Walde Puton's zu Acharaka (zwiſchen Tralles und Nyſa) ſchlafend, empfangen die Aerzte die Offenbarungen über die Heilmittel oder die Kranken ſelbſt (ſ. Hartung).

Nach Pſeudo=Esdras irren die böſen Seelen**) nach

---

*) Thorolf (der das für ſeine und ſeiner Verwandten Seelen be-ſtimmte Gebirge Helgaſell von keinen Ungewaſchenen betreten ließ) baute Thor einen großen Tempel, innerhalb deſſen Thür die Hochſitzpfeiler ſtanden, in welchen die ſogenannten Götternägel eingeſchlagen waren (nach der Eyrbyggiaſaga). In Rom im Janus-Tempel.

**) La magie accadienne repose sur la croyance à d'innom-brables esprits personnels répandus en tous lieux de la nature, et tour à tour confondus avec les objets mêmes, qu'ils animent, ou séparés de ces objets (Lenormant). On reconnaissait des genies, des catégories appelées „mas" et „lamma" et des démons utuq (favorable ou mauvais). Au plus haut sommet de la hiérarchie, on admet un certain nombre de dieux (an, dingir ou dimir). „L'église, au moyen-age, est la grande magicienne, et si elle fait brûler les sorciers, ce n'est que jalousie de métier" (Fontanés). Pambi (der Schöpfer) muß ſich den Zaubereien des Cazembe fügen (ſ. Gamitto). Creem que o Pambi é um ente auctor de tudo, porem ao mesmo tempo acreditam que elle obedece promptamente

dem Tode umher bis zum Tage des Gerichtes, während die
guten (nachdem sie sich in sieben Tagen der Freiheit die
Einrichtungen der Unterwelt angesehen) im Behälter ver=
schlossen bleiben, bis zum Tage des Gerichts. Nach dem
Buche Henoch werden die mit eisernen Riegeln geschlossenen
Erzthore des Hades von einem Engel am jüngsten Tage
erbrochen, um die Seelen daraus hervorgehen zu lassen.
Auf den Mariannen wurden die Seelen gewaltsam Gestor=
bener in den Zwinger (Zazarraguan) oder Haus des Chayfi
eingeschlossen, während bei den Battas (wie bei Normannen
und Azteken) solche höchster Ehren im Himmel genossen.
Die Wirbelwinde (in denen im Norden eine Here reitet)
in den Ebenen der Chevas und Tumbucas gelten als Seelen
umherirrender Zauberer, die bei den Dacota als Samen=
körner bei den Göttern umhergetrieben werden, bis zu drei=
maliger Wiedergeburt, worauf sie verschwinden (in nirwa=
nischer Auslöschung).

Als ein getauftes Mädchen (in Lousiana) starb, bat die
Mutter, auch einen Sklaven zu taufen, damit sie nicht allein
sei bei ihren Arbeiten im Seelenlande der Franzosen (nach
Hennepin). Die französischen Missionäre tauften die Wilden,
afin qu'ils soient esclaves en l'autre monde. In Houagape
gingen die Seelen in Haie, in Amoa in die Winde über
)auf Neu=Caledonien). Der Geist*) des Humbertus Brick

---

à virtude dos seus feitiços; o Cazembe julga se immortal pela
virtude dos mesmos feitiços (Gamitto).

*) The ghost, being adjured to come forth from the possessed
one, names some article (Kehi or chair), in which, if worn around

(in Oppenheim) klopfte, wenn von seinem Schwager auf=
gefordert, dreimal an die Wand der Stube (1620 p. d.).
Nach der Vatnsbälasaga reisen die Seelen der in einer Hütte
eingeschlossenen Finnen nach Island, um dort Freir's Bild
zu sehen und Ingemund zu benachrichtigen.

Neben Lunsi (Verstand oder Geist) wird (in Loango)
die Moio (Seele oder Schatten)\*) unterschieden, und auch
in Oberguinea geht die Schattenseele beim Tode in das
Gespenst über. Die Seele (Tschipey) der Delawaren wurde
(nach dem Tode) zu Tschitschank (Gespenst), außer dem zur
Tschi=pey=ach=gink (Geisterwelt) gehenden Theil. Im Nanticoh
heißt Tsee=ep der Geist eines Todten. Manitu ist (in Chippeway
und Algonkin) Geist oder Gespenst (dann für großen Geist oder
Gott). Nach Holobulos wollte Gemistos durch Annahme des
Namens Plethon bezeichnen, daß Plato's Seele in ihm ihren
Sitz genommen, indem (wie auch von Plotin) Platon als
Stifter eines neuen Glaubens betrachtet wurde und sein

---

the neck or limbs, it will reside without annoying the wearer
(among the Wanyika). The inhabitants of Acanthus worshipped
a Persian, who had died in their country during the expedition
of Xerxes.

\*) The shadow would at death go southward (according to
the Indians of New England). Kichtau made a man and woman
out of stone, but destroyed them again and then made another
couple out of a tree. Nach persischer Mythologie geht die Seele in
Begleitung eines Hundes in den Himmel ein (s. Schwenck) [Eskimo].
Der Mania genita wurde ein Hund geopfert. Verschieden von den Bongo
begraben die Nyam = nyam die Männer nach Osten, die Frauen nach
Westen (s. Schweinfurth). The corpse is washed, the nails are cut,
the teeth are cleaned and the hair plaited (im Lande des Muata-
Yambo).

Festtag von der florentinischen Akademie (Lorenzo's de Medici) gefeiert. Die Lehre der Thretopsychiten wurde vom Papst Leo (1573) verdammt. Die Lehre der Psychopannychie fand ihre Ausbildung bei den Anabaptisten oder (nach Calvin) Katabaptisten. Anathasius beschuldigt den Photius (als animas autem duas *) mortalium dicentem) in die vom Concil (870 p. d.) anathematisirte Haeresie gefallen zu sein.

Wenn in Congo bei einem Todesfalle die Hütte aus= gesetzt oder niedergerissen wurde, so geschah dies theils, um ein Zurückkommen des Geistes zu verhüten, theils, um bereits das Ausfahren der Seele zu erleichtern, wie zu solchen Zwecken (s. Wuttke) auch in manchen Theilen Europas noch Thür oder Fenster geöffnet werden. Every bolt and lock in the house is unfastened, otherwise they be- lieve the departure of the soul is hindered (Whitcombe) in Libforb. Vor dem Einscharren pflegten die Californier den Todten (damit sie nicht wieder auferständen) den Rückgrat zu zerbrechen und sie in eine Kugel aufzurollen. Oftmals legten sie den Verstorbenen Schuhe an, um sie zum Reisen oder Fortgehen fertig zu machen (Baegert). Alles gebrauchte Eigenthum (außer gemeinsames) muß dem Ho in das Grab mitgegeben werden, und Vornehme enthalten sich oft des Gebrauches neuer Sachen, damit sie nicht bei ihrem Tode zerstört werden (in Neuseeland). Das fernere Schicksal der Seele wird dann nach den Vorstellungen vom Weltgebäude

---

*) ὅτι δύο δεῖ κτήσασθαι τὸν ἄνθρωπον ψυχάς, φασὶ die Mes- salianer (s. Damasc.). The Makololo believe that when they die, their souls enter other bodies and live again (Chapman).

ein verschiedenes sein, und bei Lehren der Metampsychose auch
zu Einkörperungen in Thierleiber\*) führen, wie sie bereits
während des Lebens statthaben können.

Eine Präservirung \*\*) der Leichen, wie in Aegypten,
Peru u. s. w., fand sich in Florida, indem (nach be la Vega)
in dem von (zum Theil achtfüßigen) Riesen bewachten Tempel
von Talomeco längs der Wand Holzkisten aufgestellt waren,
mit den als Mumien beigesetzten Leichen der Caciquen. Am
Bonny wird am Kopfende (in Congo früher am Kopf= und
Fußende) eine Oeffnung gelassen, um den Todten Speise
und Trank hinabzuschütten.

Dem (mit dem Gewitter oder Donner identischen) Gott
opfern die Heiden Baghirmi's an einem heiligen Pfahl (aus
dem Holz der Habila oder des Kurro), durch regelmäßig
theilweise Entfernung der Rinde geringt (Nachtigal). Den

---

\*) Potest enim fieri, ut ex humorum vitio et atrae bilis ex-
cessu, affectus quidam lupini mentem occupent. Unde et medici
λυκώμα seu λυκανθρώπιαν inter morbos memorant, apud Arabes
chatrab, ex simili vitio nonnulli canes, leones et alias bestias esse
putant. Die Verehrung der Büffel war (bei ten Indianern) dem unsichtbaren Geist, als Thiertypus, gezollt (s. Bancroft). Der Indianer
bezeichnet das ursprüngliche Thier einer jeden Klasse als den älteren
Bruder (Le Jeune).

\*\*) Aegyptii, periti sapientiae, condita diu reservant cadavera,
scilicet ut anima corpori sit obnoxia, nec cito ad alios transeat.
Romani contra faciebant, comburentes cadavera, ut statim anima
in generalitatem, id est, in suam naturam rediret (Servius). Anti-
quissimum sepulturae genus id fuisse videtur, quo apud Xeno-
phontem Cyrus utitur; redditur enim terrae corpus et ita locatum
ac situm, quasi operimento matris obducitur (Cicero). The chora-
deiras (professional mourners) throw quantities of aqua benedicta
into the grave (in Santjago), repeating their office.

Vampyren wird ein Pfahl durch's Herz geschlagen, um das Wiederkommen zu verhüten, und so das δόρυ ἐπενέγκειν (hasta transfigere) auf dem Grabe Ermordeter. Wie Arn=kel auf dem Grabe seines Vaters (nach der Eyrbyggiasaga) einen hohen Hügel häufte, um sein Wiederkommen zu ver=hüten, und Antor's Mutter über den mächtigen Geist ihres Sohnes, damit er nicht hindurchbreche, werden Steinpfeiler auf die Gräber gesetzt. Gottes Symbol*) ist ein heiliger Pfahl aus dem Holz der Habila (bei den Heidenstämmen Baghirmi's), dem Opfer gebracht und Felle aufgehangen werden (Nachtigal). Am Gabun wird der Sarg aufrecht gestellt und in Senegambien begräbt man die Griots auf= recht in Bäumen.

Die Zulu lassen die Gräber ihrer mit Schätzen**) be= grabenen Häuptlinge bewachen, und Mitchell fand (in Australien) ein bewachtes Grab am Lachlan=Fluß, indem ein Verwandter dort schlief, bis alles Fleisch verwest sei (1835). Guntramn wurde (nach Gregor von Tours) wegen Be= raubung des Grabes eines Verwandten bestraft. Hroar

---

*) The wizard brings the great Giagai Casangala, a weapon resembling a hatchet, and bids him be strong, for his mokisso is with him (nach Battel) [wie der Chnob dem ägyptischen König präsen= tirt wird]

**) Cum pretiosa una cum urnis gentilicium defoderentur, fures iis insidiati sunt, eaque saepius detecta abstulerunt, saepius falsi sunt, et pro thesauro carbones invenerunt, unde apud plebeculam adhuc rumores de thesauris ardentibus et carbonibus in locis se= pulchralibus existentibus, qui summo silentio collecti in aurum commutentur (Eckhart).

gelobte beim Julmahl, das Grab des Viking's Sote auf=
zubrechen und Hörd stieg für erstes Aussuchen der kost=
baren Stücke zuerst hinab (nach der Hördes und Holmveria
Saga). In Corisco wird Nachts begraben, um das Auf=
finden zu verhüten (wie bei den Gothen).

Nach Tobler sind in Jerusalem fast alle Frauen
hysterisch.*) Unter den Frauen der Wotjäken wird (nach

---

*) A very common complaint among these people (auf Itala
der jonischen Inseln) is hysterics, which appear in an infinite
variety of shapes, often producing such extravagant gestures, as
to make the ignorant believe the patient possessed of the devil.
In these cases, the priest is called to frighten the demons and to
send them to their lurking places (f. Hennen). The frequent
invocation (of Zikr by the dervishes) renders the breath of man
additionally holy and gives to it a spiritual or superhuman power
(Brown). Les cordicoles aiment mieux adorer un morceau du Christ,
que le Christ tout entier (f. Tissot). When the priest of Fahe-gehe
(split of as a man with a peculiar sort of mind or soul) speaks
(on consultation of the oracle), he begins (with his hands clasped
before him and his eyes cast down) in a low and very altered
tone of voice, which gradually rises to its natural pitch, sometimes above it. The declarations of the god, he speaks in the
first person. On some occasions his countenance becomes fierce,
his frame is agitated, the perspiration breaks out, his lips are
convulsed, tears start in floods, the breast heaves with great
emotions and his utterances are choked. Having become calm, he
takes a club, fixing his eyes on it, and after having struck the
ground, the god leaves him (in Tonga). Two terms are used to
express the word dream (in Algonquin), Inabundum (referring to
that panorama of sensations presented to the mental vision during sleep) and Apowa (a sacred dream). The jebi is a ghost or
apparition and the mind is called inaindum. Otschichaug is the
soul after its dissolution. Beaucoup de tribus avaient des formules
de prières qu'elles employaient régulièrement et avec ferveur, par-
ticulièrement avant d'entreprendre une chasse ou une guerre (f.

Jonin) Hysterie sehr häufig unter den entwickeltsten Formen gefunden. Nach Roser ist fast jedes Hottentottenweib von Gnadenthal hysterisch. In Java steigert sich Hysterie (nach Heimann) leicht zu ekstatischen Zufällen. In Peru ist Hysterie (nach Smith), in Brasilien (nach Sigaud), in Mexico (nach Jourdanet) häufig.

Zeigen sich Niedergeschlagenheit, Träume, Schreien und andere Vorstadien (Twasa) des Prophetenthums (bei den Kaffern), so opfert der Hausherr und bringt dem Candidat (mit einer Ziege zur Gabe) zu einem alten Seher, damit er ihn zum Prophetenkinde erziehe. In ihrer Krankheit lernte Johanna be la Mothe Guyon die Engelsprache, welche in einem unaussprechlichen Gefühl bei dem tiefsten Still= schweigen bestand. Sobald Combe in's Zimmer trat, ver= loren Beide die Sprache, dessen ungeachtet theilten sie sich Alles gegenseitig mit und sie brachten Stunden lang im süßen Gefühl ohne alle Sprache zu (Jbeler) [buddhistischer Himmel]. Die Gicker (Gucker oder Seher) sehen (bei Cre= feld) Sterbefälle, Hochzeit, Truppenzüge u. dgl. im Voraus (s. Brentano). Bei der Wobabscha (Vereinigung) meinen die Häuptlinge der Wallo=Galla Offenbarungen zu erhalten (unter Tabackrauch mit dem Genuß von Kaffee und Tschat), wie die Japaner in ihren Theekränzchen (Cha trinkend).

Ter böse Geist oder Atshem (der Nasquapees) wan= dert als Riese umher. Die Zauberer (kreuzbeinig sitzend)

---

Carlier) unter den Indianern (Amerikas). Les Marabouts (mrabeth ou lié) sont les gens liés à dieu (s. Clamageran) [religio].

erſchüttern die Hütte in Meditation. Der Angekok fährt an einem Riemen zu den ſtillen Wohnungen empor, die dicken Weiſen (Angekok Poglit) zu befragen (Doro im Spiegel ge=ſehen). Der verzückte Lappe, der auf alle begehrte Sachen (wenn auch etliche hundert Meilen davon geſchehen) inner=halb 24 Stunden antworten kann, bringt zur Beſtätigung ſeines Zeugniſſes (nach Olaus Petri) ein Meſſer, Schuh, Ring oder etwas Anderes, das dem, der ihn gedungen, wohl bekannt iſt, mit ſich (ſ. Scheffer). Der Kranke muß erſt dem Trommelſchläger des Lappen einen ſilbernen oder meſ=ſingenen Ring auf den Arm ſtecken, worauf er erfährt, welches Thier zu ſchlachten ſei. Die Viſion im göttlichen Hellſehen (in welchem das menſchliche Ur=ich, als Ding an ſich, ſich ſelbſt durchſichtig wird) iſt: die Selbſterklärung des Geiſtes, der die Schlüſſelgewalt der Geheimniſſe des Alles in ſich trägt, in dem Maße, wie er ſich durch Religion, durch Weisheit und Tugend der ſchaffenden Natur Gottes in ihrer Offenbarung nach Innen und ihrer Verwirklichung nach Außen anzunähern vermag (Troxler). Die Idee, Ab=führmittel genommen zu haben, wirkt oft, als ob es ge=ſchehen (ſ. Fichte).

Vor einem Kriege ſchläft der Zauberer (in Neu=Cale=bonien) auf dem Kriegsſtein (Apeï=paït oder Tiarik) für Orakel*) (Patouillet). Dann wird der Kriegshäuptling

---

*) Les oracles rendus par les ames des morts (chez les Grecs) avaient perdu peu à peu leur crédit par l'établissement des oracles parlants (Fréret). Den Juden war verboten (in der Evocation der Todten) die Oboth und Zauberer zu befragen. No one but an Argive could

(Damé=patt) ernannt. Zum Ueberfall werden Büsche getragen
(la forêt mobile de Macbeth). Die Ganga sehen den Enbore
im Spiegel des benagelten Fetisch. In der Nähe von Hohenstein
giebt es einen Oberherer, *) der hat einen Spiegel, in welchem
man die Here sehen kann, von der man behert ist (s. Toeppen).

Entweder wird das Wachsbild (der Atzmann) in die
Luft gehängt, oder in's Wasser getaucht, oder am Feuer
gebäht, oder mit Nadeln durchstochen unter die Thürschwelle
vergraben, und der, auf welchen es abgesehen ist, empfindet

---

worship in the temple of Here of that city, and a man must be
an Athenian to worship Athene at Athens (Barter). Die Nyam-
Nyam, die Gott als Gumbah (Blitz) bezeichnen, reiben zum Augurium
(das aus dem Benghe-Essen der Hennen oder dem Wassertauchen der
Hähne hergenommen wird) die Borru=Hölzer (s. Schweinfurth). Wenn
die Krazno lutki (Unterirdische oder Würmer) im Bauche des Menschen
ihr Wesen treiben, giebt es sich durch Leibesbeschwerden kund (bei den
Masuren) und dem Gehör durch ein froschartiges Quaken und Gurgeln
(s. Toeppen). Ut taceam de crepitu ventris inflati, quae Pelusiaca
religio est (Hieronymus), als „ein petit Jupiter tonnant," wie Terrin
den „dieu Pet" nennt. Aegypti non Serapidem quam Crepitus, per
pudenda corporis emissos existimant (s. Min. Fel.).

*) Der Masure unterscheidet zwischen Bozy pratek (Gottesstäbchen)
oder Donnerkeulen (den kleinen fingerförmig gestalteten Kieselsteinen) und
Piorunowy klin (Donnerkeule) oder der steinernen Streitart der alten
Preußen (Toeppen). Zum Schutz gegen drohende Gewitter steckt man
(in Angerburg) den Finger durch das Loch des Donnerkeils, um den
Stein umzudrehen und dann an die Stubenthür zu werfen (s. Pisanski),
und wenn sich Blut mit Milch mischte, wurden die Kühe durch das Loch
des Steines gemelkt (1707). Cultros a nostratibus redemtos, nomi-
nant Itaquice, vulgo alias e petra faciunt, etiam vocant Itaque,
item ex Arundine quos dicunt Toquoaquice (Marcgrav) in Brasilien.
In der Provinz Scella (Angola's) wurden (nach Cavazzi) halbdurchsichtige
Steine gefunden (Tary=y oder Donnersteine), die vom Himmel gefallen
vermuthet wurde [Plinius], und so Steinbeile in Cumassie.

alle Qualen des Bildes (s. Grimm). Zum Zauber wurde
das Wachsbild getauft (nach Berthold). Das Phylacterium,
wann es auf der Stirn getragen wird, ist es aufgewickelt und
hänget zwischen den Augbräunen (bei den Juden) [Antillen].

Am Anfang der Dinge gab es (nach dem Koranas) nur
den Dios genannten Menschen, der aus der Khaus genannten
Gottheit (in der Gestalt eines Felsen, neben welchem sich der
Gott Thu-Khuap und der hinkende Gott Kauna findet, der
die Menschen quält) geschaffen war und sich mit einem flachen
Stein (als seiner Frau) vermählte. Ist Zeus das neuent-
standene Sein, so ist Zeus nächste Schöpfung, als entstan-
denes und zwar als das vollendetste, entstandene Sein die
erste Daseinsstufe (nach Plethon), und die dazu gehörigen
Götter zweiter Ordnung (s. F. Schultze) [Tahiti]. Die
Seligkeit der Götter im überirdischen Raum (τόπος μετα-
κόσμιος) verlangte (nach Epikur) Freiheit von jeder Sorge*)
(und also keine Einmischung in das Irdische), wie bei den
Eweern. Die Noro (Gottheit) der Monbuttu wohnt im
Himmel. In Manjuema, wo die Frauen ein Grasstückchen
im Nasenknorpel (nach Livingstone) tragen, wird der gute
Geist als Ngulu (der Große), der böse (in der Tiefe woh-
nend), als Mulumbu verehrt.

---

*) Nihil enim agit, nullis occupationibus est implicatus,
nulla opera molitur, sua sapientia et virtute gaudet (der Gott der
Epikuräer). The Mota people believed in a supreme god, called
Ikpat, who had many brothers (s. Patterson). According to the
Soofees it is god, who fixes the will of man (Brown). Duo solum-
modo esse, quae nullo modo possint definiri, deum, vice atque
materiam (Erigena Scotus).

Die Essener hatten verboten nackt zu gehen (s. Clem. Al.), wegen des Alles schauenden Himmels. Die vor= bubbhistische Natur=Religion der Tibeter (in Verehrung der Berge und Flüsse mit Vergötterung der verstorbenen *) Ahnen) heißt Pön (der einheimische Glaube) [Pona und Phram] oder Bon. Der Himmel hieß Tekerekabatemba oder gebogene Erde (aena oder Oben) in Californien (Baegert).

Auf den Marianen galten Puntan und sein Weib (ohne Eltern erschaffen) als Ahnen **), die aus ihren Leibern Alles gebildet, Himmel und Erde aus der Brust, Sonne und Mond aus der Augen, Regenbogen aus der Augen= brauen u. s. w. (Strobach). Adam war geschaffen mit dem

---

*) Die Stufenleiter vom Thier zum denkenden Menschen setzt sich (nach Bonnet) im andern Leben fort. Weil nur in der Seele des Menschen der „Gedanke der Ewigkeit" sich zum ersten und einzigen Male auf Erden erschließt, muß auch eine das Leibliche überbauernde Entfaltung nicht nur als möglich, sondern als hinreichend begründet zugegeben wer= den (s. Carus). Nach Weiß gehen die gewöhnlichen Seelen zu Grunde, und so werden die des Volkes vom Atua gefressen. Les êtres intelligents créés éprouvent le besoin d'animer des corps (Dupont de Nemours). Nach Bergerac († 1655) giebt es unendliche Welten in der unendlichen Welt. Der Begriff (eine allgemeine Vorstellung oder Repraesentatio universalis) ist die erkannte Sache (s. Drobisch).

**) Papa (la fille de Kukalamehu et Kahakauakoko) et Vakea furent les ancêtres de la race havaiienne. Kukauakahi naquit de la tête de Papa et devint dieu (en Hawaii). Il naquit de Papa et de Vakea (en Hawai) un enfant mou, semblables aux membranes de la déliverance et ils enterrèrent cet avorton dans la terre, où il poussa et devint Kalo (Colocasia esculenta). Vakea cracha à la figure de Papa et ils furent divorcés (Remy). The souls live in Mungultanna (according to the Parnkalla). The soul (wilya) is believed by the Port Lincoln natives to be removed to some island, there to be changed into a white man (Schürmann).

Unterpfande der Unsterblichkeit (wenn er nicht gesündigt), ἐν ἀῤῥαβῶνι τῆς ἀθανασίας ὁ θεὸς τὸν ἄνθρωπον ἐπλα στούργησεν (Photius). Nach Delormel hat die Welt mit einem immerwährenden Frühling begonnen.

Photius bestreitet die (aus Joh.) gezogene Ansicht, daß der Teufel einen Vater hat (s. Hergenröther). Als Jehovah mit den himmlischen Heerschaaren darüber beräth, den König von Israel durch Täuschung im Feldzug gegen Syrien zu ver= tilgen, sieht Michäas in seiner Vision den Geist (Ruach) als Lügengeist in den Mund der Propheten hinabgesandt werden. Die Tii, wenn die Lebenden beunruhigend, heißen Varua (auf Tahiti). Neben dem Gualichu oder bösen *) Geist verehren die Ranqueles den guten Gott, als Cuchauentru (großer Mann) oder Chachao (Allvater).

In Quioco wird Caanba als guter, Muquixi als böser Gott verehrt (Valdez). Der Priester (Botakimaaon) ist (auf Fernando Po) der Vermittler mit der Gottheit oder Rupe (neben dem Teufel oder Maaon) durch die Schlange Kuka= ruko oder Bukaroko. Die Maraver verehren die Muzimos **)

---

*) The chief malignant deity of the Nagas is Rupiaba (with one eye in the middle of the forehead). Nach Roskoff ist Azazel die Personification der abstracten Unreinheit gegenüber der absoluten Rein= heit Jahve's.

**) Die in Brasilien geborenen Europäer heißen Mozombo, die dort geborenen Neger Criolo, das Kind eines Europäers und Brasilianerin Mameluco, eines Europäers und Negerin Mulato, eines Brasiliers und einer Negerin Curiboca und Cabocles (s. Margrav) 1636. Die echten Neger bewohnen nur die Westküste bis zum Meerbusen von Guinea und den Sudan bis östlich nach Korbofan (s. Kersten). A Hausa-man is called Bahause (Hausawa im Plur.). Muarabu, an Arab (Plur.

ober Seelen ber Vorfahren, von benen bie guten in bie In=
hamazarumbo (Pſammophis moniliger) genannten Schlangen
(ber Arungos ober Hausgötter) wanbern, bie böſen in bie
Canbue (canis abuſtus) ober Tica (Ouizumba ober Hyaena
crocota). Die Schulb ber Hexen (Fite ober Muroi) wirb
burch bas Muave bewieſen (ſ. Peters).

Wenn Baegert bie Californier fragte, ob ſie nie baran
gebacht, wer Sonne unb Monb gemacht haben möge, ſie
erhalte unb regiere, antworteten ſie mit vâra (nein). Das
Nachbenken ber Eskimo äußert ſich in ben zu ihrem Beſtehen
nöthigen Geſchäften, unb was bamit nicht unzertrennlich ver=
bunben iſt, barüber benken ſie auch nicht nach (Cranß).
Horaz läßt ſich in ben Oben burch einen Donnerſchlag zu
ben Göttern bekehrt werben [Paulus, Luther]. „Manu (mit
abgeleiteten Menſch ober Menniśc) bebeutet (ohne Bezug auf
bas Geſchlecht) ben Denker ober bas verſtänbige Weſen, von
man (benken ober ſich erinnern)." Die Slovenen laſſen ben
Menſchen aus bem Schweißtropfen entſtehen, welcher Gott
von ber Stirn auf bie Erbe fiel (Krek).

„Er fängt an ein Menſch*) (b. h. ein Grönlänber) zu

Waarabu) im Kiſuahiti (Krapf) [Marabuten]. „Je ne sais pas" serait
un aveu d'ignorance pas trop plat, la généralité préfère avoir
recours à l'interrogation: „sais-je?" (Caſalis) in Seſuto [Quien-
sabe?]. Bobo im Mpongwe bezeichnet wilb.

*) Les districts des Lemlem sont situées au sud du fleuve
Ganah, les districts de Kouga vers le Sud-Ouest, ceux des Bedjat,
Tamim et Demdem au-delá vers le sud, jusqu'à l'Equateur et au
delá. A l'ouest des districts des Tamim sont ceux des Sefaquis,
la plupart de ces peuples sont sauvages, ne confessent aucune re-

werden," sagen die Grönländer, wenn sie einen stillen, ein=
gezogenen Europäer sehen (s. Kölbing).

Die Priester der Californier legten den Familien oft
Enthaltungsgebote (zu Fasten) auf oder sie ließen zur Buße
einen Weg auf einen Hügel bauen, damit der zum Besuch herab=
kommende Geist einen ebenen Pfad finde mit gelegentlichen
Steinhaufen, darauf zu ruhen (Vengas) [Java]. Zuweilen
befehlen sie, to throw themselves down from a precipice,
was geschah though they must be necessarily be dashed
to pieces [Hyperboräer, Kamtschabalen]. Die zur Enthalt=
samkeit verpflichteten Priester der Algonkin auf Manhattan=
Island durften selbst nicht von einer verheiratheten Frau
bereitete Speisen essen. Schaden gewisse Speisen den Frauen,
so haben die Nerrim=Innuit (Inhaber der Speisen) dieselben
gereizt, gegen die Enthaltungsmaßregeln zu fehlen; bei den
Eskimo (Cranz). Innerterrisoc, der, welcher verbietet, weilt
in der Luft (bei den Eskimo). The Kheriahs (in Manbhum)
do not eat the flesh of sheep and may not even use a
woollen rug (Ball). Die Chevas sind die Herren des
Landes und die Tumbucas Ansiedler, denen nicht erlaubt
ist, sich anders als mit Fellen oder Rhanbas (aus Baum=
rinde verfertigten Tüchern) zu bekleiden.

Pfleiderer findet im Gelübde „ein besonders lehrreiches
Beispiel des naturwüchsigen Zusammenhanges zwischen Fröm=
migkeit und Sittlichkeit". Am Gabun verbieten die Runda.

---

ligion et ont à peine une language, ils ressemblent plus aux ani-
maux, qu'aux hommes (nach Timiêhqui) 13(0 p. d. (s. Mehren).

An der Loango-Küste ist Tschina (der Tanz) mit Tschinna, die verbotene Sache (der Quixilles) verbunden. Die Sittengesetze, an welche der Mensch gebunden ist, gehören mit zu dem constanten, ewigen Theil seines Wesens (s. Zange). Nach Eschenmayer ist das Amulet (wie von der Seherin von Prevorst verliehen) „eine heilige, mit der Kraft und dem Namen des wahren Glaubens ausströmende Ziffer der Naturgeschichte" (1830). Der Zauberer räth der Frau (die einen Sohn zu gebären wünscht) keine Frauenarbeit während der Schwangerschaft zu verrichten, Waffen zu tragen u. s. w. (in Neu-Caledonien).

Wer bei den Polen überführt war, nach Septuagesimä Fleisch gegessen zu haben, wurde mit Ausreißen der Zähne bestraft (nach Thietmar). Die Leute des Häuptlings Bango weigerten sich Rindfleisch zu essen, da sie glaubten, daß das Rindvieh den Menschen nahe stände und in seiner Heimath wie Menschen lebe. Die Tabulae votivae wurden versiegelt an die Knie der Götterbilder geheftet und später vom Aedituus geöffnet. Eine Frau der Eskimo lebte nur von Vögeln, sich des Wallroßfleisches enthaltend, weil ihr verstorbener Gemahl (nach den Angekoh) in ein Wallroß eingefahren (Hayes).

Bei unwissentlichem Bruch seiner Quixille *) soll es vor-

---

*) There are certain things and acts, to which every Malagasy idol is supposed to have a dislike or antipathy; such objects or practices are called its fady (s. Sibree). Marangigoana non significat numen, sed animam a corpore separatam vel aliud quid, instantem mortem praenuntians, ipsis Brasilianis non satis notum et tamen illud vel maxime timent, ita ut interdum imaginario et vano illorum terrore subito exanimentur (Marcgrav) In Madagascar

kommen, daß der Neger aus Angst stirbt. Viele Leute haben davor solche Angst, daß sie schon darum krank werden und sterben (vor dem Todtfingen) in Mafuren (Toeppen).

Von dem Chitombe (in Congo) wird aus früheren Zeiten erzählt, daß er feinen Verehrern das Feuer ver= kauft habe, und die geheiligte Anzündung desselben hängt dann mit den Ceremonien periodischer Feuerlöschung zu= sammen, wie sie in Mexico und Peru sowohl, wie auf Delos, in Sibirien, Persien u. s. w. geübt wurde. Kommt der Gesandte des Herrschers von Monomotapa zu einem Vasallenfürsten, so muß alles Feuer erlöscht werden, um neues von den durch den Gesandten (im Auftrage seines Herrn) angeschlagenen zu erhalten (Melisantes). Der Fürst Buro beherrschte (nach Dapper) die (von Monomotapa ab= hängige) Landschaft Toroka oder Torea (Butua oder Buttua), die sich (mit der Simbaoe genannten Festung) bis zum Fluß Magnise oder heiligen Geist=Fluß erstreckte. In Maytachony (im Innern von Sofola) predigte Elcabye oder Ißmiel (nach Thevet) mille hérésies, qui participaient de la religion catholiques de l'idolatrie et du Mohametanisme en= semble (1575).

Nach den (jüdischen) Sabbatianern hatte sich aus dem göttlichen Schooß (dem Alten der Tage) eine neue göttliche Person entfaltet, welche die Ordnung der Welt wieder her=

---

schreckt das Fetch vor dem Tode und zum Tode (wie in Schottland). In der abyssinischen Familie, der Leber (von den Vorfahren her) verboten war, sah Munzinger durch den unbewußten Genuß derselben einen Knaben krank werden (s. Hilbebrand).

zuſtellen im Stande ſei, wie ſie im Plan der göttlichen
Vollkommenheit gelegen. Dieſe neue Perſon ſei der heilige
König (Malka Kabiſha), der Meſſias, der ausgebildete Ur=
menſch (Adam Kadmon), der das Böſe, die Sünde, den Fall
der Geiſter aufzehren und die verſiegten Gnadenſtröme wieder
in Fluß bringen werde (ſ. Grätz). Samuel Primo, welcher
die Sendſchreiben und Regierungserlaſſe im Namen des
Meſſiaskönigs ausfertigte, ſetzte öfter als Unterſchrift: „Ich
der Herr, neue Gott Sabbataï Zewi" († 1680). Die ſtrenge
Sabbathverehrung verbot mitunter ſelbſt das Feuermachen.*)
An der (von Vorüberfahrenden verehrten) Fetiſchſpitze des
Okanda fand ſich (nach Aymes) immer eine brennende Lampe.

Unter den bei Port=Eſſington beobachteten Kaſten der
Manjar=wuli (der Erdentſprungenen) und der Mambulgit
(der Netzſtricker) wurden die Manjar=alli vom Feuer her=
geleitet (ſ. Eyre), wie indiſche Agni-cola. Dort tödtet der
böſe Geiſt die Menſchen in Erſcheinung der Sternſchnuppe
(ſ. Macgillivray), während man ſonſt in dieſer die von der
Gottheit gegen die Dämonen geſchleuderten Geſchoſſe ſieht.
Nach Anſicht der Auſtralier am Swan=River waren die
Magellaniſchen Wolken der rückſtändige Rauch eines großen
Feuers, das in der Vorzeit von den Stämmen bei Perth
angezündet ſei (ſ. Stokes). Die Stämme am Bogan näherten

---

*) The Jews of Aleppo so strictly observe the sabbath, that
they do no business on that day, and allow no fires to be made in
their houses, except in case of sickness and even then it is generally done by a Christian servant. The poor people on such occasions are assisted by Arabian women, who cry along the streets:
„fire to sell". This is done every sabbath (ſ. Adams).

sich Mitchell mit grünen Zweigen, wie „the Grecians used to supplicate". Sonst mußten die Gesandten offen klaffende Wunden tragen, und so lange diese nicht vernarbt waren, blieb ihre Person unverletzlich.

Bei Unterstützung der Staatsgewalt wird die Hülfe der Priester besonders im Kriege *) gesucht, sei es die eigenen Truppen durch Gebet zu stärken oder die des Feindes durch Fluch zu schlagen, sei es waffengefestete Schutzmittel zu ver=leihen oder die Wege durch den Zauberwedel zu öffnen (wie bei den Campocolos). Die Erbfolge hält, wie anderswo, auch in Afrika vielfach die Beziehung zwischen Onkel und Neffen fest. Die Verwandtschaften **) führen im Ver=engerungsprincip die Colleterallinien auf die directe Reihe der Ascendenten und Descendenten zurück.

---

*) Au temps de guerre la Cherubim (la Sakinah) sortoit de l'Arche sous la forme d'un vent très-impétueux qui fondoit sur les ennemis des Israélites et qui les defaisait entièrement (f. Herbelot). The aboriginal races (in India) worship power in every shape, to avert danger (Briggs). The Gangas or Quibamdas (priests or sorcerers) hold high rank at court (of the Jaga). In Masuren (f. Toeppen) werden auch die Komödianten (Seiltänzer) für Hexenmeister gehalten, die Augenverblendniß bewirken (omaniene).

**) Usque ad quartum gradum omnes fratres vocant nomine n Pangui (frater). Sicut etiam Avunculus ex parte Patris dicitur quoque Esse (Pater) et in plur. Masse. Similiter et Matrua ex parte Patris dicitur Esse rianquentu (in Congo). Nepotes filii fratris Patris vocantur Muana (filius), plur. Ana. Nepotes filii sororis Matris eodem modo Muana. Sed quando sunt filii fratris Matris tunc vocantur Anaançaçi (f. Brusciotti). Quando dicunt Meae Matres solum intelligunt de Matre immediata et mediata, id est Matertera, non autem ulterius, Anguazame (N'Guame, mater mea) dicentes (N'Gua, mater). Matertera ex parte Matris (N'Gudi) ipso-met nomine matris usque ad quemlibet gradum (N'Gudi, mater).

Wie ärztliche wird auch andere Kunstfertigkeit sich Ansehen verschaffen und bei erblicher Ueberlieferung eine Art
priesterliche Abscheidung hervorrufen, wie in anderen Hand-
werken, und so besonders in den Schmieden, die vielfach in
Afrika als Priester fungiren, und wie andere Ceremonien,
besonders die der Trauung (im Kaukasus und in Gretna
Green) mit ihrem Hammer weihen, während sich in Madagascar z. B. in der erblichen Schmiedekaste der Zanakam-
bony das Recht königlicher Leichenbestattung bewahrt. Nächst
zu ihnen stehen, wie in Tonga, die Zimmerleute oder deren
Erweiterung in den Baukünstlern geheimer Ordenswissen-
schaft (anfangs die Herstellung der Brücken, dann die der
Tempel und Kathedralen betreffend), aber wie alle Superiorität leicht argwöhnischen Neid und Haß erweckt, so werden
dann wieder die Aerzte als Giftmischer oder Zauberer ver-
folgt, und Schmiede mit den Zimmerleuten mögen in un-
reine (verachtete) Kasten verwiesen werden (wie in Kunawar).
Nach dem Herenhammer übertreffen die zauberischen Heb-
ammen alle anderen Heren an Lasterhaftigkeit. Im Jahre
1521 wurde in Hamburg der Arzt Beythes, der ein von
der Hebamme aufgegebenes Weib glücklich entbunden hatte,
verbrannt. So mögen Brahmanen aus ihrer Heiligkeit zu
bettelnden Gauklern herabsinken, mit deren Beschäftigung
sich dann leicht ein Vagabonden-Leben verknüpft, obwohl
im Jargon geheimverständliche Sprache erhalten bleibt. Aus
seinen Beobachtungen der Zigeuner in Aegypten und der
Türkei (besonders auf griechischen Inseln) schließt Thevet,
daß die in Frankreich gefundenen der Mehrzahl nach Umher-

streicher aus dem Lande selbst seien, unter denen sich hie
und da einige Valachen fänden, et tous apprennent un
même jargon, avec lequel ils s'entretendent, comme lar-
rous de foire.

———————

Ursprünglich war das Land am Zaire von Affen (Mfonse)
bewohnt, die dorfweise im Walde zerstreut lebten (wie in
Mayombe). Da sie aber die Verehrung Gottes (Zambi's)
vergaßen und ihn sogar schmähten, indem sie, unter Empor=
kehrung ihres Gesäßes, die Verwünschung Kinbia anguaka
ausstießen, so gerieth derselbe in Zorn und verwandelte sie
in zottige Thiere mit wackelndem Gange, die jetzt behausungs=
los in den abgelegenen Theilen des Waldesdickicht hausen.
Dann beschloß Zambi Menschen*) zu schaffen, und rief
zunächst zwei Paare in's Leben, Romandamba und Man=
dele oder Mundele, jeden mit einem Weibe als Gattin, und
wies ihnen ihren Wohnsitz neben einem Brunnen an. Dann
übergab er ihnen zum Hausthier einen Hahn (Susu=amba=
kala), und als derselbe am Morgen früh zu krähen begann,
erwachte zuerst der jüngere Bruder, der sich rasch vom
Lager erhob und in den Brunnen sprang, in dem er sich
weiß wusch (als Mundele). Als der Langschläfer später
aufstand, fand er nur noch schmutziges Wasser im Brunnen
und blieb dasselbe schwarz (als Roman=bamba). Alles auf

———————

*) Die Kanga und Loango haben eine Tradition von einer all-
gemeinen Vertilgung des menschlichen Geschlechts (durch Himmelseinsturz),
worauf ein neues Geschlecht geschaffen wurde (Oltendorp).

der Erde im Pflanzen- und Thierreich ist von Zambi geschaffen, und die stets erneuten Keime dieser organischen
Wesen kommen mit dem Regen auf die Erde herab.

Der Himmel (Usulu) ist in drei Zimmer getheilt, von
denen das eine durch Sa-Manuela (die Muttergottes Santa
Maria) bewohnt ist, die andern beiden durch ihre Söhne,
Deso (deva-Su der Gott des Himmels) und Zambi-apungu.
Anfangs starben die Menschen nur für einen Monat, indem
sie in einen langen Schlaf fielen, und dann mit der Ver-
jüngung des Mondes wieder auflebten. Als jedoch die
Mutter Zambi-ampungu's gestorben war und Deso die Bitte
ihres Sohnes, sie wieder aufzuwecken, nicht erfüllen wollte,
erzürnte sich Zambi-ampungu und entschied nun, daß fortan
auch alle gestorbenen Menschen im Tode verbleiben sollten.

Dies ist die Version der Mussorongho, wogegen in
Kakongo Folgendes erzählt wird:

Als Himmel, Erde und Meer geschaffen war, hielt es
Zambu-ampungu (der höchste Gott) nicht für gut, daß die
Erde leer sei, und er beauftragte deßhalb den Untergott
Zambi (derselbe, der in die Besessenen oder Umkullu eintritt
und aus ihnen redet, sich also in der Seele manifestirt)
Menschen herzurufen, und diese wurden paarweise in die
verschiedenen Länder hinabgesandt. Als sie sich nun rasch
vermehrten, und bei Mangel jeder Ordnung Streit und
Zwist ausbrach, schien es angemessen, eine Regierung ein-
zusetzen, und Zambu-ampungu enthüllte sich im Traum (loto)
dem ältesten Greis, ihm verkündend, daß er ihn durch die
Kronmütze zum König (Umtinu) einsetze und mit dem Scepter

(Chimpava) belehne, daß er ihn damit jedoch auch für Alles,
was auf der Erde geschehe, verantwortlich mache und Rechen=
schaft von ihm fordern würde. An solchen Plätzen des Landes,
wo sich dämonische Kräfte manifestirten, die also als Sitz
eines Fetisches bekannt waren, setzte der König die Ganga
des Bodens oder der Erde (Ganga Umkissie insie) ein,
damit sie hier die Aufsicht führten, und ihm wieder für
die Thaten der Menschen verantwortlich und zur Rechen=
schaftsablegung verpflichtet blieben. Die übrigen Ganga haben
sich mit den Fetischen, denen sie dienen und die sie zu ver=
wenden vermögen, auf Privatwegen in individuelle Be=
ziehungen gesetzt. Die wichtigste Aufgabe der Priester ist
die Regulirung der Witterung, und früher standen die
Scingilli*) oder Regenmacher (in Sogno) unter dem (un=
sterblichen) Ganga Chitome. In Esseno wurde der Chitome
Scingilla (Gott der Erde) auf einem Steinsitz am Fluß
(mit seiner Concubine) verehrt.

Zambi=ampungu schuf (am Zaire) seinen Sohn Bomba=
Kinu, der mit seiner Frau (Kinganga=Kinu) als Sohn (in
Nimimi) Matela zeugte, der das Wasser trinkbar machte.
Ihm gebar seine Frau Pansansombe zuerst die Söhne To=
koko (der den Wald hervorrief), Kiwandii (Herr der Palm=

---

*) Les Gangas ou les Prêtres nommés Sanghillis (dieux de la
terre) ont un supérieur ou un Souverain-Pontife, qui porte le titre
de Ganga Kitoma et qui passe pour le premier. C'est à lui qu'on
attribue toutes les productions terrestres telles que les fruits et
les grains. Um den Credit der Unsterblichkeit zu bewahren, ließ er sich
bei Annäherung des Todes (nach Uebertragung der Wissenschaft auf einen
Schüler) erdrosseln.

bäume), Koko-Komalembo, der die (Sangalawua genannte) Heilmedicin bereitete, und Kombo (Schöpfer der Früchte), dann aber den Sohn Toki-Bana, der mit seiner Frau (Mabula-Mampango) den Sohn Zambu zeugte, und dieser mit seiner Frau (Taninu) die Söhne: Lukelelo (der über das Wasser herrscht) und dann (von einander geboren): Buasika (im Wasser), Kitschenze (im Wasser), Kikomba (im Sand), Baka (im Wasser), Boiongo (im Busch, um gutes Holz für Stäbe zu gewähren), Muilangkissi (im Wasser), Bobo (gutes Trinkwasser gewährend), Tuankattu (über die Bäume herrschend), Matutulu (guten Fischfang gewährend), Kutombanga (die Schiffahrt schützend), Kumbo (stürmisches Wasser beruhigend), Tabetuana (über Steine herrschend), Jambuila (im Kriege schützend), Kiongo (das Geflecht für Säcke liefernd), Tabiasasi (beim Handel helfend), Binda (Erdnüsse gewährend), Kokola (den Handel schützend), Savāno (den Handel fördernd), Ta'ba (des Handels), Tabebela-Makwango (des Handels), Kibianu (des Handels), Sabi (des Krieges), Sukalla (der Schiffahrt), Kinilaka (gegen Räuber schützend), Efuma (vor Hinterhalt bewahrend), Leoh (die Landung erleichternd), Umtomaseki (Fische greifend), Konkafomroāli (im Krieg schützend), Tabbidamuingo (des Handels), Lunga (Heilmittel gewährend), Monselēle (den König berathend), Bunse (Regen gewährend), Gungi-Amoanda (im Walde), Makaya (des Handels), Kandango (des Handels), Kumbi (des Wassers), Masa-Mangayo (den Brunnen schützend), Umpambu (gute Planken gewährend), Tuankissi (die Bäume schützend), Kianji (Herr der Affen), Jbumba-Kaniantschuensunda (gute Stöcke liefernd), Mayemba (der Fische), Ningunko (der Fische), Umtanina (der Fische), Tomatabbi (die Jagd schützend), Msese (die Pflanzen schützend), Tokimbassa (Palmwein gewährend), Bulambemba (Nahrung gebend), Lemba, Pangu, Sokonka, Bubu, Alfunga (Fische verschiedener Art gewährend).

Die in unbestimmter religiöser Ahnung an den Himmel (Zulu oder Sulu) versetzte Gottheit Zambi (Sambi), als Zambi ampungu oder in Bunba (nach Cannecattim) Zambi imochi (deos hum só) wird anerkannt durch Aussprüche wie Zambiatumo (Gott hat Alles bestimmt), Zambi tumesi (Gott hat ihn gerufen) u. s. w. Der an der Hand getragene Malungu oder Ring Zambi's ist ein eiserner. Dieser höchste Gott beauftragt den Untergott (Zambi) mit Schöpfung des Menschen, und bei der zweiten Schöpfung wirkte Zambi-imbi (der böse Gott) mit, nach dem (in Longebonde) Gelähmte und Stumme genannt sind, als von ihm gemacht. Auch auf den höchsten Gott mag eine „heilige" Krankheit, wie es vielfach vorkommt, zurückgeführt werden, und bei Proyart heißt diese (die Meineidige trifft) Zambi-a-n-pongu, so daß sich aus ihr erst der Name entwickelt hätte. Von Zambi-a-nbi (imbi) oder dem Gott der Bosheit, heißt es, daß die einzige Art, ihm zu opfern, darin bestehe, mit ihren Früchten beladene Bäume zu seinen Ehren absterben zu lassen. „Der Bananas-Baum wird vorzüglich dazu gewählt."

Im Gegensatz zu Zambi-ampungu, der vom Himmel herab die Welt schafft, wird Shimbi (Zambi) oder (in christlicher Reminiscenz, auch in Ceylon) Oeso aus der Erde emporwachsend gedacht. Als erster Mensch brachte Watäkelela Feuer vom Himmel herab (nach den Mussoronghi), und in Cabinde stammen die Chimpanse Anziko) von einem Fetissero, der in den Wald floh und sich mit einer Aeffin mischte.

Anfänglich, wie die Mussoronghi erzählen, hatte Zambiampungu eine Menge von Sonnen geschaffen, da indeß die Menschen in Folge der großen Hitze allzu sehr litten, zerstörte er sie bis auf eine, und an ähnliche Mythen aus verschiedenen Theilen der Welt schließen sich die vom Schlingenfänger der Sonne bei Indianern und Polynesiern.

Die abgeschiedenen Seelen (Chimbinde) gehen nach der obern Welt (Chinimbe) im Himmel, mögen indeß auch den Embryo im Uterus einer schwangeren Frau neu beleben, wie sich solche Wiedereinkörperungen in Oberguinea und anderswo gleichfalls finden. Was beim Tode nach Oben geht, ist der Geist (Lunsi). Die zurückkehrenden Todten heißen Umkuja und wer sie sieht, wird im Geist (Lunsi) verstört. Disongola satikanni (es denkt) im Körper (sinitu). Der Puls heißt Maiyemba makoko. Träume werden oft durch die Einwirkung eines Fetissero verursacht. Aus der jenseitigen Welt (Moikwandi-Simka), wohin sich die Sterbenden zunächst begeben, kehren die Seelen zur Begeisterung zurück (bei spiritistischem Rapport). Beim Tode entweicht die Seele (Chinni). Wenn der Mensch stirbt, zieht ihn der Doko an einem Haken zu Zambi-ampungu hinauf (während in Australien die Schlinge zu gleichem Zwecke dient, und auch in Indien die Yama's).

In den Nachtvögeln*) kehren aus der andern Welt

---

*) The Belochis (in Sindh) are considered great adepts in the Sona jo ilm or knowledge of omens, taken from the flight

folche Seelen zurück, die als Fetiffero Uebles thun wollen. „Die Loango stellen sich den Ort der Seligen da vor, wo Sambianpungo (Gott) wohnt, die Hölle aber oben in der Luft, welche sich hingegen Andere tief in der Erde denken. Von den Seelen, die zum bösen Geist kommen, glauben sie, daß sie Gespenster werden und wieder erscheinen, und weil sie ihre Neigung Böses zu thun behalten, diejenigen im Schlafe plagen, denen sie nicht gut sind, übrigens aber in der Luft umherflattern und im Busche Lärm und Geräusch machen. Wenn also Einer am dritten Tage nach seinem Tode wieder erscheint, so sei es ein Beweis, daß er nicht zu Gott gekommen" (Oldendorp). Bei den Eweern hat die feindliche Macht Abosam in der Luft (Yame) ihren Sitz (wie im polaren Norden). Die gefährlichsten Fetiffero sind (in Loango) diejenigen, die sich sterben lassen und dann aus dem Grabe zurückkommen, um das Fleisch des Kranken Nachts zu essen, während sie am Tage in der Wildniß von todten Leibern leben. Wird nach einem Todesfalle derjenige, dem ein nachgelassenes Kind übertragen ist, krank, so heißt es, daß ein Fetiffero die abgeschiedene Seele (Chimbinde) des Vaters gerufen, und daß sich diese darum erzürnt habe, weil sein Kind nicht gut behandelt sei. Es wird dadurch nöthig, die Ganga zusammen zu rufen, um die Sühne vorzunehmen. Die Besessenen (Umkullu), aus denen die Seele eines Verstorbenen redet, werden durch die Trommel des Fetisches geheilt.

---

of birds (Burton), und solche Auguren finden sich vielfach in anderen Theilen Asiens, in Amerika und sonst.

Aus der Moenho oder der (in dem Lebenden waltenden) Seele wandelt sich beim Tode die (gespenstische) Chimbinde oder abgeschiedene Seele, deren natürliche Bestimmung es sein würde, aufwärts zum Himmel (Zambi oder Gott) empor zu steigen, wenn sie nicht etwa auf dem Wege dahin durch einen Fetissero ergriffen und von ihm mit Ketten (Libambo) im Walde befestigt worden, um von dort als dienstbarer Geist für böse Unthaten ausgesandt zu werden. Zuweilen geschieht es, daß eine aus dem Grabe zurück= kehrende Chimbinde in einen Neugeborenen einfährt, und wenn dieser von seinen Verwandten nicht gut behandelt wird, ihn tödtet, um sich dann auf andere Glieder der Familie zu werfen, die nach einander wegsterben werden, bis es einem Ganga gelingt, die Seele zu bannen. Der Kimpanganga=Doki (bei Wanga) wird von dem Doko um Arzeneien zum Tödten angegangen. Die Missionäre (bei Proyart) hörten von den Negern: Die Seele werde nach ihrer Trennung vom Leibe Dörfer und Städte fliehen und in der Luft über Wälder, nach dem Wohlgefallen der Götter herumflattern.

Die im Meere lebenden Fetische\*) (Chivuku=vuku=umpema=

---

\*) The Demeter of Eleusis remained the particular deity of the Eumolpidae and the Athene of the Acropolis belonged to the family of the Butadae; the Politii of Rome had a Hercules, and the Nautii a Minerva (the Julii a Venus). When the deity of a family had acquired considerable reputation and, from the prosperity of his worshippers, was judged to be both benevolent and powerful, then it often happened, that a whole city would wish to adopt it and by diligent service win its favour (f. Barker).

mbolo) beherrfchen (an der Loango=Küfte) den Wind. Umpema
Mambili, als heißer trockner Wind (Pema) ift der Wind
des Fetifches (Mambili). Bei den Wolken (Matuti) werden
unterfchieden Matuti nombe oder fchwarze Wolken, Matuti
mampemba oder leichte Wolken und rothe (feuerfarbige)
Wolken, als Tucula=fenfa. Die Brandung (Mayo) ift das
Reden des Zimbi (Shimbi) oder Teufel. Der Mawakala
genannte Teufel verurfacht Stürme (am Shark=Point) im
Innern des Brunnens Shima=Kiamafa. Die Strudel im
Congo=Fluß werden durch Bungu=Bungu verurfacht. Die
Schlange Nioka läßt durch ihr Erheben das Meer an=
fchwellen und verurfacht durch unruhige Bewegungen die
Calema (oder Kuffuko). Die Wellen des Meeres heißen
Mayo mombu (mambu oder Meer), die Ebbe Umkuango,
die Fluth Moaba.

Die Taudi San Zambi=ampungu (die Diener des
Zambi=ampungu) kriegen aus himmlifchen Höhen mit den
Zimbi (Shimbi) und der Ganga Andembe (Prophet) wird
im Schlaf von den Taudi belehrt und erleuchtet. Die Zimbi
Kakento (Teufelinnen) und die (Zimbi) Shimbi ke yakala
(Teufel) vermifchen fich zuweilen, um die Mana=mana=kakette=
kafimbie zu zeugen, die wieder zu Zimbi (Teufelchens) auf=
wachen.

In gefchlechtlicher Mifchung zeugen die männlichen und
weiblichen Taudia San Zambi=ampungu (Engel Gottes) die
kleinen Taudia=bofo (Engelchen) oder Kimuana=mana (Kiam=
bofo), die gerufen werden mit: Kimuana mana wyza (komm,
mein Engelchen), um neugeborene Kinder zu begleiten und zu

schützen (wie diese auch in Siam auf ihren Schutzengel hin=
gewiesen sind). Bei den Kimbunda liegen (nach Magyar)
die guten Geister (Kilulu Sande) im Krieg mit den bösen
Geistern (Kilulu=yangolo=apessere), deren Uebermacht durch
die Gewitter des höchsten Wesen (Suku=Vanange) ge=
zügelt wird.

Wie in Grönland und Viti*) wird auch in Nieder=
guinea (und am Alt=Calabar) die Ursache menschlichen
Sterbens auf einen anfänglichen Streit zurückgeführt. Als
Guandi=an=Zambi=ampungu (die Mutter Gottes) starb,
wünschten Zambi=ampungu von Sa Manuela ihre Wieder=
belebung, und als diese versagt wurde, ließ man alle Men=
schen sterben, indem Deso sich dem Willen Sa Manuela's
fügte. Noch findet sich das Gebet: Sa Manuela manu ban=
gua kiako (laß beim Sterben leben, o Heiliger). Beim reli=
giösen Tanz (quina oder kina) wird gesungen (tola): Zambi=
ampungu kavanga biambuko kavanga biabisako (Gott läßt
sie sterben, die Menschen, Gott thut nicht recht daran). Die
Wanika sagen (s. Rew) von Mulungu (Gott oder Himmel)
wegen der Leiden im irdischen Jammerthal: Mulungu ni mui
(God is bad).

Die Mtutschi (das Schwarze) genannten Flecken im
Monde, die auch als Vuete be Masa (Regenwasser) oder

*) In einem Streit wollte Ra Bula (der Mond) den Menschen nur
zeitweis verschwinden und dann wieder aufleben lassen, wogegen die
Ratze (Ra Kalaso) meinte, daß die Menschen sterben sollten, wie Ratzen,
und damit durchdrang. Bei den Eskimo streiten die Gottheiten des
Tages und der Nacht über Fortleben und Sterben, und Letzteres bleibt
in Kraft.

als Umsundi Gule unkama (auf einem Stuhl sitzende Leute) erklärt werden, zeigen das Gesicht Zambi-ampungu's, der von dort das Treiben der Menschen beobachtet, wenn der Vollmond gekommen ist (gondo ampuena isanga mene). Am Rembo wird (nach Du Chaillu) der im Monde wohnende Geist, als Jlogo, angerufen. Nach Gondo isuibi (der Mond stirbt) im Dunkel, heißt es (an der Loango-Küste) Gondo is angamene (der Mond kommt wieder), und bei der lärmenden Begrüßung des Neumondes (unter Schlagen der Lippen mit den Händen) wird gesungen: Bakana yala (bàla) biako ko (jetzt werde ich nicht krank sein).

Wie in so vielen anderen Ländern, wird auch in Congo (was Merolla bereits beobachtet hatte) die Idee des Fortlebens*) mit den Wandlungen des Mondes verknüpft, indem man den Wechsel des Mondes mit dem Gesang Eantua (Bantu) fua (der Mensch stirbt), Eantua jinga (der Mensch lebt wieder) begleitet, oder mit Eantua Zampi-ampunga. Oeso da Manuele mavanga kiako (auf den Streit bezüglich). Beim Auf-

---

*) Möge ich mein Leben erneuern, wie Du das Deine, wurde händeklatschend beim Neumond von den Knieenden gerufen (nach Merolla). Possa cosi rinovar io, come sete rinovata gia voi. Die Namaquas (die wegen der gefälschten Botschaft des vom Mond gesandten Hasen starben) verehrten neben Chuvu (dem höchsten Wesen) den Mond, indem sie beim Neumond den alten Mond lobten, weil er ihr Vieh so gut bewacht. Auf den Carolinen legten sich die ersten Menschen mit dem Verschwinden des Neumondes schlafen und wachten vergnügt beim Neumond wieder auf, bis sie der böse Erigirege'rs mit Todesschlaf ohne Aufhören schlug. The women, the first sight of the new moon turn up their bummes, in despight, as offended with their menstruous courses, what they ascribe unto her (in Angola).

gehen des Mondes heißt es Gonba tensaminna (der Mond
erscheint), beim Vollwerden Gonba elungibi (der Mond füllt).
Der Vollmond *) ist Gonba amoensi und der Neumond Gonba
amona.

Mit einem Tambu (Tambu miansa ampungu) oder Rab
verursacht Zambi ampungu ben Donner, der nach dem Ton
als Umsasa tschentu (weiblich) oder Umsasa bakala (männlich)
unterschieden worden, und den Blitz durch Tusemo = Tusesi
(im Reiben). Das Mawunda Mawulu oder Regensieb wird
ausgeschüttet durch Bemba=Kinu (Zambu=ampungu's Sohn)
und dessen Frau Mabia. Die Sterne heißen Umbotte (die
Schönen), das Siebengestirn Bilonbolo bicongolo. Die Milch=
straße ist Umsila Zambi (der Weg Gottes), der Regenbogen
Umchama=umwula (Assunbibi) oder Umschama, als die im
Wasser befindliche Schlange, die sich vom Horizont aus am
Himmel erhebt (wie bei den Eweern, denen der in den
Sternschnuppen erscheinende Kriegsgott Nyikpla auf seinem
Pferde die Wolken durchschreitet). In Guinea wurde (nach
Boswell) der Schlange bei Dürre, sowohl wie bei Nässe
geopfert. Der Blitz heißt M'sasi (Luschiamo comban sasi)
und der Donner (Chi bumu=umvulu oder Lärm des Regens)
wird von dem Fetisch der Erde oder Kissie=insie, den der
Kasa=bakis genannten Ganga bedient, erzeugt (tobend, wie
der Erdgott der Shekiani). Wenn Regen ausbleibt, werden
Fetissero beschuldigt, und die Angeklagten müssen Cassa essen.

---

\*) Les Negres de Cabinda portent au cou une petite corne,
qui leur pend sur la poitrine. Au temps de la pleine lune, ils
oignent cette corne d'une huile, qu'ils recoivent de leurs sorciers.

Die Mandongo (wie Oldendorp bemerkt) nehmen für ihren Fetisch gern etwas, was vom Donner gerührt ist, und in Abbeokuta (in Yoruba) besitzen die Donnerpriester eingreifende Gewalt.

Das alle primitiven Staatsverhältnisse durchwaltende Priesterkönigthum stand auch in ganz Afrika in Kraft, und noch wohnt der die Stürme beherrschende Kukulu am Vorgebirge des Steinpfeilers und Namvulu vumu (König des Regen und Wetter) auf einem Hügel bei Bomma. In Loango wird der König eines schlechten*) Herzens (ukillu= umbi) beschuldigt, wenn wegen allzu starker Brandung nicht gefischt werden kann, und man setzt ihn ab, weil er keine Liebe zu seinen Unterthanen habe (wie es dem Kaiser von China vorgeworfen werden mag). Als 1870 der König Chinkussu durch den Mani = Loango vom Thron vertrieben wurde und bald darauf eine Sonnenfinsterniß eintrat, wurde diese dem Zwist der Könige zugeschrieben.

Der König erhält „Zeichen der Ehrfurcht die der Anbetung nahe kommen. Die gemeinen Leute sind fest überzeugt, daß seine Gewalt nicht blos in den Grenzen dieser Erde eingeschlossen sei, sonders daß er Ansehen genug habe, um Regen vom Himmel fallen zu lassen. Sie ermangeln daher auch nicht bei anhaltender Dürre, wenn sie ihrer Ernte

---

*) Incredulous as to a future state, the Kafirs believe that sins are visited by temporal calamities, amongst which they reckon drought, pestilence, hail etc. (Masson). Nach Malek Mannir werden die Siaposh jährlich von ihrem Gott (aus Kabal) zu Pferde besucht, der nur dem Priester sichtbar ist (Masson) [Preußen].

wegen befragt werden, ihm Vorstellungen zu machen, daß, wenn er sich nicht bald seines Königreiches annehme, sie alle vor Hunger sterben und außer Stand sein würden, ihm die gewöhnlichen Geschenke zu machen. Um auf der einen Seite das Volk zu befriedigen und auf der andern auch nicht zu viel zu wagen, überträgt er das Geschäft an*) einen seiner Minister oder Räthe und befiehlt ihm, ohn=verzüglich so viel Regen auf die Felder fallen zu lassen, als nöthig ist, sie fruchtbar zu machen. Wenn dieser alsdann ein Gewölke wahrnimmt, oder vermuthet, daß es regnen werde, so zeigt er sich dem Volke, als wenn er jetzt den Befehl seines Herren ausrichten wollte, und dann versammeln sich Weiber und Kinder um ihn herum, die alle aus vollem Halse schreien: Gieb uns Regen, gieb uns Regen! den er ihnen auch mit der größten Zuversicht verspricht. Ungeachtet der König ganz unumschränkt über sein Volk herrscht, so sieht er sich doch oft in der Ausübung seiner Gewalt durch die Prinzen, seine Vasallen, gehindert, die nicht viel weniger mächtig sind, als er selbst" (Proyart).

In Kabinde (Kapinda) bildet sich das Jahr (Vou) aus zwei Hälften, der trockenen (Vou sebu oder Shiba) oder Nebelzeit und der nassen (Vou vulu oder Tempamvulu) oder

---

*) The Masai and Wakuavi (von denen die Letzteren zum Theil von den Ersteren unterworfen sind) are much influenced by a recog-nised sorcerer-chief, called Leiboni (f. New). The whole of the young men, called El-Noran, constitute the army, while the more advanced in life remains at home to protect the women, children and flocks. Die Lappenkönige (IX. Jahrhdt.) waren zugleich Oberpriester oder Oberhäupter (f. Kostinen).

Regenzeit, von denen jede in sechs (sieben) Monate zerfällt,
und ein Gonda (Monat) setzt sich nach den Wechseln des
Vollmonds (Gonbu milungulea) oder Neumonds (Gonda
mona) aus fünftägigen Wochen zusammen, deren Tage Sona,
Kanbo, Mtons, Mzelo, Sona heißen. Der Sonntag, Sona
(der gewöhnlich als erster Wochentag betrachtet wird), bildet
einen Ruhetag für die Frauen, die an ihm nicht arbeiten,
aber auch sonstige Geschäfte werden an ihm nicht vorgenom=
men, und man unterläßt selbst die Palaver, die sich oft durch
mehrere Tage hinziehen. Tuckey giebt als Wochentage (am
oberen Zaire) Sona, Kanbu, Ocunga, Kainga, und der Tag
wird in drei Theile getheilt. Die Wanika betrachten (nach
New) jeden vierten Tag als Ruhetag.

Der Bezeichnung Ganga begegnet man weithin durch
Süd=Afrika, und sie trifft sich auch bereits in den alten
Schriften über die Loango=Küste. Der Ganga ist der Zau=
berer oder Wunderdoctor, das Vermittelungs= und Ver=
bindungsglied des Priesters und Arztes, der, wenn nicht mit
materiell wirksamen, mit wunderbar geheimnißvollen Mitteln
erst den Körper von seinen Leiden zu befreien sucht, und
nachdem sich dieses nicht mehr thunlich erweist, wenigstens
der abgeschiedenen Seele, zum Trost und zur Freude der
trauernden Verwandten, seinen starken Arm leiht. Nach
den Eingebungen der dämonisch begeisterten Mokisso *) oder

---

*) On appelle Ganga - itiqui celui des Ministres, qui a droit
de recevoir les presents qu'on fait aux idoles et de les presenter
sur leurs autels. Die (Ganga) Ganga Jtiqui empfangen die Gaben
für die Götzen (nach Cavazzi). Bei den vom Erilolona beherrschten Bubi,

Götzen werden die Kina (Kin) als Gelübde aufgelegt. Nach stattgehabtem Diebstahl werden die Götzenbilder unter dem Schalle von Trommeln und Trompeten auf dem Markte umhergeführt (s. Proyart). Gesetzlich wird der bei einem Diebstahl Betroffene der Sklave des Bestohlenen, wenn er sich nicht durch einen Sklaven loskauft.

Als Orbale bei den Wania nennt New das Kiraho cha Tsoka (die heiße Art), das Kiraho cha Sumba (die heiße Nadel), das Kiraho cha Chungu cha Guandu (der Kupfer= kessel) und das Kiraho cha Kikahi (das Stück Brod).

Zum Schröpfen werden die oben durchlöcherten und dort mit Wachs umklebten Antilopenhörner am untern Ende in einen Kessel mit heißem Wasser erweicht. Der Arzt macht in der emporgehobenen Hautfalte kurze Einschnitte mit dem Messer und saugt dann das angedrückte Horn, um es nachher mit Wachs zu schließen. Wenn einige Minuten später abgenommen, ist es mit geronnenem Blute gefüllt.

Die zum Cassa=Essen dienende Rinde soll, wenn unten vom Baume abgeschnitten, als Medicin (als Purganz oder Vomitiv) verwendet werden können. In der oberen oder jüngeren ist das giftige Princip noch so stark, daß das Leben durch das Einnehmen gefährdet wird, doch liegt wieder (wie es heißt) ein Unterschied darin, ob man sie von der Sonnen= oder Schattenseite des Stammes gesammelt hat. Als Präservativ soll Oel getrunken werden.

---

die den Mohs (Idolen) opfern, giebt es außer dem Manne Gottes (Buyeb Rupi) den Priester, der tanzt und singt (als Arzt fungirend).

Mitunter wird es gestattet, daß ein Sklave für das Einnehmen des Rindentrankes substituirt wird. Erweist sich dann aber dieser als schuldig, so kommt man auf den Herrn selbst zurück. In Cassange giebt man beim N'Bambu (Schwur) den Rindentrank dem Hunde des Klägers oder dem des Beklagten ein, und der Herr desjenigen Hundes, der zuerst bricht, wird freigesprochen.*)

Der durch seine Rinde zum Gottesgericht oder (früher) Bolungo (wie der Muana=Baum bei den Marawen zum Muave) dienende Baum in Mozambique (s. Peters) ist durch Bolle als Erythrophlaeum ordale bestimmt.

Außer der Wurzel des Imbola=Baumes, um den Um= bole (Hexer) zu überführen, diente früher zum Ordal (Khi= lombo) das heiße Eisen, das Kauen von Bananenblättern, siedendes Wasser, die Embafrucht, das Tragen von Muscheln, das Ankleben von Muscheln an den Schläfen u. dgl. m. Der N'kassa (Ganga inkassi) spürte die Hexen aus; der Nbasi ent= deckte den Dieb durch Ansteckung eines Fadens. In Mossamedes wird die Leiche in einer Tipoya umhergeführt, um durch die An= gaben des Priesters den schuldigen Fetissero auszufinden, der dann beraubt wird. Die Kokokoo genannten Zauberer wurden in Loango bei einem Todesfall befragt. Im Innern von Quissama wird bei Krankheiten ein Priester gerufen, um

*) When any man is suspected for any offence, he is carried before the king or before Mani-Bomma, which is, as it were, a judge under the king (among the Morombes in Mayumbe). They have a kind of root, which they call Imbondo (Battel). Du Chaillu fand in Gumbi die Probe mit heißem Oel, aus dem ein Messingring herauszunehmen war.

zu entscheiden, ob er sie heilen kann. Erklärt derselbe, daß
der Kranke sterben würde, so wird solcher von seinen Ver=
wandten getödtet.

„In der Landschaft Sogno wurde der Angeklagte ge=
zwungen jenes Wasser zu trinken, mit dem der Mani=Sogno
ihnen die Füße gewaschen. Zu diesem Ende behielten selbes
auff die Priester dieses Ayd=Schwurs, Asia=Mazia=a=Ma=
sogno genannt, weil aber dieser welches Privilegium einen
andern Fürsten, Namens Maquimi, hat zukommen lassen,
seynd sie der Meinung, daß auch die Krafft zugleich in das
Wasser seye übersetzet worden, worin sich dieser Fürst waschet
(s. Cavazzi). In dem öffentlichen Eyd=Schwur Bagi genannt
wohnet, statt des gewöhnlichen Ganga, eine weltliche Person
bey (nach Cavazzi), mit Auflegung von Schnecken (am
Congo). Der Zui genannte Ganga entband von falschen
Eiden. In Guinea war es gebräuchlich, den Verdächtigen
in einen Fluß zu werfen, eine „Probe, so sonsten von un=
verständigen Leuten bei den alten Hexen vor gewiß und
unstreitig angenommen wird" (1700) zur Wasserprobe.

„Wenn aller Menschen möglichste Hülfe und Vorsorge
ohngeachtet der Kranke keine Besserung findet, sondern seinen
Geist aufgiebt, fangen sie an, nach der Ursache seines Todes
zu grübeln, denn ob dieselbe klärlich genug erscheint, ent=
weder wegen heftiger Krankheit, hohen Alters und gefähr=
licher Wunde oder andern bösen Zufall, so lassen sie es
doch nicht dabey bewenden, sondern erzwingen noch eine
andere Ursachen. Dannhero muß der Geistliche nebst des
Verstorbenen Freunden hierüber Nachfrage anstellen, ob er

Zeit ſeines Lebens einen falſchen Eyd gethan, da ſie bei=
deſſen Vernehmen alſobald ſich einbilden, die rechte Urſach
gefunden zu haben, weil er des Meyneyds halber mit dem
Tode beſtrafft worden, iſt's aber, daß man ihn desfalls
nicht beſchuldigen kann, ſo gehen ſie weiter, ob er nicht
irgend einen heimlichen Feind gehabt, der ihn wegen der
Fetiſſero umgebracht. Bisweilen ſetzt man auf den geringſten
Argwohn des Verſtorbenen Feynd feſt und verhöret ihn,
ob er an dem Tode des Abgelebten ſchuldig ſei, iſt's, daß
er überführt wird, obgleich ſchon vor langer Zeit gethan,
kommt er ohne Geldgaben nicht los. Dafern ſie nun gewiß
ſind, daß der Kranke nicht mit Gifft hingerichtet, fragen ſie
weiter, ob deſſen Frau, Kinder, nächſte Anverwandte oder
auch ſeine Sklaven, welche die Aufſicht über ihn gehabt,
treulich genug geopfert, und wenn auch dies nicht zureichend
iſt, die rechte Urſache des Todes zu entdecken, fangen ſie
von Neuem an ihre Ceremonien, als die rechten, wo in
ſolchen Fällen einige Zuflucht, zu begehen. Und fraget der
Geiſtliche nicht nur den Abgelebten, warum er geſtorben
ſei, ſondern auch den Götzen, da es dann niemals an Ant=
wort fehlt, wobei weder Teufel, weder Götze noch der Todte
einige Schuld daran haben, ſondern weil ſie alle drei gleich
ſtumm ſind, mithin auch keine Antwort geben können, iſt's
Niemand anders als der Lumpen=Geiſtliche, welcher ant=
wortet und nach vollbrachter Ceremonie die einfältigen An=
verwandten beredet, es hätte der Götze und der Todte auf
ſolche Art ſich verlauten laſſen, ſo zwar wegen ſeinen Vor=
theil dienſtlichſt und der Wahrheit am ähnlichſten zu ſagen,

daß demnach diese guten Leute Alles vor gewiß und ohn=
fehlbar nicht anders als ein Evangelium auf= und an=
nehmen, sich allezeit in allen ihren Verrichtungen nach ihm
betragende" (Boßmann).

Tuckey beschreibt die Tuchumwickelungen der Leiche als
dazu bestimmt, den Verwesungsgeruch niederzuhalten, und
je reicher der Verstorbene ist, je mehr dieser Einwickelungen
also angelegt werden können, desto länger läßt sich das
Begräbniß hinausschieben. Der Umfang kann so zunehmen,
daß die erste Hütte zu klein ist, und man eine zweite, dritte
und selbst sechste darüber baut (am obern Zaire).

„Ein jedes Dorf (der Quojes) hat ein abgesondertes
Büschlein vor die Seelen der Geister der abgestorbenen
Freunde. Dieses ist rund herum vermacht, und weder
Freund noch Kinder, noch sonsten Jemand, der das Zeichen
ihrer Rotte nicht träget, mögen darein kommen, weil sie die
Geister, wie sie sagen, hohlen und tödten. Zwey oder drey,
ja mehrmal im Jahre wird allerley Speiseopfer vor die
Geister, nach dem die Früchte wohl gemacht seynd und man
viel Wildes gefangen, hierher gebracht" (Dapper).

In einem Krankheitsfall läßt man einen im Prophe=
zeien geschickten Ganga rufen, der sich bei Einbruch der
Dunkelheit durch Tänze vor einem Feuer in Extase versetzt
und dann gegen Mitternacht bewußtlos niederfällt. Bei der
Rückkehr zum Leben bestimmt er dann, ob es ein Endoxe
gewesen, der die Krankheit verursacht (und ein solcher, oder
sein substituirter Sklave, der für ihn die Rinde gegessen,
wird dann nach der Hinrichtung unbegraben an einen Kreuz=

weg hingeworfen werden), ob ein Bruch der Quixilles (der Sühnopfer verlange) oder ob ein Fetisch der Urheber sei. Im letzteren Falle müßte dann der Ganga, der für diesen Fall Specialarzt ist und den sie heilenden Fetisch besitzt, aufgesucht werden, damit er durch entsprechende Ceremonien den beleidigten Dämon wieder besänftigt. Der Fetisch Incossi wird (in Krankheiten) durch einen um das Haar gezogenen Faden am Hinterhaupt befestigt. Tuckey's Führer nach den Fällen des Zaire bezauberte die wilden Thiere durch Pfeifen, um den Weg zu sichern.

Ist der Ganga von seinem Fetische (wie Bungo) in Be= sessenheit ergriffen und ist dann der Geist zur Begeisterung in sein Haupt eingetreten, so spricht dieser aus ihm und verkündet die Heilmittel für den Kranken, die von den Umstehenden aufnotirt und vor dem zum Bewußtsein zurückgekehrten Ganga, der sich nach Verlassen des Fetisch Nichts von dem vorher Gesprochenen erinnert, wiederholt werden.

Die Fetische sind dem Winde gleich und werden je nach ihrem Ritus mit leiser oder lauter Stimme gerufen. In der Sprache der Fetische heißt Wasser Molango (statt Masa) und auch andere Worte sind verschieden oder werden (wie in Cacongo) dem Bunda entnommen.

Um den Körper durch Lembe gegen Krankheit (besonders gegen Kopfkrankheit) zu schützen, dient der Gesang:

> Bumba kia ma lembe
> Bumba kia ma lembe.

Der Fetisch Bomba wird (wie ähnlich in Senegambien) durch einen Topf repräsentirt, aus dem sich Alle an einem

Feldzug Theilnehmenden die Stirn bestreichen. Der im Haus des Ganga gehaltene Kissi Makanbi stammt aus Congo, Mabialla und Umbunba dienen als gegen Krankheiten wirksam. Von den Mabiali=mandembo genannten Fetischen ist der gefürchtetste derjenige, der in Mussala in Chilwanga verehrt wird. Die Fetissero, die Krankheit bringen, werden besonders als Nachts umfliegende Vögel gefürchtet, und wenn der Neger beim Erwachen den Schrei derselben hört, glaubt er sein Schicksal besiegelt. In Angola ward (nach Pigafetta) das Omen aus dem Vogelschrei gezogen.

„Vor dem Tode fürchten sie sich dergestalt, daß sie nicht davon mögen sprechen hören, aus Furcht, sie möchten denselbigen desto mehr beschleunigen," bemerkt Boßmann aus Guinea.

Die Heilceremonien des Fetisch Umkerenje werden vor dem Feuer angestellt (wie früher der Chitombe von dem als heilig in der Hütte unterhaltenen Feuer gegen Bezahlung austheilte). Wenn das Feuer Funken von sich wirft oder zurückspiegelt (nach Cavazzi), galt es für ein gutes Zeichen (in Congo). Im Wirbelwind vermutheten Einige die Seele eines abgeschiedenen Fürsten und stellten Feste an, während Andere den darin hinfahrenden Geist schalten. Der Götze Nbau entdeckte Diebstahl durch die Probe des heißen Eisens (nach Cavazzi).

Die Seher erblicken in dem Spiegel ihres Götzen den Fetissero, der die Krankheit verursacht hat, und je nach den Quixilles kann das nur mit Flußwasser, oder muß im Walde oder unter anderen Ceremonien, die darüber festgesetzt sind, geschehen. Der Ganga Koso heilt Krankheiten in Bomma und ebenso der Ganga Masi, der sich vorher einige Tage im Wasser aufhält. Bei Benagelungen\*) wird auch der Schmidt zugezogen.

Die Ganga tragen einen mit rothem Tuch umbunbenen mit Glöckchen behängten Sackbeutel, der Steine, Muscheln, Nüsse, Hornstücke, Schlangenzähne u. dgl. m. enthält, als zauberkräftige Milongho,\*\*) die zu verschiedenen Zwecken verwendbar sind und mitunter auch im Abschabsel als Medicin eingegeben oder eingerieben werden.

Die Götzen Naviez, Biulondo und Cassubo wurden mit Musik verehrt (in Congo), die Buimbonder tranken das Blut der Opfer (nach Cavazzi). Nach Tuckey war in Inga die Ziege Fetisch, und durfte weder lebend noch todt hin=gebracht werden.

Zur Communication mit den Luftdämonen dient dem Endore der Spinnenfaden, und Boßmann erwähnt einer Secte in Guinea, welche die Welt durch eine große Spinne (Anansie) erschaffen sein läßt.

————————

\*) A common pratice is to make an earthen image supposed to represent the enemy, dressed in saffran-coloured clothes. An incantation is then recited over a needle, with which the joints of the figure are subsequently pricked. A kafan or shroud is then thrown over it, a small Charpai (couch) is prepared and prayers for the dead are duly recited. Finally the figure is buried in the grave-yard and consequently the foe dies of disease (in Sindh). Bei Genuß unerlaubter Speise macht der Innua (Besitzer) den Innul (Mensch) des Innuit (Volkes) krank (in Grönland).

\*\*) Celui qui se vante de deviner, si un malade guérira ou non, s'appelle Molonga (Labat).

Die Bewohner der Inseln im Zaire sind große Zauberer, handeln und reden mit dem Teufel durch sonderliche Menschen und kommen, wenn sie dieses Teufelswerk beginnen sollen, alle zusammen, worauf dann Einer von ihnen allen drei Tage vermummt läuft. Aber wenn diese drei Tage vorbei sind, gebrauchen sie etliche sonderliche Handgriffe dergestalt, daß alsdann der Teufel durch den Vermummten redet (Dapper). Die vom Dämon oder Moquisso Ergriffenen wurden als Moquisso Moquat bezeichnet.

Die Fetische des Regens (Inkisso-vulu) stehen innerhalb eines Verschlages im Dorf, wohinzu der Weg durch eine Schnur abgesperrt ist. Zur Sorge für die Felder giebt es mancherlei Knotenzauber und verbietende Vorschriften. Die Pflanzungen der Wataita werden durch Ukorosi (Hexerei) beschädigt, wenn der Hindurchgehende nicht seine Sandalen abnimmt (nach New).

Die Fetische der Erde (Inkisso-insi) dienen dazu, die Häuser des Dorfes vollzählig zu halten, so daß bei Abbruch eines sogleich ein anderes aufgebaut wird. Am obern Zaire wird (nach Tuckey) jedes Dorf unter einen Hauptfetisch oder Mevonga gestellt.

Im Dorfe Embona (bei Massabe) besteht der Fetisch Bona aus einem Haufen Thierschädel, wie Ochsen, Hippopotamus u. a. m., Schildkrötenschalen, vertrocknete Pflanzen u. s. w., am Fuße eines Baumes aufgeschüttet mit den Trümmern eines gescheiterten Schiffes. Der Waldplatz wird für statthabende Feste von Gras gesäubert und dann legt man die Erstlinge der geernteten Früchte dort nieder. Das

Elfenbein *) an solchen heiligen Plätzen ist im Laufe des
Handels vertröbelt worden. Wird beim Ausstellen eines
Fetisch die gestohlene Sache nicht restituirt, so gilt der zuerst
im Dorfe Sterbenbe als Dieb und (nach Fitz-Maurice) mag
Gift des Priesters ben Tod beschleunigen.

Der Ganga in Tschinsasa (bei Tschinboanba) empfängt
göttliche Verehrung, da er Regen verschafft und durch Blitze **)
zu zerstören vermag.

Nach bem Konqueque der Augongas (bei b'Etourville)
ist der Himmel der Aufenthalt der Gewässer, und jedes
dieser von der Luft durch eine durchsichtige Wand getrennt,
in welcher sich die Löcher der Wasserfälle finden, nach den
vier Weltgegenben. „Er setzte noch hinzu, daß ein Mohise
(eine Art Gottheit) die Thür eines jeden Loches hüte, und
dieselbe nur zur Regenzeit, in Folge eines Befehles des

---

*) They had their idols of wood in the middle of their towns
fashioned like a negro, and at the fort thereof was a great heape
of Elephants teeth, containing 3 or 4 tunnes of them, these are
piled in the earth and upon the skulls of dead men, which they
had slained in the warres (in Angola). M'buiri (bei Du Chaillu)
entspricht Gumbiri.

**) In the tongue spoken about Tete (and understood by the
Maraves and Chervas) Murungo (generally translated God) means
thunder (nach Burton), Mulungu bei ben Wanyila, Npunbi (in Congo)
se vante d'avoir en sa puissance les effets des élémens et de faire
tomber les tonnerres et les pluyes (nach Labat). Ceux dont les
parens ont été écrasés par la tonnerre s'addressent à lui; pour en
être préservés (burch ben Heilgott Molonga). Bei ben Eweern (mit
ber Hauptstabt Anlo) gelten ber Blitz (Nebreffo) unb ber Donner (Agtin)
als Vollstrecker ber göttlichen Gerichte. In Brasilien tritt bas Göttliche
aus bem Laut bes Donners hervor.

großen Manygachis (König des Himmels) öffne, je nachdem
nun das nördliche, südliche, östliche oder westliche Loch ge=
öffnet werde, komme auch der Regenguß von dieser Seite
her, werden alle Löcher verschlossen, so tröpfele doch immer
etwas Wasser durch die durchsichtige Wand, wie das auch
bei irbenen Gefäßen zu geschehen pflege. Daher rühre nun
die Feuchtigkeit, der Nebel und die Wolken im Sommer,
die um so häufiger in einem Lande gefunden werden, je
näher dasselbe dem Himmel sei" (bei Bertuch).

Der Leopard (Fume=Chicumbo oder Fume=Ungo) erhält
Verehrung, als Prinz des Waldes, und wenn ein gemeiner
Neger einen solchen tödtet, wird er gebunden vor die Prinzen
geführt, da er einen der Ihrigen, eines ihres Gleichen, er=
schlagen habe. Bei der Anklage hat er sich dann damit zu
vertheidigen, daß der von ihm getödtete Prinz ein Prinz
des Waldlandes, also ein Fremder gewesen sei, und indem
man diese Ausrede annimmt, wird er in Freiheit gesetzt und
erhält von den anwesenden Prinzen Geschenke. Der todte
Leopard wird dann aufgeputzt und mit einer fürstlichen
Mütze geschmückt, im Dorfe ausgestellt, wo zu seinen Ehren
nächtliche Tänze stattfinden. Der Edelmann, der einen
Leopard getödtet, wurde (nach Dapper) am Hofe feierlich
empfangen und das Fell vergrub man. Den Beweis für
die prinzliche *) Natur des Leoparden findet der Neger auch
darin, daß der wilde Büffel, obwohl größer und stärker,

---

*) The Cazembe would not eat the flesh, because he conceived,
that horned cattle ware fumos, nobility like himself (nach Cooley),
among the Arunda or Alunda (M'runda sing).

sich dennoch von ihm besiegen lasse, weil dieses Thier, als
zum Plebs gehörig, es nicht wage, gegen einen Fürsten
Widerstand zu leisten und sich gegen ihn zu vertheidigen
(wie ähnlich bei dem an alte Traditionen anknüpfenden
Kampf zwischen Tiger und Büffel, das Volk sich freut,
wenn der erstere unterliegt, da seiner Parthei der Sieg ge=
blieben sei). „Wenn im Lande ein Leopard gefangen ist,"
so gab das in alten Zeiten eine der seltenen Gelegenheiten
ab, bei denen der König von Loango sein Schloß verlassen
durfte. Bei den Wanika wurde ihr größtes Fest beim Tode
einer Hyäne gefeiert.  The mahanga (wake) held over a
chie is nothing compared to that over the hyena (New).

Jn Chedima (vom Zaire bis Zumbe) werden die Löwen
(Pondoro) als Aufenthaltsort der Seelen verstorbener Fürsten
geehrt und nach deren Tode weiht man ihnen das Dorf
(nach Gamitto).

Die Chimpanze oder Anziko ziehen mit Stöcken be=
waffnet unter dem Befehl des Tschintende inseku einher.
Der Pongo, der nur mit einem Weibchen zusammenlebt,
greift den ihm auf seinem Wege begegnenden Mann an,
um seine Kräfte mit ihm zu messen, wogegen er vor einer
Frau entfliehe. Aus umgebogenen Waldbäumen häuft er
sich im Dickicht ein Haus zusammen, zu dem unten eine
Oeffnung Einlaß gewährt. Die zahlreiche Familie (bis
40—50 Individuen) schlägt dort ihren Wohnsitz auf, unter
der Hut eines alten Männchens, das am Wege Wache steht.
Große Quantitäten der (sauren) Tumbo = Früchte werden
zum Vorrathe aufgehäuft, und zum Einsammeln vertheilen

sich Alle Nachts über die Felder, bis sie am Morgen auf
den Schrei des Alten (nach der Weise, wie sich die Neger
rufen) nach dem Hause zurückeilen. Am Anfang der Regen=
zeit kommen sie aus Mayumbe herab bis in die Nähe
Chicambos. In dem Namen des Gorilla (Pongo) oder
Pongo=Apungu, d. i. Waldgott (Pongo=Anzambe) liegt die
heilige Scheu, die ihm gezollt wird.

In der Station Chicambo hielt Herr Alcantara für
vier Monate einen jungen Gorilla (Pongo), der (wie er
erzählte) nach kurzer Zeit bereits völlig zutraulich und ein=
gewohnt wurde, Feuer aus der Küche brachte, aufrecht am
Tische stand, sich mit einer Mütze bedeckte, Nachts in einem
Mattenbett schlief, und wenn dieses fehlte, durch Geschrei
danach verlangte. Affen im Allgemeinen heißen Monses
(Msonse=Mayombe) oder Kiba (Macacu). Der wie die Monzol
im Gesicht gezeichnete Bijumbula und die Chimpanse (der
Cabinda), werden (in Loango) Anziko genannt, oder Umsiku
in der Sprache von Chimbongo (der Babongo), wo oft
zwerghaft kleine Leute geboren werden sollen, mit dem Gesicht
eines Chimpanse (eingedrückte Nase, vorspringende Schnauze
und abstehende Ohren). In Jingolo (Jangela) sollten zwei
Arten von Affen unterschieden werden, der große Xima=nene
und der kleine (Xima=tscho).

Ein am Schiffsbord befindlicher Chimpanse (aus Loango)
saß meist jobelnd da (ho, ho, ho, ho u. s. w.), die Arme
über den Kopf geschlagen und begrüßte die Herbeikommenden
mit Handgeben, den Laut Tschko, Tschko ausstoßend, wie er
auch die Handthierungen beobachtete oder nachahmte. In den

Wäldern von Loango soll das Fabelthier Shimhungu leben, das beschrieben wird als eine Löwenart mit einem halb= mondsförmigen Messerhorn auf der Stirn, das sich mitunter ben Durchreisenden zeige. In Tortovuilla, eine Tagereise von Chicambo auf dem Wege nach Kuillemavansa, wo zwischen Felsen der Luema=Fluß entspringt, finden sich Elephanten, und Spuren berselben zeigen sich noch weiter abwärts von Früher her.

Die Elephanten haben sich jetzt weiter in die Ferne zurückgezogen, aber zu Battel's Zeit fanden sie sich der Küste nahe und in Loango kaufte man für eine Elle Tuch drei Elephantenzähne, 120 Pfund schwer. Dapper bemerkt, daß in Loango jährlich eine große Menge Elephantenzähne*) zu beschaffen gewesen, daß dieses aber „von Jahren zu Jahren abgenommen".

Geschieht es, daß ein Neger von einem Krokodil ge= fressen wird, so ist es durch einen Fetissero, der ihm Milongho als Zaubermittel in seinen Bauch eingefügt hat, dazu ver= anlaßt, da es nicht in der Naturbestimmung der Krokobile liege, sich von Menschenfleisch zu nähren. Die Verwandten lassen beshalb den Ganga rufen, der ihm ben Schulbigen anzuzeigen hat, und baselbe tritt ein, wenn ein Leoparb einen Menschen angegriffen hat.

Um Macht über einen Leoparden zu gewinnen, klettert der Doko**) oder der Endoxe (Fetissero) an einem dünnen

---

*) Le commerce de l'ivoire est reduit presqu'à rien sur la côte (de Mayumbe), après avoir été autrefois très-florissant (1747).

**) The dakan or den (witch) has the power of turning men

Faden (von Spinngewebe) in der Luft aufwärts zu Zambu und erhält von ihm die Medicin (Longo oder Milongho), durch welche mit der Lockspeise einer Ziege der Leopard ge= rufen wird, der sich dann in ein Doppelgeschöpf*) ver=

---

into beasts, killing cattle, flying to any distance on a tree by reciting a Mand (magical formular) and mounting a hyaena (Burton) in Sindh.

*) The Waboni or fuwano are reputed to possess all manner of magic power (transforming themselves at will, into serpents, crocodiles, hippopotami, cattles), feared by the Gallas (nach New). Having assumed some bestial shape the man who is eigi ein- hammo is only to be recognised by his eyes, which by no power can be changed (Goulb). Von den Hottentotten wird, wie bei den Neuri in Wölfe, und zwar (nach Olaus Magnus) um Weihnachten (in Litthauen) die Verwandlung in Löwen vorausgesetzt, unter den von Pierre Bourgot (im Gegensatz zu Michel Verdung) vorgenommenen Proceduren, wie sie von Euanthes und Petronius erzählt sein könnten, während die dem Geschlecht des Antäus zukommende Eigenthümlichkeit (s. Johann von Nürnberg) dem assyrischen zugeschrieben wird. St. Patrik is said to have changed Vereticus, king of Wales, into a wolf, and St. Natalis, the abbot, to have pronounced an anathema upon an illustrious family in Ireland, in consequence of which every male and female take the form of wolves for seven years and live in the forest and career over the bogs, howling mournfully. In Frankreich sind manche Processe, der Wehrwölfe (loup-garou) wegen, geführt, und bei den Ashango (nach Du Chaillu) über menschliche Ver= wandlungen in Leoparden. The Danes still know a man who is a were-wolf by his eyebrows meeting and thus resembling a butterfly, the familiar type of the soul, ready to fly off and enter some other body (Tylor). The modern Greeks instead of the classic λυκάνθρωπος adopt the Slavonic term βροκόλακας (Bulgarian or- kolak). Vers la fin du XVI siècle, la démonomanie, la lycan- thropie et la démonopathie se declarèrent (dans le Jura). Boguet (grand juge du lieu) se vantait (suivant le dire de Voltaire) d'avoir fait périr à lui seul plus de six cents lycanthropes ou démono- lâtres (Calmeil). Les lycanthropes doivent être brulés vifs, les

wandelt, halb Mensch und halb Thier, und so, als zu
Menschen gehörig, Menschen rauben kann. Dem Himmels-
faden oder Ekoko Nemabia (Faden des Nemabia) kann sich
der Doko im Lande der Mussoronghi von Nemabia verschaffen, der ihn in seinen Werkstätten bei Shark's Point
verfertigt.

In Kanje (bei Banana) lebt eine Familie, die den
Fetisch Mankulu besitzt und denselben in eine Palmholz-
Kiste aus dem Embryo frühgeborener Kinder zubereitet hat.
Durch denselben erhalten ihre Mitglieder die Fähigkeit, sich
im Dunkel des Waldes in Leoparden zu verwandeln und
dort angetroffene Menschen niederzuwerfen. Sie dürfen solche
indeß nicht verletzen, weil sie, vom Blute trinkend, noch
immer in dem Zustand eines Leoparden zu verbleiben haben
würden.

Unter den Mussorongho werden Leute angetroffen, die
durch einen am Oberarm getragenen Strickfetisch die Fähigkeit besitzen, sich in Krokodile zu verwandeln. Sie ergreifen
dann Menschen, die sie unter das Wasser schleppen, um sie
zu ersticken, und wenn sie mit ihnen an die Oberfläche des
Wassers zurückkommen, beleben sie die Gestorbenen wieder,
um sie an einer andern Stelle auf's Neue zu ertränken.
Wird deshalb beim Baden der Strickfetisch an Jemandes

---

sorciers ordinaires sont étranglés et brûlés après la mort. Das
Mal de Laïra (maladie d'aboi) manifestirte sich (1613) unter den Frauen
der Gemeinde Amou (bei bax oder Acqs). Die Erzählungen von Nebu-
cadnezzar, von den Töchtern des Pröteus, von Odysseus' Gefährten u. s. w.
werden auf eine insania zoanthropica zurückgeführt.

Arme bemerkt, so erschlagen ihn die Anwesenden und werfen ihn in's Wasser.

Der Doko beschwört den Teufel (Shimbi) Tuankatto in Bulambembe (am Zaire), um von ihm die Riech-Medicin (Masunga-sunga) zu erlangen, durch deren Aufschnüffeln sich ein herbeigerufenes Krokobil (Handu) halbseits mit dem Manne vereinigt. Dieses Doppelgeschöpf, der Längslinie des Körpers nach getheilt, geht dann darauf aus, Menschen zu rauben und sich an ihrem Fraß zu ergötzen. Die Buba verwandeln sich in Hyänen, die Buschfrauen in Löwen, und in Kambodia ist der Wolf (der Wehrwolfssagen) durch den Tiger ersetzt.

Beim Gandu (Krokobil)*) unterscheiden die Musso-ronghi das menschenfressende Krokobil (Gandu ibakayantu).

Das rothe Wasser geht weit durch Afrika, um Schuldige zu entdecken, und auch sonst kannte man den Gebrauch eines Bittertrankes, wie in Judäa für Ehebrecherinnen. Das Schwellen des Bauches ist sowohl davon die Folge, wie auch von dem Eingeben des Zaubergiftes, so daß die Heilfetische wieder in homöopathischer Auffassung vortretenden

---

*) Le crocodile est un objet de culte à Waigiou, le requin et le pélandoc au Port Praslin, le chien a Dorey (Duperrey). Persons, who are supposed to have a charm for the purpose are supposed frequently to metamorphose themselves in the species of crocodile, called Fl-üm-n-koi (with a spine like a catfish) on the Old-Calabar (Golbie). Als man einen türkischen Beg, den die Schweine-Metamorphose getroffen, unter den Schweinen suchte, wurde er an einem Ring am Vorderfuß erkannt (bei den Südslaven). Bei den Hyänen (unter abyssinischen Buba) ist zur Erkennung ein Ohrring bemerkt.

Bauch zeigen. Nach Kteſias wurde eine zu Käſe verdichtete Flüſſigkeit in das Waſſer gelegt, wodurch Angeſchuldigte geprüft wurden. Plinius ſpricht von Pillen. Auch Fahian erwähnt eines mediciniſchen Trankes für richterliche Ent= ſcheidung, und unter den indiſchen Gottesgerichten (Dioja oder parixa) findet ſich das mit Gift.

Die ſonſtigen Proceduren der Hexenmacherei wechſeln vielfach, doch läßt man ſich immer gern durch eine An= ziehung auf die Richtung leiten, wie (in Afrika) durch die Taumelbewegungen der Leichenträger oder die Schamanen durch ihre wandernden Tiſche. Die Auſtralier beobachten am Grabe entweder das Kriechen eines Inſects oder ſie werfen einen Speer in die Luft und ſehen, wohin er fliegt. Doch haben die Bayl=ya=gabuk (Zauberprieſter) noch andere Wege, um als Meiſter der Hexen (Hexenmeiſter) die Bayl=ya (Hexenmeiſter) oder Hexen ausfindig zu machen, indem der Seher über das Grab niedergebeugt daſitzt, um die den Umſtehenden unſichtbaren und unhörbaren Dämonenmächte zu belauſchen und zu ſchauen (Grey). Sobald ſich (in Siudh) ein Fragender dem Brahmanen (dem Pokarno oder Sarſudh) nähert, ſeine Zukunft und Glück zu erfahren, ſetzt ſich dieſer in eine nachdenkende Stellung, hält den Athem an und die Naſenlöcher mit einer Hand geſchloſſen; dann verkündet er nach kurzem Stillſchweigen den Ausgang der Frage und erhält ſein Geſchenk (Orlich). Bubbhaſubbi weiſſagte (in China) aus dem Schall der Glocken (IV. Jahrhbt. p. d.).

Durch weiſſagende Kraft werden auch die Fetiſche er= kannt und die deren Wirkſamkeit ſichernden Talismane, die

in Schnüren oder Bändern den Gliedern angelegt werden.
Nach Plinius trugen die indischen Brahmanen Beeren zu
schützenden Amuletten, als Rosenkränze (s. Lassen). Die
Βραχμᾶνοι Μάγοι werden (von Ptolemäos) in den Süden
des Tamulenlandes gesetzt. Vor den Häusern findet man
den Bhuten geweihte Altäre (Tulasi-Katte), auf denen die
Tulasi-Pflanze gezogen und göttlich verehrt wird (s. Wurm)
in Indien. Leicht bildet sich dualistischer Zwiespalt, der
mythologisch weitere Ausbildung erhält. Obwohl Hurmuz
im Leibe seiner Mutter dem Ausgange eher war, trat Ahri=
man früher hervor, da er den Mutterleib spaltete (nach den
Zervaniten), und so war Buddha aus der Seite geboren
worden, wie auch Jakob seinen Zwillingsbruder Esau, den
er bereits an der Ferse gefaßt hatte, durch List um das Recht
der Erstgeburt betrügt.

Amulette und Talismane spielen eine wichtige Rolle
im Leben des Negers. Nichts, was von einiger Bedeutung
sein könnte, wird unternommen, ohne daß vorher der
Priester darum befragt wird, und derselbe, wenn gut be=
zahlt, weiß dann auch einen Rath, indem er nach Berathung
mit seinem Götzen, dem Fetisch, ein von diesem erhaltenes
Zaubermittel verleiht, das unfehlbare Kraft zum Helfen be=
sitzen soll. Erweist sich dasselbe als nutzlos, so hat der
Priester immer Entschuldigungen. An seinem Gott kann
der Fehler nicht liegen, da derselbe eben unfehlbar ist, aber
der Ausspruch, der ein dunkel doppelsinniger zu sein pflegt,
sei verkehrt ausgelegt worden. Der Arme, der so sein Geld
umsonst bezahlt hat, muß dann noch Vorwürfe in den Kauf

nehmen, sich gegen die göttliche oder priesterliche Autorität vergangen zu haben. Je roher ein Volk ist, je tiefer es auf der Bildungsstufe steht, desto unbedingter und blinder läßt es sich von den Anmaßungen seiner Priesterschaft leiten, desto willenloser bleibt es ein nachgiebiges Werkzeug in deren Händen. Und so lagert über alle Negerländer Afrikas, wenigstens über die Durchschnittsmasse der unteren Klassen, die dichteste Nacht des Aberglaubens — leider aber nicht dort allein!

Allerdings ist es Jedem zu überlassen, nach seiner Façon selig zu werden, und da ohnedem ein Jeder zu thun pflegt, was er nicht lassen kann, wird es auch so in Betreff des Glaubens geschehen. Diese individuelle Freiheit ist nicht zu beschränken, da jedes Individuum aus eigener Individualität sie sich giebt, aber die Folgen derselben müssen im Einklang stehen mit dem Wohl der Gesammtheit, über welche das staatliche Gesetz zu wachen hat. Die Freiheit des Glaubens ist deshalb zuzugestehen, gefahrlos wird jedoch der Glaube dann nur sein, wenn er ein wahrer ist, und nicht etwa ein Aber- oder Afterglaube, dessen Befreiung zum Untergang in Wahnsinn führt, wenn nicht durch Gesetzeskraft beschränkt.

Ueber den wahren Glauben ist nun freilich seit Menschengedenken in fruchtloser Weise gestritten, und so lange es sich um Religionssysteme handelt, die aus dunkeln Gefühlsregungen erwachsen, dem Bedürfnisse derselben in mehr oder weniger befriedigender Weise entsprechen mochten, war ein unpartheiisches Urtheil an sich unmöglich, da Jedem der Glaube, in dem er erzogen, ein heiliger sein mußte.

Jetzt dagegen ist die Erkenntniß genugsam fortgeschritten, um bald auch über die Gefühle und ihre Ahnungen mit gleich mathematischer Bestimmtheit entscheiden zu können, wie bei den sonstigen Manifestationen in der Natur, und sobald die Psychologie durch die inductive Methode ihre ge= sicherte Durchbildung erhalten haben wird, muß der unter der jedesmalig herrschenden Weltanschauung als richtig an= zuerkennende Glaube feststehen, da in ihm die vermuthungs= weise Ergänzung zu der so weit gezogenen Sphäre des Wissens geliefert wird, und über die in diesem erlangten Resultat Klarheit gewonnen, eine solche also bereits vor= auszusetzen ist.

Ist dieses angestrebte Endziel des menschlichen Selbst= verständniß auf ethnisch = psychologischer Grundlage erreicht, so kann über die Art des zulässigen Glaubens kein weiterer Zweifel fortbestehen, und damit ist dann die Einheit von Staat und Kirche wieder hergestellt, wie sie in den An= fängen menschlicher Gesellschaft gegeben und nur auf der zur Vollendung leitenden Bahn in zeitweisen Uebergangs= zuständen zerrüttet war. Der Staat ist ein durch die ge= sellige Natur des Menschen als solche gefordertes Institut, das theoretisch den Menschen in seiner Gesammtheit um= fassen und also zum Ausgleich der geistigen Anforderungen gleichfalls Vorkehrungen getroffen haben müßte. Da diese indeß, als im organischen Wachsthum begriffen, beständig neue Beantwortungen und damit raschere Wechsel verlangen, als der zugleich mit der Hut materieller Gesundheit beauftragte Staat gewähren könnte, schuf sich für die gestellten Fragen das religiöse Orakel der Kirche, deren priesterliche Diener dann durch die allgemein menschliche Schwäche des Eigen= nutzes allzu leicht zu einer Opposition gegen den Staat verführt wurden, sobald sie in dem Hebel des Glaubens oder Aberglaubens eine gewaltige Macht über das durch die Geheimnisse der Zukunft bedrängte Menschengemüth in ihren Händen verspürten. So treten sie selbst in Oppo= sition gegen die Wiederherstellung der staatlichen und kirch= lichen Einheit, wie dieselbe bei der annähernden Reife huma= nistischer Cultur jetzt in Aussicht steht.

In der Zwischenzeit, so lange ein derartiger Zwiespalt, zumal als ein künstlich genährter, besteht, kann bei unbe= einflußtem Gedankengang über die Pflichten des Menschen kein Nachgedanke bleiben. Die Natur selbst hat ihn durch den eingepflanzten Geselligkeitstrieb zum Staatsbürger er= klärt, und als integrirendem Theil muß ihm also das staat= liche Ganze als unverbrüchliches Heiligthum gelten. Das Schwanken religiösen Meinens und Scheinens führt dagegen unter individuellen Neigungen auseinander, und läßt man solchen bald vernünftigen, bald unvernünftigen Wähnungen in hundert und tausenden, wenn nicht hunderttausenden, Secten die volle Freiheit, die, wenn immer zugestanden, von sämmt= lichen beansprucht werden darf, so ist der Krieg Aller gegen Alle erklärt, und das Band menschlicher Geselligkeit zer= rissen. Das Beste des Staates, wie durch naturgemäße Gesetze erklärt, kann deshalb allein die Handlungsnorm ab=

geben, wenn es sich um Conflicte zwischen Staat und
Kirche handeln sollte, da im Staat der Ausspruch der
Natur deutlich und faßlich erkannt wird, wogegen in der
Religion dieselbe so viel mit individuell-menschlichen Zu-
thaten, und also möglichen Irrungen, verknüpft ist, daß sie
hier auf unfertigen Zwischenstadien vor dem Abschluß der
Culturergebnisse nicht zum Wegweiser dienen kann.

# Viertes Capitel.

# Das Sprachliche.

---

Als eigenthümliche Bestätigung einer aus dem Alter=
thum erhaltenen Tradition wurde die Zusammengehörig=
keit *) der südafrikanischen Sprachen erkannt (das Hotten=

*) Aus Rugenda's Wortverzeichnisse der Masanja (nördlich von
Benguela), der Tschoambo (in der Nähe der Inhambana oder Niambane)
und der Matibani (oder Matua) schloß Balbi auf eine ethnologische
Sprachfamilie in Südafrika (1826), und Botelho bestätigt die durch
Uebereinstimmung der Idiome Monomotopa's, sowie der Mujoa's (Mub-
jaua's) und Matua's. Die südafrikanische Sprachfamilie umfaßt alle
(braunen) Stämme südlich von zwei Grad nördlicher Breite, außer Busch-
männer und Hottentotten im Südwesten, sowie Somali, Galla, Massai
und Watuafi im Nordosten (mit dem Süaheli als ausgebildetste Sprache).
Prichard zeigte die Verwandtschaft der Sprache der Amakosa und des
Congesischen. Marsden's Neger (aus Mozambique über Bombay nach
Benculen gekommen) verstand Worte der Kaffer und Congo. Die nach
den Gabun gekommenen Suahili verstanden die dortige Sprache (nach
Wilson). Nach Boyce (1837) stimmen die Sprachen Congo's, Angola's
und Loango's mit der der Damara (als Dialekt des Setchuana) überein.
Owen zeigte die Gleichartigkeit der Sprachen in Südafrika. Nach Burton
wird von Stämmen am Cameron ein der Sprache der Kaffern ähnlicher
Dialekt gesprochen. The Suaheli Language is understood from (the
Somali town) Barawa as for southward as to the Portuguese sett-
lements at Mosambic, but actually spoken it is on the islands of
Kiama, Tula, Patta, Lamu, Kau, Mombas, Tanga, Pemba, San-
sibar, Kiloa and at all places of the main land, which are inha-
bited by the followers of Muhamedanism (s. Krapf). The real home
of the Suaheli Language is considered to be on the islands of
Patta, Lamu and the country opposite to those islands.

17*

tottische*) ausgenommen), und die an der Loango = Küste
geredete Sprache schließt sich mit dem Bantu am nächsten
an das Bunda**) an, hat indeß noch nicht mit dem letzten
gleichviele Veränderungen durch das Portugiesische***) erlitten,

---

*) Die Hottentotten unterscheiden das Geschlecht, wogegen die Kaffer
dafür besondere Worte in den belebten Gegenständen bedürfen, die sie als
Klasse den unbelebten gegenüber stellen. Die Hamitischen Sprachen (mit
semitischer Verwandtschaft) begreifen (s. Müller) die ägyptische Gruppe (alt-
ägyptisch und koptisch), die libysche (Ta - Masek), die äthiopische (Bega,
Saho, Galla, Dankali, Somali). Lepsius rechnet das Haoussa und Bleek
das Hottentottische zur hamitischen Gruppe. Die Bantu-Sprachen (vom
Caplanb an der Ostküste bis zu den Gallas, wo das Hamitische beginnt,
und vom Namaqualand bis Fernando Po erstreckt) zerfallen in die östliche
Abtheilung (Kaffer-, Zambesi-, Zanzibarsprache), in die westliche (Herero,
Bunda, Londa mit Congo, Mpongwe, Kele, Jsubu, Fernando Po) und
mittlere (Sechuana mit Sesuto im Osten, Serolon und Sechlapi im
Westen, und Teleza mit Mamolosi, Matonga, Mahloenga). Das Ki-
Suaheli (nördlichste Ausläufer der Bantu an der Ostküste) ist vom Ara-
bischen influencirt (s. Müller).

**) Aus Abundo (im Plur.) folgt, que a letra N (N Bundo) naõ
pode ser inicial do singular, e he necessario que seja a mesma
letra B, e dizer Bundo, ou preceder-lhe a syllaba Mu, e escrever
Mubundo no singular, e no plural Abundo (s. Cannecattim). Preto:
Mambunbo (Mumbunbo), Pretos: Bambunbo (Mimbunbo). Doma da
Bundo: lingua Bunda (in Angola). Th. Mommsen rechnet die Bunda-
sprache, die „weder flexionslos ist, noch eine durchgebildete Flexion hat",
zu den Agglutinationssprachen (mit vorherrschenden Präfixen).

***) Deve - se advertir que tanto na Cidade de Loanda, como
nas suas visinhanças ja se tem introducido o costume de pronun-
ciar o verbo futuro sem a dita adicção final yza, em lugar della
usão da particula logo, que tem adoptado do Portuguez (1805).
In der 1864 veröffentlichten Grammatik bildet sich das Futur, addicio-
nando as syllabas do auxiliar a syllaba qui. Brusciotti giebt in
Congo primus homo, als muntu uantete, dagegen Cannecattim in
Bunda muttu pilimelu (primeiro). Statt muene (wenn) findet sich
(das portugiesische) se in Bunda. Se emme nga-banca, se eu fizesse.

deſſen Eindringen ſich bei dieſen ſchrittweiſe verfolgen läßt,
und ſind ſolche Umgeſtaltungen beſchleunigt, durch Erhebung
des Bunba zu allgemeiner Verkehrsſprache\*) (ähnlich dem

---

Die Präpoſition para iſt in pala übergegangen. Ngui bane menha
pala cu sucula dê-me, agua para me lavar (im Bunbo). Geng
(ngeng), bell (im Dualla). Algumas vezes se exprime o taõ ou
tanto pelo vocabulo tandu (da lingua portugueza) en Bunda (Souxo).
O termo cabalo e seu plural jicabalo saõ viciaçaõ do termo portuguez cavallo (in Bunba). O almoço está prompto, o lomoço
uala polonto in Bunba (Souxa). Mit der Futurbezeichnung yza bildet
ſich von Pilimelu (primeiro) yza-pilimelu (zuvorkommen) in Bunba
(Mommſen). Aus dem Holländiſchen haben die Kaffer die Worte Iboque
(Bock) und iyure (Uhr) aufgenommen, aus dem Engliſchen isugelide
(Zucker), igolide (Gold) u. ſ. w. (ſ. Appleyarb). Yei tuba tschereka,
ſprich offen (wahr), speak truly (directly). Bei der ſo häufig mangeln-
den Unterſcheidung zwiſchen blau und grün, hat das Bunba für erſtes
Wort (aus dem Portugieſiſchen) azulu adoptirt. Dunklere Nüancirungen
fallen mit Schwarz zuſammen, wie (in Loango) Nombe für blau und
ſchwarz ſteht (auch fioth). Für die Farben hatten die Californier nur
vier Worte, ſo daß ſie gelb und roth, blau und grün, ſchwarz und braun
u. ſ. w. nicht unterſcheiden (Baegert). Im Mpongwe ſteht Nambe für
Blau und Schwarz, Tenatena für Gelb (auch wela) und Roth. The
contractions, elisions and coalescences which occur in the Mpongwe
frequently change a whole clause of a sentence to a single word,
thus the phrase „aye re oma ompalu" (he is a great person) is
reduced to „arompolu". Alle Theile des menſchlichen Körpers, ebenſo
Vater, Mutter, Sohn, Bruder oder ſonſtige Anverwandte u. ſ. w. konnten
die Californier ohne Zuſatz des Poſſeſſivum (mein, dein, unſer u. ſ. w.)
nicht ausſprechen (Baegert) [und ſo ſind vielfach Perſonalperfixe untrennbar,
unter oder mit Zufügung des eigentlichen Pronomen].

\*) In Californien iſt die Tulareña-Sprache (der Tulares) von den
Miſſionären ausgebildet. Hablaban en Tlaxacallan tres lenguas,
Nahuatl, que es la cortesana, la otra es de Otomix (mas se usa
de fuera); un solo Barrio ai que habla Pinornex, y es grosera
(Gomarra). After the Conquest the Mexicans made the word tla-
pexouia out of the Spanish Peso (Tylor). A Sheep is called ichcatl

Tupi). Bei der dialektischen Verschiedenheit tritt der Wechsel\*) von L und R hervor.

An einigen Theilen der Loango=Küste finden sich verschiedenartige Zeichen\*\*) als Schriftmarken im Gebrauch,

---

(a thread-thing or cotton). In Neubenennungen bezeichneten die Californier die Thür als Maul, das Brod als Leichtes, das Eisen als Schweres, die Obrigkeit als Steckenträger, Ochsen und Kühe als Hirsche u. s. w. (Baegert). „Die Californier haben besondere Worte, welche einen alten Mann, ein altes Weib, einen jungen Burschen, eine junge Frau bedeuten, aber nicht die Worte alt und jung." By the name of „Mony", which originally meant the common sorghum, which is the staple of their produce, the Bongo, being an agricultural people, have come to denote not so much the particular corn, as eatables of any description (Schweinfurth). Die Buschneger oder Saramakka sprechen neben ihrer Djoe-tongo oder Judensprache (aus dem Neger-Portugiesisch) auch das Neger-Englisch (Wullschlägel). Nach Leskien geht die wendische Sprache wesentlich dadurch zu Grunde, daß sie bereits deutschen Satzbau angenommen hat und noch immer annimmt (in der Lausitz). Obwohl in Gebräuchen und Lebensweise den Monbuttu ähnlich, hatten die A-Banga die Sprache der Zandey oder Niam-Niam angenommen (Schweinfurth). Pour exprimer l'action de manger, ils ont plusieurs termes, suivant qu'ils mangent de l'herbe, des ignames ou de la viande (in Neu-Caledonien). Die Tisnugua-Sprache (sowie der Dialekt von Moscama) wurde (in Floriba) als lingua franca geredet (nach Pareja).

\*) Im Neger-Englisch wird R und L beständig verwechselt (bemerkt Wullschlägel), „und es ist fast unmöglich, ihnen den Unterschied und die Aussprache dieser beiden Buchstaben beizubringen" (in Surinam), und so vielfach.

\*\*) Als New dem Mange (Häuptling) von Moche (in Chaga) von den übergebenen Medicinen ihren Gebrauch erklärte, setzte er (um die Anweisungen nicht zu vergessen) seine Zeichen darauf, bemerkenswerth durch the distinctness and variety of the characters, for they were not mere marks, but good figures. He then read them off with great ease and precision. Nach Pedro Martyr hielt Ribera die Hieroglyphen der mexicanischen Bücher für Ornamente auf Kleidermustern (wie Hurley die Zeichen auf den Tafeln der Osterinsel). White sah in der Nähe von

·auch für Zahlenbezeichnung, wie in Klein=Loango z. B.:

$$\diamond \qquad \overset{|}{\underset{|}{\circ}} \qquad \overset{\vee}{\circ} \qquad \overline{\circ} \; .$$

200   150   100   50.

Port-Jackson in die glatte Oberfläche großer Steine eingeschnittene Figuren ·(1780). Beim Durchzug der Karawane hatten die Nyam=nyam eine Kornähre, eine Huhnfeder und einen Pfeil am Baum aufgehängt, zu bezeichnen, daß durch den Pfeil fallen würde, wer Mais oder Hühner raube (Schweinfurth). Der Wampum ist von verschiedenen Farben, meist weiß oder schwarz. Erstere wird von der inwendigen Seite einer Meerschnecke, letztere von Mießmuscheln gefertigt. Beiden wird die Gestalt von Korallen gegeben und dann werden sie durchbohrt, um auf Leder gezogen zu werden, als Gürtel (s. Long). Das Weiße in der Mitte bedeutet Frieden. Besides the spoken language, the Dieyerie (in Australia) have a copious one of signs, all animals, native man or woman, the heaven, earth, walking, riding, jumping, flying, swimming, eating, drinking, and hundreds of other objects or actions have each their particular sign, so that a conversation may be sustained without the utterance of a single word (s. Gason). Mitchell fand bei Eingeborenen am Murray die Worte goway (go-away) für come gebraucht (mit der Geste des Fortschickens). Todos son dados a leer y escrivir que no ay casi hombre, ni aun muger, que no lea y escriva en letras proprias de la isla de Manila, diversissimas de las del China, Japon e India (Sandoval). De nosotros han tomado escrivir atravesando las lineas o renglones de la mano izquierda a la derecha, que antes no usavan escrivir sino de alto abaxo, poniendo el primer renglon a la mano izquierda (1617). Die Grönländer, besonders die Weibsleute, begleiten manche Worte mit Mienen und Augenwinken, und wer dieselben nicht gut wahrnimmt, der kann des Sinnes leicht verfehlen. Wenn sie z. B. etwas mit Wohlgefallen bejahen, schlürfen sie die Luft durch die Kehle hinunter, mit einem gewissen Laut. Wenn sie etwas mit Verachtung oder Abscheu verneinen, rümpfen sie die Nase und geben einen feinen Laut durch dieselbe von sich. Und wenn sie nicht aufgeräumt sind, muß man mehr aus ihren Geberden als Worten verstehen (s. Cranz). Les naturels expriment fréquemment la négation par le seul ton de la voix (dans la langue pongouée). La plupart des verbes ont, à plusieurs de leurs temps, des formes particulières, qui expriment

Das Zählen wird durch Knotenstricke *) unterstützt,.

la négation par elles-mêmes, indépendamment de toute particule
négative, de tout signe et de toute inflexion de voix (Berre)
Shambala conversation is always carried on in an exclamatory
style, and the pronunciation is throughout explosive, guttural and
unfinished (f. Steere) unter ben Waſhambala (in Uſambara). Due uo-
mini o due donne dicesi apina, due animali apio; due legni o.
due alberi apichi, due fili, due canne, due teste apifi, due nova
apiova etc. (Gilj) bei ben Arowaten (wie in Oſtaſien).

*) Their only chronology is kept by the moon, and is registered
by notches in pieces of wood. It seldom extends beyond one generation till the old series is cancelled and some great event, as
the death of a favorite chief, or the gaining of a victory, serves
for a new aera (Barrow) bei ben Kaffern. Quando precisam levar
comsigo a conta, fazem golpes na ponta de um pau, ou fazem
nós em uma corda, que guardam para apresentar. Cada golpe ou
nó representa uma dezena, e as unidados saõ tambem represen-
tadas por golpes en nós feitos no outro extremo do pau on da
cordo. Se a conta contem centenas, saõ estas designados pelos
golpes ou nós de um dos extremos e as dezenas pelos do outro
(Gamitto). Um bie Zahl eingefangener Pferde zu wiſſen, frugen bie
Abiponen nicht, wie viel es ſeien, ſondern welchen Raum ſie einnehmen
würden (nach Dobrizhoffer). Wenn zwei Jäger in eine Hütte getreten
ſinb unb nur einer wieber hervorkommt, ſo läßt ſich bie Krähe burch.
keinen Köber in bie Nähe locken, baſſelbe geſchieht, wenn brei eintreten
unb nur zwei wieber herauskommen u. ſ. w., bis bie Zahl ber Jäger ſo
groß geworben iſt, baß ſie ben arithmetiſchen Horizont ber Krähe über-
ſteigt (Whitney). Die Verwendung ber Algebra (bei Brahmagupta) zeigt,.
baß bie Inbier hierin bie Griechen übertrafen (obwohl ſie in ber Geometrie
zurückblieben), unb bie arithmetiſchen Theile ſeines Werkes (VI. Jahrhbt. p. d.)
unb bie von Bhascara Acharya verfaßten (XII. Jahrhbt.) beſtätigen bie
Bekanntſchaft ber Inbier mit bem heutigen Ziffernſyſtem (f. Suter). [Das
gleichmäßig begünſtigte Klima Inbiens förberte bie geſetzliche Anorbnung
bes Zahlenbegriffs unb führte baburch ſchon früh auf jene ungeheure
Summe von Reihen, woburch bie Unenblichkeit ber Welt ausgezählt werben
ſollte.] In ben meiſten Sprachen bilbet bas Zeitwort für 8 eine mehr
ober minber fühlbare Verboppelung ber Vierzahl (Culmann). Jebe ber

sowie an den Fingern*) geübt. In der Hand (Kandasi) werden (bei den Mussoronghi) Daumen und Mittelfinger als Lembo-ampuena, Zeige=, Ring= und Kleiner Finger

erſten zehn Zahlen mit einem Namen beilegen, der von keinem der andern Namen abgeleitet iſt, den man einzeln merken muß, warum vier die Zahl bedeutet, die zwiſchen 3 und 5 fällt, kann weitere Rechenſchaft geben, als den Gebrauch, die Zähler über 10 ihren Namen ſo bilden, daß die Bildung zeigt, wie die größere Zahl aus der kleineren entſteht, nur für größere Zuſammenſetzungen, 100, 1000 ganz neue Wörter bilden, das heißt: nach Zehn zählen (Käſtner). Like most other people of Africa, the Madi can only count up to ten, everything above that number having to be denominated by gestures (Schweinfurth). Auf Hawaii gebrauchten Frauen Knoten aus der Ki-Pflanze zum Rechnen.

*) Beim Anfzählen über 100 bedarf der Mossuto drei Männer. Einer zählt an den Fingern, die er nacheinander aufhebt, die Einheiten, der zweite hebt (mit dem kleinen Finger der linken Hand beginnend) ſeine Finger auf (für die Zehner), der dritte figurirt für die Hunderte (Schrumpf).

angue, peli, taru, ne, tlanu, tseletse, shupa, robileng meno meli (es ſind
   1   2   3   4   5 ·  6     7        8

gebrochen, welche ſie ſind zwei Finger), robileng meno o le mong (es iſt
                          9

gebogen Finger er iſt mein), shume, leshume le motso o mong,
                      10            11

mashume a le mabeli, lekholu. Makholu a robileng meno o le
  20          100

meli a nang le mashume a robileng meno meli, le metso e robileng meno e le meli (Hunderte ſie ſind gebrochen, welche Finger, ſie ſind zwei, die ſind mit Zehner, ſie ſind gebrochen, welche Finger zwei, und Wurzeln ſie ſind gebrochen, welche ſie ſind zwei) 888. Die Somali beginnen das Zählen mit dem Mittelfinger. Guevoho, Ibare, Raro, Inai,
                             1     2    3   4

Itano, Itano na guevoho u. ſ. w., Ndioum, bei den Balengue (in der
 5      6              10

Bight of Benin). Jooco, Beba, Belalo, Benai, Betano, Jooco beba,
             1   2    3   4   5    6

Jooco belalo, Jooco benai, Jooco betano, Dioum, bei den Mbousha.
 7         8       9    10

als Lembo-akatte bezeichnet. In Loango heißt der Dau=
men Sala tschinese (Sala oder Finger). Die Anordnung*)

---

Die Shekiani zählen: wote, iba, bitashi, inei, itani, itani me wote.
                1    2    3    4    5      6
Iewotau, Beba, Bilali, Benai, Bitani, Na iewotau, Bitani nabiba,
   1     2    3    4    5     6        7
Bitani nabilali u. f. w. bei den Bakalai. Moueta, Bevali, Betata,
                                    1     2    3
Benai, Betani, Betani moueta u. f. w. bei den Mpovi. Nomina
 4     5     6
numeralia per se posita incipiunt à Cu quia implicite subintelli-
gitur verbum cutanga, quod denotat numerare, seu computare, et
exinde denimitur particula Cu (in Congo). The labor of counting
is usually divided (bei den Bakele), indem die Zahl der von dem Sprecher
aufgehobenen Finger (vom kleinen beginnend) oder auch der zugefügten
Faust vom Hörer wiederholt wird (f. Wilson). Der Kolh zählt mit der
Daumenspitze der rechten Hand die je drei Glieder der übrigen vier Finger
beim untersten Gliede des Zeigefingers anfangend. Die linke Hand bleibt
dabei ganz unthätig und zählt erst, gerade wie die rechte, für sich allein, wenn
die Zahl 12 überschritten ist (f. Rottrott). Die Zehner werden immer voran-
gestellt, die Verbindung der Zehner mit den Einern wird durch na, und die der
Hunderte mit Zehnern oder Einern durch nanga bewirkt (im Negerenglisch).

*) Die Zähl- und Rechenkunst geht nicht weiter als bis auf Sechs,
und bei Einigen gar nur bis auf Drei, also, daß Keiner aus ihnen weiß
noch sagen kann, wie viel Finger er hat (in Californien). Was dann
mehr als Sechs ist, das heißt Alles in ihrer Sprache: Viel (f. Baegert).
Passato il numero tre no hanno che un termine vago, il quale
significa una moltitudine (Gilj), die Orinofaner. Coornoo, Mundroo,
                                           1       2
Parcoola, Mundroo-la-mundroo-la, Mundroo-mundroo-cornoo, Mun-
  3            4                           5 $(2 \times 2 + 1)$
droo-la-mundroo-la-mundroo-la, Murrathidna, an Händen (murra)
      6 $(3 \times 2)$                   20;
und Füßen (thidna) gezählt (bei den Dieyerie). Their arithmetic is
then exhausted and any larger numbers signified in the dumb
language, conveying the idea of a mob, an innumerable quantity
(f. Gason). Die brasilischen Indianer zählen meist nur nach den Gelenken

der Zahlen zeigt die Grundlage eines Sexagesimalsystems.

der Finger, also nur bis Drei (Spix und Martius). Nach Aristoteles ist die „Drei" die erste Zahl, da „Eins" noch keine und „Zwei" nur das „Beide" sei. Nape tohakeya (erste Hand) oder Nape apoza (zeigende Hand), Zeigefinger; Nape cokaya (Hand in der Mitte), Mittelfinger; Maza napcupe (Ringfinger), Metall (Maza) Finger; Saste oder iyokipe (nächst den kleinen); Saste, kleiner Finger; Nape hunka, Daumen (bei den Dacota). Bogota (Theus aquillo) wurde von den Muisca (mu oder Körper und isca fünf), der Menschen mit fünf Extremitäten, bewohnt. Nachdem sie (von Ahta oder Eins) bis Fünf (an den Fingern) und dann bis Zehn gezählt, fuhren die Muyascas an den Zehen des Fußes (Quihicha) fort; (Quihicha-ate 11). In counting the Dakotas use their fingers, bending them down as they pass on, until they reach ten. They then turn down a little finger, to remind them, that one is laid away, and commence again. When the second ten is counted another finger goes down, and so on (Riggs). Tepeeg, Goguo, Combio, Magacubugua, Naganna tejueg ignimel,

| 1 | 2 | 3 | 4 | | 5 |

eine ganze Hand (5); Naganna ignimbal demuejueg, alle Hände (10); Para

10

quince dicen; las manos y un pie; y para veinte las manos y los pies (Clavijero) die Cochimies (in California). Wanea (waneidan), nonpa

| 1 | 2 |

yamni, topa, zaptan, sakpe, sakowin, sahdogan, napcinwanka,

| 3 | 4 | 5 | 6 | 7 | 8 | 9 |

wikcemma, ake waneidan (again 1), ake nonpa, ake yammi, sanpa

| 10 | 11 | 12 | 13 |

waneidan (more 1 or 11), sanpa nonpa 12, sanpa yammi 13 u. s. w., wikcemma nonpa, opawinge, in Dacota. Atausek, mardlok, pingasok.

| 20 | 100 | 1 | 2 | 3 |

sisamak, taldlimak, arfinek atausek, 1, an der zweiten Hand (6);

| 4 | 5 | 1 |

arfinek mardluk, 2, an der zweiten Hand (7); arfinek pingasut, 3, an der

| 2 | | 3 |

zweiten Hand (8); Kulailuat, 9, (das Innere der 10); Kulek, 10; arkanek-

| 9 | 10 |

atausek, 1, am ersten Fuß (11); afersanek-atausek, 1, am zweiten Fuß (16);

| 1 | 1 |

In Cabinda wird gezählt:

Mochi (cochi), ualla (kolle, biali), tatu (cuja), ina (maia), tanu,
 1           2                        3            4          5
samanu, samboella, nanu, eoua, cumi, cumi-sam-boari, macu-molle,
 6       7         8     9     10    17              20
macu-matatu, inacu-ma(macu-maia), macu-matanu, macu-masambanu,
 30          40                   50           60
macu-masamboella (lu-samboadi), lu-nana, lu vua, ncama. In Loango:
 70                             80       90      100
mese, biali, bitattu (bi-tatu), bina, bitanu, sambunu, samboali, inana,
 1    2      3                   4     5       6        7         8
ivvua, icumi.
 9     10.

Die Zahlen 1—10 lauten bei Mantetje: chimo, matschukke-mole,
matschukke-matiti, matschukke-mana, matschukke-matin, ma-
tschukke-masimini, sambi, pomo, vua, cumi; bei Bawumbu: lemo,
ma-móle, lukili-lambiali, matschimia iele yele, gacuca, namilimili,
mosami, umyami libela, guma libela, unkicagomma; bei Mufforonghi:
kiosi, kioli, tatu, kiiya, tanu, sambanu, samboalli, enana, evoa, ecumi;
in Bomma: bosi, bialla, tatu, na, tanu, sambano, samboalli, nana,
evua, ecumi.

---

inuk navdlugo, ein ganzer Mensch zu Ende (20); inup aipagssaa, ein
Mensch mit dem Gefährten (40); inup pingajugsaa, Mensch in der Drei-
zahl (60). Inuit kulit tatdlima nik kuleriatut mavdlugit, 10 Menschen 5 mal 10 mal genommen zu Ende (10,000), im Grönländischen (s.
Kleinschmidt). Abar, biama, kabuin, bibici, abar-dakabo (meine, eine
                   1      2       3       4      5
Hand), bar timen, Biam timen, Kabuin timen, Bibi ci timen,
        6          7           8            9
biam-dakabo, (meine zwei, Hände), abar-kuti-bana (okuti oder Zehn),
 10                               11
Biam-kuti-bana u. s. w., abar-loko (ein Mann), biam loko abar da-
 12                     20                                 45
kako tajeago (zwei Männer und eine Hand darauf), bei den Arowal.

Mayumbe (dialektisch):

| | | | |
|---|---|---|---|
| 1 kosi, | mosi, | tschiosse, | moeki, |
| 2 chole, | biali, | quali, | luale, |
| 3 tatu, | bitatu, | tatu, | tatu, |
| 4 tschiija, | bia, | ja (nya), | ina, |
| 5 tanu, | bitanu, | tanu, | ilane, |
| 6 sambanu (samanu), | bisambuadi, | sambanu, | isamban, |
| 7 samboadi (samboari), | bisambunasci, | samboali, | isamboeli, |
| 8 inana, | quināne, | nana, | nane, |
| 9 ivuá, | quivua, | vua, | vua, |
| 10 cumi, | quicumi, | cumi (cunhi), | comi. |

In Congo zählt man: kochi 1, kalle 2, tatu 3, cuya (maya) 4, cutanu 5, sambanu 6, samboali 7, enane 8, evua 9, ecumi 10, macumaya 40; am Zaire: boza 1, biola 2, tatu 3, hna 4, tanu 5, sambona 6, samboali 7, nana 8, ivua 9, cumi 10.

In manchen Punkten unterscheidet sich die Sprache der Vornehmen (Fume) von der des Volkes (Fioth). So heißt:

| | | | |
|---|---|---|---|
| Schlafen im Fume: | Meconda, | im Fioth: | lala, |
| Essen „ „ | uquicanbula, | „ „ | lia, |
| Waschen „ „ | quambula sindembu, | „ „ | succula miocu (die Hände waschen), |
| Sitzen, „ „ | issesumgumma, | „ „ | calavessi, |
| Sprechen „ „ | suquula, | „ „ | tumba (tuba), |
| Gesicht „ „ | mzo (masso im Plur.) | „ „ | Dunse (jindunse im Plur.). |

Haare (Blenje) heißen bei verheiratheten Frauen Mbonsa.

Der alliterative Charakter der Sprache bewahrt sich durchgehend:

Bäla ba mschentu, das Messer der Frau (bäl-umtschentu),
Simbäla sia (sa) batschentu, die Messer der Frauen,
Bäl-imbóte ya mtchentu, das gute Messer der Frau,
Bäl-imbóte ya batschentu, das gute Messer der Frauen,
Simbäle sa bote ya mtschentu, die guten Messer der Frau,
Simbäle sa bote sia batschentu, die guten Messer der Frauen,

bäl-imbote ya mtschentu umbote, das gute Messer der guten Frau;
bäl-imbote ya ba tschentu ba babote, das gute Messer der guten Frauen,
simbäle sia bote samtschentu umbote, die guten Messer der guten Frau,
simbäle sia bote sa batschentu ba babote, die guten Messer der guten Frauen.

Bäl-imbóte ya mfusi, das gute Messer des Schmiedes (Bäl-imbote ya fusi),
Bäl-imbóte ya ba fusi, das gute Messer der Schmiede,
Simbäle sia bote sa ba fusi, die guten Messer der Schmiede,
Simbäle sia bote ya mfusi, die guten Messer des Schmiedes (simbäl-
   imbote sa fusi),
Bäl-imbóte ya mfusi uambote, das gute Messer des guten Schmiedes
   (bäl-imbote yam fusi imbote),
Bäl-imbóte ya ba fusi ba bote, die guten Messer der guten Schmiede,
Simbäle sia bote sia ba fusi ba bote, die guten Messer der guten Schmiede
   (simbäl-imbote saba fusi babote).
Simbäle sia bote ya mfusi uambote, die guten Messer des guten Schmie-
   des (simbäl-imbote sa fusi imbote),
Bäle ya mtschentu, das Messer der Frau (bäle ba mtschentu),
Tschinkutu samtschentu, das Kleid der Frau,
Mso bamtschentu, das Haus der Frau,
Muana ua*) mtschentu, der Sohn der Frau,
Boa ia mtschentu, der Hund der Frau,
Susu ia mtschentu, das Huhn der Frau,
Luto lua mtschentu, das Kissen der Frau,
Tschika tscha mtschentu, das Bett der Frau,
Kuala ia mtschentu, die Matte der Frau,
Koko ku mtschentu, die Hand der Frau,
Tschalo tscha tschentu, die Kette der Frau,
Liessu lia mtschentu, das Auge der Frau,
Messu ma mtschentu, die Augen der Frau.

Umfusi (mfusi), der Schmidt,
Bia fusi, des Schmiedes**) (nade fusi, dem Schmiede),

---

*) The possessive form (the Gen.) is derived from the simple one, by pre-
fixing the possessive particle, which corresponds to the prefix of the governing
noun (in Kaffir). So (in Mpongwe) the possessive follows and has prefixed to it,
the definitive pronoun of the nominativ.

**) Motu a loba, man of god, Kunga nya sanga, boat of master, molema ma
itundi, heart of love (im Dualla). Der Muata-ya-Nvo (Muata-Yambo) wird (s. Cooley)
als Herr der Fische erklärt, so Bundo-Anbongo als Bungo ia N'Dongo. Im Dualla:
„Motu-a-ndoki" pronounced „Mo-tan-do-ki" (s. Saker).

Bäle ya fusi (bäl umfusi), das Messer des Schmiedes (bäle sa bafusi,
     das Messer der Schmiede),
Mso ya fusi, das Haus des Schmiedes, mso ya bafusi, das Haus der
     Schmiede,
Tschinkutu tscha fusi, das Kleid des Schmiedes, tschinkutu tscha ba-
     fusi, das Kleid der Schmiede,
Tschalo tscha fusi, die Kette des Schmiedes,
Muana an fusi, der Sohn des Schmiedes, muana ua bafusi, der Sohn
     der Schmiede,
Kasi an fusi, die Frau des Schmiedes,
Boa an fusi, der Hund des Schmiedes, boa ia bafusi, der Hund der
     Schmiede,
Susu an fusi, das Huhn des Schmiedes, susu ia bafusi, das Huhn der
     Schmiede,
Luto lua fusi, das Kissen des Schmiedes, luto lua bafusi, das Kissen
     der Schmiede,
Tschika tscha fusi, das Bett des Schmiedes, tschika tscha bafusi,
     das Bett der Schmiede,
Kuala ia fusi, die Matte des Schmiedes, kuala ia bafusi, die Matte
     der Schmiede,
Koko kua fusi, die Hand des Schmiedes, koko kua bafusi, die Hand
     der Schmiede,
Liessu lia fusi, das Auge des Schmiedes, liessu lia bafusi, das Auge
     der Schmiede,
Messu man fusi, die Augen des Schmiedes, messu ma bafusi, die
     Augen der Schmiede,
Simbäle sa bafusi, die Messer der Schmiede,
Bana ba bafusi, die Söhne der Schmiede,
Simboa sa bafusi, die Hunde der Schmiede,
Sinsusu sia bafusi, die Hühner der Schmiede,
Sinto sia bafusi, die Kissen der Schmiede,
Büka bia bafusi, die Betten der Schmiede,
Sinkuala ya bafusi, die Matten der Schmiede,
Mioko ya bafusi, die Hände der Schmiede,
Ibialo bia bafusi, die Ketten der Schmiede.

| | | | | |
|---|---|---|---|---|
| komba, Bruder, sinkomba (Plur.) | zauo, Elephant, simzaua (Plur.) |
| kaka, Großvater, sinkaka | „ | lusala, Kralle, sinsala | „ |
| mboa, Hund, simboa | „ | dunse, Gesicht, jindunse | „ |

gombe, Ochse, jingombe (Plur.)
tschiansa, Kind, ibiansa „
lumbo, Tag, ulumbo „
liéenvo, lobo, ummenvo „
vembo, Schulter, mavembo „
jyäca, Manbioca, mayāca „
isangara, Sache, usangara „
cúngulo, Schmuck, macúngulo „
lenje, Haar, imlonje „
nuni, Vogel, sinuni „
silla, Weg, sisilla „
mäme, Schaf, mamäme „
vitu (livitu), Thür, mavitu „
bäena, Feind, simbäena „
gulubo, Schwein, singulubo „
luto, Kissen, sinto „
vuaiya, Katze, ouaiya „
muila, Fluß, imuila „
nosse, Biene, sinnosse „
kosse, Löwe, sinkosse „
bota, Stern, simbota „
mso, Haus, sinso „
tata, Vater, sitata „
mama, Mutter, simama „
kanda nitu, Fell, imkanda anitu „
muana, Sohn, ubana „
muntu, Person, ubantu „
umtschentu, Frau, ubatschentu
(obatschentu ob. abatschentu) „
fusinvumbi, Wittwe, obufusin
bavumbi „
muenha, Frember (Gaſtfreunb),
bäenha „
tekelo, Urenkel, ubatekelo „
otóbila, Beiſpiel, amotóbila „
mundele, Weißer, imindele „
utamburicutta, Erbe, batam-
buri-cutta „
uangäna, Inſel, bangäna „

umcano, Schuldner, incāno (Plur.)
däva, Bart, usindäva „
liambo, Wort, unamba „
kanda, Brief, inkanda „
longo, Heilmittel, imlongo „
mti, Baum, imti „
mono, Lippe, immino „
sosso, Wurm, sinsosso „
nitu, Leib, sinitu „
sala, Finger, usala „
mtu, Kopf, imtu „
mfumo, Herr, sinfumo „
fusi, Meiſter, bafusi „
ganga, Arzt, siganga „
mnia, Bettler, baya „
manu, Tagereiſe, unnänu „
tando, Feld, sintando „
licho, Ei, macho „
mdäko, Gefährte, sindäko „
bulo, Loch, mabūlo „
täbe, Banana, utäbe „
liesa, Blatt, omäsa „
lubutsche, Gelbſtück, simbutsche „
pocu, Kette, sinpocu „
limanja, Stein, mamanja „
lisuera, Teich, masuera „
dubi, Götzenbild, sindubi „
umvésse, Knochen, imvesse „
lungsi, Richter, ulungsi „
mueve, Räuber, bäeve „
mbä, Baum, imbä „
sima, Quelle, usima „
muansa, Dach, imiansa „
täka, Blume, utäka „
läenno, Zahn, mäno „
tamma, Geſicht, matamma „
lulume, Zunge, sindume „
umunu, Mund, iminu „
liélu, Naſe, mayelu „

bämbo, Stimme, simbämbo (Plur.)  koko, Hanb, miako  (Plur.)

joūmu, Bauch, uvūmu  „  cutu, Ohr, matu  „

kulle, Fluß, mallu  „  liäsu, Auge, mäsu  „

Die Cafusbezeichnungen werben nur für befonbere Deut=
lichkeit verlangt:

Bakala (ber Menſch), bi (tschi) bakala (bes Menſchen),

Umtschentu (bie Frau), bia-umtschentu (ber Frau), biabatschentu
(ber Frauen),

Mfusi (ber Meiſter), tschim-fusi (bes Meiſters), a-fusi *) (o Meiſter).

Boa tscho, kleiner Hunb,

Boa-mi, mein Hunb,

Boa nana tschami tschitscho,

Boa tschami tschitschotschei sek inkëre, mein kleiner Hunb kommt hierher.

Boa nana tschitschotschei sek inkëre,

Boa nana bionso bei sek inkëre,

Simboa seaku son tscho sei sok inkëre, beine kleinen Hunbe kommen hierher,

Sisu tschami tschitschotschei sek inkëre, mein kleines Huhn kommt hierher,

Sisusu bitscho bi sok inkeire, bie kleinen Hühner kommen hierher,

Sisusu bi ami bitscho bi sok inkeire, meine kleinen Hühner kommen hierher,

Gombe intscho, kleiner Ochs,

Gombe yaku intscho, bein kleiner Ochs,

Gombe ami yefuele, mein Ochs ſtarb,

Gombe yaku intscho yefuele, bein kleiner Ochs ſtarb,

Pan pingombe sintscho sifuele, viele kleine Ochſen ſtarben,

Pan paku gombe sintscho sifuele, beine vielen kleinen Ochſen ſtarben,

Gombe intschentu fuili, ber Ochs ber Frau ſtarb,

Gombe yintscho intschento infuili, ber kleine Ochs ber Frau ſtarb,

Singombe sa intschento sifuili, bie Ochſen ber Frau ſtarben,

Minu fuili, ich ſtarb,

Boa mi fua, ber Hunb ſtirbt,

Gombe mi fua, ber Ochs ſtirbt,

Singombe si mi fu, bie Ochſen ſterben,

Pan pin gombe i fuili, viele Ochſen ſtarben,

Susu i fuili, bas Huhn ſtarb,

Pan pa susu i fuili, viele Hühner ſtarben.

*) Da ber Vocativ (im Dualla) nie ohne bas zugehörige Prefir verwanbt wirb, kann biefes auch emphatisch bem Romen vorgeſetzt werben, ähnlich wie ſich in einem Satz nach bem Subject bas zum Romen gehörige Pronomen bes Ausbruckes wegen wieberholt: Bu boeli bo si lodi (that tree is not good), that tree it is not good (ſ. Saker). Mbia, good, mbe, bad (im Mpongwe). Mbenh, good, Mbe, bad (im Bakele). Diso (Auge) Plur. miso (im Dualla). Motu (man) unb (Plur.) batu. Im Kaffir iſt bas Plur. pref. o eine Contraction von aba (izim entſpricht si ober sim).

Minu síbula livitu, ich öffne die
    Thür (síbuka),

Síbula livitu, öffne die Thür,

Livitu li sibukisi, die Thür ist ge-
    öffnet,

Livitu liāu li sibukisi, die Thür war
    geöffnet,

Livitu li sibukanga, die Thür sollte
    geöffnet sein,

Livitu li síbuka ko, die Thür kann
    nicht geöffnet sein,

Livitu síbuka, die Thür kann geöff-
    net sein,

M'fusi (umfusi) sala, der Schmidt
    arbeitet,

M'fusi sala ki sala, der Schmidt ist
    arbeitend (in der Arbeit).

Mui cuiza boato, es kommt das Boot,

Boato mui cuiza, das Boot kommt,

Boato bumewigo, das Boot kam,

Miato wuali wikezi, die Böte kamen,

Boato yanumchelo balawika, das
    Boot wird morgen kommen,

Miato - uali yanumchelo lawiko,
    zwei Böte werden morgen kommen,

Boato bubo biga wiza, das Boot
    kommt jetzt.

Mboa moeka yza', ein Hund kommt,

Li-cuiza imboa (mboa), es kommt
    der Hund (li-cu-yza umboa),

Li-cuiza umtschentu, es kommt die
    Frau,

Mtschenta umoeka u-yza, eine Frau
    kommt,

Li-cuiza susu, es kommt ein Huhn,

Bantu bäne li cuiza, es sind viele Leute,
    die kommen (Voll vieles kommt),

Panpa bantu bicuiza, viele Leute
    kommen,

Bakala limoeka lisa, es kommt ein
    Mensch,

Ye bakala isako, der Mensch kommt
    hieher,

Susu moeka yza, es kommt ein Huhn
    (yza susu moeka),

Gombe moeka yza, es kommt ein
    Ochse,

Manalesa moeka wuyza, es kommt
    ein Knabe,

Fume moeka yza, es kommt ein Fürst,

Zaue moeka yza, es kommt ein Ele-
    phant,

Boatu umoeka buyza, es kommt ein
    Boot,

Nuni moeka yza, es kommt ein Vogel,

Chosse moeka yza, es kommt ein
    Leopard (ngo moeka yza),

Chuma moeka yza, es kommt ein Affe,

Boma moeka yza, es kommt eine
    Schlange,

Muanami wuyza, es kommt mein
    Sohn,

Umtschentuaku cuyza, es kommt
    deine Frau,

Umwikami wuyza, es kommt mein
    Sklave,

Dikuami yza, es kommt mein Freund,

Bänaku licuyza, es kommt bein Feind,

Panpa bantu licuyza, es kommen
    viele Menschen.

Bakala likäle, der Mann ist da (o
    homem esta),

Umtschentu ukäle, die Frau ist da,

Imbou ikäle, der Hund ist da,

Susu ikäle, das Huhn ist da,

Gombe ikäle, der Ochs ist da,

Muila ukäle, das Wasser ist da,
Imbäle ikäle, das Messer ist da
(m'bäle),
Tscheālu tschikäle, der Fluß ist da,
Vitu likäle, die Thür ist da,
Bilia bikäle, das Essen ist da,

Utiti bikäle, das Feld ist da,
Umuntu uakäle, die Person ist da,
Limanje lakäle, der Stier ist da,
Bantu bakäle, die Leute sind da,
Uvadango bikäle, die Enten sind da,
Fumasi fikäle, ein wenig Wasser
giebt's.

Ubuato bu assa singa ko, dieses Boot wird nicht dauern,
Buala bu assa singa ko, dieses Dorf wird nicht dauern,
Ibäle sa singa ko, dieses Messer wird nicht dauern,
Tschal-otje tschas singa ko, diese Kette wird nicht dauern.

Limanje likäle (a pedra esta), der Stein ist (findet sich),
   ,,    lakäle (a pedra estiva), der Stein war da,
Isangara tschi käle (a cousa esta), das Ding ist,
   ,,    tscha käle (a cousa estiva),
Fa sunga fi käle (un cadinho de tobacco esta), ein Stückchen Tabak
                                     fand sich,
   ,,    ,,    fa käle (un cadinho de tobacco estiva),
Licambi li käle (un navio esta), bicambi bi käle (licumbi lakäle),
                                 das Schiff ist da,
   ,,    ba käle (un navio estiva),
Usangala bikäle, die Dinge sind da (as cousas estan).

Masi ma bot, gutes Wasser,
susu mbotte, gutes Huhn,
gombe botte, guter Ochse,
nuni imbotte, guter Vogel,
bäla umbotte, gutes Messer (bala
mbot),
bäle sama, reines Messer,
bäle nene, großes Messer,
gombe nene, großer Ochse,
singombe sinnene, große Ochsen
(Gombe sinnene),

singombe ntscho, kleine Ochsen
(gombe santschó),
mtschentu lesa, kurze (kleine) Frau
(batschentu balesa),
mtu (umtu) tscho, kleiner Kopf,
imtu imtscho, kleine Köpfe,
bäla ntscho, kleines Messer,
bäla nombe, schwarzes Messer,
masi ma nombe, schwarzes Wasser.

Susu bakala, Hahn,
Susu mtschentu, Henne,
Sisusu sambakala, Hähne,
Sisusu sumtschentu, Hennen,
Boa bakala, Hund,
**Boa batschenta, Hündin,**

Boa bakala mbote, ein guter Hund,
Boa batschentu mbote, eine gute
                   Hündin,
Boa sambakala, gute Hunde,
Boa santschentu, gute Hündinnen.

Miato uali, zwei Canoe,
Miato-miato, alle Canoe,
Panpa miato, viele Canoe,
Panpa mso (pan-paso), viele Häuser,
Panpechima, viele Affen,
Panpumfu, viele Fische,
Umso (m'so) umtschentu, das Haus
    der Frau,
Panpaso sebatschentu, die (vielen)
    Häuser der Frauen,
Batschentu babäne, manche Frauen,
Bakala babäne, manche Menschen,
Mamäne mabäne, manche Schafe.

Zenzi, prego (luzenzi, pregos),
Zenzi lubote, prego bom,
Zenzi sabote, pregos boms (zenzi
    sembote),
Zenzi lubi, prego mão,
Zenzi sumbi, pregos mãos.

Vauo umtschento, diese Frau (die
    Frau),
Liao bákala, dieser Mann (der
    Mann),
Jāū inyōko, diese Schlange,
Jāū insó, dieses Haus,

Jāū gombe, dieser Ochs,
Tschāū tschālo, diese Kette,
Tschāū tschíka, dieses Bett,
Jāū imbäle, dieses Messer,
Oāū mfusi, dieser Schmidt,
Mau mēsa, dieser Tisch,
Cuāū cuaco, diese Hand,
Yāū komba, dieser Vetter,
Vūāū monomalessa, dieser Knabe,
Vūāū munana, dieses Mädchen.

Bäle *) yami, mein Messer,
Bäle yaku, dein Messer,
Mso fumo, das Haus des Prinzen,
Mbäle ja vai chimani-läse, dies ist
    das Messer des Knaben,
Ivana mbäle ja vai a mani-läse, gieb
    das Messer den Knaben.

Bäla mbi, schlechtes Messer,
Bäla mbota, gutes Messer,
Bäla sambi, die schlechten Messer,
Bäla sambote, die guten Messer,
Bäla mtschó, kleines Messer,
Bäla simtscho, kleine Messer,
Bäle sinene, große Messer,
Susu umtschó, kleines Huhn.

Mit Fa bilden sich Diminutive, wie von:

Limpa (Stock),
Fa-limpa, ein Stöckchen,
Sunga (Tabak),
Fa-sunga, ein Stückchen Tabak,

Bisi (Fleisch),
Fa-bisi, ein Stückchen Fleisch,
Fu-masi fikäle, ein wenig Wasser
    ist da.

---

Minu vonda, ich tödte,
  „ pondesi, ich tödtete,
Minu cuanga, ich schneide,
  „ cuangesi, ich schnitt,

Minu vanga, ich kämpfe,
  „ pangesi, ich kämpfte,
Minu bua, ich falle,
  „ imbuili, ich fiel,

---

*) Im Dualla wird e meist ausgesprochen, wie im Englischen prey (bemerkt Saker).

Minu sotoka, ich springe,

„ sotokesi, ich sprang,

Minu quimbila, ich singe,

„ jimbili, ich sang,

Minu lunda, ich wache,

„ lundesi, ich wachte,

Minu vata, ich pflanze,

„ patesi, ich pflanzte,

Minu cuna, ich säe,

„ cúnesi, ich säete,

Minu tula, ich stelle,

„ tulesi, ich stellte,

Minu chichana, ich versichere,

„ inchichena (chichini), ich versicherte,

Minu biga gombosse, ich bin gegenwärtig,

„ bikesi gombosse, ich war gegenwärtig,

Minu babulo, ich lehre,

„ imbaluili, ich lehrte,

Minu tummizi, ich befehle (tuma),

„ tummizia, ich befahl (mtumesi),

Minu täle-imbila, ich rufe,

„ intälisi-imbila, ich rief,

Minu mona, ich sehe,

„ immuene, ich sah (moēne),

Minu (de) linda, ich forbere,

„ dindesi, ich forberte (yei lin-
desi),

Minu (de) balla, ich erinnere,

„ bállesi, ich erinnerte,

Minu vika, ich brenne,

„ píkesi, ich brannte (yei vikesi),

Minu vonda, ich tödte,

▼ póndesi, ich tödtete (yei von-
desi),

Minu mana, ich vollende,

„ mäna, ich vollendete,

Minu sala, ich arbeite,

„ salesi, ich arbeitete,

Minu baka, ich gewinne,

„ bakesi, ich gewann,

Minu (de) banga, ich mache,

„ pángesi, ich machte (yei van-
gesi),

Minu cuyza, ich komme,

„ inisisi, ich kam (yei uisisi) minu
yai-esi (yei ua-esi),

Minu futa, ich zahle,

„ futesi, ich zahlte,

Minu kuenda, ich gehe,

„ iniandese, ich ging (yei úen-
dese),

Minu vitila (vitira), ich gelange (vi-
tula),

„ pitila, ich gelangte,

Minu báluks, ich brehe,

„ balukele, ich brehte,

Minu cuiba, ich stehle,

„ ibisi, ich stahl (yei vibisi),

Minu sumba, ich kaufe,

„ súmbesi, ich kaufte,

Minu sumbísia, ich verkaufe,

„ sumbīsi, ich verkaufte,

Minu tola, ich lege,

„ tólesi, ich legte,

Minu tässi, ich rathe,

„ tässesi, ich rieth,

Minu simban ganga, ich wage,

„ simban gienga, ich wagte,

Minu vácuna, ich reiße,

„ pacuene, ich riß (yei va-
cuēne),

Minu cambua (cambu), ich fehle (bedarf),

„ cámbesi (incambesi), ich fehlte
(bedurfte),

Minu tala, ich schaue,

„ talesi, ich schaute,

Minu longa, ich unterrichte,

„ dóngasi, ich unterrichtete (yei longasi),

Minu sia, ich arbeite,

„ sili, ich arbeitete,

Minu (de) tuba, ich spreche,

„ (ya) túbesi, ich sprach (minu le túbesi),

Minu (vandika) vana (vanna) ich gebe,

„ impäne, ich gab,

Minu (di) cua, ich höre,

„ iniusu, ich hörte (yei u-uso),

Minu teramene, ich erwarte,

„ interamene, ich erwartete,

Minu kamba, ich benachrichtige,

„ kambalile, ich benachrichtigte,

Minu nánguka, ich reise ab,

„ inangukusi, ich reiste ab,

Minu de tuba,*) eu fallo,

Yei li tuba,

Nande li tuba,

Bäfu tu (ti) tuba,

Bänu li tuba,

Bao bi (ba) tuba,

Minu da tuba, eu fallarei,

Yei li tuba,

Nande li tuba,

Bäfu tui tuba,

Bänu lui tuba,

Bao bi tuba,

Minu tambula, ich empfange.

„ intambuili, ich empfing,

Minu kanga, ich binde,

„ inkangesi, ich band,

Minu lia, ich esse,

„ lile, ich aß (minu indile),

Minu kutula, ich löse,

„ ikutuli, ich löste,

Minu baka, ich gewinne,

„ ibákesi, ich gewann (imbákesi),

Minu kuujica, ich fürchte,

„ inkuuíkesi, ich fürchtete,

Minu tala, ich blicke,

„ intálesi, ich blickte,

Minu nata, ich trage,

„ ináte, ich trug,

Minu kala, ich bleibe (minu seala),

„ inkäle, ich blieb,

Minu ta, ich spiele,

„ intäle, ich spielte.

Minu ya túbesi (minu le túbesi), eu fallei,

Yei ua túbesi,

Nande ua túbesi,

Bäfu ti túbesi,

Bänu la (lu) túbesi,

Bao ba túbesi.

minu di cu-yza tubi (ich gehe sprechen),

Yei li cu-yza tubi,

Nande li cu-yza tubi,

Bäfu ti cu-yza tubi,

Bänu li cu-yza tubi,

Bao bi cu-yza tubi.

---

*) The tenses are rendered emphatic by a repetition of the Pronoun, as: Na kwala, I speak, Mba na kwala, I do speak [moi, je parle], Mba ra si matappo pe: me, I will not speak again. This emphatic form is frequently intensified by the addition of ndi, as: Mba ndi na kwala, me then I do speak (im Dualla).

Id (habe) bin (bu, er u. f. w.):

| | | | | |
|---|---|---|---|---|
| minu (inkäre) | inkäle, | minu (minu) | di (minu baka di baka), | minu *) minu |
| yei | u käre | yei (yei) | li (yei baka li baka) | yei yei, |
| nande | u käre | nandi (nande) | li (nande baka li baka), | nande nande, |
| bäfu | tu käre | bäfu (bäfu) | tu (bäfu baka tu baka), | bäfu bäfu, |
| bänu | lu (li) käre | bänu (bänu) | lu (bänu baka lu baka), | bänu bänu, |
| bao | ba (bı) käre | bao (bao) | ba (bao baka bi baka), | bao bao, |

Id (hatte) war (bu, er u. f. w.):

| | | | |
|---|---|---|---|
| minu inbäle (minu ndi), | minu nya (käle) | käre (miṇu nyala), | minu nya, |
| yei inbäle | yei ua | käre (yei u-ala), | |
| nande inbäle | nande ua | käre (nande u-ala), | |
| bäfu tu inbäle | bäfu tua | käre (bäfu tu-ala), | |
| bänu tu inbäle | bänu lua | käre (bänu lu-ala), | |
| bao tu inbäle | boa ba | käre (boa ba-ala). | |

Id werde (haben) fein (bu, er u. f. w.):

minu da ba (minu da ba ka),
yei     la ba,
nande la ba,
bäfu tu-ala ba,
bänu la-ala ba,
bao  bala ba.

Id (hätte) wäre (bu, er u. f. w.):

minu nya fica (minu ficuba),
yei    ua  fica (yei ua ficuba),
nande ua  fica (nande ua ficuba),
bäfu  tua fica (bäfu tu ficuba),
bänu  lua fica (bänu lu ficuba),
bao   ba  fica (bao ba ficuba).

Minu nda, minu chanu nya baka, minu tschanda baka, minu tschanda nya baka, minu chanu tim bakesi minu ente imbakesi, minu nya bakesi (minu imbakesi) unb fonft conjunctivifde Formen.

---

*) Im Congo (bei Brusciotti):

| | | |
|---|---|---|
| Meno y, ego sum, | Nge ocuicala, | Ngue uaiquezi (uaiquele), |
| Ngue u (a), | Oyandi ocuicala, | Oyandi aiquezi (aiquele), |
| Oyandi i, | Etu tucuicala, | Etu tu aiquezi (tuaiquele), |
| Etu tu, | Enu nucnicala, | Enu nuaiquezi (nuaiquele) |
| Enu nu, | Au ecnicala, | Au aiquezi (aiquele), |
| Au a. | Meno ncuquinga cuicala, jam tunc ego fuero. | Menu yquezi (yquele), ego steti (habui). |
| Meno yari, ego eram, | Meno ina, ego sto (teneo), | |
| Ngue uari, | Ngue uina, | Ina riuula (ina yaruailu), habeo librum, |
| Oyandi ari, | Oyandi uina, | |
| Etu tuari, | Etu tuina, | Ina muzala, habeo famem, |
| Enu nuari, | Enu nuina, | Cuicala, esse (stare), |
| Au ari. | Au ena. | Cuquinqua cuicata, futurum esse |
| Meno nuicala, ego ero (stabo, habebo), | Meno yaiquezi (yaiquele), ego stabam, | Im Congo (bei Cannecattim): avua, teneo (habeo). |

In Congo fann bas Fut. mit cuquinga (esperar) ober mit cuyza (ir) gebilbet werben.

Beim Verbum substantivum *) bewahrt sich der Unterschied von ser und estar (im Spanischen und Portugiesischen), indem das einfache „sein" durch Verdoppelung des Pronomen ausgedrückt werden kann (minu minu, eu sou), dagegen das Bestehen oder Existiren durch kala (cu-cala, ficar), minu käle, eu estou. Der Begriff des „Habens" bildet sich durch Zufügung der Präposition, minu käle nhe bäla (tenho uma faca), ich habe ein Messer, (estou com faca). Im Herero bildet sich haben aus ri (sein) und na (mit); im Mpongwe aus re oder are (sein) und na (mit); im Balele aus the (sein) und na (mit); im Sechuana aus ba (sein) und leka (mit). Emme ngala ni zala (eu estou con fome), eu tenho fome (im Bunda). Ina mu zala, habeo famem, ina muebhuina, habeo sitim, ina ya riuula, habeo librum, ina ricuula, escurio (im Congo). The verb dya (to sit, to dwell) is sometimes used in the sense of to be (the) im Balele (Wilson), a thi na mabam, he has (is with) money. Kara (oft die Stelle des Verbum subst. ri vortretend) verbunden mit na hat (im Herero) dieselbe Bedeutung, wie ri (sein) mit na, nämlich „haben" (s. H. Hahn).

Cu sumba, laufen,
Minu sumba, ich laufe, (ich tausche    Minu sumbili, ich laufe für ihn, (minu
    und besitze) minu ussumba,    ka sambila),**)
  „ súmbesi, ich laufte, (minu    „ súmbila, ich laufe für mich,
    sumbiyisia),    „ i sumbili, ich laufe für euch,

---

*) Gi ri, ich bin,    Tua ri,    Meno y, ego sum,
U ri,    Mua ri,    Ngue u,
U ri,    Ra ri (im Herero).    Ogandi i,
Tu ri,        Etu tu,
Mu ri,    Emme nghi,    Enu nu,
Ui ri.    Eie ua,    An a, in Congo (bei Brusciotti).
Ba ri, ich war,    Muene ua,
Ua ri,    Etu tu,    Ki ba, ich bin,
Va ri,    Enu nu,    Ki bele, ich war (im Sechuana).
    Enea a, im Bunda (bei Soura).

**) Tanda, to love,    Dipino, now striking,
tandela, to love for,    Dipane, strike each other,
tandisa, cause to love,    Dipana, strike for another.
tandeka, to become loved,    Kia bofa, je lie,
tandana, to love me another,    Kia bofela, je lie pour (in Sechuana).
zitanda, to love oneself (im Kaffir).    zepa, tödten,
    zepera, tödten für (im Herero).
Dipa, strike,
Dipisa, cause to strike,    Kamba, to speak,

Minu sumbilangana, ich laufe für einen andern,

„ da sumba, ich werde laufen.

Cu sumbisia, verlaufen (ich tauschte und habe weggegeben),

Minu sumbisia, ich verlaufe (minu súmbissa),

„ sumbili, ich verlaufe für mich,

„ sumbīsi, ich verlaufte,

„ quesum balalei, ich werde laufen.

„ samba (súmbisi), ich laufe,

„ sumbisso (sumbīsi), ich verlaufe,

„ nya sumbīsi, ich verlaufte,

„ insúmbisi, ich laufte,

„ da sumbisia, ich werde verlaufen,

„ i sumbisi i bitu, eo comprei para nos.

Minu da sumbila, eo comprarei para elle,

„ di sumba i bitu, eo compro para nos.

„ kuba, ich schlage,

„ de kuba, ich bin schlagend,

„ in kubesi, ich schlug,

„ da kuba, ich werde schlagen.

„ kuba yei, ich schlage dich,

Yei kuba minu, du schlägst mich,

Nande kuba minu, er schlägt mich,

Bäfu tu kuba bao, wir schlagen sie,

Minu wäka quikuba, ich schlage mich,

Yēi wäka quikuba, du schlägst dich,

Nande wäka quikuba, er schlägt sich,

Bäfu wäka quikuba, wir schlagen uns,

Bänu wäka quikuba, ihr schlagt euch,

Bao wäka quikuba, sie schlagen sich.

Tu solasie bäne, nos amamos mutuamente,
Bao bäsolässe baväke, sie lieben einander,
Bao bakäle bäne tschindiko, sie sind sehr befreundet,
Tu kabäne tschindiko, wir sind sehr befreundet,
Minu kabäne tschindiko yandi, ich bin sehr befreundet,
Tu fingana bäfu waka, wir streiten unter einander.

Minu de kubua*), ich bin geschlagen,   Bäfu tui kubua,
Yei le kubua,                            Bänu lui kubua,
Nande ui kubua,                          Bao  bi kubua.

Kambina, to speak for some one (im Mpongwe),

Kalaga, speak,

Kalakide, cause to speak (Du Chaillu).

*) Kia bofa, je lie,
Kia bofua, je suis lié, im Sechuana (Casalis).

anda, to buy,
andise, to sell (im Dualla).
homba, to sell, to buy, im Bakele (s. Wilson).
Kola, to buy, to sell (im Mpongwe).
Suta, ich bezahle,
Sutua, ich werde bezahlt, im Herero (Hahn).
Ku-kunda, to like,
Ku-kundwa, to be liked (im Schambala).

Minu nia (nga) kúbua, ich war ge-
schlagen, minu minu nya (ya) so-
lua, era amado,
Yei ua kúbua,
Nande ua kúbua,
Bäfu tua kúbua,
Bänu lua kúbua,
Bao ba kúbua.

Minu nda (da) kubua, ich werde ge-
schlagen sein, minu nyala vondua,
ich werde getödtet sein,
Yēi la kubua,
Nande la kubua,
Bâfu ta kubua,
Bänu la kubua,
Bao ba kubua.

Minu solua, ich bin geliebt, (minu in soloso) minu bangi solose,
„ niaba solo, ich wurde geliebt (minu bangi solelenge),
„ minu nia solo, ich war geliebt,
„ nda (nialla) solo (solua), ich werde geliebt sein.
„ di soloango, ich war geliebt worden,
„ chanu nia solua, ich würde geliebt sein,
„ chanu niba solua, ich würde geliebt gewesen sein.

Itata (i-tata) isolose (i solua) kele bana, der Vater ist von seinen
Söhnen geliebt,
Tata u solose bana bandi, der Vater liebt seine Söhne,
Minu solose muana-ami (muanami), ich liebe meinen Sohn,
Disolua kele bane bami di tonda, geliebt von meinen Söhnen, bin
ich zufrieden,
Fume-oye li kuuicua kele simbäne, dieser Fürst ist von den Feinden
gefürchtet,
Kuruntu lebura manaläse, der Meister straft den Knaben,
Manaläse babulise (ba burise) kele kurumtu, der Knabe wird vom
Meister gestraft.

Minu bola, ich strafe,
„ (di) bolua, ich werde gestraft,
Minu cuica, ich fürchte,
„ di cuicua, ich werde gefürchtet,
Minu vonda, ich tödte,
„ (nya) vondua, ich werde getödtet (i bonde),
Minu cuanga, ich schneibe,
„ i cuangasu, ich werde ge-
schnitten,

Minu lendo, ich beleidige,
„ lendo inlendose, ich werde beleidigt,
Minu tummizi, ich rufe,
„ intummizu, ich werde gerufen
(tummusua),
Minu gu tuma, ich befehle,
„ bangi tumesi, ich werde befehligt,
Minu nda solua, ich werde geliebt,
Minu vundele vunde, ich bin ermüdet,
Minu bäle di bäle, ich bin krank.

Minu lia (minu u lele), id) effe (minu wakun lia),

Yei ua lia,

Nandi me (ua) lia,

Bäfu te lia (tulele),

Bänu li lia (lulele),

Bao bi lia (Bako bo tulele).

Minu deli (minu indile), id) aß (minu me mana ku lia),

Yei beli (yei u lile),

Nandi leli (nande u lile),

Bäfu tu leli (bäfu tu lile),

Bänu lu leli (bänu lu lile),

Bao ba leli (bao ba lile).

Minu da lia, idy werbe effen (minu icuyzi lia),

Minu solese lia, idy will (werbe) effen (mane minu lia, mane yei lia),

Moene sumbissia minu, idy werbe verlaufen (moene sumbissia yei).

Minu vana, idy gebe,

  „ impäne, idy gab,

  „ da vana, idy werbe geben.

Minu di cua,*) idy verftehe,

Yēi li  „

Nandi li  „

Bäfu tu  „

Bänu lu  „

Bao bi  „

Minu iniúsu, idy verftanb,

Yēi u ūsu,

Nandi u ūsu,

Bäfu tu usu,

Bänu lu usu,

Bao bu su,

Minu du cua, idy werbe verftehen.

Minu sóla, idy liebe (minu ghyan solis). Minu solesi, idy liebte (minu engagum**) solis),

---

*) Cuivua, entender,

Nghi-ivvua, entendo,

  **) ℑm 𝔅unba:

Emmin gho sola, eo amo (emmi ngo sola),

Eie o sola,

Muene o sola.

Etu tu sola,

Enu o sola,

Ene o sola.

Emmin angi sola. eu sou amado,

Eie aku sola,

Muene amu sola.

Etu atu sola,

Ena anu sola,

Ene a sola.

Emmin gho solele, eu amei,

Eie aa mu solele,

Muene ua mu solele,

Etu tua mu solele,

Ghi-aivvue, entendi,

Ghi-ivvua-ysa, entenderei (im 𝔅unba).

Emmin nga-zola,

Eie gu-zola,

Una u-zola,

Ettu tu-zola.

Enu nu-zola.

Ana a-zola.

Emmi ghi-a-zoléle.

Eie gu-a-zoléle,

Una u-a-zoléle.

Ettu tu-a-zoléle,

Minu nya (ya) sola, ich habe geliebt,
Yei ua sola.
Nande ua sola.
Bäfu ta sola,
Bänu la sola,
Bao la sola,
Minu de solange (minu solangam
         sola), ich bin geliebt,
Yei li solanga,
Nande li solanga,

Bäfu ti solanga,
Bänu li solanga,
Bao bi solanga,
Minu nani da sola, baß ich liebe,
Yēi nani da sola,
Nande nani kala sola,
Bäfu nani tala sola,
Bänu nani lala sola,
Bao nani bala sola,

Minu da sola (minu engagum sola cuami), ich würbe lieben,
Minu da tuba, ich werde sprechen (minu di cu-yza tuba, ich gehe zu sprechen),
Minu langa ji ki bange, ich werde machen (yei ua banga),
Minu vangi banga, ich machte (yei u banga),
Minu nya kambu, ich bedurfte.

Minu vongsa da sola, baß ich lieben
         würde,
Yei vongsa da sola,
Nande vongsa kala sola,
Bäfu vongsa tala sola,
Bänu vongsa lala sola,
Bao bala sola,
Minu ente ya sola, baß ich geliebt
         hätte,
Yēi ente ya sola,
Nande ente ua sola,
Bäfu ente tua sola,
Bänu ente lua sola,
Bao ente ba sola,

Minu vongsa di solanga, baß ich ge-
         liebt sei,
Yei vongsa li solanga,
Nande vongsa ki solanga,
Bäfu vongsa ti solanga,
Bänu vongsa li solanga,
Bao vongsa bi solanga,
Minu kanu nia sola, ich möchte
         lieben,
Yei kanu ua sola,
Nande kanu ua sola,
Bäfu kanu tua sola,
Bänu kanu lua sola,
Bao kanu ba sola,

---

Euu nua mu solele,
Ene amu solele.

Emmin ghi banga, eu fazo,
Eie u banga,
Muene nu banga,
Etu tu banga,
Eou nu banga,
Ene a banga.

Enu mu-a-zoléle,
Ana a-zoléle.

Emmi nga-banca,
Eie gu-banca,
Una u-banca,
Ettu tu-banca,
Enu nu-banca,
Ana A-banca,

Emme nghi banga,
Eie u banga,
Muene u banga,
Etu tu banga,
Enu nu banga,
Ene a banga.

Emme a ngui banga, eu sou feito (Soura).

Emmi ngha zuela (Cannecattim), Emme nghi zuela (Soura).
Emmi ghi zuela, ich spreche.

Minu ona niaba sola, baß idʒ geliebt
      werbe fein,
Yei o nuaba sola,
Nandi onakaba sola,
Bäfu onataba sola,
Bänu onalaba sola,
Bao onaba sola,
Minu kuujica, idʒ fürdʒte,
„ nya kuujica, idʒ fürdʒtete,
Yei ua kuujica,
Nande ua kuujica,
Bäfu tua kuujica,
Bänu lua kuujica,
Bao ba kuujica,
Minu inkuuíkesi, idʒ ḣabe gefürdʒtet,
Yei u kuuíkesi,
Nande u kuuíkesi,
Bäfu tu kuuíkesi,
Bänu lu kuuíkesi,
Bao ba kuuíkesi,
Minu da kuujica, idʒ werbe fürdʒten,
„ di kuujicanga, idʒ ḣatte ge-
      fürdʒtet,
Yei li kuujicanga,
Nande li kuujicanga,
Bäfu ti kuujicanga,
Bänu li kuujicanga,
Bao bi kuujicanga,
Minu nyala kuujica, idʒ würbe
      fürdʒten,
Yei uala kuujica,
Nande uala kuujica,
Bäfu tuala kuujica,
Bänu tuala kuujica,
Bao bala kuujica,
Minu dabá inkuuica, idʒ wäre ge-
      fürdʒtet,
Yei uala ba inkuuica,
Nanda la ba inkuuica,
Bäfu tua la ba inkuuica,

Bänu lua laba inkuuica,
Bao ba laba inkuuica,
Minu yaficūbá inkuuica, idʒ würbe
      gefürdʒtet fein,
Yei uficūbá inkuuica,
Nande uficuba inkuuica,
Bäfu taficuba inkuuica,
Bänu laficuba inkuuica,
Bao baficuba inkuuica,
Minu ya bäle inkuuica, idʒ würbe
      gefürdʒtet worben fein,
Yei ua bäle inkuuica,
Nande ua bäle inkuuica,
Bäfu tua bäle inkuuica,
Bänn lua bäle inkuuica,
Bao ba bäle inkuuíca,
Minu ki tschi kuuíca, idʒ mödʒte ge-
      fürdʒtet fein,
Yei ku ku kuuica,
Nande ka ka kuuica,
Bäfu ku tu kuuica,
Bänu ku lu kuuica,
Bao ka ba kuuica,
Minu kanuyakāla inkuuica, idʒ
      mödʒte gefürdʒtet worben fein,
Yei kanua kāla inkuuica,
Nande kanua kāla inkuuica,
Bäfu kanua tua kāla inkuuica,
Bänu kanulakāla inkuuica,
Bao kanubakāla inkuuica,
Minu langa kuujica, idʒ bürfte
      fürdʒten,
Minu dabáca inkuuica, eu haja de
      temer, idʒ ḣätte ʒu fürdʒten,
Yei labáca inkuuica,
Nande labáca inkuuica,
Bäfu tualabáca inkuuica,
Bänu lualabáca inkuuica,
Bao bālabáca inkuuica,

Minu nani da kuujica, baß ich fürchtete,
Yei nani la kuujica,
Nande nani kala kuujica,
Bäfu nani tuala kuujica,
Bänu nani luala kuujica,
Bao nani bāla kuujica,
Minu nani da kuuikila, baß ich gefürchtet hätte,
Yei nani la kuuikila,
Nande kala kuuikila,
Bäfu tuala kuuikila,
Bänu luala kuuikila,
Bao bala kuuikila,
Minu ente inkuuikisi, baß ich fürchten würde,
Yei ente u kuuikisi,
Nande ente ukuuikisi,
Bäfu ente tukuuikisi,
Bänu ente lukuuikisi,
Bao ente bakuuikisi,

Minu nani ngia*) ba kuuica, ich was? habe zu sein fürchtend,
Minu nani nyābu kuuica, baß ich gefürchtet haben würde,
Yei nani uāba kuuica,
Nande nani kaba kuuica,
Bäfu nani tuaba kuuica,
Bänu nani luaba kuuica,
Bao nani baba kuuica,
Minu nani di kuuicanga, baß ich gefürchtet hätte,
Yei nani li kuuicanga,
Nande nani ki kuuicanga,
Bäfu nani tui kuuicanga,
Bänu nani lui kuuicanga,
Bao bi kuuicanga,
nkuuzica, fürchten,
bai inkuuica, gefürchtet sein,
kuuicanga, fürchtend,
kuuicua, gefürchtet.

Minu chanu nya (ya) nanguka, ich würde abreisen,
  „ da baka nanguka, ich würde abgereist sein,
Minu nya ficuba**) inkuica, ich würde fürchten (fi-kuba inkuica),
  „ niala kuika, ich möchte fürchten,
  „ daba inkuika, ich würde gefürchtet haben,
  „ langa kuika, ich habe zu fürchten.
Minu lango sola, ich habe zu lieben,

---

*) Emme ngui qui zuele, que eu falle
      (im Bunda).
Bho meno nzitissa, si diligerem (yaricuzitissa),

Bho nzitissa, si diligeres,
Bho-azitissa, si diligeret (im Congo).

**) O verbo „cu fica" significa „pensar e concordar" (im Bunbo). Canna riala si fica ri'ala bua huaba, nenhum homem esta contento con sua sorte (nicht ist Mensch, übereinstimmend ist mit Geschick). Ukuba is the infinitive mood of the substantive verb in its nominal usage (im Kaffir). Sukuba (suka-ukuba) signifies „to happen to be". Catiunabho bilbet ben Conjunctio (im Congo), ebenso Nguabho (Optativ), Munacubho bhabho und Nguabho ben Optativ. Ndiga kuba nditeta, I shall be speaking (im Kaffir). The compound forms of the tenses are very numerous (Appleya:ᴐ. Ndinga ndibe nditeta, I would (should) have been speaking (im Kaffir).

Minu chanu sola, ich wenn bin liebend (ich würde lieben),

„ chanu nya solua, ich würde geliebt fein,

„ chanu niba solua, ich würde geliebt worden fein (chanu si).

Minu chanu nia (ya) kala inkuuika, ich würde gefürchtet worden fein,

„ ya ficu ba inkuuika, ich möchte gefürchtet fein (Minu yaficu-ba-
inkuuika).

„ nyalla (nyala) nánguka, ich möchte abreifen,

„ chanu ya fica nanguka, ich möchte abgereift fein.

Minu tschanda nanguka, daß ich abreife,

„ tschanda nanguna, daß ich abreifen würde,

„ ente nangukisi, daß ich abreifte,

„ tschaya nangunanga, daß ich abgereift wäre,

„ tschaya kala unanguka, daß ich abgereift fein würde,

„ da langa nánguka, daß ich abreifte,

„ nyaba nánguka (nya ba nanguka), daß ich abgereift fei,

Nanguka nande, laß ihn abreifen.

Minu kuika, ich fürchte,

„ nani da kuika, daß ich fürchte,

„ nani da kuikala, daß ich fürchten würde (minu ongsa kuika),

„ ente inkuikisi, daß ich gefürchtet hätte,

„ ente inkuika, „ „ „ „

„ ente nya kuika, „ „ „ „

Minu nane da sola, daß ich liebte (minu sola, eo ame),

„ tschanda sola, „ „ „

Minu ongsa*) da sola, daß ich lieben würde (ich, was? werde lieben),

„ nani da sola, „ „ „ „

Minu ente nya sola, daß ich geliebt hätte,

„ ente nya sóllese, „ „ „ „

„ ente sóllese, „ „ „ „

Minu tschanda nanguka, daß ich abreife,

„ tschanda nanguna, daß ich abreifen würde,

„ ente nangukisi, daß ich abreifte,

„ ente nia nangukísi, „ „ „

„ ente nia nánguka, „ „ „

Tschanda (tscha nda), queque (tscha, que?), ongso, cual (vongsa),

---

*) Nga (unga, anga) bildet die Formen des Potentialis (im Kaffir). Sa (in affir-
mative forms) denotes, that the verbal action is or was, „yet" performing, or would
„yet" be performed.

Ene minu tuba, bei meinem Sprechen,
Minu bakala tuba, nach meinem Sprechen,
Ente minu tubesi, wenn ich gesprochen hätte,
Monte minu tubesi, wenn ich sprechen würde.

Minu yendi tála,*) eo estou pronto (ich gehe sehen), ich bin fertig,
Yēi minu li tála, bu bist für mich fertig,
Nandi li tála, er ist fertig,
Nandi bänu ki tála, er ist für uns fertig,
Bäfu yēi ti tála, wir sind für dich fertig,
Bänu minu lui tála, ihr seib für mich fertig,
Bao yēi bi tále, sie sind für dich fertig,
Bao minu bi tála, sie sind für mich fertig.

Minu vanga, ich mache,
Minu tummo vanga, ich lasse machen (ich befehle zu machen).

Minu me vútoka o monjo, ich erfrische mich,
　„　nya vútoka o monjo, ich erfrischte mich,
　„　nya na vútoka o monjo, ich habe mich erfrischt,
　„　di vutokanga monjo, ich hatte mich erfrischt,
　„　da langa vútoka monjo, ich hätte mich erfrischt,
　„　nyalla (nda) vútoke monjo, ich würde mich erfrischen,
　„　dabaka vútoko monjo, ich würde mich erfrischt haben,
　„　chanu nda vútoko monjo, ich möchte mich erfrischen,
　„　chanu nya bakanga vútoko monjo, ich möchte mich erfrischt haben.
Vutokabo monjo, sich erfrischen (refrescarse),
Monte moe vútoka monjo (outokanga monja), sich erfrischend,
Ubaka vútoka monjo (mjonjo), sich erfrischt habend.

Minu tebukä-mjonjo (minu imbálisi), ich erinnere mich,
　„　da tebukä-umjonjo (minu da bala), ich werde mich erinnern,
　„　tebukäse-mjonjo, ich erinnerte Minu mä tebukä-mjonjo, ich habe
　　　　　　　　　　　　　　mich,　　　　　　　　mich schon erinnert,
Yēi tebukäse-mjonjo,　　　　　Yei mäe tebukä-mjonjo,
Nande tebukäse-mjonjo,　　　　Nande mäe tebukä-mjonjo,
Bäfu tu tebukäse-mjongo,　　　Bäfu tu mäe tebukä-mjonjo,
Bänu lu tebukäse-mjonjo,　　　Bänu lu mäe tebukä-mjonjo,
Bao ba tebukäse-mjonjo.　　　　Bao ba mäe tebukä-mjonjo.

---

*) olhar, mona, tala (im Congo), cu-tala, talela, mona (im Bunba). Im Dualla
bient mende (gehen) zugleich für bas Futur (s. Saker), und so im Congo cuyza (gehen).

Monjo (mjonjo), Gefühl,
Monjo yami, mein Gefühl (Sein),
Ja bobo mjongo-inkäre, noch bin
    ich am Leben.
Minu puili, ich will (yei vuili),
Minu gongo-ami, ich will nicht *) (ich
    Abneigung meine),
Yei gongo-ako,
Nande gongo-andi,
Bäfu gongo-itu,
Bänu gongo-inu,
Bao gongo-ao.

Minu tschi vuliami tschinsa ko, ich
    wollte nicht (tschinsiko),
Yei ko vuliako tschínsa ko,
Nande ka vuliande tschínsa ko,
Bäfu tu vuli-etu tschínsa ko,
Bänu lu vuli-inu tschínsa ko,
Bao ba vuli-ao tschínsa ko.

Minu tschasa vuami tschínsiko,
    eu naõ, will nicht,
Yei kua·sa vuako tschínsiko,
Nande kasa vuandi tschínsiko,
Bäfu tu asa vu-itu tschínsiko,
Bänu lu asa vu-inu tschínsiko,
Bao bassa vu ao tschínsiko.

Minu tschi vuliami tschinsiko
    kuenda, ich will nicht gehen,

Minu puili kuenda, ich will gehen,
Tschi solose ko, ich habe keine Luft,
Minu solose, ich liebe (liebte),
Minu tschi sólese ko, ich liebe nicht,
Minu sabesi, ich weiß,
Minu tschi sabesi ko, ich weiß nicht,
Minu baka, ich gewinne,
Minu tschi bakesi ko (batschiko),
    ich verliere (minu lasia),
Bao ko, er ist nicht ba,
Baka na ko, ba ist nichts (ve, nicht),
Lāsia, verlieren.

| Minu | ya | lāsia, ich verlor, |
| Yei | ua | „ |
| Nande | ua | „ |
| Bäfu | tua | „ |
| Bänu | lua | „ |
| Bao | ba | „ |

| Minu | nda | lāsia, ich werbe verlieren, |
| Yei | la | „ |
| Nande | la | „ |
| Bäfu | tuala | „ |
| Bänu | luala | „ |
| Bao | bala | „ |

Minu tschi bákesi ko, ich gewinne
    nicht (verlor), **)
Yei ku bákesi ko,
Nande ka „ „

---

*) Im Bunba (bei Soura):
Cu handála, querer,
Emme nghandala, eo quero,
Emme nghandalele, eu queria,
Cu handalé, nao querer,
Emme nghandaleme (nguame), eu nao
    quero,
Emme nghandalele a me, eu nao queria.
Im Mpongwe: tonnda, to love,
tonda, not to love.
mi tonnda, I do not love,
mi ntonnda, I never did love.
Im Dualla: Na bela, I call,
Na si bela, I call not,
Na beli, I called,
Na ma bele, I shall call,
Na beli te, if I called.
Im Sechuana: Kia bofa, je lie,
Ki bofile, j'ai lié.

**) O comparativo de inferioridade (menos) é determinado pelo mesmo modo

Bäfu tu bákesi ko,  
Bänu lu    „    „  
Bao ba    „    „  
Minu sa baka ko, id) werbe nid)t ge-  
             winnen,

Yei    kuasa baka ko,  
Nande kasa    „    „  
Bäfu    tu asa    „    „  
Bänu    luasa    „    „  
Bao    basa    „    „

Nande kuizi*) kuenda ko illumboatchi kuendo mona cavallo cuami,  
             Er geht heute nid)t, ein Pferd zu fehen.

Minu tschi (si) kuenda ko, id) gehe  
   nid)t (minu tschisi kuenda ko),  
Yei kuizi kuenda ko,  
Nande kuizi kuenda ko,  
Bäfu tuisi kuenda ko,  
Bänu luisi kuenda ko,  
Bao bisi kuenda ko.

Yei kuasa kuendako,  
Nande kuasa kuendako,  
Bäfu tuasa kuendako,  
Bänu luasa kuendako,  
Bao basa kuendako.

Minu chanu tschendase ko, id)  
          ging nid)t,  
Yei inchanu kuendase ko,  
Nande chanu kuendase ko,  
Bäfu chanu tuendase ko,  
Bänn chanu luendase ko,  
Bao umchanu bendase ko.

Minu de kuenda, id) gehe,  
Minu tschi kuenda ko, id) gehe nid)t,  
Minu tschi tubi ko, id) rebe nid)t  
       (minu sa tubi ko),  
Minu tschi tubi kissi ko, id) fann  
         nid)t reben.

Minu tschi si tuba ko, id) rebe  
          nid)t,**)  
Yei    kuizi tuba ko,  
Nande kuizi    „    „  
Bäfu    tuizi    „    „

Minu tschasa kuendako, id) werbe  
         nid)t gehen,

---

que o comparativo de superioridade (mais), dando-se á oracao o sentido inverso  
pela mudanza conveniente do competente qualificativo (em Bunda).  
Paul ua beta cuiba na Pétetu,  
Paulo é mais feio (menos bonito) do que  
                     Pedro,  
Petel' ua beta huaba na Paulu,  
Pedro e mais bonito do que Paulo.  

Na bela, I call,  
Na si bela, I call not,  
Na beli, I called,  
Na si beli, I called not.

Im Bafele wirb bie Negat. burd) sha gebilbet ober (im Fut. unb Perf.) burd) tyi:  
me sha shomba, id) faufe nid)t,  
me tyi loma, id) werbe nid)t fd)icen.  
contar, cuamba, cu-tanga (im Bunba).

tanga, think, count,  
tangami, white man (im Mpongwe) [Ma-  
                      nufha].

      *) Esta particula ou adiçao final yza vem do verbo cuyza (ir), com a qual  
costumao os Abundos auxiliar os futuros (Cannecattim).

      **) Dem Negativ wirb (im Imperativ) o im Sing., ober amu im Plur. bem Verbal-  
ftamm vorgefetzt (unb oft folgt nod) bie negative Partifel ko), im Herero (Hahn). Emme  
nghandaleme (nguame), eu nao quero (im Bunba). Im Bunba fann amu (nad) Canne-  
cattim) bas Paffiv bilben (wie Ngu-amu beta, id) bin beftraft), Emme nghene mu banga,  
eo tenho feito (Coura).

Bänu luizi tuba ko,
Bao bizi „ „
Minu tschi tubisi ko, ich redete nicht,
Yei ku „ „
Nande ka „ „
Bäfu tu „ „
Bänu lu „ „
Bao ba „ „
Minu sa tuba ko, ich werde nicht reben,
Yei kua sa tuba ko,

Nande kasa tuba ko,
Bäfu tuasa „ „
Bänu luasa „ „
Bao basa „ „
Minu tschasa kuenda ko, ich werde nicht gehen,
Yei kuasa kuenda ko,
Nande kasa „ „
Bäfu tuasa „ „
Bänu buasa „ „
Bao basa „ „

Tschi lala ko, Ich kann nicht schlafen (ich schlafe nicht),
i-lia, ich aß,
i-lili, ich habe gegessen,
ja-lili, ich hatte gegessen, nach Proyart (im Loango).

Nga ba (ka) bäla, tschaba tuba ko, Krank seiend, kann ich nicht reben,
Kat-indi bäla di cuyza lala, krank seiend, gehe ich schlafen,
Minu tschi tubi kissi ko, ich kann nicht sprechen,
Minu tschi kwangi kissi ko umti, ich kann das Holz nicht schneiden,
Tschi nati kissi ko itschalo, Ich kann den Stuhl nicht tragen (das Tragen des Stuhls ist unmöglich).

Kissi-ko,*) es ist nicht möglich,
Minu tschi bäle, ich kann nicht,
Yei ku bäle,
Nandi ka bäle,

Bäfu tu bäle,
Bänu lu bäle,
Bao ba bäle,
Bu bäko, unmöglich.

Minu bubä ko kuenda, ich kann nicht gehen (das Gehen ist mir unmöglich),
„ buao bubä ko kuenda, ich konnte nicht gehen,
„ buasso bä ko kuenda, ich werde nicht gehen können,
„ buassa bäko kuenda, es wird für mich unmöglich sein, zu gehen (bua tscha bä-ko),
„ simbara kuami, ich kann irren (mir das Irren meines),
„ tschi simbara ko, ich irre nicht (ich kann nicht irren), yei ku simbara ko (nandi ka, bäfu-tu, bänu-lu, bao-ba),

---

*) „It is not willing" and not „I cannot do it", sagen die Kaffir bei einer Un= möglichkeit (f. Appleyarb). Di si anda mo, we no buy them; to say „si wele anda mo" (we cannot buy them) implies a want of ability (im Dualla). Que-yamnzitissi-ko, non amavi illum (im Congo).

Nandi cuizi ko yam kamba tschi tschenda (titschenda) yandi ko, Er kann nicht kommen, um ihm zu sagen, daß er ihn nicht begleiten kann (yam kamba, ihm zu sagen).

Minu kuenda yandi, ich begleite (ihn),

„ yendesi yandi (kuendesi), ich begleitete,

„ da kuenda yandi, ich werde begleiten,

„ ku bola (yei kum bola), ich kann schlagen,

Di mona sati boako, es scheint mir nicht,

Di muäne babu läne, ich finde mich gut,

Langa paka ba bobo, es scheint mir,

Minu languenpaka baobo luwunu biwunanga (lügen, lügend), Es scheint mir, daß diese Kinder stets lügen,

Ku kambi bong ka ko, widersprich mir nicht.

Tubanga (kitubanga, kitubati), sprechend, ikitubati (jetzt gerade) sprechend. vanganga (abuwangisi), machend, lalanga (abuläle, dilala), schlafend, abu-mpitiri, kommend, abu-lili, essend, abu-inbasse-cuizi, ausgehend, abukabalisi, sich erinnernd, lilango (kililango), weinend, tambuilanga, antwortend, täshanga, prophezeiend, salanga, arbeitend.

Buna kuendesi, omuēne dika ami, als ich ging, sah ich einen Freund,

Nandi uala limpanga i suandi (mso-andi) u lumbo bionso, Sie hat täglich ihr Haus zu reinigen (sie ist reinigend),

Tubanga mambo omo ka bascia (vaïcia), diese Worte sagend, gingen sie fort (tuba mambo omo ka bascia),

Aba inbassecuizi, als ich ausging (abo, als),

Minu di kalanga mboa va boala i bassekisí-ko, einen Hund*) im Hause (Dorfe) habend, ging ich nicht aus.

Ghi-solanga (solanga), liebend, di solua, geliebt, ubasola, geliebt seiend, di soluanga, geliebt habend,

Nangukanga, trennend, unanguka, getrennt seiend,

Kuuicanga, fürchtend, kuuicua, gefürchtet,

Utuba, der Sprechende (di tubanga, gesprochen habend).

Mundele lala ke lala, o blanco esta durmiendo (schläft und schläft),

---

*) Mboa, Hund (im Suahili). Me loma, I send, ine thi loma, I am sending (im Balele), valca, sahir (im Congo), kuenda, ir (im Bunda). Mit ganda (während) werden (im Herero) die Participialformen gebildet (okunganda suta, während zu zahlen), contrahirt zu nda mi pe nya, I am eating, Mi pe nana, I am sleeping (im Mpongwe), lala, to sleep (im Suahili).

Minu ke lala vuou (kuenda lala), id gebe fdlafen (voy à dormir),

Umanaläse wuisisi iki-tubati ka bäle liatta ko, der Knabe kam (fagend) zu fagen, daß er nidt weiter gehen könne,

Monte di lala va (ku) tschika, tschuvua (tschi-u-vua) ko uliumbo, Als id im Bett fdlief, hörte id nidt den Gefang,

Abu läle va tschiko, während id im Bett fdlief,

Lalanga va tschika, im Bett fdlafend,

Abu kabalisi buna ka lenda i tatta-ku, buao kanattini umkanda auo, Sid erinnernd, daß er deinen Bater beleibigt, bradte er dir dies Sdreiben.

Buna kuendesi umuene dika-ami, Als id ging, kam mein Freund,

Minu nyändesi (nya-endesi), id ging,  Bänu lu-ändesi,

Bao bändesi.

Yei u-ändesi,

Nande uändesi,  Minu di cu-enda, id gebe,

Bäfu tu-ändesi,  Minu da cu-enda, id werbe gehen.

Buna ka lele bu ysisi moëwe, Während des Sdlafes kam ein Räuber (moëwe),

Büna ka lele, während er fdlief,  Buna cayiza, als kommend (cu-yza),

Buna kendese, als gegangen,

Abo-impitiri immoene m'bo-oijo, Kommend (als id kam), fah id diefen Hund (boa),

Monte moë kala, da feiend,

Monte li kuenda unkamba (m'kamba), wenn gehend, benadridtige mid.

Minu käle nhe bäla, id habe ein  Yei käle i bäla,
Meffer *) (id bin mit Meffer),  Nande käle i bäla,

---

*) Im Bunda (bei Goura):

| | |
|---|---|
| Emme nghi, eu sou, | Cu cala, ser (estar), |
| Eie ua, | Muene cuecala, ser (essencia) im Bunda |
| Muene ua, | (bei Cannecattim). |
| Etu tu, | Nghi bane, seja eu dado, |
| Enu nu, | Bane (bana eië), Jmperativifd. |
| Ene a. | Nghi bane menha, dai-me agua |
| Emme ngha quexe (quexile), | Jm Bunda (bei Goura): |
| Eie ua quexe, | Emme ngala (nghene), eu tenho. |
| Muene ua quexe, | Eie uala (uene), |
| Etu tu a quexe, | Muene uala (uene), |
| Enu nu a quexe, | Etu tu ala (tu cne). |
| Ene a quexe, | Enu nu ala (nu ene), |
| Emme ngala ni nzala (eu tenho fome), eu | Ene ala (ene). |
| estou com fome, | Emme nghene mu cala, eu tenho sido (tido), |
| | Eie uene mu cala, |

Bäfu tu käle i bäla,
Bänu lu käle i bäla,
Bao ba käle i bäla,
Minu nia bäle imbäla, ich hatte ein Messer,
Yei ua bäle imbäla,
Nande va bäle imbäla,
Bäfu tua bale imbäla,

Bänu lua bäle imbäla,
Bao ba bäle imbäla,
Minu da baka mbäla, ich werbe ein Messer haben,
Yei la baka mbäla,
Nande la baka mbäla,
Bäfu tu ala mbäla,
Bänu lu ala mbäla,
Bao bala mbäla.

Minu kala va' tschialu, ich sitze auf dem Stuhl, ich bin (verbleibe) auf dem Stuhl,

Minu nya kala, ich verbleibe, minu nya bäla (käla) vana, ich werbe dort verbleiben,

Yande buntschi mkäle insuako, wo ist (findet sich) dein Haus?

Di cuiza suntjikila inganda ina nya kala, ich werbe zeigen, wo ich wohne (bin),

Minu sunjikila, ich zeige,   inganda, wo.

Minu käle ba bote, ich bin gut (befinde mich wohl), Minu käre (inkäre) ba bote,

Yei käle ba bote,
Nande käle ba bote,
Bäfu tu käle ba bote,
Bänu lu käle ba bote,
Bao ba käle ba bote.

Minu di muanalesse, ich bin klein,
Yei li muanalesse,
Nande muanalesse,
Bäfu ti banabalesse (wir Kinder),
Bänu li banabalesse,
Bao banabalesse.

Minu bele di bele, ich bin unwohl,
Minu bäle di bäle, ich (finde mich) bin krank.
Bakala ali linji tola indiku quako, Dieser Mann ist größer, als dein Freund,
tola, hoch, groß,
Isa-aii ikunsa mäse, dieses Haus ist das höchste,
Iso-aii jinji tola isa sjontscho, dieses Haus ist größer als alle.
Fitschó, wenig,   Buēla, mehr,*)
Pāmpa, viel,   Cúnsama, hoch,

Muene uene mu cala,
Etu tu ene mu cala,
Enu nu ene mu cala,
En ene mu cala.
Cu cala, ser (ter),

Cucala nachiu, habeo,
Nya-calanachiu, tenho.
Ghi-a-calanachiu, tive.
Ghy-a-cala nachiu yza, terei, im Bunba
   (bei Cannecattim).

*) Außer durch viaganu (to excel oder mehr), the idea of comparison is also expressed (im Mpongwe), by the emphasis that is laid upon the word. Sangamene (monge) alto (im Congo).

Kruntu, höher,
Kurusi, höchst,
Nene, groß,
Tolasi bäne, größer,
Viokasi tola, am größten,
Chi bi, schlecht,
Viokasi bi, schlechter,
Bibäne, am schlechtesten,
Bot, gut,

Tschinsi bot, besser,
Bottabäne, am besten,
Tschi-tscho, klein,
Tschi-lengasi, kleiner,
Tschi-tscho tscho-tscho, am kleinsten,
Wuande, niedrig,
Dambo, niedriger,
Lengasi bäne, am niedrigsten.

Bäla tschentu ya nene ya manalesi ya tscho, das Messer der Frau ist größer, als das des Knaben (das Messer der Frau ist groß, des Knaben klein),
vuanji ya fusi ya viókasi, aber des Meisters das größte,
viókasi, am Meisten,
Bäla tschentu ye tscho, ye manelisi ya nene, vuanji ya fusi ya viókesi tscho, das Messer der Frau ist kleiner, als das des Knaben, aber das des Meisters das kleinste (das Messer der Frau ist klein, des Knaben groß, aber des Meisters am meisten klein).

Nene, groß, Lu-nene, größer, viokóse tola, am größten (höchsten).

Bunschi li valele m'suako (mso-ako), was kostet (cuanto vale) dein Haus (was ist es werth),

Langapaka inji vale aie-ako (eyako), ich glaube es kostet mehr, als das deinige (als dies deines),
minu langapaka, ich glaube, langa, vielleicht, inji, mehr.

Minu langa kuenda (minu di langa kuenda), eu vou talvez, Impäne satchi yontscho ine sila, auf möglichst kurzem Wege zu geben,

Minu langa cuenda (minu di langa cuenda), ich gehe vielleicht (ich überlege zu gehen).

Telembinsch (terembinsch), wie hoch (tola-bunschi), tola, hoch.

Telimbunschi (tola-mbunschi) käle mto (umto) -oo, wie hoch ist dieser Baum?

Telimbunschi (tola-mbunschi) käle inso-oi (mso-oi), wie hoch ist dieses Haus?

omutu u teka pi, wie hoch ist der Baum? (im Herero), tepa ki, reicht bis wohin?

Atschi,*) dieser (abi, Plur.),      Tscha tschi tschi, dieser selbe,

---

*) Yi, this (yi nayi oder yiti, that), mit drei Formen yi, ya, yo; si, sa, so u. s. w.) im Mpongwe.
lo (le) this,      aba, these im Kaffir (auch mit Zusatz von ya).

Bakala-li, biefer Mann,
Umtschentu-au, biefe Frau,
Iso-aii, biefes Haus,
Mbäle-aii, biefes Messer,
Simbäle-asi, biefe Messer,
Uba-Bakala-ba, biefe Menschen,

Batschentu-uba, biefe Frauen,
Imbo-aii, biefer Hund,
Simbo-asi, biefe Hunde,
Tschina, jener,
Mbäla-tschina, jenes Messer,
Simbäla-sina, jene Messer,
Umtschentu-ona, jene Frau.

Usolose umbäle aie o usolose aie, willst du biefes Messer ober willst
du bas ba?

Yeao umkutu gi solese yao, beibe berfelben würbe ich wollen,

Yiao yuali kingi sólese yūko, gi sólose yina, Keines biefer beiben,
aber jenes wünsche ich.

Susu qwa (kua)*) sisiēle, wie viel Kunschi ombintschi, auf welcher
Hühner sind ba?            Seite?

I-na-to, es sind vier,
I-tatu-to, es sind brei,
I-tanu-to, es sind fünf.

Bilam bintschi, warum? (um-
tschatschi),
Buna bintschi, in welcher Weise?

Ukua, wieviel?
Muna (bamana), wann?
Nani, wer?
Insha, was?
Nanu ukäle ova, wer ist hier?
Nali, wer ist es?
Tscha, was?
Kunschi, wo?

Consina, von biefer Seite,
Consemana, von anbrer Seite,
Cunconse mosso, auf ber anbern Seite,
Yonso unconse, auf irgenb einer Seite
Cuna conse mosse, jeberfeits,
Bäle kwa (kua) tule vo mesa, wieviel
Messer hast bu auf ben Tisch gelegt?
Väle kutu, nichts finbet sich.

---

Lomntu, this person,
ababantu, these persons,
hio, este,
huna, aquelle (im Bunba).
Ebhanda rimo, ille ramus,
Ebhanda orio, iste ramus,
Eriau Ebhanda, qualis ramus,
Mabhanda mana, illi rami,
Mabhanda omo, isti rami,
Mau mabhanda, quales rami (im Congo).

*) antu icua, personae quantae,
ngonde ecua, quot menses,
tutumi icua, quot linguae,
Maquessa mecua, quot sunt milites,
When the numeral is less than ten, it comes after the noun (im Bakele).

This: nunu (persons), bano (Plur.),
inu (things), minu (Plur.),
That: nu (persons), babo (Plur.),
ine (things), be (Plur.) mine (im
Dualla).
This: yina (Plur. sina),
That: yana (Plur. sana) (im Mpongwe).
This: yi,
That: yiti (yinayi) (im Bakele).
Maquessa mole, duo milites,
Maquessa memole, duo sunt milites (im
Congo).

U-käre ba bote, find Sie wohl (wie steht's mit der Gesundheit)?

Passi bäne di mone (passou bem), ich finde mich sehr gut,

Di muäne ba bu läne, es geht recht gut,

Bunschi (bu-tschi) li muene yei, wie finden Sie sich (wie sieht es aus)?

Bäba di mona, ich fühle krank (minu mona bäla),

Tschiosa di mona, ich fühle kalt (ich sehe mich kalt),

Nsalle, hungrig (mvoe illa limona, ich bin sehr durstig).

Vana bäle (mbäle) ke tschentu, gieb ein Messer der Frau,

Vana simbäle kele batschentu, gieb Messer den Frauen, (pan batschentu, viele Frauen),

Vandike mfumo, gieb es dem Prinzen,

Minu yekum vandika muena chileka mbäle, ich gebe dem Knaben
das Messer,

Yei sólöse ku mpandika (kumpandika) fa bäle, wollen Sie mir ein
Messer geben?

Minu fumano (fumene) ku mso buala, ich bin vom Dorfe fortgegangen,

Kunse fumine yei, woher kommt ihr?

Kunschili kuenda, wohin geht ihr?

Minu basika mso (minu fumina ku vula), ich komme vom Haus,

Gongo-ami kuenda ko *) boala, ich will nicht zum Dorfe gehen,

Solose kuenda ko boala, ich will zum Dorfe gehen,

Minu kuenda mso ko, ich gehe nicht nach Haus,

Minu kuenda ko boala ko. ich gehe nicht zum Dorf,

Minu kuenda mso (ko mso), ich gehe nach dem Haus,

Minu (di) kuenda ko boala (i kuenda ko boala), ich gehe zum Dorf,

Minu di fuma ko boala (boala fumine), ich komme vom Dorf,

Kuenda lala voouvo, ich werde mich schlafen legen.

Mu saka **) ka vitila, Im Kurzen (in etwas Zeit) sind wir angelangt
(wenig Zeit zur Ankunft) Zeit etwa? zur Ankunft,

---

*) The prefixual dative form is derived by prefixing the particle „Ku" to the
simple form (in Kaffir). Vana, bring, to fetch (im Fualla). Mibonga, I take, wonga,
take thou (im Mpongwe). Onde, cuevi, onde vas, cu cuevi (im Congo). Fwinia,
return, bia, arrive (im Mpongwe). Quanto, iqua, quando, quiatannu, qual, nahi
(im Congo). „Go" in one connexion signifies „from", as: mi pilago go Bengo,
I am from Bengo, and in another has the signification of „to": mi kenda go Mbenga,
I am going to Benga, Banda (to go up) and sumina (to go down) for „up" and
„down", ascending and descending (im Mpongwe).

**) shoka, time (im Bakele), bo, far.   Ngilla (sila), Weg (im Bunba).
baraba (piere), near (im Mpongwe).   Cuaco (bava), hier (im Congo).
mande, who? (im Mpongwe), mu-ande?

Boala nano bäne bu käle, das Dorf ist sehr fern
Boala bala engäne, das Dorf ist nahe,
Nānu (i-nānu) kua tschi käle ava i boala, welche Entfernung ist es
von hier zum Dorfe?
Sila kua bonduka-ava icuna boala, welchen (wieviel) Weg hat es von
hier zum Dorf?
Ava va balangāna bäne, von hier ist es ganz nahe,
Ava va nanu tscha bäne, es ist weit (von hier wird die Entfernung viel sein),
Is ovo is u-ava, von dort bis hier,
Jai yēyē i silla boāla, ist dies der Weg zum Dorf?
I silla yēyē ya boala, dies ist der Weg zum Dorf (Ai-ina isila abu-boala),
Yei mun sill-ambote (silla-mbote) ukäle, sie sind auf gutem Wege,
Yei ku simbara ko i silla, Sie können im Wege nicht irren (Sie sind
nicht fehl im Weg),
Sila kua bonduka vanso (va-mso) icuna muila, wie weit (welcher Weg)
ist es vom Haus zum Fluß?
Ku boala umtukiri kuami, ich komme vom Dorf (vom Dorf mein Kommen),
Kenda kuami ku boala, ich gehe zum Dorf (Gehen meines zum Dorf),
Coco lamōso, linker Hand, sila lamoso, der Weg zur Linken,
Coco mabakala, rechter Hand, sila mabakala, der Weg zur Rechten (masc.),
Sila vāni, wo ist der Weg?
Minu sólose sumbíschia atchi, Ich will dies verkaufen,
Yei sólose sumbischia ōtscho, Du willst dies verkaufen,
U sólose sumbíschia ōtscho, Er will dies verkaufen,
Minu sólose sumbisia mbäle, ich will das Messer verkaufen,
Gongo-ami sumbísia i mbäla, sólose sumbísia oi móza, Ich will dies
Messer nicht verkaufen, sondern das andere (Abneigung mein zu ver-
kaufen das Messer, will verkaufen anderes),
Minu nia sumba susu mossi insili, ich kaufe das Huhn zum Essen,
Minu nánguna umbäle va tschalu, ich hebe das Messer vom Stuhle auf,
Minu nánguna umbäle vana tschalu, ich hebe das Messer von jenem
Stuhl auf,
Tula va si, ich liege auf der Erde,
Ikombami umtschentu, meine Schwester,
Usala bi mämāna, die Arbeit ist schon beendet.
Käle masi noa, giebt es Wasser zum Trinken?
Va (na) käle masi, es giebt Wasser (va käre masi),
Va (na) käle masi ko (fuki masi) kum pavoela), va kä masi ko,
es giebt kein Wasser.

Bao ko, es giebt nichts,                    Ba ke na ko, nichts da (da ist nicht),
Va käre (käle) ko, ich habe nichts (minu käle, ich bin),
Mpandika ka noa, gieb mir zu trinken,
Mulanga ke momea, giebt es Flußwasser (mulanga u käre),
Tualla ko, da ist,                          Ba bobo wo bua ko, ja oder nein?
Kunsi landange masi, wo ist Wasser zu suchen?
Toala masi, bring Wasser,
Solose nua masi, ich will Wasser trinken,
Gongo-ami nua masi, ich will kein Wasser trinken,
Masi ma bi, schlechtes Wasser,             Masi ma bot, gutes Wasser,
Masi ma muila ma bote, das Wasser des Flusses ist gut,
Tuende ko muila tuenu masi, gehen wir zum Fluß, Wasser zu nehmen,
Mi (minu) tambula masi, ich nahm Wasser,
Mi nua masi, ich trank bereits Wasser,
Yei mui nua masi, trankst du schon Wasser?
Yei solose nua masi, Sie wollen Wasser nehmen?

Chäraka (tschirakä), wirklich,             bosse ba-ko, niemals,
tschiraka-tschiraka, sicherlich,           bomäku bobo (ba bo bu), derselbe,
unqwaluwono, lügenhaft,                    bati, dann,
ebōbu, noch,                               vanji, aber,
cqwa (koua), nicht,                        tschi-uele, vielfach,
bamwēlewēle cqwa, durchaus nicht,          bunja abu-kandi, um so besser,
tschunse muna, sogleich,                   kuntuala, drüber hinaus,
umanga (tschali-manga), weil nicht,        aie-buna, auch,
babone, so,                                hnum, ja,
butschebo, wie so,                         pampa-san-kumbo (pampa bäne),
                                                              oftmals.

Tscha solese, was willst du?
Bunschi (bua tschi) solele, wie viel willst du?
Bunschi li valela suako (mso-ako), was gilt dein Haus?
Ukua bivale insuako, was gilt dein Haus (cuanto vale),
Ukua, wie viel?                            Bunschoba, was ist das?
Buna bunschi, que cousa tem (was hast du), buna bua inscha,
Tscha tschina, que cousa ha, was giebt es?
Ai-inscha (bila bintschi), warum nicht? (porque naõ).
Kunbi-kua, wievielmal?                     Tscha mäte, was bringst du? (näte),
Munde (Mundele) käle akue, hier ist ein Weißer (ha un Blanco aqui),
Kä-muntu-ko, ninguem hay (muntu, Person), ist Person nicht,
Yenda-nyei, geh!                           Do-ko, laßt uns gehen (vamos),

Akunschi (akunne) käle le vule, wo ist das Haus?
Kunschi käle boala, wo ist das Na-li, wer ist ba?
     Haus?     Nani yande, quem he? (wer ist es?)
Nani li ca-yza, wer kommt? tschenta voi bakala, eine Frau ober ein Mann?
Tschi-sabesi-ko, ich weiß nicht,    A-tschi, dies ist er,
N'tschi la ba ua bäfu,   Einer von uns hat es zu sein,
Sinika sina, zur selben Zeit,
Yza u-moeka ovoo lu käre, es kommt Einer von Euch (yza onzu o bänu),
Tscha li tuba, que diz?     Tscho-tschó, was ist es?
Tscha käle, que tens?      Ai-intscha, warum?
Bao ko, es ist nichts da,     Ki, welcher (relat.),
Tscha-atscho, hier ist es,
Ku tschi (kuntschi) u moene nandi, wo sahst du ihn?
Minu kuendá satchi, ich gehe rasch,
Vutuka *) satchi insatchi, komm möglichst rasch zurück,
Samu binschi (bunschi) käle, welche Neuigkeiten giebt es?
Ke muntu ko, Keiner ist ba (ba, Person, nicht),
Boa-obo ba kuandi, dies kann sein,
Ku kambi bongba (hong ka) ko, widersprich mir nicht (zu sprechen bewahre),
Munam-bunschi, welche Zeit ist es?
Bunschi bu bä lele (bunschi buisile)? wie war es?
Tscha sóllese u tuba yei, was wollen Sie sagen?
Yei cuivanje, sie täuschen sich,
Tscha li cuiza tu vandika tua lia, Was können Sie uns zu essen geben?
Tscha kari unyéi, was haben Sie? Tscha, was?
Tschasala tscha otscho, wozu bient dies?
Tscha sonakene, es bient zum Schreiben,
Tscha uisili, warum kommt er?
Tscha uala sala tscha-u, wofür machst du das?
Tscha tu fuanukini usalla, was müssen wir thun?
Nani vuili atschi, wem gehört dies?
Minim puili imbäle aie (minu vuili), dies Messer gehört mir.

---

*) cuitucuta, volver (im Bunba),
eu hebi, wo (im Bunba),
cu evi, wo (im Congo),
ai cuevi, wohin gehst du (im Bunba),
eu cuevi, wohin gehst du (im Congo).
Ku, ba,

Kune, welcher? (im Herero).
cumbi-cuxa, en que hora (im Bunba),
canna ua riala (cann 'a riala), ninguem
    (nao ha homem) im Bunba,
bongwa, to take care of, to mind,
so, wo (im Dualla).

Yei uvuili imbäle-aie,\*) bieß Meſſer gehört bir,

Nandi vuili imbäle-aie, bieß Meſſer gehört ihm,

Nanu (nani) vuili (bakesi) iso-aie (mso-aie), wem gehört bieß Hauß?

Ona \*\*) tatti cuisi usala (usalla), wer begann bie Arbeit? (wer zuerſt geht arbeiten?)

Minu tatti ciusi, ich beginne,    Umvelle mona, Niemanb ſah,

Minu da tattika, ich werbe beginnen,   Bubu tscha moena ko, nie noch ſah ich eß,

Minu ntáttika, ich begann (yei u táttika),   Insolose cui mona, ich wünſche zu ſehen,

Tschai muena\*\*\*)ko, Niemals ſah ich,

Umvelle uisisi (ysisi), Niemanb kam,   Tschanda bonga, baß ich ſchieße,

Di muena sati manani (monanga sati manani),  Er macht ſeine Erſcheinung mit Jemanbem,

U simene abukamoene iso, er ſchrie auß, bieß (ſolch Unglück) ſehenb,

Tschali li bakala langāna li kalilile ubäle, Ach, armer Mann, ber bu immer krank biſt,.

Minu baka singola (ich erhole mich), ich gewinne Kraft (singola),

Ya ba sasi mueka ya yenda i bantu kuenda sumbissia ma baija, Es ſanb ſich ein zum Abfahren fertigeß Schiff unb Leute, bie Planken verlaufen wollten,

Ya ba so (m'so) ya sia imbāso, Es war ba ein im Feuer zerſtörteß (verbrannteß) Hauß.

Melia i mäne, ich aß am Morgen,

---

\*) este oyo (im Congo),
yo (ayo im Plur.) ober yogo (ne yo ober quiqui) im Bunba (nach Cannecattim),
Im Bunba ſteht „ein" (moexi) oft auch für irgenb ein (certo o alguem im Port.), bem im Plural geſtellten Subſtantiv nachgeſetzt (cada ober alguem).
Nanhi, quem 6? (im Bunba),
Vana, geben (im Congo), ca bana (im Bunba),

\*\*) Nani, wer? (im Congo),
Ntete zole, primus,
Ye tatu, secundus,

\*\*\*) ver, mena (im Congo),
nunca, qui quia (im Bunba),
ninguem, muttu-cana, quebe (im Bunba),
chegar, ngu-yza,
chegar, nga-bicila (im Bunba),
chegar, sunsica (im Congo),
nenhumas casas sao bonitas,
cann'a jhinzo j'hia huaba (im Bunba),

hia, im Bunba (nach Soura),
quem? hi (ihnai) ober nai (im Bunba),
estas cousas sao feias: Ima hei ia hiba.

Soneca (oussoneca), escrivir (im Bunba), chorar: ou sila (im Bunba), dila (im Congo)-
Muntu uantete, primus homo (Brusciotti), tatyille, begin (im Bakele).

querer, cuandala,
querer, cuzolola (im Bunba),
querer, zola (im Congo),
quero comer peixo,
ng'handala cu-ria nbigi,
outro, caca (im Congo),
outro, uomuca (im Bunba).

Cu si lia tango i mesica, ich werde Abends effen,

Cu si kuenda ima, ich werde morgen abreifen,

Fu kuenda imäneaie, ich reifte diefen Morgen ab,

Boali bonane chinane vo o bakenako, findet fich ein Dorf oder nicht?

Babonsua ba bote i yono, ich bedarf aller für morgen,

Intango (mtango) mefuana ia sungama va tschika, er erhebt fich früh
vom Bett,

Nandi yono kala (uala) kuenda, er wird morgen abreifen,

Umtschentu yono kala kuenda, die Frau wird morgen abreifen,

Umtschentu uala kuenda, die Frau wird abreifen,

Bakala uala kuenda, der Mann wird abreifen,

Bakala yono kala kuenda, der Mann wird morgen abreifen,

Minu sólose sumbísia mbäle-aia yorumtschello, geftern wollte ich dies
Meffer verkaufen,

Tu-ala kuenda, wir haben zu gehen (wir müffen gehen),

Binaka nätte, was getragen werden kann,

Toáma kun tuala, faß weiter vorn an,

Kambi tschi si kuenda ko (tschenda ko), fage, daß ich nicht gebe,

Kambi ti iuaia tschi yéndase (tschendase), fag, daß die Katze ging
(fort ift).

bobo*) (bubo), heute (ilumbuachi),

ovo, dort,

ava, hier (akua),

yono (yonum-cheri), morgen (ya-numchela),

yono imene (i nene), morgen früh (embazze nene),

lumbitschina, übermorgen (tschalaba lumbitschino),

tschiberi yono (lumbitschino), geftern (basamene),

tschaberi lumbitschino, vorgeftern,

tatikila lumbitschino, feit vorgeftern,

imasica, fpät,

lumbo bisonso, täglich (lumbo, Tag),

buboko, jetzt.

Ya boba massika-ko, es ift nicht fpät (jetzt fpät nicht),

Yei unanguka ai mäne (inene), Sie erheben fich früh,

---

*) boba (moma) aqui (im Bunba), va (woni), here (im Bafele), vena, here (im Mpongwe), to-day, bo (im Bafele),

jau yesterday (im Mpongwe), quilumbu, dia (im Congo), da, ich effe, dedi, ich aß (im Dialla), fundumuca, levante-se, munga, amanha (im Bunba).

Das Paffiv im Seffuto hat die Endung oa, wie liroa (von lira), gethan werden (f. Endemann). Ke lira (Praef.), ke lirile (Perf.), ke ta lira (Fut.), von ta (kommen). Die Negat. wird mit sa (se, prohibitiv) gebilbet. Abverbia bilben fich mit ka, wie kacholo (cholo, groß).

Bäle ime kuanguka, das Messer bricht jetzt,

Bäle i kuangukisi, das Messer ist zerbrochen,

Nanguku, fortgehen,

Tschi-buili-ko, zerbrochen,

Tu tubesi liao, fallamos,

liao (juntos), ya e acabado,

Sabe si tuba bi tschinu Boali, verstehst du die Loango-Sprache?

Sabesi tuba chim-putue, verstehst du portugiesisch zu sprechen?

Sabesi-ko, ich verstehe nicht (naõ sei und spanisch),

Si sabut tum bembe tschinu Boali, ich verstehe die Loango-Sprache nicht,

Tschi sabesi ia mi ko, ich weiß nicht,

Tschisi kuoko,*) ich verstehe (höre) nicht (kutu-ko),

Buni juvalila, wie heißt das?

Um-yei sabese lambe, verstehst du zu kochen?

Disjina liaco, wie heißt du (Name Deiner)?

Disinna (disjina) li-ande, was ist der Name (seiner)?

Buni yuva li lu, wie heißt dies (Disinna liande)?

Ili ke ka nandi (llikenanandi), was ist dies?

Kune tschi käle, wo ist es?

Kuntschi kuna, woher kommst du (ku tschi ku nai)?

Kuyza akua (jisa kuna), komm hieher (uisa-ko),

Uliate, geh rasch (voran)!

Käle cogengande, bleib draußen (ko-ungande),

Kuenda (jendu) tomba, hol' es!

Muene zeala, mit Erlaubniß,

Mune gätte, ja, mein Herr,

Jendu tomba, bring' es!

Itondese, danke.

Goala umtiame, gieb mir den Stock (tuala mtiame)!

Tuala imbäle, gieb ein Messer,

Lala umbotte, schlaf wohl!

Moë lala, schliefst du schon (etwa schliefst du)?

Umtscha tschi tschi moena kena, warum blickst du dorthin?

Yisa (ku-yza) ougsa munto, es kommt Jemand,

Kala yēi, setzen Sie sich!

Yei tubi tschereka, sprech' du die Wahrheit (rede wahr),

Ki cuyza noka, es wird regnen,

Moe (mui) lia, ißest du schon?

Yei mui lia, Ihr aßt schon,

Yei mui lia vo kua lia-ko, aßt Ihr schon oder noch nicht?

U-lile n'yei, ißst du?

---

*) joka, hear (im Bakele),

rijina, Name (im Bunda),

nguno, hieher (im Herero),

lua, rasch (im Bunba),

naga, rain (im Mpongwe).

Iyono (yono) tuála (tu ala) sumba mamäme mabäne, Morgen werden wir viele Schafe zu kaufen haben,

Yono, morgen,

sumba, kaufen,

bäne, viele,

Tu ala kuenda (havemos de ir), wir haben zu gehen,

Minu nyala kuenda, ich werbe gehen (fortgehen),

Yei u-ala, kuenda,

Nandi u-ala (kala) kuenda,

Bäfu tu-ala kuenda,

Bänu lu-ala (nu-alo) kuenda,

Bao bala (ba-ala) kuenda.

U-ala sabe ti o fusi yono kala kuenda, Wirst du wissen, daß der Schmidt morgen abzureisen hat?

Minu bu käle oboba kuenda, es ist meine Sache zu gehen,

Minu tschindiko unkärę yandi, ich habe Vertrauen zu ihm,

Usamu u käre yami (a novidad está conmigo), die Nachricht ist bei mir,

Mambu ma käre yami (as palavras estan conmigo), die Worte sind die meinigen,

Umtschentu umasi siami, die Frau ist schon bestattet,

Impandekisi indiko sinnäla ya sumbili, gieb dem Freund die Ringe, die ich für ihn kaufte.

Umbu*) wussu ku ukäle, das Meer ist stürmisch,

Masi lolo ma käle, das Wasser ist bewegt,

Fica liata cuitu umsatschi, komm rasch wieder,

Bäfu ti tala (tu-ala) kuenda, wir sind zur Abreise fertig,

Bi lia bi mäwua, das Essen ist fertig,

Inso mąmana, (M'so mä nangua), das Haus ist fertig,

Luanda lu mä wangua, die Tipoya ist fertig

Luanda lu mäwangua vo, ist die Tipoya (Hängematte) fertig oder nicht?

vanga, machen,

vangua, gemacht sein.

Monte cui moena-ko nata tschimka (tschim-oaca), Wenn sehend nicht, bring anbres (wenn du es nicht siehst, bring ein anberes).

---

*) mar, m'ba(m'bu), mu, calunga (im Congo),
alto, mongo, sangamese (im Congo),
alto, azanguoa, quissancu (im Bunba),
pronto, sungungu, suungu (im Congo),
forte cousa, quima ria ngusu (gusu),
forte cousa, quima quicolocoota (im Bunba),
forte, golo (im Congo), quicolo (im Bunba),

A chuva e forte, nvula ia vullo (im Bunba),
Masekalene, Receding as a tornado, Ebbing as the tide (im Dualla) [Calema],
O almoço está pronto,
o lomoço uala polonto, im Bunba (f. Soura),
casa, munsu, cubata (im Bunba),
fazer, cubanga, cubanca (im Bunba), vanga.

Tschim, auch,

Oaka, anders,

Monte cui moena-ko mbäle (imbäle) nata tschimka (ümka), Wenn
                                  sehend nicht das Messer bring anderes,

Bonga umbäle ya kuenda kuami, das Messer nehmend, ging ich fort
                              (Nehmen des Messers, dann mein Gehen),

M'fumo (infumo) oyo n'sabesi (insabesi) yei, Kennst du diesen Fürsten?

I-fumo-oyo diko-aku ko vo, ist dieser Fürst dein Freund oder nicht?

Diko, Freund,             Bi bäne, große Bosheit (sehr schlecht),

Fumo, Fürst,             Muntu bi, ein schlechter Mensch,

Minu tube i muntue *), ich sprach bereits mit dieser Person.

Monte minu da mona kenna simbonga bati nda futa, hätte ich Geld,
                                    würde ich zahlen,

Minu imbakesi simbonga (minu inkäle isi bonga), ich habe (besitze) Geld,

Minu nya bäle isi bonga, ich hatte Geld,

Minu daba i simbonga, ich werde Geld haben,

Obakana bai ibinkutu ko chanu tschoso ki mona, hätte ich kein Kleid,
                                    würde ich kalt fühlen (frieren),

Pemmo-umvoala likuisa quaco, wir werden ein Gewitter haben (ein
                                    Gewitter kommt hier).

Tsche **) ke tombe, es dunkelt (es wird dunkel),

Bueka builu bi tombe, es ist eine dunkle Nacht,

U-zili yei mbäle va mesa, legtest du das Messer auf den Tisch?

Umfusu sia (sili) umbäle kunsi tschika, tschabäli yono ua sili kúnsea
    tschálo, bäfu tússia kutschíka vamongo bīka, O ferreiro poe a
    faca debaixo do mesa, hontem o poz debaixo do cadeira, nos
    o poniamas sobre a cama.

Itäle chikale vakanteanzia ka mso i zola, die Bananenpflanzung ist
                                    zwischen Haus und Garten,

Katanzia, entre (in der Mitte),

---

*) umntu, wie (im Kaffir), richtiger zu schreiben (nach Appleyard),

**) Tschi mbenh, es ist gut,
me loma, ich schicke (me lomine, ich schickte),
me lomine, ich schickte,
me tschl loma, ich bin schickend (im Bakele),
escuro, tomme (im Congo),
escuro, nvandu, jinvundu-avul (im Bunda),

waka, ein anderer (im Bakele),
mbata, bringen (im Bunda).

Noite, ussucu, massucu (im Bunda),
dia, quisua, isua (im Bunda),
dia, quilumbu (im Congo),
O dia está claro, quizua qui a huaba (im Bunda).

Cala va kateanzia ca minu i nandi, Es bleibt zwischen mir und ihm,
Kateanzia ka sila, bie Mitte *) (Hälfte) bes Weges,
sila, caminho.

Kúsu, atraz (detraz), hinter,                kunganda (vangande), außen,
Aie (cota), zwischen (katanzia),**) móse, für,
Kumbúsu (cumtuala), bevor,                   vamonga, brüber,
mokatti (lulicatte), brinnen,                umtakikila, vorne,
kolla, gegen,                                vivuanda, unter,

Tula imbäle kumbusi ivitu, Lege bas Messer vor bie Thür,
Tula ukanda kumbusi ivitu, Lege ben Brief vor bie Thür,
Tula imbäle kumbusi so, Lege bas Messer vor bas Haus,
Tula imbäle kúnsjiä vitu (kusu ia vitu), Lege bas Messer hinter bie Thür,
Mokatti (minu käle) ka so (mso) inkäle, ich bin im Haus,
Vangande mso inkäle, ich bin außerhalb bes Hauses (braußen),
Uwiokase manaläsa aii sengo, Es geht ein Knabe mit einer Hacke vorüber,
Vam tima, in ber Brust (tima),     Vam tu, im Kopf (mtu),
Minu ya bäle va boala, ich war im Dorfe,
Minu ya bäle mu (vu) vola, ich war in einer Hütte,
Sangara tschi vangusu babote,***) bies (bieser Gegenstand) ist gut gemacht,
Sangara tschi vangusu ba bi, bies Ding ist schlecht gemacht,
Simbäna sivitiri (ba vitiri) va boala bawiga (bawikesi), bie Feinbe
    nach ber Stabt gekommen, verbrannten sie, Simbäna bavitiri (sivi-
    tiri) va boala bawīga,

---

*) To express the idea of between, a noun is used, which has the force of the
middle or centre (im Mpongwe), for up and down banda (to go up) and sumina
(to go down).

**) vana cacianci, entre (im Congo),    nyuma, behind (im Mpongwe),
mbusa, behind (im Dualla),              goboso, before,
                                        go-gara, between (im Mpongwe).
Ka bilbet (im Kaffir) Abverbialformen, ka-kulu, greatly (kulu, great).

***) bom: quiambot (im Bunba), iambot   fazer: vanga (im Congo),
                im Plur.,               fazer: oubanga (im Bunba);
bom: eóte (im Congo);                   que: echi (im Bunba),
máo: quiaiiba (im Bunba), iaiiba im Plur.,  o mesmo: chia muéne,
máo: Ocutema,                           assim: quimuéne,
máo: Ocubucumuca,                       ahi: bomuéne:
máo: Ndaca;                             Quima quina quia huaba, aquellas couzas
ma cousa: quima caiiba,                             sao bonitas,
ma cousa: cahiba,                       Imael ia hiba, estas couzas sao feias (im
ma cousa: malebu;                                  Bunba).

Umkanda ao ki tschi tálesi ǎma makä moɜo tschi ma saba ko (Umkanda ao ki tschi tálesi, isavo atchi tschi saba ko), da ich den Brief nicht gelesen, konnte ich es nicht wissen,

Sindiko siami siléndose (lend o balendose) ku buala ba mamakuncasi, Meine Freunde wurden im Hause beines Oheims sehr beleidigt (Meine Freunde ereiferten sich eifrig im Hause beines Oheims).

Yei solose ucuyza intschá umangesi unátina itumba tschako, du wolltest kommen, und so weiß ich nicht, warum du mir dein Bild nicht bringst, (Yei solose ucuyza i tschi sabesi ko ibila umangesi ūnatina itumba tschako),

Nande sábesi ti tin yei käle bila, er wußte, baß bu Schuld hattest,

Nande sábesi ti bila tschaku, er wußte, baß die Schuld die deinige,

Minu yamánatá bäne bati cuyza batschika, ich verliere stets viel, wenn ich spiele,

Minu monte me lāla baka na kua ko (tchuako) imbembe noni, Quando eu dormir naõ ouçe o canto do passaro, (da ich schlief, konnte ich ben Gesang der Vögel nicht hören),

Li-kua yei ulumbo la noni (nuni), hörst bu ben Gesang der Vögel?

Ntschna (ntscha) sīli li obo, warum thatest bu das?

Monambintschi uwitili, wann kam er?

Tambo-ili mbäle nia sómbekāsi umfusi, ich habe das Messer empfangen, bas ich bem Meister geliehen,

Si táta ēbāna góngō sāla bo ana (bōna) bäbele, die Väter, deren Söhne nicht arbeiten wollen, sind unglücklich (die Väter welche Söhne scheuen arbeiten, sie sind unglücklich),

| | |
|---|---|
| muana, Sohn (Plur. bana), | gongo-ami, ich will nicht (bin ab- |
| tata, Vater (Plur. sitata), | sala, arbeiten, geneigt), |
| | balele, unglückliche, |

Minu di bola vicami (viɜa-ami), Ich strafe meine Sklaven,

Mkanda di cuiza sónaka, ich habe einen Brief zu schreiben (einen Brief gehe schreiben),

Yei umpandika (mpandi ka) sinuni*) sina, bu wirst mir jene Vögel geben.

---

*) vinani, Vogel (im Balele),
nyani, Vogel (im Mpongwe),
nuni, Vogel (im Congo);
yina, dies (im Mpongwe);
O (Plur. wi oder wa). relat. pron (im Mpongwe),
nya (im Dualla),
ini (munu), this (im Dualla),

canbua, faltar (im Congo),
cu-cambi (im Bunba),
uala-euxi, como passou (oucci, wie) (im Bunba),
pu, moɜu? warum? (im Herero),
vutu, parentes (im Congo),
cui-vua, ouvir (im Bunba),
unguir;, ouço (im Congo).

N'yei i minu tu-enda co-moeka, bu unb ich, wir gehen zusammen,
bäfu tu kuenda, wir gehen,    moeka, Eins,

Minu kuenda cu-mongo da nata butu biami, Gehe ich hinauf, werde
ich meine Verwandten bringen,

Amu tubila ti-uendesi casa ca bákesi ko, wenn ich nun (zum Beispiel)
ginge, unb nichts babei verbiente,

Amu tubila, zum Beispiel (so zu sprechen),

Bunschi le moēna i li bakala lina li sizi ovo, Wie scheint es, baß der
Mann ba hieher kam,

bakala, Mann (li bakala, Nom.), Ca-tubesi ti cu-yza, sag' wer kommt,
cu tuba, sprechen,

Minu bonse nia tulila ku-na kambo, So viel ich auch auflege, immer fehlt es.

Monte iwuaya tschibatschiko. (tschi - vaitschi-ko) lia, tula kuandi
(yandi) muntäte, Wenn die Katze nicht an bas Essen kommen kann,
setze sie in's Zimmer,

Canni minu yendesi nyandi natti imbuáttesi, Mit einem solchen gehenb,
trug ich eine Flasche,

Minu baka (ba ka) simbongo da futa unkano (mkano), Mir seienb
Gelb werde zahlen Schulb (wenn ich Gelb hätte, würde ich die Schulden
bezahlen.

Gongongo ia kambo lianza moziaii tschilella bämboa mamane, ber
kinberlose Vogel unseres Lanbes singt bie Worte meiner Mutter,

Bila muna mongo lualla cambo uiluko bialla, Im Walbe bort spricht
(ber Fetisch) Bialla, ohne baß wir ihn sehen,

Tschi-ielánga batuba boādi īmēne, äolēh, Tanzenb nach ben vom Fürst
gesprochenen Worten hier, äoleh,

Lumguēna leyende kongo bāna kum bussa, Wirst bu bich, nach Congo
gehenb, ber Zurückgebliebenen erinnern,

Suenje moléanza vite vanga buéze cúnna cuéze, Sang mit Conco
(Moto genannt): Der liebliche Vogel fliegt einher, lieblich wie bie Frauen,

Mti māna bätúmgongo, Sang (Canso genannt) mit Trommel: Der
Baum ist jetzt mit Vögeln bebeckt,

Malembe tu singóloku tat umbatsche, milongo biande umbumba,
siábo teyélako, simanoko nikum nangitu, bala bocámbua kákitu
sasangéne, bälem mone tate, Wenn in bie Frembe gehenb, sinb wir
jetzt ohne Kraft, ba ben Vater entbehrenb, bie Zaubermittel bes Königs
sinb zu versuchen, ohne Haupt, ohne Herrschaft zerfällt bas Haus; nie
mehr werden wir sehen ben Vater (Sang bei Begräbnissen).

Malembe, bie Frembe.

Kanni janji bäne likäle itu ente tubákesi simbongo, Wir würden weit zufriedener fein, wenn wir mehr Gelb hätten,

Minu ku sallela umpandika umbäla, Nachdem ich dies gearbeitet, wirst du mir ein Messer geben,

Uabäle yëi kunna buala bon tä, Wart ihr schon im Haufe (Dorfe) des Schmiedes? Muso, im Haus (mso),

Banabatschento babä bo lila umango culua mäste, die Mädchen weinen, weil sie ihrem Lehrer (maestro) nicht gehorchten,

Banabatschento babu lusu umanga (tschali-manga) kukulua i mäste

Monte di cuiza sónaka, da vandika mkanda, Wenn ich schreiben kann werde ich bir einen Brief geben (Monte di cuiza sonakena, da vandika mkanda),

Minu sonaka, ich schrieb,      Minu sonakena, ich schreibe ihm,

Minu ku sonakena (minu sonaka in bänu), ich schreibe euch,

| | |
|---|---|
| Minu*), eu, | A bänu, a vos, |
| Tschami, de mim, | Nande, elle, |
| Tschamunu, a mim, | Biande, d'elle (oshande), |
| Bäfu, nos, | Unande, a elle, |
| Bitu, de nos, | Bao, elles, |
| Ubäfu, a nos, | Biao, d'elles, |
| Yei, tu, | Ubao, a elles, |
| Tschaku, de ti, | Tschami, meo (Biami, meos), |
| Unyei, a ti, | Tschaku, teo (Biaku, teos), |
| Bänu, vos, | Yei abänu, vosso (Binu, vossos), |
| Binu, de vos, | Bäfu, nosso (bitu nossos). |

Yei umkande-ami, tu bist mein Freund (kande),

Nandi umkande-ami, er ist mein Freund,

---

*) Na. I, Mba, me.

O, thou (ua),

A, he (mo),

Di we (biso),

Binyo, you (o),

Ba, they (babo) im Dualla;

Mi, ich, azuwe, wir,

O, bu, anuwe, ihr,

E (ye), er, wao (wi, wa, wu), sie,

Das Verbum sein kann bei ber vollen Form fortfallen:

oami mahona. ich (bin) Häuptling,

In Wiederholung:

Ami me ku tono, ich, ich werde bich schlagen,

Wao is never used, except in connection with human beings (im Mpongwe);

gi (ami), ich,

u (ove), du,

u, er,

tu (ete), wir,

mu (ene), ihr,

ve, sie (im Herero);

gi n'okitenda, ich mit Eisen (ich habe Eisen).

kunde. Freund.

bali, again (im Bakele).

Bänu nua kande-ami, ihr feib meiné Freunde,
Bao ba kande-ami (umkutu), fie find meine Freunde.

| | |
|---|---|
| Boele, nochmals, | Boele bangā kumbo, thue es noch ein- |
| Boele tubi leoljo, wiederhole bies | mal, |
| Wort, | Minu banga kumbo, ich wiederhole, |
| Minu tubi leoljo, ich fage daffelbe | Minu pangesi kumbo, ich wieder- |
| (wiederhole), | holte (yei bangesi). |

Dambaläle umpäka imbäle (m'päka m'bäle) ia sumbekesi, monte
yei muimāna cuisálĭda casa inkombami umtschentu ivuili bäni
intschinsi cuimōna monte yei muimana, Ich bitte Euch, die Güte
zu haben, mir das Meffer, welches ich Euch geliehen, zu schicken, fobald
Ihr es gebraucht habt, weil meine Schwester fehr es zu fehen wünscht,
wenn Ihr fertig feib.

Manaläse ua muntum-bi ua bāla ilumbi cha vonda imboa, kuisa
tula mu sāsa, tintika (tintikesi) inbisin gana mu muila, i yaba
lemino le moeko ua sóngala umangenina, ti imboa (t-imboa) ivitira
va siko, vānje mana kabússia ma bi bäne, bōāū ka simbazäla ozúka
i cacúsǎbu muna golo sa masi, ente amonakénna isatschi afuana-
seana, ente yāū imboa yina cafĭka vōnda tibákana calampampa ko
i natua va si — Un menino mal intencionado lembrou-se um dia
de afogar um cão, metteu-se n'um bote, arrajou a pobre animal
ao rio, e armado de um remo pertendia impedir que a cão che-
gasse a terra, mas em quanto estava praticando tão grande mal-
dade, eis que perde e equilibrio, e cahindo na força da corrente,
houvera infallivelmente perecido, se o mesmo cão, que elle queria
matar, a não tivesse filado pelo fato, e trazido para terra,

Munto rëjenda camōna inyōka nyesinpalangāna muna tandu im-
mūnā tschisósa, isatti cuísā fūna (fuuna). Tscháli bĭsíngānä, muísimána
nandi, monamāmbo, i sĭnĭkǎ sĭna cuisa nánguna yāú vānāsi, i cuisa
vitíchěa vam tima mossi catschindoto. Yāū inyōka nandi baka sin-
gōla muitébala ona ūnvele ūnmōnje i cacuisa fu. Tscha cuátschi
túmba cha muana chinchíta — Um viajante achou n'uma campo
durante um rigoroso inverno uma serpente entorpecida e a ponto
de morrer de frio. Pobre animal! exclamou elle, compadecido, e ao
mesmo tempo levantou-a do chão e chegou-a ao peito para a reani-
mar. A serpente porém, logo que recuperou força, mordeu a seu
bemfeitor e lhe causou a morte. Eis aqui a imagem de un filho ingrato,

Ukúvula di bákala sukulasāmu canni bunschi camuinene ón-
nakakavanna (kavandika), chichīni: „Ti monanga im bāsu, ti

bonsebatúlila sinkūnji nandi lindanga." I bákala limōse ba yu-
wuili u chíchini: „Ti monanga i gúlubu, ti tó litombe fûa". I
batschérekatï, onnakakavanna i buttu yandi pópa, i (käre) bänje
umsatchi, i untandukisi, i banababalangäne bumbatscho, i imtschentu
andi bäne (kangesín bi), longa bana bandi uiyá. Monte fuili (mäfua)
banka támbula i kūta, bomōsi fútua sinfuta, banabidäva vummuka,
umtschénto sueka binaka sueka, buinji invumbi siāma babóte ke
simfinjo si būmba, sibatschiko itombi tschandi cuékama — Pregun-
tado um discreto homem, com que se parecia um avarento, res-
pondeu: „Com o fogo, que quanto mais lenha se lhe lança, mais
lenha pede." Outro a mesma pregunta respodeu: „Com o porco,
porque só aproveita morto " E na verdade, o avarento para os
parientes é odioso, para os estranhos difficil e inacessivel, para os
vizinhos molesto, para su propria mulher máo companheiro, na
educaçao de seus filhos misero. Morrendo uns entrão na herença,
a outros se pagão os salarios, os devedores respirão, a mulher
esconde o que pode, e até o cadaver mais em paz fica com os
bichos da sepultura, do que estava com a alma sua inclina.

| | |
|---|---|
| Susi moeka, ein Huhn, | Gombe moeka, ein Ochse, |
| Susi vuali, zwei Hühner, | Gombe vuali, zwei Ochsen, |
| Susi tatu, drei Hühner, | Gombe tatu, drei Ochsen, |
| Susi hna, vier Hühner, | Gombe hna, vier Ochsen, |
| Susi tanu, fünf Hühner, | Gombe tanu, fünf Ochsen, |
| Susi sámbona, sechs Hühner, | Gombe sambona, sechs Ochsen, |
| Samboali la susi, sieben Hühner, | Samboali lam Gombe, sieben Ochsen, |
| Nana na susi, acht Hühner, | Nana nam Gombe, acht Ochsen, |
| Ivua la susi, neun Hühner, | Vua lam Gombe, neun Ochsen, |
| Icumi na susi, zehn Hühner; | Cumi nam Gombe, zehn Ochsen. |

Ordinalzahlen von 1—10: Tschintäte, Tschamoali, Tschamtatu,
Tschamná, Tschamtanu, Tschamsambanu, Tschamsamboali, Tschin-
nana, Tschivuá, Tschicūma.

Im Mussoronghi heißt es:

| | |
|---|---|
| Susu kuua, wieviel Hühner, | Susu sole, zwei Hühner, |
| Enana dia (dian) susu, acht Hühner, | Susu tatu, drei Hühner, |
| Evoa dian susu, neun Hühner, | Susu iiya, vier Hühner, |
| Ecumi dian susu, zehn Hühner, | Susu tanu, fünf Hühner, |
| Susu mosi, ein Huhn, | Susu sambanu, sechs Hühner, |
| | Susu samboali, sieben Hühner; |

Disu de mossi, ein Auge,
Mäsu mole, zwei Augen,
Kutu ku mossi, ein Ohr,
Matu mole, zwei Ohren,
Dinu di mossi, ein Zahn (mänu
Plur.).

Bonde, Hund,
Bonde ampuena, großer Hund,
Bonde akette, kleiner Hund,
Susu, Huhn,
Susu ampuena, großes Huhn,
Bäle, Messer,
Bäle ankudidi, großes Messer,
Bäle kette, kleines Messer,
Yakala, Mann,
Yakala dian kudidi, großer Mann,
Yakala yakala dia kette, kleiner
Mann,

Im Congo*) heißt es:
Monum dia, ich esse,
myeye (umyeye) dia,
Yandi dia,
Jättu tu dia,
Jänu dia,
Jao ba dia,

Im Loango heißt es:
Susu kuae, wieviel Hühner,
Susu moeka, ein Huhn,
Susu uali, zwei Hühner,
Susu tatu, drei Hühner,
Susu sia, vier Hühner,
Susu tanu, fünf Hühner,
Susu sambunu, sechs Hühner,
Samboali di susu, sieben Hühner,
Jinana di susu, acht Hühner,

Ngo, Leopard.
Ngo ankudidi, großer Leopard,
Ngo yakette, kleiner Leopard,
Gombe, Ochs,
Gombe yapotte, großer Ochs,
Gombe yakette kette, kleiner Ochs.

Mono boba, ich spreche,
myeye boba,
yandi boba,
yätu tu bobanga (wir sind sprechend),
Yänu lu bobanga,
yandi boba,
mona mpóbele, ich sprach (yei impo-
bele),
mona umboba, ich werde sprechen
(minu kuenda boba),
mono dia, ich aß (mono dianga),
mono vanda, ich schlage,
mono vou vanda, ich bin geschlagen.

mono (monum) didi, ich aß,
monum tschinga dia, ich werde
essen,
mono vanga, ich mache,
mono pangedi, ich machte (myeye
vangedi).

Ivua di susu, neun Hühner,
Cumi di susu, zehn Hühner;
Susu inche-inche, kleines Huhn,
Susu nene, großes Huhn,
Bäle intscho, Messer klein (ntscho),
Bäle inene, Messer groß,
Chikumbo chinene, Leopard groß,
Chikumbo chicheche. Leopard klein.

---

*) meno ya zitissa, amo, meno ya zitissi, amavi, quifuene cu-ria ko, non possum
comedere (f. Brusciotti).

Minu lili*), ich effe (aß),
Minu yono le lili, ich aß geftern
(minu yono lili),
Jinje yono lili.
Nande wäka yono lili,
Bäfu ke yono tu lili,
Bänu yono nu lili,
Bao yono be lili,
Minu basinmäno inlia, ich werbe
morgen effen (bäfu tu-inlia),
Co sala**), trabalhar, minu sala,
eu trabalho (minu sálesi),
Minu ilu muke sala, eo estou tra-
balhando,
Minu nya sala, eo trabalhei,
Minu salísia, eo acabo trabalhar,
Minu sálila, eo trabalho para mim,
Minu sazia, eo sei trabalhar,
Minu salango, eo estou trabal-
hando,
Minu salangana, eo trabalho por
um otro,
Minu salisonia, eu ya trabalhei,

Minu nyana sala, ea trabalhaba.
Minu nya sala futi, eu trabalhei
para pagar,
Bubo vaia sala, eo trabalho
agora,
Minu vaia sala, eo vou a trabalhor,
Minungo salile, eu que trabalho
para vos?
Cu tuba, fprechen,
Minu tuba (Präf.),
Minu tubesi (Perf.),
Minu tubango (Particip.),
Minu tubisia,
Minu túbila,
Minu tubangama,
Cu lia, effen,
Minu lia (Präf.),
Minu lili (Perf.),
Minu liasonia,
Minu liacungama,
Cu kamba, fagen,
Minu kamba,
Minu kámbesi,
Minu kambila.

---

*) Minu lia (in Cabinda); Minu dia (im Congo); Nghi ria (im Bunba). Schaf
wird Molongi, Morongi ober Modongi ausgefprochen (im Dualla). The word „Good" is
subject to this indefinite utterance, hence is heard: lodi, loli, doli and dodi (f. Saker).

**) cussala, laborare,
Cuuutula, respondere,
Cuuutusiana, respondere sibi invicem,
Cu-bhobha, loqui,
Cu-bhobhasiana, sibi mutuo loqui,
Cu-bobhosiananga, loqui multoties,
Cu-bobhabhobha, loqui velociter;
cussarila, laborare alium,
cussarissa, jubere aliquem laborare (labo-
rare cum aliquo);
Cuqueoca, pervenire.
Cuuquina, pervenire ad aliquam partem,
Cuuequessa, mandare alicui ut perveniat
ad aliquam partem (im Congo).

Yenda, gehen, yendisa, gehen machen,
Suta, bezahlen, sutisa, bezahlen laffen,
honga, lernen, hongisa, lehren,
tona, fchlagen,
tonasana, einanber fchlagen,
tuma, fonbern,
tumina, fenben für (anftatt Jemanbes), im
Herero (nach Hahn);
Pera, lose,
Periza, cause to lose (im Mpongwe);
bola (radical),
bolise (causative),
bolino (indefinite),
bolane (reciprocal),
bolana (relative) im Dualla (f. Saker).

Chi-ka, Bett, bi-ka (Plur.)    vangeti, Schulter, ma-vangeti (Plur.

mu-ato, Boot, mi-ato    „    muivi, Räuber, luivi    „

coco, Hand, mi-oco    „    umsitu (msitu), Wald, nisitu „

gulu, Schwein, sin-gulu    „    liassu, Auge, miassu (im Dual) „

memma, Matte, ma-memma „    liänu, Zahn, mänu    „

nuni, Vogel, si-nuni    „    jilu, Nase, majilu    „

mti, Holz, mi-nti (mimti) „    vitu, Thür, mavitu    „

unsammo, Wort, mi-sammo „    daka, Sprache, sindaka    „

sala, Finger, sin-sala    „    chi-oula, Frosch, bi-oula    „

sila, Weg, sin-sila    „    chi-leze, Diener, bi-leze    „

mfu, Fisch, si-fu    „    cuaco, Hand, miaco    „

mso, Haus, sinso    „    sala, Finger, sinsala    „

zau, Elephant, se-zau    „    sal ambombe, Daumen,

yaka, Manbiota, mayāka    „    lu sala sa, kleiner Finger.

**Im Congo heißt es:**

Jakala, Mensch, akala im Plur. (diakala, des Menschen),

Muna, vuana im Plur. Sohn,    Zamba, jinzamba im Plur. Elephant,

Tänto, akento „ „ Frau,    Kulu, malo „ „ Hund,

Diambo, mambo „ „ Wort,    Lusala, jinsala „ „ Nagel,

Mtschi, mintschi „ „ Baum,    Quimbungua, jin-

Lembo, milembo „ „ Finger,    búngua „ „ Wolf,

Mtu, mintu „ „ Kopf,    Evembo, mavembo „ „ Schulter,

Ganga, jinganga „ „ Arzt,    Täke, itäke „ „ Götze,

Suki, jinsuki „ „ Haar,    Vishi, ivishi „ „ Knochen,

Nuni, jinuni „ „ Vogel,    Muiwi, ewi „ „ Räuber,

Mischi, simishi „ „ Katze,    Quioiji, iviji „ „ Schatten,

Umso, jinso „ „ Haus,    Lubini, tubini „ „ Zunge,

Nangudi, jingudi    Sunu, masunu „ „ Nase,

(yaya) „ „ Mutter,    Diaqui, maqui „ „ Schaf,

Tata, notata    Dinkondo, man-

(masse) „ „ Vater,    kondo „ „ Banana,

Cutu, matu „ „ Ohr,    Dissu, messu „ „ Auge.

Dinu, menu „ „ Zahn,    Linga, malinga „ „ Kehle,

Boali, umvala „ „ Dorf,    Gandu, singandu „ „ Eibechse,

Ebatta, mabatta „ „ Stadt,    Komba, sinkomba „ „ Bruder,

mvu, imvu „ „ Jahr,    Bo, simbó „ „ Mücke,

Muanacasi, bana-    Insi, sinsinsi „ „ Fliege,

bacasi „ „ Neffe,    Fumbi, ufumbi „ „ Opfer,

Nombe, ibanombe im Plur. schwarz,
Nombuka, inombuka im Pl. dunkel,
Tschitola, bitola im Plur. dick,
Silu, usilu im Plur. stumm,
Usabesi, basabesi im Plur. klug,
Läse bakala, ubäse bakala im Plur. Knabe.

Bäl-yambotti, gutes Messer,
Simbäle sambotti, gute Messer,
Umbua (M'bua) puene, großer Hund,
Umbua kätte, kleiner Hund,
Nuni ampuene, großer Vogel,
Nuni akätte, kleiner Vogel,
Bisa (bisa masi), Fisch,
Bisa kätte (bisa-aikä), kleiner Fisch,
Bisa mpuene, großer Fisch.

Ezulu, Himmel (riulu oder maulu im Bunka),
Gonde, Mond,
Mtangua, Sohn (moana),
Fuku, Nacht (ussuku im Bunba),
Muine, Tag,
Dingi-dingi, Mitternacht,
Dombe, schwarz (blau),
Tschitschikambisu, grün,
Kamboaki, roth,
Yakala, Mensch,
Umkänto, Frau,
Muchino, König,
Umtschunnu känta, Regenbogen,
Yambula, Bett,
Umzävo, Bart,
Tetémbua, Stern.

Umso (Mso) ankänto, das Haus der Frau,
Mono päne imbäle kuan känto, gieb der Frau ein Messer.

Im Mayumbe heißt es:
Wasser, Umbafu (Mamba), mambe (m'koko),
Nagel, Gongoro (Kralle),
Feuer, Bombe (Tuya, tia),
Sonne, Muine (Niango),
Mond, Chungera (Gonde),
Nase, Bungi (Diulu),
Auge, Mäsu (Misu),
Finger, Nusala (Mulembo),
Berg, mongo (mulando im Massunki oder umtudi),

Kopf, Murru,
Wind, Tembo,
Leopard, Merre (Mansangi),
Elephant, Saba (Umsabe),
Ziege, Sakka,
Crocodil, Cambemze,
Affe, Ingondo; der Chimpanze (Loango's) heißt Chinsiko,
Antilope, Kabbi,
Tabak, Tsungo.

Ich sprach: Maena vovanga (im Bomma), minu tubi (Cabinba), minu dia na vova (bei den Bayumbe), bok etiko (bei den Bassunbi), mono vova (bei Mussoronghi), di abe ke vova (im Congo), mei rubisi (im Mayumbe).

Im Bomma heißt es:
lia kuami, ich esse (Essen meines),
lia kuako,
lia nande,

lia bäfu,
lia bänu,
bao lia;

lili kuami, ich aß,
lili kuako,
ulili kuandi,
minu sa cuiza lia, ich werde essen.

tu lili kuätu,
lu lili bänu,
lili bao;

Dia dia, ich esse, bei den Bassunbi (bi duä, ich aß), mono dia, be Mantetje (ena moko, ich sehe), cudei mu dia (im Mayumbe).

In Cabinda (und auch in Congo):

Wasser, masa (mlungo),
Nabel, intumbo,
Sprecher, umbiasi,
Biene, aku,
Elephant, nzau (insauka bei Ba-
    buma),
hoch, mongo (Berg),
Haar, blenje (milenje bei Basunbu,
    suki bei Mussorongho),
Hippopotamos, umwubu (vuvu in
    Bomma, guvu in Loango),
Weg, sala (muene),
Herz, cuquela (cuquila),
Leiche, evumbe,
Schwager, zuli (sari),
Eingeweide, kusica,
Knie, majeda,
Spiegel, lemseno,
Feuer, baso (tubia),
Ameise, nona,
Huhn, susu (pembe bei Bassunbi),
Schrei, lossuca,
Geschichte, nongo,
Götze, mokisse (iteque),
Tempel, mso-kisse (somkisse),
Insel, bibota,
Schwester, uncomba-umchentu,
Bruder, uncombo-umbacala,
Honig, encama,
Herr, malonje,
Lüge, gangu,

Mosquito, nsinsi,
Palme, lintete,
Fuß, tambi (bamilu in Bomma,
    malu in Loango),
Stein, matali (mateli),
Stock, nti (mti),
Ohr, matu (matschu bei Bawumbu,
    kutu und makutu bei Mantetje),
Arm, nmia,
Vetter, komba,
Blitz, umsase,
König, mutino,
Arm, nmia,
Reich, tissina,
Fluß, muila (nali - diangela bei
    Babongo),
Lippe, nuquini (mibodo bei Babembe),
Ausschlag, biconja,
Heimlich, sueca,
Woche, bilumbu,
Augenbrauen, micica,
Grab, lubulu,
Neffe, mona-ancaci,
Schwiegervater, chicuesa,
Schwiegermutter, quequaze,
Erbe, mutoko,
Tante, tat-intschento,
Onkel, gulancusi,
Leopard, chicumbo (ngo in Bomma),
Messer, bäle (mankanku bei Bassunbi,
    bamblaia bei Babuma),

Jetzt, ibubu,

Unten, cuiwanda,

Versichern, chivuvesi,

Fleisch, bisiamenga (nyamma bei Babuma),

Rathen, cutessa,

Auge, messu (mitschi bei Babuma, missi bei Bawumbu, dissu bei Mantetje),

Wahrsager, gangi-tali,

Arzt, ganga,

Finden, menonga,

Vollenden, memána,

Oeffnen, sibula,

Stern, bota (noke in Loango, vusi-bakusi, in Mayombe),

Anzünden, tátika,

Zeug, tschana,

Geschehen, monakene,

Zufall, cunnamsitu,

Aufwachen, sungama cutólo (vom Schlaf),

Nase, sunni (bombe bei Babembe, leke bei Babuma, masutu bei Mantetje),

Begleiten, landa,

Einrichten, keba,

Lieben, nitissa,

Schlafen, lala,

Heute, lumbuaj,

Gestern, chibeki yone,

Sprache, bembo,

Milch, mabene,

Gesetz, umcaca,

Meer, mba,

Frau, mijentu,

Leute, bantu,

Vater, tata,

Himmel, sulu,

Gewitter, chidumbu,

Dunkel, umpindi,

Licht, lua,

Stimme, baemo,

Schrei, lossuca,

Leben, moenho,

Geist, lunsi,

Seele, chinimbe,

Gespenst, chimbinde,

Kopf, mtu (tschuki bei Bassunbi, mu-chua oder baeja bei Mantetje beia in Tschimbosabbi),

Hand, mucaco (cuaco oder lembo in Congo. kandan bei Mussorongho, milemba bei Babuma),

Frau, tschentu (mkento bei Mus-sorongho, mátu im Congo),

Finger, lusala oder sala (lembo bei Mussorongho),

Mensch, bakala (yakala bei Musso-rongho, mäsu im Congo),

Sonne, mtangua (posi in Bomma, muini bei Mussorongho),

Banana, täbe (maconda in Ma-yumbe),

Manbioca, pansa (mayaka in Ma-yumbe, bizo bei Mantetje),

Tabak, fumu (tsungo in Bomma, fuango in Loango),

Ziege, ncombo (sakka in Mayumbe, kombe in Bomma),

Zahn, mänu (minu in Mayumbe, dakapeh bei Babuma),

Fisch, bisi (nyonse in Mayumbe, nyosa bei Babuma, mäjeda bei Babembe, bansui bei Mantetje).

Nombe, blau (ſchwarz ober fioth), Tucula, roth,
Saccumbissu, grün (mavisu), Sama, weiß (pembe).

Minu käle, ich bin,      Minu mona, ich ſehe,
Minu sala, ich arbeite,      Minu tala, ich blicke,
Minu linda, ich frage,      Minu sumbissa, ich verkaufe,
Minu chichene, ich glaube (erwidere), Minu sumba, ich kaufe,
Minu bua, ich falle,      Minu básiga, ich zeige,
Minu longa, ich lehre,      Minu tomba, ich ſuche,
Minu kamba, ich ſage,      Minu būla, ich ſtrafe,
Minu sólese, ich will,      Minu tuma, ich befehle (tumanga,
Minu vanga, ich mache,               befehligt),
Minu tuba, ich rebe,      Minu vuāta, ich bekleibe,
Minu nua, ich trinke,      Minu quimbira, ich ſinge,
Minu vonda, ich töbte,      Minu dasca, ich fürchte,
Minu tanga, ich zähle,      Minu täshe, ich wahrſage;
Minu lia, ich eſſe,
Minu tambúila, ich antwortete,     Cu bala, baben,
Minu kuenda, ich gehe,      Sukula, waſchen.

Waſſer heißt bei den Mantetje: mekoko, masu; bei den Babuma: mali; in Jangela: mambe; bei den Baſſunbi: luculla, mamba, masa; bei den Bawumbu: matscha; bei den Bayumbe: tsima, lucula, um-koko, dicuango; in Congo: malango, masa (menha); in Bomma: sumpu; bei den Muſſorongho: masi; in Tſchimboſabbi: lufiji; bei den Munbongo: mini; bei den Babongo: mambari. Feuer heißt bei den Babuma: Gambesi; bei den Baſſunbi: baso; in Jangela: umbase; in Tſchimbongo: Kiota (Kiloka); in Tſchimboſabbi: tuija; bei den Mantetje: Kiota (mavamba); bei den Bawumbu: tuamemba; bei den Babembe: bao (ba-u). Die Sonne heißt bei den Babuma: tete; bei den Baſſunbi: käla (mtanga); in Congo: ntangua (moini); in Tſchim-bonga: mussundi; in Jangela: intanga; bei den Bawumbu: muija; bei den Bayumbe: munje; bei den Babembe: muinje; bei den Bantetje: nyango. Der Mond heißt bei den Babuma: bili; bei den Munbongo: mesi; bei den Bawumbu: ntschu; bei den Muenje: sunje; bei den Babembe: gondo; bei den Bantetje: matari-majeli (kasandudi); in Congo: gondo.

In Mayumbe wird gezählt: Mossi 1, ualle 2, tatu 3, ina 4 (ia in Jangela), tanu 5, samanu 6, samboali 7, nana 8, evua 9, ecumi 10; bei den Banſaia: mochi 1, biola 2, bitatu 3, biya 4, bitanu 5, sa-

mano 6, sama 7, impono 8, vua 9, cumo 10; bei Mubembe (Babembe): in Tschimbembe: musso 1, miola 2, mitatu 3, mina 4, mitanu 5.
misamu 6, samboa 7, umpomo 8, vua 9, acumi 10.

| | |
|---|---|
| Riala ria (hiba), homem feio, | Nbassa ia (butu), bengala curta, |
| Mut ua (sona), pessoa estreito, | Himbua ia (silagi), cão doudo, |
| Quima quia (nbote) couza boa, | Mona ua (laluvi), criança golosa. |

Im Bunda (nach Souza).

Mona (filho) Ana (filhos), O Mona, Co Ana,
Mutue (cabeça`, Mitue (cabeças), O Mutue, Co Mitue,
Nganga (sacerdote), Jinganga (sacerdotes), O Nganga, Co Jinganga,
Monso (casa), Jinso (casas), O Monso, Co Jinso,
Quiansu (Ninho), Jansu (ninhos), O Quiansu, Co Jansu,
Rissu (olho), Messu (olhos), O Rissu, Co Messu,
Ritui (orelha), Matui (orelhas), O Ritui, Co Matui,
Tubia (fogo), Matubia (fogos), O Tubia, Co Matubia.

Im Bunda (nach Cannecattim).

Chi-Bakunja, Land der Bakunja (Kunja), Ma-Kunja, König der
Bakunja, Bembe Bakunja, Sprache der Bakunja, Thi-Basundi (Chi-
Basundi), das Land Sundi der Basumbi (Umsundi Sing.), Tschim-
kamba (Chi-Bakamba), Land Kamba der Bakamba (Umkamba Sing.),
Chi-Mambuko, das Land des Mambuk u. s. w.

Wenige Tage vor meiner Abreise aus Banana brachte mir ein Sach-
verständiger unter den Mufforonghi auf meinen Wunsch Proben derjenigen
Pflanzen, die von den Ganga oder Zauberpriester, besonders in ihrem
Charakter als Aerzte, verwandt werden. Da weder Löschpapier oder Alcohol
zu erhalten war (unsere eigenen Verpackungsmittel nach dem Schiffbruch
aber damals noch ihres Ersatzes ermangelten), konnten sie nur sehr un-
vollkommen präparirt werden, doch folgt hier die damals zu jedem Stück
gegebene Erklärung.

Diese Arzneimittel, theilte mir der Ueberbringer mit, seien von ihm
innerhalb eines Jahres für zwanzig Milreis vom Ganga Nombe (in
Nimina) erlernt, und dadurch das Recht erlangt, sie zu verwenden.

Mumbunsu, die zerriebenen Blätter werden mit Wasser gemischt, zum
Trinken in Bauchkrankheiten,
Sunsa, die zerriebenen Blätter werden mit Wasser gemischt, zum Trinken
in syphilitischen Krankheiten,
Lunvunvu, bei Fußkrankheiten zum Auflegen,

Tundululu, bei Kopfkrankheiten werden die gestampften und dann aus-
gekochten Blätter aufgelegt,

Kimbamba (Umbamba), die zerriebenen Blätter als Trank, bei Kopf-
oder Bauchkrankheiten,

Sunsa-Tómesse, mit kaltem Wasser zum Trank, in Fieberkrankheiten,

Vendafuādi, trocken aufgelegt, bei Ausschlag an den Beinen,

Masusu-susu, aufgebunden bei Beinkrankheiten (kulukatu-umkatu),

Sunsakaieta, auf Stein zerrieben, bei Krankheiten in der Achselhöhle
aufgelegt,

Nimu (Jimu), zum Reiben, mit den zerriebenen Blättern am Morgen über
ten ganzen Körper (um Krankheiten zu verhindern),

Kimbansa-kruntuvāta, die zerriebenen Blätter mit kaltem Wasser gemischt, in Bauchkrankheiten,

Malemba-umpumbu, bei Frostschütteln und Zittern, zum Einreiben des
Körpers,

Bula, zum Trinken, bei venerischen Krankheiten,

Numvunvu, zum Auflegen, bei Fußkrankheiten,

Gomba-Gomba, um den Bauch angelegt, um gegen Räubereien geschützt zu sein,

Mokómbola, zum Schutz im Krieg,

Mgasie (für Palmnüsse und Oel),

Kindagolo, zum Trinken, um Kraft zu geben,

Sangalovoa, bei Kopfkrankheiten gekocht, zum Auflegen,

Kuku, bei Zungenkrankheiten wird die Wurzel aufgelegt

Bota, zum Einreiben im Schwächezustand,

Mumbuluka, vertreibt Schlangen und tödtet sie durch den Geruch,

Gulukutu kimbakala, als männlich (mit Gulukutu-Umkentu, als weiblich
oder Masusu-susu) zum Einreiben bei Krankheiten,

Lunse, gekocht, zum Trinken bei Husten,

Lomba (Inlomba), aufgehängt im Haus bei Krankheiten,

Matombe, die Wurzeln bei Krankheiten mit Schmerzen in der Seite
(der Leber),

Munkómbola, zum Trinken bei Krankheiten in der Gurgel,

Kaya-kaya, zum Kauen am Morgen, um Streit zu vermeiden,

Móbola, umgebunden bei Krankheiten in der Seite,

Suādi, gekocht zum Trank bei Bauchkrankheiten,

Kala-kala, zum Trank bei Bauchkrankheiten,

Fuādi, gekocht zum Trank bei Kopfkrankheiten,

Lemba-Umpumbu, um Palaver zu beruhigen, auf einem Teller gemischt,

Sandi, um Palaver zu beruhigen, auf einem Teller gemischt,

Cassa\*), Holzrinde für Orbale (in Pulver mit kaltem Wasser),

Sassam, um einen Ring aus den Fasern bei Fieber am Arm zu tragen,

Fute, gekocht, um blutiges Erbrechen zu stillen,

Lefùndi, um bei Regelung von Palavern übergeben zu werden,

Nesomcáma, die Beeren werden bei Brustkrankheiten an einem Faden um den Hals getragen,

Lumwumwu, Busch zum Besprenkeln mit der Bomwieta Bambuta genannten Medicin, in einem Tuch aufgebunden,

Umsa, Aufguß in heißem Wasser bei Husten,

Mangōnga, gestampft, bei Fußkrankheiten aufgelegt,

Būla, mit heißem Wasser getrunken, bei Ohrkrankheiten (unter Hinneigung des Kopfes nach der leidenden Seite),

Kumbicanfinda, zerrieben mit heißem Wasser bei Nasenkrankheiten in das Nasenloch gesteckt,

Umbāla, um Palaver zu beruhigen,

Munkassa-kassa, zum Trinken, in heißem Wasser bei Kehlkrankheiten,

Fuítschi, zum Trinken, in heißem Wasser bei Bauchkrankheiten am Nabel,

Saffala, bei Fieber zum Einreiben unter die Achselhöhle,

Nieya, in kaltem Wasser bei Heiserkeit zu trinken,

Biāta, mit heißem Wasser, bei Krankheiten der Säuglinge auf die Brust zu legen,

Lolo, gekaut im Kriege,

Umsáka, in heißem Wasser gekocht, bei Rückenschmerz.

Lufuítschi, gekocht zum Trank bei Bauchkrankheiten,

Kaia, mit Wasser, zum Einreiben des Handgelenkes, um Kraft zu geben,

Lekóko, gekocht, zum Auflegen bei Hüftkrankheiten,

Pai-ítschi, mit heißem Wasser getrunken, bei Bauchkrankheiten der Kinder,

Umpondadisu, bei Augenkrankheiten, mit heißem Wasser zerrieben aufgelegt,

Lomba, das Harz des Holzes gekocht (mit Salz), um in venerischen Krankheiten zu trinken,

Sakwantengo, aufgelegt bei Hautausschlägen,

Umsambi, mit heißem Wasser gekocht, zum täglichen Trank unfruchtbarer Frauen, um schwanger zu werden,

Mundungua, um neugeborenen Kindern um das Handgelenk gewunden zu werden,

---

\*) Das damals gesammelte Stück war von dem Branntwein der mitverpackten Pflanzen durchnäßt, doch ist seitdem ein anderes von der Küste eingeschickt, dessen Untersuchung Prof. Liebreich übernommen hat.

Koiela, mit heißem Waſſer getrunken, bei Mundkrankheiten,
Nimoa, mit heißem Waſſer gekocht (mit Salz), zum Trinken bei veneriſchen
Krankheiten,
Masúkulu, mit heißem Waſſer das Innere der Früchte gekocht, bei Kehl-
krankheiten.

Der Bomwieta genannte Fetiſch enthält Früchte, Muſcheln, Steine
u. ſ. w., von denen kleine Abfälle zuſammen in ein Packet abgeſchloſſen
und dieſes mit den übrigen Subſtanzen vereinigt wird, um (in ein Tuch
aufgebunden) getragen zu werden. Bei Fieberkrankheiten betüpfelt man
zunächſt die Stirn und Augen weiß mit dem Thon·Lowemba und beleckt
dann (zum Anſpucken) nacheinander die Medicinen, als Sewo (Muſchel),
Tschisi (Zahn), Umba (Frucht), Umbidi (Frucht), Fundankatta (Frucht),
Gonga, Lusaku-saku, Kongo, Elenga, Suika (Zucker), Wando, Um-
kassu, Tukula (Pulver), Sunga, Umkalla u. ſ. w.

Batta-batta, Blätter bei Kopfweh mit Speichel auf die Stirn zu kleben,
Tumba-masa, mit heißem Waſſer getrunken, um Erbrechen zu ſtillen,
Kodia-kodia, zum Blutſtillen bei Verwundungen,
Konda-finda, gekocht mit Salz für Fieber (bei Kindern),
Kinga-vumba, aufgeſtrichen bei Fußkrankheiten,
Masangaman dilambuela, zum Trinken in Bruſtkrankheiten,
Buluka, gekocht, zum Trinken bei übermäßigem Schweiß,
Jinga, bei Hautausſchlägen,
Sammadiankai, getrunken bei Huſten,
Buisu, in den Mund geſteckt im Kriege, um nicht verwundet zu werden,
Bubu, getrunken mit heißem Waſſer bei Syphilis,
Lalanje, gekocht bei Bruſtkrankheiten,
Mankansa-mantschibu, getrunken bei Kopfkrankheiten,
Dungua, Trank für Kinder zum Kräftigen,
Kinkunda-kunda, zerrieben, zum Einreiben in Hautkrankheiten,
Madima, Trank bei Huſten,
Kondo, bei Drüſenſchwellungen des Mundes getrunken,
Kua, bei Fußſchwellungen,
Kasaua, in heißem Waſſer getrunken gegen Diarrhoe,
Kaiakentando, zerrieben mit heißem Waſſer in das Ohr und auf den
Kopf getröpfelt, bei Halskrankheiten,
Umkunka, bei Ohrkrankheiten,
Kaiajankudidi, zum Trinken bei Halskrankheiten,
Umbuku, getrunken bei Schwäche in den Gliedern,

Kaijamuaba, gegen Fingergeschwüre,

Kuija, bei steifem Hals,

Sengelilli, Trank für Säuglinge zum Kräftigen,

Salamanpinda, Trank für Säuglinge zum Kräftigen,

Sakusaku, bei Nasenkrankheiten,

Tschiba, gekocht bei Kinderkrankheiten zum Trank,

Inkondo-diampongo, gekocht bei Kinderkrankheiten zum Trank,

Mungenge, bei Fieber,

Nanasi (Ananas), gekocht bei Zungenkrankheiten,

Lufuindi, in kaltem Wasser getrunken bei Druck in den Schläfen.

Bei Verstopfung wird das Holz des Baumes Bansi-bansi gekocht und löffelweis eingenommen. Von den Fieber-Medicinen sind die Blätter des Baumes Kadi (gekocht) am wirksamsten.

# Anhang.

---

# Die Reisen Georg Schweinfurth's in den Jahren 1868—1871.*)

Es waren bedeutungsvolle Tage für die Geschichte der Geographie, als Dr. Schweinfurth nach einer vierjährigen Abwesenheit auf afrikanischen Reisen im Jahre 1872 wieder in Deutschland eintraf. Zwar befand er sich schon seit einem halben Jahre auf europäischem Boden, in Italien, um unter seinem milderen Klima den raschen Uebergang aus den Tropen in den nordischen Winter zu vermeiden, und waren von dort sowohl, wie früher, so oft sich auf den Wanderungen Gelegenheit geboten hatte, neben zahlreichen Sammlungen wissenschaftliche Berichte über seine Erfolge eingelaufen, aber die volle Bedeutung trat erst im persönlichen Verkehr hervor, und nachdem dieselben ihrem inneren Zusammenhange nach in der Sitzung der Gesellschaft für Erdkunde, die auch der Herr Staatsminister des Unterrichts mit seiner Gegenwart beehrt hatte, von dem Reisenden selbst dargelegt waren.

Damals gerade waren alle Augen auf Afrika gerichtet, indem die außergewöhnlich und in manchen Ohren ziemlich abenteuerlich klingenden Erzählungen Stanley's die allgemeine Aufmerksamkeit auf sich gezogen und in der geographischen Welt nicht geringe Aufregung hervorgerufen hatten. Diese so ganz von dem Go-ahead-

---

*) Bei der Bedeutung, die Schweinfurth's Reisen für die von der Afrikanischen Gesellschaft ausgerüsteten Expeditionen gehabt haben, folgt hier eine in der Nationalzeitung erschienene Besprechung seines Werkes.

Spirit des jugendlichen Amerika eingegebenen und durchgeführten Unternehmungen kamen dem älteren und bedächtigen Europa so absonderlich vor, so ganz gegen alle Kunstregeln, die bisher über afrikanische Reisen galten, daß selbst von den erfahreneren Geographen Manche die Köpfe schüttelten und nicht daran glauben wollten.

Dennoch erwiesen sie sich bald als eine Realität, und indem sie durch die Nachrichten aus Livingstone's Tagebüchern zuerst wieder einen Faden brachten, um die in den verflossenen Jahren ausgeführten Züge aneinander zu reihen, lehrten sie uns einen völlig neuen Theil Afrikas kennen, ein bis dahin unbekanntes Gebiet von Seen und großen Strömen, über deren Ursprung oder Mündung sich noch nichts mit Sicherheit feststellen ließ. Aus mancherlei Combinationen ergab es sich als nicht unwahrscheinlich, daß diese Wasserläufe weniger mit den Flußgebieten des Nils, wie Livingstone und auch Stanley meinte, sondern mit einem westlichen zusammenhängen möchten, und diese damals auch in der Geographischen Gesellschaft Berlins ausgesprochenen Ansichten erhielten eine systematische Erörterung in einer ausgezeichneten Arbeit Dr. Behm's, die sogleich ihre Uebersetzung in's Englische fand.

Für genauere Präcisirung dieser Vermuthungen waren nun besonders die Einzelheiten der von Dr. Schweinfurth gemachten Entdeckungen maßgebend, als sie sich bei seinem Aufenthalte in Berlin weiter durchsprechen und mit den sonst gewonnenen Resultaten vergleichen ließen, indem auch er am letzten Ziele seiner Route, wo äußere Verhältnisse die Umkehr benöthigt hatten, auf einem Punkte stand, aus dem sich in botanischen, zoologischen und anthropologischen Thatsachen ein Einblick auf die Westküste eröffnete.

Als Folge dieser neuen Einblicke in den Centraltheil des Continents ergab sich der von den geographischen Gesellschaften Deutschlands aufgenommene Entschluß, zur Ergänzung der afrikanischen Entdeckungen die Westküste zum Ausgangspunkte weiterer Forschungen

zu machen, und so bildete sich in gemeinsamem Zusammenwirken
die Afrikanische Gesellschaft, durch welche die deutsche Expedition nach
der Loango-Küste gesandt wurde.

Schweinfurth's Reisen, die bisher nur aus zerstreuten Ver=
öffentlichungen in den Zeitschriften geographischer Gesellschaften oder
aus den Referaten in den Sitzungen derselben zugänglich waren,
liegen gegenwärtig dem Publikum abgeschlossen vor, in zwei statt=
lichen Bänden, die zuerst in englischer Uebersetzung erschienen, mit
dem Titel: The Heart of Africa, London 1873, und seitdem
auch deutsch ausgegeben sind.*) Daß das Werk eines Reisenden,
dessen Namen mit seltenem Glanze unter dem Ruhmeskranze deutscher
Forscher hervorstrahlt, zuerst in englischem Gewande erschien, hat
mehrfach Ueberraschung und auch Anstoß erregt; mit Recht oder
Unrecht, wenn man will; mit Recht, wenn man auch das Leser=
Publikum verantwortlich machen wollte, mit Unrecht, wenn man
dieses aus dem Spiel läßt. Daß der Umstand in dem Freundes=
kreise des Reisenden vielfältiger Gegenstand der Berathung gewesen
ist, als die Veröffentlichung bevorstand, braucht nicht versichert zu
werden. Bei den augenblicklichen Verhältnissen des Buchhandels in=
dessen, verglichen mit denen des englischen (wenigstens in Betreff
der Reise=Literatur), konnten schließlich weder die Verleger getadelt
werden, wenn sie nicht gleich günstige Bedingungen zu stellen ver=
mochten, noch am wenigsten der Verfasser, wenn er nach Vollendung
seiner beschwerlichen Reisen jetzt mit Recht eine entsprechende An=
erkennung derselben wünschte. Und dieselbe ist ihm nun durch die
englische Veröffentlichung auch nachträglich noch in reicherem Maß
geworden, als es ohne eine solche wahrscheinlich gewesen wäre,
wenigstens nicht in gleicher Schnelligkeit. Ein so entschiedenes und
festes, oft selbst gegen das Fremde abstoßendes Nationalgefühl der

*) G. Schweinfurth: Im Herzen von Afrika, Bd. I. und II. (mit
Karten, Farbedrucktafeln und Holzschnitten), Leipzig 1874.

Engländer auch besitzt, so wenig pflegt er dasselbe auf wissenschaft=
liche Gebiete zu übertragen, und dort zeichnen sich meist die englischen
Urtheile durch unpartheiischen Gerechtigkeitssinn aus, erfreuen sie
durch ihre Freiheit von kleinlichen Vorurtheilen, durch rückhaltlose
Anerkennung eines großen Werkes, statt, wie sonst oft beliebt, gerade
nur die schwächeren Parthieen aus demselben hervorzuziehen. Dazu
fließt aus der freien Umschau, die man in Folge des Colonialbesitzes
und der überseeischen Beziehungen in England genießt, ein lebendiges
Gefühl für jeden geographischen Fortschritt und rasche Würdigung
desselben. Kaum war Schweinfurth's Buch aus der englischen Presse,
als schon binnen wenigen Wochen alle leitenden Journale Englands
dasselbe durch ausführliche Besprechungen bei dem Publikum eingeführt
und eine neue Ausgabe erwirkt hatten, während in Deutschland leicht
ein halbes oder ganzes Jahr nach dem Erscheinen eines Reisewerks
vergehen mag, ehe sich die eine oder andere Zeitung zu einer kurzen
Anzeige veranlaßt findet. Ob dem deutschen Publikum noch immer
so ganz jede Sympathie mit den Bewegungen der größeren Welt
außerhalb Europa abgeht, bleibe dahingestellt, jedenfalls scheint man
aber zu glauben, daß es so sei, und während tagtägliche Correspon=
denzen aus den deutschen Hauptstädten nicht nur, wo es durch die
politische Wichtigkeit selbstverständlich bedingt wird, sondern vor=
kommenden Falles auch aus Krähwinkel und Schöppenstedt an der
Tagesordnung sind, fürchtet man den Magen des Lesers zu über=
laden, wenn ihm öfter, als in geziemenden Intervallen Notizen aus
Afrika, Australien, Indien oder sonst exotischen Regionen geboten
werden. Allerdings ist gerade in den letzten zwei Jahren, wie schon
die Bildung der Afrikanischen Gesellschaft und die fortdauernde Theil=
nahme dafür beweist, in diesem Puncte Manches besser geworden,
und daß es so gekommen ist, auch das kann zu den Verdiensten ge=
rechnet werden, die sich Schweinfurth um Förderung des geographischen
Wissens erworben hat.

Die hier zur Besprechung vorliegenden Reisen sind vor Allem

und zunächst der Berliner Akademie der Wissenschaften zu danken, da sie mit den Zinsen der unter deren Verwaltung stehenden Humboldt-Stiftung gemacht sind, wozu seitens der Gesellschaft für Erdkunde die Zinsen der Ritter-Stiftung gefügt wurden. Der Plan dazu wurde von dem Reisenden nach Maßgabe der auf seinem früheren Besuche Afrikas gewonnenen Erfahrungen entworfen und hat sich als ein in jeder Weise richtig angelegter und erfolgreich durchgeführter bewiesen. Schweinfurth gehört nicht zu jenen Nimroden, die oftmals in ihren Jagdgeschichten aufregenden Unterhaltungsstoff vom afrikanischen Boden zurückbringen, seine Erlebnisse, obwohl mit dem wunderbaren Zauber des Frembartig-Unbekannten durchwebt, sind in einfacher Darstellung gehalten, seine Erzählungen zwar voll spannenden Reizes, aber gleichzeitig die eines gründlichen Fachmannes auf dem Felde botanischer Studien, eines feinen Beobachters, dessen Blick durch lange Vertrautheit mit afrikanischen Verhältnissen geübt und geschärft ist. Unser Reisender ist eine jener genialisch angelegten Naturen, bei denen die geistige Rührigkeit den Körper erhält und ihn selbst im afrikanischen Klima, wie sich hier erweiset, vor gefährlichen Krankheitsanfällen zu bewahren vermag. Es ist höchst schätzenswerth, daß uns für die primitiven und von fremden Einflüssen noch weniger berührten Verhältnisse Central-Afrikas die Beschreibung durch einen vielgewanderten Reisenden geliefert wird, der Wesentliches und Unwesentliches zu scheiden weiß und das Aufgefaßte ungetrübt wiedergiebt.

Im Juli 1868 landete Dr. Schweinfurth an der Küste Afrikas und begab sich zunächst nach Chartum, dem gewöhnlichen Ausgangspunkt für commercielle und wissenschaftliche Reisen in den oberen Nilländern. Der Charakter beider war hier vereinigt, und wie stets, wenn es geschieht, zum Vortheil beider.

Die Landstriche oberhalb Chartum sind durch den hohen Preis des Elfenbeins geöffnet worden, indem ägyptische Kaufleute (und auch europäische Pioniere des Handels, oder Jäger) veranlaßt worden waren, den Wasserstraßen des Bachr-el-Dschebel (der unterhalb der Mündung des Sobat in den Hauptstrom, als Weißer Nil, übergeht) und dem Bachr-el-Ghasal zu folgen, welche Flußläufe mit Unterstützung der Handelswinde in den Monaten December bis Januar aufwärts, im Juni bis August thalab beschifft werden können. Längs dieser Ströme sind Landungsplätze (Meschera) errichtet (am Babr-el-Dschebel bis Gondokoro, im Lande der Bari), und von diesen Stützpunkten aus haben sich dann Factoreien (Seriba oder Verzäunungen) in's Innere vorgeschoben. Mit den stärkeren der kriegerischen Negerstämme hat es dabei manche Kämpfe abgesetzt, die schwächeren dagegen sind in eine Art Unterwürfigkeit zu den Handelsherren gefallen, welche sie zu bestimmten Dienstleistungen und Tributzahlungen verpflichtet haben. Im Anschluß an den Aufkauf des Elfenbeins war bald darauf ein in Ausdehnung beständig wachsender Sklavenhandel aufgesprungen, wodurch manche Bezirke fast entvölkert wurden, bis dann die neuen Maßregeln der ägyptischen Regierung eine Beschränkung und gänzliche Aufhebung herbeizuführen suchten. Es hat sich so hier in den letzten Jahren eine völlig neue Welt erschlossen, seit jenen zuerst von der Regierung angeordneten Erforschungen, an denen der deutsche Reisende Werner Theil nahm, seit jenen Versuchsreisen, wie sie Bayard Taylor beschreibt, und die geographische Kenntniß wurde weiter gefördert, in der Richtung des Weißen Nil durch Baker's Berg-, durch Speke's und Grant's Thalfahrten, sowie im Gebiete des Gazellenflusses durch Petherick, Heuglin, Piaggia u. s. w. Schweinfurth wählte den letzteren Weg, als besonders wichtige Ergebnisse versprechend, und durch Djafer Pascha, Gouverneur von Chartum, wurde er der Hut des koptischen Christen Ghatta übergeben, der besonders ausgedehnte Handelsbeziehungen eingeleitet hatte. Später ergaben es die Verhältnisse, daß er vorzugsweise in der Gesellschaft und mit der Unterstützung Abu-Sammat's reiste, eines nubischen Händlers von großem Unternehmungsgeist, durch welchen unser Reisender in jene Gegenden eingeführt wurde, die vor ihm noch durch keinen Europäer betreten waren.

Was sich hier vollzieht, ist mit den Operationen der für den canadischen Pelzhandel begründeten Compagnien zu vergleichen, die gleichfalls weite Strecken für die Erdkunde gewannen und in den an geeigneten Stellen erbauten Forts eine Jurisdiction über die Eingeborenen ausübten; und wie am obern Nil die ägyptischen Handelsgesellschaften, bietet für die deutsche Expedition an der Loango-Küste die dort etablirte der Holländer eine Basis für fernere Ent-deckungen, obwohl hier die Factoreien gegenwärtig auf Hafenplätze beschränkt bleiben.

Am 5. Januar 1869 war, vorbehaltlich einiger afrikanischen Rücksichtnahme auf glückliche und unglückliche Tage, Alles zur Ab-reise in Chartum fertig, und bald fuhr Dr. Schweinfurth in einem für ihn hergerichteten Boot, mit sechs Nubiern, die nebst zwei Die-nerinnen für seine persönlichen Dienste engagirt waren, mit acht Bootleuten und fünfzehn Soldaten, die zugleich beim Schleppen des Bootes behülflich sein mußten, den Nil hinauf.

Es ist zunächst eine bekannte Umgebung, die wir durchfahren. Nicht bekannt in dem Sinne der seit Jahrhunderten oder Jahr-tausenden betretenen Wanderstraße Aegyptens und Nubiens, da das Bekanntsein hier kaum seit Jahrzehnten zählt, aber bekannt für das durch die rasche Folge unerwarteter Ueberraschungen aus den afrika-nischen Entdeckungsreisen verwöhnte Auge. Wenigstens scheint es so beim ersten Blick, und man ist vielleicht geneigt, diese Capitel rasch zu durchfliegen. Doch wird es besser sein, jede Zeile zu lesen, denn jede bringt Neues, Anziehendes und Lehrreiches, da sich die ver-meintlich vertraute Umgebung in dem Auge Schweinfurth's spiegelt, der mehr sieht, als der Neuling in afrikanischen Reisen, und tiefer, als seine Vorgänger.

Das östliche und westliche Ufer des Flusses (das letztere mit dem Charakter einer „Wolga-Landschaft") in ihren physischen Ver-

schiedenheiten, mit den Eigenthümlichkeiten der Thier= und Pflanzen=
welt ziehen an uns vorüber, sie sind belebt von den Hassanieh und
ihrem, durch den Höcker an das indische Zebu erinnernden Rind,
von den noch aus der Zeit Mohammed Ker's gefürchteten Baggara
(zwischen Kordofan und Darfur), dann veröbet in Folge der von
den letzteren angerichteten Verwüstungen, und so gelangen wir nach
Faschoba, dem Sitz der ägyptischen Herrschaft in dem einst dicht=
bevölkerten Lande der Schilluk, die sich als Dembo und Djur an
die Grenzen zwischen Bongo und Dinka vorgeschoben haben.

Hier treffen wir auf eine der zerfallenden Völkerruinen, mit
denen sich der Pfad des islamitischen Dominium beim Vordringen
in Afrika bestreut, wie das des europäischen in Amerika oder Australien.
Schon ist der Keim der Zerstörung in die einst wohlgeschlossenen
Gesellschaftsverhältnisse dieses Stammes gelegt, schon ist Vieles ver=
loren, von dem die früheren Besucher zu erzählen wußten, und
Schweinfurth traf einen der gefallenen Häuptlinge, einen verblichenen
Schatten alter Mect, unter dem Zelt des Mudir im ägyptischen Lager.

Dann führt uns die Reise weiter, vorüber an der Mündung
des weiterhin und weitgebreitet wallenden Sobat, an der Mischung
seiner milchweißen Wasser mit den dunkelblauen des Bahr=el=Abiad,
und bald stoßen wir auf die Grasbarrieren des El=Sett, auf jenes
verwickelte Sumpfwasser=System, das zum Gazellen=Flusse führt, zum
Bahr=el=Ghasal, als Fortsetzung des mit dem Djur vereinigten Bahr=
el=Arab, mit dessen Mündung erst eine meßbare Strömung sich be=
merkbar zu machen beginnt.

„Was die Karten No=See nennen, ist nur die verbreiterte
Mündung der Gewässer, an deren scheinbaren Gestaden, welche von
vorgebauten Papyrusforsten gebildet werden, sich die Strömung
hinzieht, welche von Süden aus dem Bahr=el=Gebel hinzutritt; um
in den Gazellenfluß einzulaufen, durchfährt man gen Westen das
sich allmählig verengende Seebecken. Dieses Mündungsgewässer hat
zu allen Jahreszeiten eine geringe Tiefe, selbst zur Zeit des Hoch=

wassers blieben wir hier auf der Rückreise an mehreren Stellen
sitzen. Schwimmende Papyrus-Inseln von großer Ausdehnung
haften bald hier bald dort und unterbrechen den weiten Wasser-
spiegel."

Also der Papyrus! — ein classisches Wort, ein geheiligter
Laut aus den prähistorischen Stadien der Classicität, hier wieder-
tönend im Innern Afrikas. Wer wird ihn besser verstehen als
Dr. Schweinfurth, genährt in classischen Erinnerungen und um sich
schauend mit dem Blick des Botanikers. Wir verweisen auf seine
eigenen Betrachtungen beim Anschauen „dieser wunderbarsten Erscheinung der Nilflora".

An der Mündung der beiden Quellzuflüsse des Weißen Nils
finden sich zwischen Dinka und Schilluk die Nuehr, auf deren Gebiet
die Marabu-Störche erlegt wurden, um ihre kostbaren Federn auf
den Bazar zum Besten der deutschen Verwundeten zu senden. Von
dort sei zugleich eine andere Beobachtung unseres Reisenden ein-
geschaltet:

„Nirgends in der Welt scheint sich das Gesetz der Natur, demzufolge gleiche Existenzbedingungen analoge Formen unter den verschiedensten Klassen des Thierreichs hervorzurufen vermögen, mehr zu
bewahrheiten als hier. Daß Menschen und Thiere in vielen Gebieten, deren physikalische Beschaffenheit sie in grellen Gegensatz zu
den Nachbarländern stellt, etwas Gemeinschaftliches in der Summe
ihrer Merkmale darbieten, und daß sie eine gewisse Harmonie in
ihrem Charakter darbieten, läßt sich nicht bezweifeln. Eine der
frappantesten Belege für derartigen Parallelismus bieten, im Gegensatz zu dem steinigen und felsigen Innern des Gebietes, die Völker,
welche an diesen sumpfigen Flußniederungen ansässig sind, Schilluk,
Nuehr und Dinka. „Als Menschen," sagt mein Vorgänger Heuglin,
„machen sie den Eindruck der Flamingo als Vögel im Vergleich zu
ihren anderen geflügelten Verwandten," und gewiß, er hat Recht;
es sind Sumpfmenschen, die vielleicht auch eine Andeutung einer

Schwimmhaut zwischen den Zehen zeigen würden, erschienen diese nicht durch den Plattfuß ersetzt und die ebenso bezeichnete Ver=längerung der Ferse. Dazu kommt noch ihre sonderbare Gewohn=heit, nach Art der Sumpfvögel auf einem Bein zu stehen und das andere mit dem Knie zu unterstützen. So pflegen sie in dieser Stellung bewegungslos stundenlang zu verharren. Ihr gemessen langer Schritt im hohen Schilf ist dem des Storches zu vergleichen. Dürre und langschüssige Gliedmaßen, ein ebenso verlängerter dürrer Hals, auf dem ein kleiner und schmaler Kopf ruht, vervollständigen diese Uebereinstimmung."

Jetzt, wo sich die Flußreise ihrem Ende näherte, traten bereits die Vorboten aus dem noch fremden Hintergrund in den Gesichts=kreis ein, der Balaeniceps rex, die baumartige Kandelaber=Euphorbie, der afrikanische Vertreter für die Cactusformen Amerikas, und in Bildung des unterseeischen Rasens wird die äthiopische Valisneria geschildert, deren dichterische Gebilde die Ufer der Rhone und des Po umschweben.

Der Aufenthalt in dem am 22. Februar erreichten Landungs=platze der Meschera, dem Port=Rek, zwischen schwimmenden Inseln, im Lande der Dinka, giebt Gelegenheit zu Mittheilungen über diesen Hirtenstamm und seine alte Fürstin Schol, die in Schweinfurth den Bruder der Signora (Fräulein Tinné) zu erkennen glaubte, sowie Beschreibung über die dortigen Fische, wie auch schon alles Bis=herige reich ist an einem Schatz botanischer und zoologischer (be=sonders ornithologischer) Beobachtungen.

Hier wurde nun die Carawane organisirt für die Landreise, die sich zunächst noch zwischen den Dörfern der Dinka bewegt, und Gelegenheit giebt zu eingehenden Erörterungen über ihre Heerden, den Schlag der Schafe, Ziegen, Rinder, die bildliche Darstellungen finden, ebenso wie die Schmuckgegenstände, Hütten, Waffen. Unter den letzteren wird ein eigenthümliches Instrument hervorgehoben, zum Pariren der Keulenschläge, auf das noch kein früherer Reisender

aufmerksam gemacht habe, und das eine völlige Uebereinstimmung
zeigt mit australischen Schilden, wie sie sich z. B. im Ethnolo=
gischen Museum Berlins finden. Auch Dinka=Profile werden ge=
geben, die Schwankungen zu zeigen, welchen innerhalb der Dinka=
Rasse die Nasenform unterworfen ist. „Die Einförmigkeit der Phy=
siognomie beruht mehr auf einer Täuschung des an schwarze Gestalten
ungewöhnten Auges, als auf Gleichartigkeit der Züge."

Nachdem noch das Waldland der Al=Uabj durchschritten war,
wurde die Seriba Ghatta's erreicht, an der Grenzscheibe dreier
Stämme, der Dinka, der Djur und der Bongo.

Hier, wo Schweinfurth mit der Gewandtheit eines alten Afrika=
Reisenden sich häuslich einrichtete und mit der Sorgsamkeit des
Botanikers einen Garten anlegte, begannen nun seine großen
Arbeiten, über die wir nicht weiter zu reden brauchen, da ihre
Zeugen in den naturwissenschaftlichen Museen Deutschlands stehen
und bereits ihre wissenschaftliche Würdigung erhalten haben. Im
September stand die erste Sendung fertig, die über Chartum nach
Europa abging: „das Verpacken und Verkleben von über vierzig
Kollis war eine Arbeit von vielen Tagen, namentlich anstrengend
war das Einnähen der Ballen in Häute, und noch anstrengender ist
das Aufschneiden derselben geworden am Ziele ihrer Bestimmung,
da dieses Packmaterial durch die Dürre der durchreisten Wüsten
eine blechartige Festigkeit anzunehmen pflegt. Zum Schutze der
Sammlungen gegen Insectenfraß und Ratten ging mir der im Lande
mit Leichtigkeit gewonnene Pflanzenstoff an die Hand, es war der
Kautschuckstoff des Carpodinus (Mono de Bongo), den ich im
frischen Zustande, wo er das Aussehen von festem Rahm besitzt,
auf die Leinwand oder die Papiere strich, um eine wasserdichte
Hülle zu erzielen."

In der Fülle der naturhistorischen Belehrungen, die jetzt, wie
früher, jede Seite in Wort und Bild bringt, reiht sich die mono=
graphische Schilderung ein des von den Dinka als Djur (Wald=

menschen) bezeichneten Stammes der Lwoh, welche die Sprache ihrer Vorfahren, der O=Shwolo oder Shilluk bewahrt haben.

Es folgt dann ein Capitel über die (von den Dinka als Dohr bezeichneten) Bongo, das, wenn es der Raum erlaubte, unverkürzt wiederzugeben wäre, von dem wir es uns jedoch unmöglich versagen können, wenigstens die Einleitung zu wiederholen; hier ist sie:

„Ich versuche die Schilderung eines kleinen, sichtbar dem Untergange geweihten Volkes, welches vermöge seiner ausgeprägten Eigenart und ausgezeichnet durch eine im Kreise der Nachbarn hervorragende Selbstständigkeit der Rasse, Sprache und Sitten sich wohl zu eingehender Betrachtung empfiehlt, um als ein Typus echt afrikanischen Lebens hingestellt werden zu können. Halb der Vergangenheit angehörig, ohne Staat und Geschichte, ohne Ueberlieferung irgend welcher Art verliert sich sein Dasein, wie die vergänglichen Thaten des Individuums, gleichsam spurlos in der Langeweile der Jahrhunderte, ein verduftender Tropfen im Meere des Völtergewoges von Central=Afrika. Wie aber der Memoirenschreiber sich mit der Geschichte einer kleinen Anzahl von Personen begnügt, um in ihren Vorstellungen und Leidenschaften, in ihren Fehlern und Tugenden diejenigen der Epoche zu schildern, so wenden auch wir uns voll Interesse zu diesem Stückchen von Afrika, wie wir es noch gesehen und frisch mitgelebt haben; genug des Belehrenden wird sich uns da im Laufe der Betrachtung aufdrängen zum Verständniß des räthselhaften Welttheils, denn wie der Tropfen von Regen wiederkehrt, der die Flüsse speist und so dem Meere sein Verlust immer wieder von Neuem ersetzt wird, so muß auch dieses Dasein einen Antheil haben an dem Proceß der unablässig sich vor unseren Augen vollziehenden Wanderungen und Wandlungen jener Völkergebilde, an der gleichsam von aller Zeit abstrahirenden Fortbildung des afrikanischen Urzustandes, und wohl vermöchte es weitreichende Perspectiven in sein dunkles Innere zu eröffnen.“

Möchte doch die Ethnologie noch häufig mit Forschern beglückt werden, die bei dem jetzt in rapidester Schnelligkeit sich steigernden Verschwinden der primitiven Stammeseigenthümlichkeiten, mit klarem und scharfem Blick die charakteristischen Eigenthümlichkeiten erfassen und einem ferneren Studium aufbewahren. Aber Reisende, gleich Schweinfurth, werden freilich nicht alle Tage geboren.

Es ist, wie gesagt, unmöglich, auf die Einzelnheiten dieser Abhandlung einzugehen, und seien deshalb nur noch die processweise am Grabe der Aeltesten oder Njere an dem Eingang der Pfahlumzäunungen und bei den Hütten, aufgestellten Holzfiguren (moiagoh gjih) erwähnt, da sie auf monumentale Darstellungen des alten Aegypten bedeutsames Licht werfen.

Ein folgereicher Wendepunkt in dem einförmigen Leben der Seriba trat jetzt dadurch ein, daß Dr. Schweinfurth sich entschloß, den Unternehmungen des bereits genannten Abu-Sammat zu folgen, der auf seinen Expeditionen weiter in die Länder der Niam-Niam oder Sandeh eingedrungen, als sie bereits durch Piaggia, durch den die erste Kunde dieses Volkes nach Europa gelangt war, bekannt geworden. So betrat unser Reisender jetzt jene Siegeslaufbahn geographischer Eroberungen, die sich schließlich mit der Entdeckung des Monbuttu-Volkes krönte.

Daß ihn sein guter Genius zu Großem ausersehen hatte, mag erschlossen werden aus dem Zustand seiner Gesundheit, bei deren Erhaltung ihn freilich auch seine früheren Reiseerfahrungen in Afrika unterstützten. „Von Fieberanfällen (kann Schweinfurth schreiben) blieb ich gänzlich verschont" (auf demselben Boden, wo so viele seiner Vorgänger dem Klima erlegen waren), „den ganzen März- und Aprilmonat hatte ich täglich zehn bis zwölf Gran Chinin prophylaktisch verschluckt, als aber im Juni und Juli die Wärme wirklich nachließ und das Centrum der Regenzeit eine geringere Entwicklung an Miasma vermuthen ließ, stellte ich diese Vorsichtsmaßregel ein." Es schließt sich daran eine Reihe meteorologischer Bemerkungen.

22*

Die Reise nach dem Süden wurde am 17. November an=
getreten. Jenseits des Tonby wurde ein von Sklavenjagden ver=
wüsteter Strich betreten, mit zerstreuten Resten von Bongo=Dörfern,
und am 23. November war die Seriba Sabba (Abu=Sammat's
Factorei) erreicht, von wo aus verschiedene Touren die Mittu oder
Mattu kennen lehrten, ein in genauerem Sinne der nördlichen Ab=
theilung zukommender Collectiv=Name für die außerdem mit ihnen
verwandten Stämme der Madi (verschieden von den Madi am obern
Bahr=el=Dschebel), Madi = Kaya, Abbakah und Lubah zwischen den
Flüssen Roah und Rohl. Im Süden grenzen sie an die östlichen
Niam=Niam (Makkarakkah oder Kakkarakkah), und jetzt ist es dieses
Volk, das zunächst in den Vordergrund tritt.

Am 29. Januar 1870 fand der Aufbruch zu der ihr Land
durchschneidenden Reise statt, die, wie Abu=Sammat seinem Schütz=
ling versprach, ihn bis an das „Ende der Welt" führen sollte, und
die ihn gewissermaßen noch weiter geführt hat, aus der afrikanischen
Welt, wie sie in der geographischen Provinz des Nilgebietes bekannt
war, in eine neue hinein.

Dies ist eine der Gelegenheiten, bei der wir das Naturell
unseres Landsmannes in seiner einfachen Liebenswürdigkeit zu Tage
treten sehen.

Dieser Held, der zum Auszuge fertig steht, um im Dienste der
Geographie in ein verschlossenes Montserrat einzubringen, plaudert
noch ganz unbefangen von den Familienangelegenheiten, die ihn be=
schäftigen, von der Sorge für acht Neugeborene (in seinem Hunde=
Haushalt), der Vorsorge für seine Diener, die er nach den Fleisch=
töpfen Aegyptens oder doch in ihre Nähe zurückschickt, und trällert
uns die Melodien vor, mit denen sie wieder beim Glase Bier, d. h.
beim Honigtrank Merissa, die Nächte verleiern werden. Schweinfurth
ist keiner jener fahrenden Ritter, denen ihr idealistischer Schwung
schwindlig den Kopf berauscht. Zwar ist er geleitet von edler Be=
geisterung, von einem Enthusiasmus, der ihn ungefährdet durch alle

die in Afrika drohenden Schrecknisse hindurchgeführt hat, er ist an=
gehaucht von poetischen Stimmungen, wie sie mit doppeltem Reize
aus jener fremdartigen Scenerie auf uns einwirkten, aber bei alledem
fühlt er sich, in der Gesundheit der Seele und des Leibes, von
Fleisch und Blut, und nimmt er keinen Anstand, uns die Speise=
kartenrubriken zu erzählen, unter denen, in guter Zeit des Ueber=
flusses, die Gänse in den Schüsseln seiner Tafel erschienen, oder von
der großen Hauswäsche, wie jetzt am Vorabend einer folgewichtigen
und epochemachenden Reise.

In dieser drängen sich nun die wichtigsten Ergebnisse zusammen,
der Sfuehfluß (Sway) wurde als der obere Djur erkannt, seine
Quelle am Berg Baginse, und somit eine Quelle des Gazellenfluß,
der (mit den Wassern des Bahr=el=Arab) in Verbindung des Bahr=el=
Dschebel und Sobat den weißen Nil herstellt. Mit dem Linduku,
Nebenfluß des Jubbo, der sich mit dem Sueh zum Djur vereinigt,
war das Wassergebiet des Nils verlassen, und der nächste Fluß, der
Mbruole= oder Wando's=Fluß erwies sich als zum System des aus
Gabba und dem (auf den blauen Bergen westlich vom Mvutan=See
entspringenden) Kibali gebildeten Uelle, oder doch zum westlichen
Abfluß, gehörig. Dann wurde dieser von jetzt ab in der Geographie
Afrikas so bedeutungsvolle Strom (der mit dem System des Schari
in Verbindung gesetzte Uelle oder der Fluß von Kubanda bei Barth)
erreicht, seine Wasser nach Westen rollend, und bei Anblick derselben
wird das Herz unseres Reisenden von gleichen Vorgefühlen neuer
Enthüllungen durchzittert, wie sie das Mungo=Park's bewegten, als
er, der Columbus Inner=Afrikas, den nach Osten gerichteten Lauf
des lang gesuchten Niger am 20. Juli 1796 vor sich sah. Schon
vorher hatte er einem gerechten Stolze Ausdruck geben können,
indem er sagt: „Mit dem Linduku sagte ich den Nilländern Valet,
der erste Europäer, dem es geglückt war, von Norden herkommend,
die Wasserscheide des Nils zu überschreiten, so viele ihrer auch aus=
gezogen waren, um das **caput Nili** zu suchen," obwohl die volle

Sicherheit für das, was er ausgeführt hatte, noch nicht an „diesem benkwürdigen Tage" seines Lebens, sondern erst mit der auf der Rückkehr angelegten Controle hervortrat.

Den Nilländern war Valet gesagt, und die neue Welt West= afrikas öffnet sich jetzt vor dem Reisenden. Die Cultur der Musa Sapientium, deren erste Zeichen schon an einem linken Nebenbach des Nye gesehen waren, nahm zu im steten Fortschreiten (bis zum Gabun und Ogoway). In den prachtvollen Waldbichten, welche zum ersten Mal den vollen Zauber dieser von dem bisher durch= forschten Gebiete der Nilflora so gänzlich verschiedenen Vegetation aufschlossen, heißt es weiter: „Diese Flora bietet die Mehrzahl der an der Westküste des tropischen Afrika, vom Gabun, vom Niger und vom Gambia her bekannt gewordenen Pflanzenarten zur Schau, hier überschreitet sie die Grenzen der das Nilgebiet vom Tsadbecken trennenden Wasserscheide und eröffnet dem vom Norden herkommen= den Reisenden die ungeahnte Pracht der innersten centralafrikanischen Wildnisse." Noch schlagender markirt sich die Grenze der Wasser= scheide in dem Auffinden des Chimpanse in den Waldsäumen an Uando's Flusse: „In allen nördlich von hier betretenen Uferwal= dungen hatte ich nirgends den Nachweis erhalten können, daß man je dieser Thiere ansichtig geworden wäre, der erste nicht mehr zum Nilsystem gehörige Fluß sollte mir erste Kunde von ihrem Vorkommen geben."

Der Affe möge uns zum Menschen führen, nicht zwar, um wie jene durch Schweinfurth gegeißelten „Tagesschriftsteller und Dilettanten" mit „schlecht oder gar nicht begründeten Hypothesen" die „tiefe Kluft zwischen Mensch und Thier" durch „voreiliges Urtheilen" auszufüllen, sondern weil sich in den menschlichen Re= präsentanten der geographischen Provinz, ebenso wie in den bota= nischen und zoologischen, der Wiederschein des Westens spiegelt.

Es handelt sich um die bereits erwähnten Niam=Niam, in deren Lande auf einer dort von Abu=Sammat neben der Mbanga des

Häuptling Sfurrur und unter deffen Bewachung angelegten Factorei ein zeitweiliger Halt gemacht wurde. Die erften Sitze diefes Volkes waren auf dem jenfeitigen Ufer des Ibba (des oberen Tonbi) an= getroffen und bei einem vom Häuptling Nyanje abhängigen Behnki oder Diftrictchef fah Schweinfurth jetzt die echten Niam=Niam, die gefürchteten Cannibalen Inner=Afrikas, vor fich. „Unter den Hunderten vou Bongo uud Mittu, denen fich noch die als Viehtreiber dienenden Dinkas zugefellten, ftachen fie hervor, wie Wefen aus einer anderen Welt; das waren echte unverfälfchte Niam=Niam, weder befchnitten noch gefchooren, wie in Chartum oder in den Seriben, wo fchon andere Reifende vor mir ihrer erblickt." Es wird dann fpäter auf verfchiedene Punkte aufmerkfam gemacht, aus denen fich die Zu= fammengehörigkeit der Niam=Niam mit den Fan am Gabun erweife, und ein augenfcheinlicher Beweis dafür wird im Ethnologifchen Mufeum Berlins geliefert, wo fich neben der von Schweinfurth mitgebrachten Wurfwaffe der Niam=Niam die der Fan befinden. Eine andere Analogie, wie es hier zugleich beiläufig erwähnt werden möge, wird in einer aus einem Ankauf von Fan=Geräthfchaften neuerdings gemachten Erwerbung geliefert, indem diefelbe die, in eigenthümlicher Weife an das altägyptifche Chnob erinnernde, Form der Monbuttu=Schwerter wiederholt, die gleichfalls von Schweinfurth überbracht find.

Der Reifende befchreibt dann die in den Dörfern der Niam= Niam aufgerichteten Jagdtrophäen und Knochenanhäufungen, und auch diefe erhalten ihr Seitenftück an der Loango=Küfte, wo fie bei den durch die Dichtigkeit des Aderlebens entvölkerten Jagdgründen eine fymbolifch religiöfe Bedeutung angenommen haben. (Deutfche Expedition der Loango=Küfte, Bd. I, S. 50.)

In diefer zwifchen den Bächen Nabambeno und Bobbo gelege= nen Seriba lehrte der „Blattfreffer", wie Schweinfurth in Afrika getauft war, feinen Nubiern den Gebrauch des dort wildwachfenden Afhanti=Pfeffers (Cubeba Clusii) kennen, fo daß diefe verwilderten

Banden, die manche bittere Wahrheit von ihrem Weißen zu hören hatten, ihm jetzt zum Ersatz eine annehmbare Verbesserung ihrer Küchen-Gewürze verdankten. Dr. Schweinfurth's Beispiel zeigt den Einfluß, den sich der Europäer, bei richtiger Verwendung der durch seine Superiorität gelieferten Mittel, in wilden und halbwilden Gegenden zu bewahren vermag, und daß dabei das Kleine oft eben so wichtig ist, wie das Große, ergiebt sich aus einer Reihe hübscher Betrachtungen, deren Schluß hier folgt: „Stets die Gefahr der Verwilderung vor Augen, haften die Blicke des Wanderers mit einer wahrhaft pietätvollen Liebe an dem Wenigen, was ihm geblieben, Dinge, welche bei uns als Inbegriff des Trivialen erscheinen, werden dann zu geheiligten Symbolen unserer abendländischen Cultur, Tisch, Stuhl, Messer und Gabel, Bettzeug, Taschentuch u. dgl. m. sind ihm dann an's Herz gewachsen, als wären es seine Kinder."

Ein weiteres Eingehen auf die botanischen Resultate und Beschreibung der Gallerienwälder, die im Anschluß an Piaggia's Bezeichnung bereits in den an die Gesellschaft für Erdkunde gerichteten Briefen gegeben war, ist hier nicht zulässig, und für das Interesse der Berlinischen Leser sei nur angeführt, daß Schweinfurth am Sueh die Luch der Mark Brandenburg (Wiesenniederungen mit unterirdischen Wasserabzügen) wiederfand, in Uebereinstimmung mit den Njaljam (im Kanori) zwischen Schari und Benue (nach Barth).

Am 25. Februar fand der weitere Aufbruch nach der Seriba statt, mit einer Carawane von nahezu tausend Köpfen. Bei den Erleichterungen, die dadurch für das Fortschaffen der Sammlungen gewährt war, bemerkt Schweinfurth mit Recht, daß selten einem Reisenden im fernen Afrika gleiche Vortheile geboten worden, und wenn diese günstigen Umstände allerdings für den glänzenden Erfolg mit in Rechnung zu ziehen sein werden, so bleibt es kein geringeres Verdienst, sie in so verständiger Weise benutzt zu haben.

Nachdem die Sitze der A-Banga, ein Uebergangsglied von den

Niam-Niam zu den verwandten Monbuttu, paſſirt waren, näherte
ſich jetzt die Reiſe ihrem Culminationspunkt in dem Erreichen des
Monbuttu-Landes, das zuerſt in dem Gebiet Rembey's (eines Unter=
königs Degberra's, der über die öſtliche Hälfte des Volkes herrſcht)
betreten wurde. Dann wurde der Diſtrict von Ebbeeby erreicht
unter der Botmäßigkeit Jzingerria's, Statthalters und Brubers des
weſtlichen Königs Munſa, und nachdem der Welle mit Canoen über=
fahren war, fand der feierliche Einzug in die Reſidenz des letzteren
Herrſchers ſtatt.

Mit ihm ſchließt der erſte Band, an dem Punkte ſpannendſter
Erwartung angelangt, bei dem arabiſche Märchenerzähler abzubrechen
pflegen.

Wie vielfach auch ſonſt dieſe Wanderungen in den Wildniſſen
Afrikas ſich mit den Tinten aus Tauſend und einer Nacht färben
mögen, geht aus einer hübſch ausgemalten Epiſode hervor, die wir
hier einſchalten wollen.

Auf den ſpäter zu erwähnenden Zügen im Golo-Lande war
der Reiſende ſpät Abends in einer Factorei angelangt und hatte
ſich dort, durch lange Strapazen ermübet, auf das Lager geworfen,
in Abweſenheit des Hausherrn, der bei ſeiner Rückkehr, mitten in
der Nacht, ſogleich eine Bewirthung vorbereiten ließ.

Schweinfurth erzählt nun:

„Matt und entkräftet, wie ich war, meiner Sinne nicht mehr
mächtig, mußte ich bald in einen tiefen Schlaf verfallen. Natur=
gemäß wandte ſich das entfeſſelte Spiel der Erinnerung zu den
Genüſſen der materiellen Welt. Ich ſah mich in einem großen,
vom Glanze der Lampen ſtrahlenden Zelt, auf reichbeſetzten Tafeln
prangten die auserleſenſten Leckerbiſſen, und geſchäftig mengte ſich eine
Dienerſchaar in das laute Gewoge der Gäſte, ſie ſchenkten ein aus
dem unerſchöpflichen Vorrathe des köſtlichſten Weins. Es war das
Feſt der Wettrennen zu Cairo, deſſen Bilder an meiner Seele vor=
überzogen; der Beherrſcher Aegyptens bewirthete im orientaliſchen

Stil seine Gäste. Plötzlich war es mir, als würde ich wach; befand ich mich in Wirklichkeit in einer elenden, raucherfüllten Strohhütte Central-Afrikas oder war es das königliche Zelt, das ich erschaute? Da brang blendender Lichtglanz zu meinen Augen, eine reich ge= kleibete Sklavenschaar (die träumerische Stimmung erhöhte den Zauber des Bildes) nahte sich mir mit Schüsseln und glänzenden Schalen, mit Kerzen und Lampen, jetzt stellen sie eine Auswahl seltener Ge= richte dicht vor mein ärmliches Lager, andere credenzen mit bunten Crystallgläsern und mit goldgestickten Servietten über den Arm Scherbet und Limonade. War es eine Fortsetzung des Traumbildes? Ich rieb mir die Augen, ich trank, ja da fiel der Schleier, ich sah, ich schmeckte, es war Wirklichkeit."

Indeß wir finden uns noch nicht auf der Rückreise und haben zuvor noch die früher nie, jetzt dagegen so oft, genannten Monbuttu zu besuchen.

Im Beginn des zweiten Bandes schiebt sich zunächst eine Besprechung der Niam=Niam oder Sandeh ein, der Mundo oder Manjanja bei den Bongo, der O Madjaka bei den Djur, der Mak= karakka oder Kakkarakka bei den Mittu, der Kunba bei den Golo, der Babungera bei den Monbuttu.

So viel Belehrendes und Wichtiges unser Reisender aber auch über diese, früher nur gespensterartig unter flüchtigen Umrissen schreckbarer Erscheinungen oder unter den Fabelformen äußerster Schwanzmenschen in traditionellen Erzählungen weitgereister Händler spielende Menschenvarietät zu sagen und mitzutheilen weiß, so bleiben doch noch größere Ueberraschungen vorbehalten, denn hinter diesem Ultima Thule des Bisher, hinter diesen Eschatoi, die selbst erst seit einigen Jahren in dem Horizont des europäischen Gesichtskreises auf= getaucht sind, tritt jetzt bereits durch Schweinfurth's kühne Züge ein noch recenteres, noch fremdartiger unbekanntes Volk aus jenseitigem Hintergrunde hervor: das der Monbuttu.

Der Führer des Reisenden, jener Nubier Abu Sammat, gehörte

zu den Ersten, die seit Kurzem ihre Handelsunternehmungen bis dahin ausgedehnt hatten (und waren auf beſſen Wegen dann Leute aus der Compagnie Agabi's und Poncet's, ſpäter Ghatta's, gefolgt). Von ihm war ein Freundſchaftsbund mit König Munſa, der über den weſtlichen Theil des Landes herrſcht, geſchloſſen worden, und dies war das dritte Mal, daß er ihm ſeinen Beſuch angekündigt hatte.

Die Bedeutung, welche dieſe ethnographiſche Entdeckung im Herzen Afrikas für ein Verſtändniß des afrikaniſchen Völkerlebens in ſich trägt, die Fernblicke, die ſich damit eröffnen, die neuen Hoff=nungen, die geweckt werden, laſſen ſich nicht in kurzem Abriß wür=digen. Es iſt auf den Originalbericht zu verweiſen, von dem kein Wort verloren gehen darf.

Um indeß zu zeigen, was er einſchließt, ſei hier eine Stelle aus dem am 20. März 1870 ſtattgehabten Empfang bei König Munſa eingefügt:

„Vor Allem feſſelte meine Aufmerkſamkeit die Halle ſelbſt, in welcher wir uns befanden. Sie hatte hundert Fuß Länge, zwanzig Fuß Höhe und fünfzig Fuß Breite. Dieſer Bau war erſt ſeit Kurzem fertig und bot einen ſehr freundlichen Anblick, denn er ſtrahlte in Glanz und Helligkeit. Alles Holzwerk an ihm ſchien glänzend braun polirt und wie friſch gefirnißt, das war indeß die natürliche Farbe des Materials. Ein zweiter noch umfangreicherer Bau, der dicht daneben ſich erhob und den die höchſten Oelpalmen nur mit ihren Kronen überragten, trug dagegen bereits deutliche Spuren des Verfalles an ſich, obgleich derſelbe erſt ſeit fünf Jahren errichtet worden war. Der letztere war von allen Seiten geſchloſſen, in ſeinem Innern daher ſehr dunkel und zu öffentlichen Verſamm=lungen minder geeignet. Beide waren kleine Weltwunder in ihrer Art, und für die Cultur Central=Afrikas merkwürdig genug, um dieſen Ausdruck zu rechtfertigen. Mit unſeren Baumaterialien, es ſei denn, man habe Fiſchbein in Anwendung gebracht, wäre man nicht im Stande geweſen, etwas Aehnliches in gleicher Leichtigkeit und ſolcher

Widerstandsfähigkeit herzustellen gegen das Toben der Tropen-Orkane, wie die Königshalle Munsa's. Das von einem breit abgerundeten Spitzbogen kühn gewölbte Dach der Audienzhalle ruhte auf drei langen Pfostenreihen, welche aus Baumstämmen von dem geraden Wuchse der Fichte hergestellt waren. Die zahllosen Rippen und Sparren des Dachstuhls dagegen, sowie alle übrigen Constructionen waren ausschließlich aus den Blattschäften der Weinpalme (Raphia vinifera) zusammengefügt. Diese glänzend braunen Stäbe werden der Mittelrippe des achtundzwanzig bis achtunddreißig Fuß Länge erreichenden Blattes der genannten Palmen entnommen, welche im Monbuttulande an allen Uferwaldungen anzutreffen sind. Sie geben in Central-Afrika das beliebteste Baumaterial ab. Der Fußboden der Halle war mit einem dunkelrothen Thonstrich überzogen, fest und wohlgeglättet, wie Asphalt. Eine niedrige Brustwehr aus gleicher Masse bildete die Seiteneinfassung, indem sie mit dem bis nahe zur Erde reichenden Dache noch einen Raum frei ließ, welcher auch von den Seiten Licht und Luft Zugang in die Halle gewährte. Hunderte von schaulustigen Eingeborenen, wahrscheinlich das „schwarze Volk" von Monbuttu, das im Inneren keine Sitzplätze erhalten konnte, lehnte von außen an der Seitenbrüstung und guckte schaulustig zu dieser Oeffnung herein. Aufseher mit langen Stöcken machten, um Ordnung zu schaffen, die Runde und hieben, wo es noth that, wacker auf die Menge ein. Knaben, welche sich unberufen in den Festsaal geschlichen, wurden von ihnen schonungslos hinausgepeitscht." Musik erschallt und die Prunkwaffen werden aufgestellt. „Die Strahlen der äquatorialen Mittagssonne verbreiteten über diese Anhäufung von rothglänzendem Metall einen blendenden Schein, und ein Glühen wie von flammenden Fackeln ging von allen Lanzenspitzen aus, deren symmetrische Reihen einen prächtigen Hintergrund für den Thronsitz des Herrschers abgaben. Es war in der That eine wahrhaft königliche Pracht, die da entfaltet wurde, für central-afrikanische Begriffe Schätze von unberechenbarem Werth." Dann erscheint der

Herrscher selbst mit seinem Gefolge, benen Bläser auf Hörnern aus Elephantenzähnen und Glockenschwinger voranschreiten.

Während der Audienz sah Schweinfurth unter den dem König dargereichten Erfrischungen die bei den Monbuttu als Nanbueh bezeichnete Cola-Nuß, ein weiter unwiderleglicher Zeuge über die Beziehungen mit dem Westen.

Neben eingehender Erörterung der Sitten und Gebräuche der Monbuttu, ihrer Eiseninbustrie, ihrem „einem irbischen Parabies" an Fruchtbarkeit vergleichbaren Land, findet der Cannibalismus seine Berücksichtigung und ist dann ein Capitel der sogenannten Zwerg-Nation gewidmet, ben Akka oder Tikkitikki, die in ihrer Analogie zu den Buschmanns Anknüpfungen an die Obongo und Babongo der Westküste bieten.

Wie bei den alten Völkern des nördlichen Europa, bilden Einöben von mehreren Tagereisen die Grenzstriche zwischen Niam-Niam und Monbuttu. Im Süden dieser werden die Eingeborenen unter dem Namen der Monwu zusammengefaßt, ben Babucker sprachlich verwandt. Südwestliche Nachbarn der Monbuttu sind die Mabobe, bann folgen die Massansa, im Süden oder Südosten die Nemeige, Bissanga oder Domonba in bergigen Sitzen, wie von Baker im Nordwesten des Mwutansees angegeben und viele Tagereisen weit im Süden weiden die Maoggu „prachtvolle Rinder", vielleicht als Malegga in Baker's Ulegga unter König Kabjoro.

Hier am Eingangsthor zu den innersten Mysterien Inner-Afrikas war jetzt ein unwiderrufliches Halt geboten, die Umkehr erzwungen. „Schweren Herzens mußte ich den Rückzug antreten, um meine Schritte wieder nach Norden zu lenken." Wohl mochte ihm das Herz schwer werden! Andere würden voll Befriedigung über das Große, das sie gefunden, nach Europa zurückgeeilt sein, die schuldigen Ovationen zu empfangen. Ein Reisender aber, wie Schweinfurth, aus gleicher Präge mit Livingstone hervorgegangen, hatte durch Alles, was er gesehen, seinen Wissensdurst nicht gestillt, er fühlte ihn nur um so brennender, seinen Eifer desto mächtiger entflammen. Hätte ihn doch eine verhältnißmäßig kurze Wanderung in die Quell= gebiete der drei großen Flüsse des Westens zu führen vermocht, die einzigen des Continents, welche sich zur Zeit noch absolut unserer geographischen Erkenntniß verschließen, „Benue, Ogoway, Congo", sah er doch in Munsa's Residenz „eine Linie gezogen gen Südwest", im Durchkreuzen aller Räthselknoten. „Und eine Bahn eröffnete sich den Blicken, die führte zum Congo, zu den Staaten des großen Muata Yamvo, und sie schien mir alle noch übrig gebliebenen Räthsel Afrikas zertheilen zu wollen, wie das Schwert Alexander's des Großen den gordischen Knoten." Vielleicht darf die Lösung durch die jetzt von der Afrikanischen Gesellschaft zum Muata Yamvo geschickte Expedition erwartet werden.

Nun Schweinfurth hat mit einzelner Kraft genug gethan, mehr oder wenigstens dasselbe, wie die größten der Afrika=Reisenden vor ihm, möge das, was er im Norden und im Osten vorgearbeitet hat, durch die Reisenden ergänzt werden, die von Westen aus, von der Loango=Küste in nordöstlicher Richtung vorzudringen beabsichtigen.

Der Heimweg war nicht ohne Gefahr. Die Niam=Niam, die schon auf der Hinreise als zweifelhafte Freunde erschienen waren, hatten jetzt der rückkehrenden Carawane einen Hinterhalt gelegt. Es kostete Kämpfe und Blutvergießen, bis der Halteplatz im Buschwald am Nabambisso erreicht war.

Nach dem aufregenden und an geistiger Arbeit, zur Bewältigung alles des neu hinzutretenden reichen Lebens der letzten Zeit folgten jetzt einförmige Tage, die um so drückender wurden durch materielle Entbehrungen, indem die durch kriegerische Expeditionen veranlaßte Abwesenheit des Herrn der Seriba sich länger verzögerte, als die zurückgelassenen Provisionen berechnet waren. Schweinfurth besuchte deshalb einige der umliegenden Seriben, und auf einem dieser Aus= flüge berührte er in Besteigung des Berges Baginse die Djur=Quelle, „die erste wichtige Quelle von einem der wichtigeren Quellflüsse des

weißen Nils, auf welche der Fuß eines europäischen Reisenden ge=
treten war." Die Felsart ergab sich als glimmreicher Gneis (und
Glimmerschiefer) mit Einschluß von Cyanitcrystallen. Am 3. Juli
nach Sjabbi zurückgekehrt, hörte Schweinfurth in seiner europäischen
Correspondenz, die ihn dort erreichte, zuerst von den Plänen Sir
Samuel Baker's, und nachdem eine weitere Sendung seiner Samm=
lungen nach Norden abgegangen war, brach er mit neuen Trägern
nach Norden auf und gelangte am 12. Juli 1870 wieder zu seinem
früheren Standquartier Kulongo unter den Seriben Ghatta's, wo
sich die Zahl der zur Ansiedlung gezwungenen Bongo vermehrt hatte.
Dort gelangten auch wieder europäische Provisionen in seine Hände,
während er sich eine Zeit lang mit selbstverfertigtem Fleischextract
unterhalten hatte.

Jetzt, nach all' den bisherigen Erfolgen, hatte leider auch unser
Reisender den Wechsel des launigen Glückes in bitterster Weise zu
erfahren, denn, wenn mit des Geschickes Mächten nie ein ewiger
Bund zu flechten, so am wenigsten auf afrikanischem Boden. Ein
durch Nachlässigkeit ausgebrochenes Feuer verzehrte das leichte Fach=
werk der Hütten in der Factorei, und damit auch seine Wohnung, so
daß er kaum das nackte Leben rettete. „Meine schöne Ausrüstung
für die Niam=Niam=Expedition, die jüngsten Sammlungen, unter
welchen der Verlust der gesammten entomologischen Ausbeute und
viele werthvolle Erzeugnisse des afrikanischen Kunstfleißes am meisten
zu beklagen war, dann die Handschrift mit den meteorologischen Be=
obachtungen, welche ich von meinem Aufbruch in Suakin täglich
gebucht, die allein gegen siebentausend barometrische Ablesungen ent=
hielten, die Reise=Journale mit den Erlebnissen und Wahrnehmungen
an achthundertachtundzwanzig Tagen, die mühsam erlangten Körper=
messungen und Vocabularien schließlich, Alles war in wenigen Minuten
ein Raub der Flammen geworden. Unter der kleinen Zahl der ge=
retteten Sachen fand sich das Eisengeräth aus den Werkzeugen der
Monbuttu und Niam=Niam, das jetzt im ethnologischen Museum auf=

gestellt ist. Die Tagebücher und Insectensammlung waren gerade, um sie vor den Eventualitäten einer Ueberſendung nach Europa zu bewahren, zurückbehalten worden, jetzt lägen sie freilich eben so sicher in den Fluthen des Nil."

Schweinfurth's reger Geist besitzt indeß die Elasticität Derer, die statt durch ein Mißgeschick niedergebeugt zu werden, sich unter den Schlägen desselben nur um so kräftiger aufbäumen. Bald war er wieder in voller Arbeit, und zum Theil gelang es noch, den er= littenen Verlust zu erſetzen.

Am Neujahrstag 1871 begann er auf's Neue eine schon länger beabsichtigte Wanderung nach Westen, und fand sich in einer nach der Paſſage des Baches Atehna erreichten Seriba, im Lande der Golo, die (mit den Eſehre) den Bongo verwandt sind, aber sprach= liche Verschiedenheit zeigen. Dann wurde jenseits des Chor=el=Rem= mem. oder Bisch, eines Nebenflusses des Biri, der in den Bahr=el= Arab ausläuft, neben einer Seriba das ägyptische Lager erreicht, mit dem Namen einer Stadt (Dehm) bezeichnet, unter dem Krebj= Stamm der Abugga (denen sich Beia und Jongbongo anschließen), umgeben von den Baggara=el=Homr im Norden, den Manza im Nordwesten und im Westen (der Abja, Bia und Mareh) von den Benda, sowie weiterhin den Abu = Dinga. Hier ließen sich Erkun= bigungen einziehen über Dar=Fertit, die unter dieser Benennung den Bewohnern von Darfur und Korbofan bekannte Wildniß westlich vom Pango, sowie über die dortigen Verkehrsstraßen, und dann wurde der Gubju erreicht, „der westlichste und zugleich (von der Besteigung des Berges Baginse abgesehen) der höchste Punkt aller dieser Routen im tieferen Binnenlande von Central=Afrika." Die auf dieser Tour erhaltenen Nachrichten lassen die Quelle des Bahr=Abu=Dinga in den Bergen von Runga (südlich von Wabai) vermuthen, und werden hierüber die von Dr. Nachtigall in Aussicht stehenden Be= richte zur Vergleichung dienen können.

Als nach der Umkehr die Seriba am Djur erreicht war, brach

Schweinfurth am 21. April nach den Factoreien Ghatta's auf und dann wurde durch Schrittzählung der Rückweg bis zur Einschiffung auf den Ghazellen = Fluß abgemessen. Am 21. Juli war Ras = el = Chartum erreicht, und dann bald auch Suakin, um über Suez in Messina anzulangen.

Gegenwärtig weilt dieser in seinen Reisen eben so kühne und unternehmende, wie in seinen wissenschaftlichen Forschungen gründlich gediegene Gelehrte wieder in unserer Mitte. Vielleicht gelingt es, ihn dauernd zu fesseln. Gerade jetzt, wo in Deutschland mit Energie und vereinten Kräften auf den endlichen Aufschluß des in seinem Aequatorialtheil noch immer mysteriös verschleierten Erdtheils hingewirkt wird, bedarf es der Gegenwart eines Reisenden, der bereits im Osten die in bedeutungsvollen Vorzeichen die Nähe der Westküste kündenden Lüfte hoffnungsvoller Ahnungen eingesogen hat, bedarf es eines Mannes, gleich Schweinfurth, um die Anstrengungen der geographischen Gesellschaften Deutschlands mit geistigem Schwung zu beleben und sie durch seine gereiften Rathschläge auf die richtigen Wege zu leiten. Schweinfurth's Verbleib in Berlin wäre ein Unterpfand für Gelingen des großen Werkes.

October 1874.

Ende.